# UN LIBRO

# UN LIBRO

## VERSIÓN EXTENDIDA

### Memorias francas del hombre que «amó a Lucy» e impulsó la TV a paso de conga

**Desi Arnaz**

Nuevo material exclusivo con un comentario de Lucie Arnaz

Traducción al español de Gladys Galindo, cortesía de Eriksen Translations

RUNNING PRESS
PHILADELPHIA

Running Press
Hachette Book Group
1290 Avenue of the Americas, New York, NY 10104
www.runningpress.com
@Running_Press

Publicado originalmente en tapa dura por William Morrow and Company, Inc., en enero de 1976

Primera edición en español: abril de 2026

Publicado por Running Press, un sello de Hachette Book Group, Inc. El nombre y el logotipo de Running Press son marcas comerciales de Hachette Book Group, Inc.



Portada impresa del libro de Susan Van Horn

Número de control de la Biblioteca del Congreso de Estados Unidos: 2025034975

ISBN: 979-8-89414-201-2 (edición en español), 979-8-89414-335-4 (libro electrónico en español), 979-8-89414-199-2 (edición en inglés), 979-8-89414-200-5 (libro electrónico en inglés)

Impreso en Estados Unidos

LSC-C

Printing 1, 2026

*Para Lucie y Desi IV*

# Prólogo

## *Mi abuelo*

**por Kate Luckinbill**

Mi abuelo se llama Desiderio Alberto Arnaz y de Acha.

O, para los menos melanizados, simplemente Desi Arnaz.

Era un refugiado de piel morena, y este país no sería el mismo si él no hubiera sido parte de su historia.

Desde que tengo uso de razón, he visto a mi madre, Lucie, corregir la historia de mi abuelo Desi. Durante años me pregunté por qué tan pocas personas sabían lo que le había pasado, lo que había tenido que vivir. Luego, cuando me enteré de que su autobiografía ya no se imprimía, supe que teníamos que volver a ponerla en las estanterías.

La Revolución cubana de 1933, la llamada Revuelta de los Sargentos, fue un golpe de estado militar al Gobierno cubano *antes de* Castro. Como mi *bis*abuelo, Desiderio el II, era el alcalde de Santiago, y a todos los del Gobierno

La primera vez que abuelo Desi me cargó.

los estaban sacando de sus cargos, ¡el peligro era inminente! Mi abuelo tuvo que huir de su hermoso hogar con solo la ropa que llevaba puesta. Escapó a Estados Unidos mientras su nación, que una vez fue distinguida, caía en una revolución violenta y caótica. Llegó a Miami donde quizá era la única persona que hablaba español en su nuevo barrio.

Era un refugiado pobre y desaliñado de piel morena que no hablaba inglés, pero este país le abrió un camino. Salió adelante solo y pudo trabajar duro y conseguir oportunidades aquí que se habían perdido con la revolución en su país. Siempre expresó su agradecimiento a Estados Unidos por ello.

¿Mi abuelo, ese «refugiado de piel morena»? Pues bien, llegó a crear y producir el programa de televisión más famoso de todos los tiempos. Promovió al estrellato a la cómica más famosa de todos los tiempos. Creó la primera productora de televisión independiente del mundo. Ah, y ¿sabes qué?, ayudó a inventar una nueva forma de rodar televisión de estudio en vivo que sigue siendo la forma en que lo hacemos hoy, setenta y cinco años después. Y ese era solo su trabajo. Construía casas, criaba caballos, pescaba aguja, cocinaba para todos, ¡era un padre! Era mucho más de lo que hemos reconocido.

Pero no se lleven por mí: ¡con ustedes, mi abuelo!

# UN LIBRO

# 1

NACÍ EN SANTIAGO DE CUBA, EL 2 DE MARZO DE 1917. (Tenía que empezar por alguna parte). Por lo tanto, soy del signo de Piscis, y qué mejor lugar para que nazca un piscis que en Cuba, rodeado por el golfo de México, el estrecho de Florida, el océano Atlántico y el mar Caribe.

En 1869, la reina de España nombró a mi bisabuelo don Manuel II alcalde de Santiago y cedió a su padre, don Manuel I (mi tatarabuelo), y a su esposa, Ventura, un buen trozo del sur de California.

En 1953, poco después de nacer Desi, recibí una carta de la nieta de don Manuel y Ventura. Hablé con ella y me contó que la concesión de tierras otorgada a nuestros antepasados por la reina Isabel incluía grandes extensiones de tierra en las zonas conocidas hoy como el condado de Ventura, Beverly Hills y el distrito de Wilshire en Los Ángeles. Ventura Boulevard, en el valle de San Fernando, y Arnaz Drive, en Beverly Hills, también llevan sus nombres. Cuando le dije que ojalá hubieran podido quedarse con esos bonitos terrenos, me contestó: «Ni me lo digas. Cada vez que voy a comprar al Mercado Agropecuario, me quiero morir».

Mi abuelo, don Desiderio, fue el médico cubano asignado a los Rough Riders de Teddy Roosevelt cuando subieron la loma de San Juan durante la Guerra Hispanoamericana, que logró la independencia de Cuba de España.

Mi padre, Desiderio II, se graduó de la Southern College of Pharmacy en Atlanta, Georgia, en la promoción de 1912-1913. Se casó con mi madre, Dolores de Acha, en 1916, y en 1923 fue elegido alcalde de Santiago. Tenía veintinueve años, el alcalde más joven de Cuba.

Mi nombre completo es Desiderio Alberto Arnaz y de Acha. Cuando me hice ciudadano estadounidense mientras estaba en el Ejército de los Estados Unidos, al sargento encargado de la ceremonia de juramento le costó muchísimo pronunciar mi nombre.

—Sabes, hijo —me dijo con amabilidad—, podrías acortar un poco tu nombre, vaya, si quieres, claro, en tu certificado de ciudadanía.

—Más me vale, sargento —respondí—. Escriba Desi Arnaz.

—No hay que exagerar —dijo—. ¿No quieres una inicial de tu segundo nombre o algo así?

—No, gracias, sargento. Solo Desi Arnaz y punto.

El nombre completo de mi hijo, Desi, es Desiderio Alberto Arnaz y Ball. Enseguida lo cambió a Desi Arnaz, Jr. Pero hoy se llama Desi Arnaz, y punto. Y yo, Desi Arnaz, Sr.

Cuando mi abuelo se puso grave en 1929, yo iba a un colegio jesuita. Todos éramos católicos, pero mi abuelo no iba a la iglesia. Sabiendo que estaba a punto de morir, lo convencí para que viera a un cura amigo mío. La abuela Rosita me había dicho: «Desiderio, si tu abuelo sabe que el cura es amigo tuyo, lo verá».

El cura se llamaba padre Gil. Enseñaba Matemáticas en el colegio jesuita. Así que el padre Gil vino a ver a mi abuelo. Después de hablar un rato, el padre Gil le dijo:

—Ponga el corazón con Dios.

Mi abuelo le contestó:

—Ponga el corazón con Dios, y el rabo tieso.

Los españoles y los cubanos, así como la mayoría de los demás latinos, tienen el mismo tipo de velorios que los irlandeses. Duran dos o tres días y lo único que hacen los dolientes es beber mucho alcohol y comer mucho. Solo tenía doce años cuando murió mi abuelo, y recuerdo que traté de sacar a todo el mundo de casa. Le estaban rindiendo homenaje, pero yo no entendía por qué todo el mundo se lo pasaba tan bien mientras mi abuelo estaba en el ataúd y la casa olía a muerte.

El funeral fue uno de los funerales más grandes de todos los tiempos en Santiago, no solo porque mi padre era el alcalde y el hermano de mi padre, Manuel, era el jefe de policía, sino también por lo que había hecho mi abuelo como médico. Era conocido y querido por sus servicios gratuitos durante las epidemias de viruela, fiebre amarilla y cólera de finales del siglo XIX.

Don Desiderio y la abuela Rosita tuvieron siete hijos. Cuando murió, mi abuelo llevaba bastante tiempo jubilado y pasaba la mayor parte del tiempo en una pequeña finca en El Caney, a las afueras de Santiago, su «casa chica». Desde allí siguió atendiendo de gratis a todos los pobres de los alrededores. La «casa chica» era donde vivía su amante con sus siete u ocho hijos. Cuando oía que venía la abuela Rosita, decía: «¡Todo el mundo fuera!». Y todos se escondían en el establo hasta que se iba la abuela. Estoy seguro de que la abuela lo sabía, pero nunca dijo una palabra, y la amante nunca se molestó por tener que salir y esconderse. Mientras siguiera amando a cada una de ellas y cuidara de sus hijos por igual, estaban satisfechas. Tener dos casas y dos grupos de hijos era muy común entre los hombres latinos con dinero, y las mujeres latinas lo entendían y no hacían aspavientos por eso.

En un artículo en el *Los Angeles Times* de David F. Belnap, con fecha Santiago de Chile, octubre de 1973, dice: «El toque de queda en Chile es una bendición para la vida familiar. Ha hecho más por la fidelidad matrimonial en un mes que seis meses de evangelismo severo». El editor del *Los Angeles Times* comentó: «Se refería a la popular afición chilena por *la casa chica* o, en términos atrevidos, una amante a la que ve dos o tres o más veces por semana».

Así que parece que la costumbre de los tiempos de mi abuelo sigue vigente en América Latina. Sin embargo, no es un modo de vida que puedas llevar con seguridad en este país. Las muchachas estadounidenses no parecen entenderlo.

La casa grande del abuelo, donde vivían él y la abuela, estaba justo enfrente de la nuestra, y todas las tardes, cuando volvía de su pequeña finca, todos los nietos estaban allí esperándolo. Siempre tenía algo para cada uno de nosotros, quizá solo un plátano, una naranja o una mandarina, pero siempre tenía algo.

Por las tardes, después de cenar, disfrutaba sentado con la abuela en sus mecedoras, uno frente al otro junto a su gran ventanal que daba a la calle, saludando y chismeando con sus amigos al pasar. Me encantaba ir y sentarme con ellos. El abuelo tenía un gran sentido del humor, y la abuela y yo éramos su mejor público. Recuerdo una noche en que la abuela vio acercarse a una de sus hijas y a su marido. Se volvió hacia él y le dijo:

—Ahí vienen Miguelito y Rosita, y, por cierto, tienes la bragueta abierta.

El abuelo sonrió y contestó:

—No pasa nada, el pájaro ya no vuela.

Yo era su único nieto legítimo y siempre me decía:

—Es tu deber y tu responsabilidad velar por la continuidad del apellido Arnaz.

—No se preocupe, abuelo, trataré con todas mis fuerzas.

Mi abuelo materno era Alberto de Acha, uno de los fundadores de la compañía de ron Bacardí. Su esposa, mi abuela, era Rosita Socias. Mis dos abuelas tenían el mismo nombre de pila y la misma complexión (metro y medio por dos). Las adoraba a ambas. Almorzábamos todos los domingos en casa del abuelo Alberto. Tenían doce hijos, y la mesa siempre estaba puesta para treinta personas. Aun así, muchas veces los niños tenían que comer en el patio o en la cocina o donde encontraran sitio. Una de las cosas que echo mucho de menos en este país es la cercanía familiar de mi juventud. Parece que aquí los parientes viven muy separados, y aunque no sea así, se reúnen en pocas ocasiones.

Emilio Bacardí, que dio nombre al ron, era un amante del buen vino. No le gustaba el ron oscuro y pesado de Jamaica. Así que con un pequeño alambique y equipo en un pequeño zaguán empezó a experimentar con distintas mezclas hasta que dio con un ron excelente y ligero. En realidad, buscaba una bebida del tipo del *whisky* escocés (para beber a sorbos) y cuando venían amigos a cenar a su casa, siempre les ofrecía un vasito de su brebaje. A todo el mundo le encantó y pronto los invitados traían botellas vacías de Coca-Cola y cerveza. Emilio siempre llenaba esas botellas antes de que se fueran.

Un día un vendedor francés, Enrique Schue, estaba cenando en casa de Emilio y probó el ron. Enseguida se emocionó y le dijo a Emilio que dejara de regalarlo. Su bebida era única. ¿Por qué no embotellarlo, etiquetarlo como «Bacardí» y venderlo? Y así se hizo.

El francés se convirtió en el gerente comercial y financiero, Emilio fabricaba el ron y el abuelo Alberto, que tenía dos mulas, se convirtió en el vendedor. Cargaba las mulas con tantas botellas de ron como podía meter en cajas de cartón y las vendía en Santiago y en el campo cercano. Cuando murió, era vicepresidente de la Corporación Bacardí. Es el mejor ron del mundo.

Mi padre, además de alcalde, tenía tres fincas. En una de ellas criaba ganado. Otra era una finca lechera. Fue el primero en construir una planta de pasteurización en nuestra provincia y también el primero en usar camiones frigoríficos para repartir la leche. En la tercera finca criaba aves de corral y cerdos y tenía un matadero donde se procesaban y vendían carne, embutidos y todos los demás productos de este tipo.

Durante las vacaciones escolares siempre había trabajo para mí en una de las fincas. Mi padre pensaba que, si quería remos nuevos para el bote o un mantenimiento del motor o lo que fuera, debía ganarme el dinero para pagarlo. No me molestaba; era divertido.

Me levantaba al amanecer con los demás jornaleros para empezar las tareas del día. Todas las mañanas competíamos para ver quién llenaba más rápido un cubo de leche. Cada uno apostaba cinco centavos y el que llenara el cubo primero se llevaba el premio. Llegué a ser bastante bueno ordeñando vacas.

También hacía cualquier otra tarea de vaquero que me encargaran los capataces, pero los veranos en la finca no eran solo trabajo y nada de diversión. Era tan joven cuando aprendí a montar que ni siquiera recuerdo la primera vez que me senté a caballo. Mi favorito era un hermoso caballo pinto Tennessee Walking que papá me había regalado cuando cumplí diez años y al que, tan ingenioso y original, llamé Pinto.

También había buena pesca en el río que pasaba por detrás de nuestra casa, en la finca lechera. Junto al río había árboles con hojas muy grandes que utilizábamos para pescar grandes camarones de río, que son los más deliciosos.

Mi lugar favorito era nuestra casa de verano en cayo Smith, una pequeña isla en la bahía de Santiago, considerada una de las tres bahías más hermosas del mundo. Cayo Smith parece una pequeña montaña saliendo del agua. Había una carretera cortada alrededor de la base de la isla. Era un estrecho camino de tierra en el que no se permitía la circulación de automóviles. Teníamos bicicletas, pero solo tardábamos unos cuarenta y cinco minutos para caminar alrededor de la isla. Sin embargo, mi costumbre era darle la vuelta nadando. Mis compañeros del equipo de natación del instituto y yo nadábamos hasta la mitad del camino, visitábamos a algunos amigos y luego seguíamos nadando hasta nuestras casas. Era un buen entrenamiento, sobre todo si nos preparábamos para un encuentro.

En lo más alto de la isla había una pequeña iglesia y los domingos, en plena temporada, toda la población de la isla, unas trescientas a cuatrocientas personas, solía ir allí a misa. En la ladera de la colina estaban las casitas de los pescadores y de la gente que cuidaba de nuestras casas de la playa cuando nosotros y los demás vacacionistas nos marchábamos al final del verano.

Nuestra casa de la playa estaba rodeada de terrazas ajardinadas de flores tropicales y árboles frutales: mangos, piñas, guayabas, cocos, plátanos y muchos otros. Había una terraza techada y una barandilla de seis metros de ancho que rodeaba todo el segundo piso de la casa.

La cocinera y la criada vivían en el piso de abajo junto a Bombalé, un negro grande y maravilloso que cuidaba la lancha motora de mi padre y me enseñó todo sobre botes y motores y cómo manejarlos bien. Hoy en día, cuando estoy en Baja California, intentando descifrar estos nuevos y complicados motores y otros aparatos, ¡cómo me gustaría que Bombalé estuviera allí conmigo!

Había cuatro cuartos, que siempre estaban ocupados por nuestra familia, parientes y amigos. A todo el mundo le gustaba cayo Smith. No me pregunten por qué una pequeña isla en medio de la bahía de Santiago lleva el nombre de Smith. Nunca he podido averiguarlo.

Justo delante de la casa había un embarcadero de unos veintitrés metros de largo, que se extendía hacia el agua. Al final del muelle estaba el cobertizo para botes, que era lo bastante grande para albergar dos embarcaciones: la lancha motora de mi padre, que lo llevaba y traía todos los días al ayuntamiento, y mi primera lancha. Era un esquife de pesca noruego de cinco metros, hecho de teca. Una de las mayores emociones de mi vida fue ver cómo se construía ese barco frente a mis ojos, desde que alineaban la quilla hasta que colocaban del motor. Algunos de los mejores botes de la bahía de Santiago se construyeron en esa pequeña isla. El mío estaba propulsado por un Regal de un cilindro, y llegué a tal punto que podía desarmarlo y volver a armarlo con los ojos vendados, gracias, por supuesto, a Bombalé.

El cobertizo para embarcaciones de cayo Smith se diseñó de modo que cada una pudiera sacarse del agua con poleas, para limpiar el fondo y pintarla cuando fuera necesario. También era práctico subirlas a nivel del muelle para facilitar que cualquiera de mis abuelas de metro y medio por metro y medio pudiera desembarcar cuando venía de visita. Tres lados del cobertizo para embarcaciones estaba rodeado por un muelle de tres metros de ancho con barandilla y estaba cubierto por un tejado de zinc a dos aguas. La entrada de botes estaba, por supuesto, en el lado abierto. En el lado opuesto había dos vestuarios, uno para hombres y otro para mujeres. Uno de los vestuarios fue escenario de un acontecimiento muy importante. Mi primera experiencia sexual.

La hija de la cocinera era una preciosa niña negra de doce años. Un día, esta niña y yo, que también tenía la sabia edad de doce años, acabamos en uno de esos vestuarios. Tras cerrar la puerta, empezamos a experimentar sobre cómo lo hacíamos. Ninguno de los dos tenía la menor idea. Esto puede parecer increíble hoy en día, porque estoy seguro de que hay muy pocos niños de doce años que no sepan exactamente de qué va todo esto y cómo hacerlo. No tenía ni idea de dónde poner mi cosita. Y ella no fue de mucha ayuda. Pero yo estaba claramente ansioso y se notaba que estaba dispuesto a la acción, y cada vez más frustrado. Habíamos probado varios experimentos ridículos y estábamos trabajando en uno nuevo cuando tocaron fuerte la puerta. Era su madre, la cocinera, que le pedía que saliera. No tuve ningún problema para ponerme el bañador rapidito. La pequeña prueba de mi ansiedad había desaparecido. Ojalá yo hubiera podido hacer lo mismo.

Estaba frenético. Al mirar a mi alrededor, supuse que la única vía de escape era a través de una ventana alta que daba al agua. Desde el alféizar de la ventana había por lo menos nueve metros hasta el agua y el muelle que rodeaba ese lado del cobertizo para botes, como he dicho, tenía unos tres metros de ancho. Pero ¡era lo único que podía hacer!

Respiré hondo, me lancé desde la ventana, pasé por encima del muelle, toqué el agua, me dirigí al fondo y nadé bajo el agua alejándome de la escena del crimen. Nadar bajo el agua no fue ningún problema. Estábamos acostumbrados a permanecer debajo al menos dos minutos. Competíamos para ver quién podía permanecer más tiempo bajo el agua. Salí a tomar aire en el siguiente cobertizo para botes, a unos quince metros de mi salida, pero seguía sin parecerme lo bastante lejos, así que me sumergí de nuevo y me dirigí al siguiente.

Llegué allí y estaba recuperando el aliento y tratando de decidir cuál sería mi próximo paso cuando oí que Salvador me llamaba. Salvador era el hermano menor de mi padre y uno de mis tíos favoritos. Tenía una pequeña fábrica de jabón en Santiago, no le importaba la política ni conseguir un puesto en la administración de papá. Y aunque no ganaba tanto dinero como sus hermanos, estoy seguro de que era el más feliz.

Estaba casado con Willy May Reed, a quien había conocido cuando iba a la escuela en Atlanta. Era la primera muchacha estadounidense que conocía. No hablaba ni una palabra de español. Cuando la vi en Miami muchos años después, exiliada con su hija, Ampy, y su marido, todavía no le iba mucho mejor con nuestra lengua. Me burlé de ella y me contestó: «Si yo fuera tú, tampoco presumiría demasiado de cómo manejas la mía».

Cuando oí que Salvador me llamaba desde el bote, me di cuenta de que había olvidado que iba a pescar con él aquella tarde, un lapso de memoria comprensible. Me alegré de verlo. «Qué golpe de suerte —pensé—, ¡una excusa perfecta!». Si alguien mencionaba el tema del incidente del cobertizo para botes, yo diría: «No sé de qué me estás hablando. Estaba pescando con el tío Salvador».

Así que subí feliz a bordo, cogí los remos y me dirigí a los caladeros.

Salvador dijo:

—¿Adónde quieres ir esta tarde?

—Pesquemos encima del Merrimac.

—Tardarás una hora en remar hasta allí.

—No importa. Hace un día precioso y, en esta época del año, es el mejor lugar de la bahía. —También era el más alejado de mi casa.

El Merrimac era el barco que los estadounidenses habían hundido durante la guerra Hispanoamericana para bloquear la estrechísima entrada del puerto de Santiago, lo que impidió que saliera la mayor parte de la flota española que estaba anclada allí.

Siempre pescábamos muchos pargos rojos, lubinas y serviolas, y también perdíamos muchos anzuelos, plomos y sedales. Si no estabas alerta, en cuanto el pez supiera que estaba enganchado, se dirigiría al interior del casco hundido, y si le permitías entrar en él, olvídalo. Tenía la costumbre de tratar de imaginar a qué parte del casco podría haber ido a parar el pez. Quizá estaba tumbado en una litera y se reía de mí después de haberse asegurado de que mi sedal se enredaba en un ojo de buey o algo así.

A mitad de camino hacia el caladero, el tío Salvador dijo:

—No sabía que fueras tan buen nadador bajo el agua. Debe de haber más de treinta metros desde tu cobertizo para botes hasta donde te encontré.

—Salí a tomar el aire después de los primeros quince, ¿y cómo lo sabes?

—Bueno —dijo—, te lo diré. Venía para ir a pescar contigo y, al acercarme a tu casa, me fijé en un retablo muy interesante. Tu madre estaba en el portal mirando atentamente al cobertizo para botes. Seguí su mirada y vi y oí a la cocinera llamando a la puerta y llamando a su hija para que saliera. Una fracción de segundo después, te vi salir volando por la ventana en perfecta picada de cisne hacia la bahía.

—Jesús bendito, ¿quieres decir que mi madre vio toda la acción?

—Sí, y por la forma en que estaba de pie en el portal, obviamente esperando a ver qué pasaba, estoy casi seguro de que fue ella quien mandó a la cocinera para que desbaratara tu operación clandestina.

—¡Ay! ¡Ay! ¡Ay! ¡Ay! ¡Ay! —dije.

—Si te sirve de consuelo —continuó— debo decir que ella te miraba con gran interés mientras nadabas bajo las limpias aguas azules del Caribe, hasta el siguiente cobertizo para botes. Desde su puesto aventajado, debió de ser una vista preciosa.

Salvador tenía un maravilloso sentido del humor.

—¿Qué vamos a hacer ahora?

—Vamos a anclar encima del Merrimac y pescar.

—¿Y después qué?

—Entonces *tú* volverás a casa a dar la cara.

—Pero mi padre estará en casa y mamá le habrá contado toda la historia.

También le dije a Salvador que en realidad no había pasado nada.

—No sabíamos cómo hacerlo.

—Bueno, eso lo resolvemos más tarde —me dijo—. Mientras tanto, vamos a pescar algo y luego tienes que irte a casa.

Así que pescamos, pero yo estaba demasiado preocupado por mi situación como para disfrutarlo. Me hubiera gustado quedarme por encima del Merrimac para siempre, pero había llegado la hora de irnos. Remamos de vuelta, me fui a casa, me duché y me cambié. Para entonces mi padre había regresado en su lancha motora.

Mamá no me había dicho ni una palabra. Durante la cena, lo único que dijo papá fue:

—¿Tú y Salvador pescaron algo hoy?

Realmente sabía cómo presionarme. Después de cenar fue a su estudio, justo al lado de la sala, y me llamó:

—Desi, ven acá.

Pensé: «Vaya, ahora sí».

Entré al cuarto muy nervioso y me dijo:

—Siéntate. Quiero hablar contigo. ¿Me has visto alguna vez insultar a tu madre?

—No, papá.

—¿Alguna vez me has visto faltarle el respeto o hacer que se avergüence de mí?

—No, papá.

—Entonces, ¿por qué hiciste lo que hiciste esta tarde? Sé lo que estabas tratanto de hacer. Eres un varón. Pero, por el amor de Dios, ¿por qué fuiste tan condenadamente estúpido? Podrías haber elegido un sitio mejor que nuestro propio cobertizo para botes.

Podía entender su punto de vista.

Entonces dijo:

—Ahora escúchame, jovencito, y escúchame bien. No vuelvas a insultar a tu madre de esa manera ni la avergüences como lo has hecho. ¡Ahora lárgate de aquí!

¡Y eso fue todo!

Mi tío Salvador, unos tres años después, y estoy seguro de que siguiendo instrucciones de mi padre, me llevó a Casa Marina. Yo tenía entonces quince años, la edad peligrosa, cuando ya no eres un niño, pero aún te queda bastante para ser considerado un hombre.

La Casa Marina era el mejor prostíbulo de Santiago, y allí me enteré de todo. Las damas de aquella casa eran todas jóvenes y limpias y me trataron con mucha amabilidad, muy bien, con mucha ternura y con mucha pericia. A veces me pregunto si no es mejor educar así a un chico joven en vez de dejar que se meta en un montón de problemas intentando averiguarlo por sí mismo. Si tu padre o tu madre o un pariente cercano, como fue mi caso, estuvieran dispuestos a guiarte y ayudarte con este primer problema inevitable e importante de tu adolescencia, no tendrías miedo ni vergüenza de acudir a él o a ella más adelante con otros problemas.

## 2

EN 1932 MI PADRE AÚN ERA ALCALDE CUANDO HACÍA campaña para ser elegido diputado a la Cámara de Representantes por nuestra provincia de Oriente. Vivíamos en una casa en la calle San Basilio, justo enfrente de la casa de mi abuela Rosita.

A la una de la madrugada del 1 de junio, mi madre y yo dormíamos en casa. Un policía, que siempre estaba de guardia en nuestra casa, estaba delante, junto a la puerta principal.

Una especie de estruendo me despertó. La casa temblaba tan fuerte que las grandes vigas del techo abierto de aquella vieja casona bailaban como palillos. Al mismo tiempo oí lo que parecía un tren que atravesaba la casa. Salté de la cama y fui al cuarto de mis padres, que estaba al lado de la mía. Mamá estaba arrodillada junto a su cama rezando y mirando las paredes locas que temblaban y las viejas vigas que bailaban.

Al final, me di cuenta de que lo que sonaba como un tren era una gran campana de locomotora que le habían regalado a mi padre como recuerdo del primer tren que viajó de La Habana a Santiago. Era una valiosa reliquia antigua montada sobre una preciosa base de caoba maciza que guardaba en su despacho en casa.

Un terremoto es lo más aterrador en el mundo. No parece que haya nada que puedas hacer y no hay advertencias.

Mi padre estaba en el ayuntamiento, todavía en su despacho, trabajando en su campaña para el Congreso. Más tarde nos contó que lo primero que oyó fue un estruendo bajo y amenazante que al principio sonaba como si viniera de muy, muy lejos, y que luego fue haciéndose cada vez más fuerte. Dijo que sonaba como si la ciudad se enrollara hacia él en una alfombra gigantesca, el mismo sonido que me despertó a mí. De repente, se quedó paralizado contra la pared por su escritorio. Cuando se alejó de allí y corrió hacia el patio, recordó que ese no era el mejor lugar para estar porque el patio estaba sobre un gran depósito de agua, así que corrió al parque que había frente al ayuntamiento. Cuando empezó a cruzarlo en hacia nuestra casa, vio una estatua gigantesca del arcángel Gabriel y su trompeta que se balanceaba peligrosamente en lo alto de la Catedral. Hipnotizado por esta visión, extendió los brazos hacia el ángel como si quisiera atrapar la estatua y evitar que se estrellara contra la calle. Cuando se dio cuenta de lo ridículo que era aquel gesto, siguió corriendo hacia nuestra casa.

Al otro lado de la plaza, a la derecha del ayuntamiento, había un hotel llamado Venus. Era un edificio de tres plantas y abarcaba aproximadamente media manzana. Era uno de los dos hoteles más grandes de Santiago. Gracias a Dios, no había nadie en el hotel, porque lo estaban remodelando. El hotel entero se derrumbó. Al otro lado de la plaza, a la izquierda del ayuntamiento, estaba el Club San Carlos, un club privado muy exclusivo solo para hombres. Al frente del club, con vista a la acera y a la plaza, había unas docenas de mecedoras donde los socios, por lo general viejos políticos y hombres de negocios, venían a sentarse y hablar de las últimas noticias o chismes, pero sobre todo a observar a todas las muchachas guapas que paseaban por la plaza, en el sentido de las agujas del reloj, mientras los hombres jóvenes las miraban, yendo en sentido contrario, y la banda municipal tocaba su concierto nocturno.

En la tercera planta del Club San Carlos había una sala de juegos donde siempre había una partida de póquer desde las diez de la noche hasta el amanecer. Cuando por fin terminó de sacudirse, el techo y las cuatro paredes de aquel piso estaban completamente derruidos y la pared frontal que daba a la plaza se había desplomado sobre los asientos de los observadores de muchachas. Pero, aunque había mucha gente allí arriba, todos salieron sin heridas graves.

Uno de los que jugaban al póquer aquella noche era el marido de la hermana de mi padre, María Pepa, un tipo llamado Wasmer, de ascendencia alemana. Era un jugador compulsivo y siempre tenía problemas económicos. Tuvieron tres hijas y dos hijos. Tenía un buen trabajo, una bonita casa, pero siempre estaba empeñado, siempre era un perdedor y pedía prestado constantemente a todo el mundo, esperando esa noche de suerte, y seguro de que llegaría. Enrique, su hijo mayor, lo encontró por fin sentado en la plaza, con cortes y magulladuras por todas partes, pero aun sosteniendo y mirando fijamente su mano de póquer, como en estado de *shock*. Murmuraba para sí: «Hijo de puta, la primera vez que tengo ases a tope tiene que haber un puto terremoto».

Cuando papá llegó a casa, después de correr seis cuadras y esquivar muros que se caían, estaba cubierto de estuco y blanco de pies a cabeza. Llevaba un traje de lino blanco, la cara blanca, el pelo blanco y los zapatos blancos. Parecía un fantasma.

—¿Cómo están todos? —preguntó.

—Estoy bien y mamá está bien —le contesté—. El único herido fue el policía de servicio. Si se hubiera quedado resguardado en nuestro portal habría estado bien, pero cruzó corriendo la calle, donde le cayó encima un muro. Tenía una buena cortada en la cabeza. Salvador ya se ha ocupado de eso.

Mi padre fue entonces a ver si su madre y Willy May y su hija, Ampy, estaban bien.

Todo el mundo estaba bien.

La casa de la abuela, de la que era dueña, y la nuestra, que alquilábamos, eran coloniales españolas muy antiguas pero muy fuertes, construidas en la época en que Cuba era colonia española, y resistieron bien el terremoto, excepto una pared de mi cuarto, la que estaba detrás de mi cama. Cuando volví a mi cuarto para coger algo de ropa, encontré mi cama cubierta de ladrillos.

Papá volvió de casa de la abuela y nos dijo que allí no había nadie herido. Había decidido que estaríamos más seguros fuera de la ciudad, en nuestra finca, El Cobre, a solo unos treinta y dos kilómetros de la ciudad. Le preocupaba que, si continuaban los temblores, esas viejas casas no pudieran soportarlo. Peor aún, había peligro de incendio, que ya había comenzado en muchas zonas de la ciudad, causado por cables eléctricos de alta tensión que se habían caído. Pensó también en la impresionante posibilidad de un maremoto.

Había encontrado en los registros del ayuntamiento que don Manuel, su abuelo, que fue alcalde durante el terremoto de 1869, había evacuado a todo el mundo de los alrededores de la bahía a las tierras altas del interior, salvando así muchas vidas de un maremoto bastante aterrador.

Papá le dijo a Salvador:

—Tú y Desi lleven a mi madre con ustedes. Yo llevo a Lolita [apodo de mi madre para Dolores], Ampy y Willy May. Me encargaré de que el resto de la familia llegue en camiones o lo que sea.

No mucha gente tenía carro en nuestra ciudad. Salvador tenía un viejo cupé Ford Modelo T. Pusimos a la abuela en medio, él conducía y yo me senté al otro lado de ella. Se puso en marcha hacia la finca. Tuvimos que ir muy despacio debido a los cables vivos y al tráfico. Además, las paredes caían aquí y allá; la gente gritaba y corría por todas partes. Había casas en llamas, pasaban ambulancias y la policía hacía todo lo posible por mantener algún tipo de orden. Era un desastre.

A Salvador le estaba costando mucho salir de la ciudad. Mi abuela había estado muy callada durante todo esto. Entonces la oímos decir:

—He estado antes en este carro, pero nunca me había sentido tan incómoda como ahora. ¿Por qué?

Miré a mi izquierda y solo vi sus pies. Levanté la vista y me eché a reír.

Me miró y me dijo:

—¿De qué te ríes?

—Abuela, ¿qué haces sentada ahí?

—Estoy sentada donde me pusiste.

Mientras la ayudaba a bajar, me di cuenta de que, en mi prisa por meterla en el carro pequeño, de algún modo había conseguido empujarla hacia la parte superior del respaldo del asiento delantero, por lo tanto, su espalda empujaba contra el techo del carro y sus pies colgaban en el aire. La pobre abuela, que, como ya he dicho, medía metro y medio y pesaba más de cien kilos, estaba doblada como un pretzel gordo. Claro que estaba incómoda. Cuando llegamos a la finca, empezaron a llegar todos los demás. Pronto, la mayoría de mis parientes de ambos lados de la familia estaban allí. Toda mi vida he querido tener hermanos y hermanas. Yo era hijo único, pero eso sí, tenía un montón de primos.

Todas las casas de la zona eran de madera. Recuerdo que uno de los vecinos se acercó y nos dijo: «Estaba leyendo una novela cuando se produjo el terremoto y, al mirar a mi alrededor, pude ver los clavos que entraban y salían de las paredes. Me quedé fascinado con aquel espectáculo increíble y lo único que podía pensar era: "Por favor, Dios, que pare cuando los clavos estén dentro"».

Más tarde, me enteré de que durante el terremoto una guagua desapareció al abrirse la tierra, y nunca se lo volvió a ver. Gracias a Dios no había demasiados pasajeros a bordo a la una de la madrugada.

Nuestro cine más grande no era más que un montón de ladrillos y cemento. Solo quedaba la gran pantalla de cine. Parecía un autocine. Más tarde se hizo un estudio que afirmaba que habría habido al menos diez mil víctimas si el terremoto se hubiera producido a las ocho de la noche en vez de a la una de la madrugada. En realidad, solo murieron treinta personas.

En cayo Smith también había casas de madera, no grandes edificios, y cuando pasó la amenaza de maremoto algunos fuimos allí y otros se quedaron en la finca.

Papá no pudo pasar gran parte de aquel verano con nosotros. Le costó mucho reconstruir la ciudad.

El mayor proyecto de mi padre como alcalde fue el Plan Arnaz, que había sido aprobado hacía más de un par de años por el ayuntamiento y el gobernador. Desde entonces había permanecido en La Habana a la espera de la aprobación federal y la financiación necesarias. Exigía que todas las calles estuvieran pavimentadas; la mayoría no lo estaban, sobre todo donde vivían los negros y los pobres. Incluso la primera casa en la que vivimos estaba en una calle de tierra. El plan también exigía alcantarillas y aceras, más hospitales y mejor equipados, más escuelas, un acueducto que proporcionara suficiente agua fresca y limpia, más estaciones de bomberos y mejores camiones de bomberos.

Era un plan que no solo convertiría el pueblo en una ciudad muy limpia y moderna, sino que también daría a la gente un trabajo muy necesario. Luchó por ese plan durante años y se le partió el corazón cuando al final lo rechazaron. Todavía en 1973 decía que lo único que le hubiera gustado hacer era que se aprobara aquel plan para remodelar aquella ciudad. Después de tantos años seguía pensando en Santiago.

Mi bachillerato en el Colegio de Dolores estaba dirigido por jesuitas y, ¡vaya si son duros! En realidad, todos los institutos de Cuba son duros. Pero, aun así, en mi primer y segundo año saqué las mejores notas, todas excelentes, hasta en inglés, aunque no lo creas. Pero en mi penúltimo año tuve verdaderos problemas con mis estudios.

Uno de mis mejores amigos, Jack Cendoya, cuyo padre tenía una ferretería en la ciudad, estaba en la misma situación. Ese tercer año de colegio en Cuba es un asesinato. Se requiere Geometría Plana y Sólida, Trigonometría, Literatura Española, Historia de la Literatura Española, Lógica, Psicología y Física. En Estados Unidos estas asignaturas se imparten a lo largo de dos o tres años.

Sabíamos, como dice el viejo chiste, que teníamos dos probabilidades de pasar: la mínima y ninguna. En Geometría y Trigonometría solo teníamos una: ninguna.

Fui a ver a mi padre y le dije:

—Mira, papá, creo que no voy a poder aprobar los exámenes finales.

Me miró desde su escritorio y contestó:

—¿Y? ¿Qué quieres de mí?

—Siempre me has dicho que siempre que tuviera problemas te buscara a ti y a nadie más. Pues tengo problemas.

Asintió con la cabeza unas cuantas veces, sonrió y llamó a su secretaria para decirle que no quería que lo molestaran. Entonces me dijo:

—Me alegro de que hayas venido a mí y me hayas dicho la verdad.

—Lo siento, papá, no sé qué ha pasado.

—Yo sé lo que pasó —dijo—. Descubriste a las muchachas y, por el informe que me dio mi hermano jabonero, no te costó aprender *esa* materia.

—No, señor, quiero decir… —tartamudeé.

—No importa —dijo—, tiene que haber alguna forma de que superes este bache. —Pensó un momento, pulsó un botón de su escritorio y dijo—: Que venga el sargento Rojas. —Se volvió hacia mí y me dijo—: Este sargento, del destacamento del ayuntamiento, es un genio de las matemáticas.

—Bueno —le dije—, si él logra que apruebe Geometría y Trigonometría, creo que podré arreglármelas con las otras estudiando mucho durante los próximos dos meses.

—Te diré lo que yo haría si estuviera en tu lugar —dijo—. Yo dejaría la escuela a partir de ahora mismo y aprovecharía todas las horas para estudiar en casa, porque, a estas alturas, estoy seguro de que todos los demás muchachos de tus clases se limitarán a repasar lo que ya han estudiado, y según lo que me has contado, tú no tienes nada que repasar.

El sargento Rojas entró al despacho y papá le explicó el problema. Quedó en empezar la mañana siguiente a las ocho de la mañana en nuestra casa.

—Muchas gracias, papá —dije, y empecé a irme.

Me paró y dijo:

—Oye, Desi, más te vale aprobar esos finales porque, si no, no habrá cayo Smith para ti este verano.

Ni él ni nadie sabía que, antes de que acabara el verano, el rumbo que había trazado con tanto cuidado y amor para nuestras vidas iba a quedar hecho trizas.

## 3

MI PADRE FUE ELEGIDO DIPUTADO EN NOVIEMBRE de 1932. Fui con él a algunas comisarías de Santiago. En aquella época no había máquinas para contar los votos. Un funcionario los anunciaba en alta voz y los echaba en las casillas de los candidatos. Cuando entré en una comisaría, el funcionario estaba echando algunos en la urna de papá y diciendo: «Arnaz-Arnaz uno más para el doctor», mientras dejaba caer otro en ella. «¡Desiderio-Desi-Desiderio-AY! Uno para el otro», y entonces dejaba caer delicadamente uno en la caja del otro.

Papá fue a La Habana en enero de 1933 para jurar como diputado. Cuando volvió a Santiago para ayudar a traspasar el ayuntamiento al nuevo alcalde, le hicieron un tremendo desfile de celebración de la victoria. Vi que lo llevaban con la bandera cubana más grande que había visto nunca. Debía de haber al menos cien personas sujetándola y haciéndolo rebotar. Parecía como si estuviera haciendo piruetas en un trampolín. Pensé: «Dios mío, nunca lo van a traer aquí entero».

Mamá y yo estábamos con los concejales y el alcalde, que patrocinaban la fiesta de celebración. Papá reía y saludaba a la multitud mientras lo llevaban por toda la plaza hasta las escaleras del ayuntamiento.

Luego del traspaso de su administración al nuevo alcalde, regresó a La Habana para empezar a cumplir su mandato en la Cámara.

El 2 de marzo recibí una carta de papá. Era mi decimosexto cumpleaños. Decía que, según él, eso significaba que ya no era un niño, sino un hombre. El resto, en el que filosofaba sobre la vida en general, me impresionó tanto que la puse en un marco y la colgué en mi cuarto. Mamá también recibió una carta suya aquel día en la que le decía que había encontrado una casa maravillosa para nosotros en El Vedado, una zona residencial muy bonita de La Habana, el equivalente a Bel Air en Los Ángeles. También escribió que llegaría a casa el 15 de agosto y luego nos iríamos todos a cayo Smith hasta que yo tuviera que ir a terminar el bachillerato a La Habana. Y yo apenas podía esperar al otoño de 1934 y a Notre Dame.

Jack Cendoya y yo, con la ayuda de las largas horas de esfuerzos del sargento, y por la gracia de Dios, habíamos conseguido pasar a duras penas los finales de nuestro tercer año de colegio. Hacia las tres de la tarde del 12 de agosto, estaba en casa de Jack, a cuatro o cinco cuadras de nuestra casa, en Vista Alegre. Vista Alegre era un barrio residencial de Santiago. Mi padre tenía una bonita propiedad allí e inmediatamente después del terremoto mandó construir una casa, toda de madera. Todos los que podían permitírselo se alejaban de Santiago y de sus viejos edificios. Nos habíamos mudado a Vista Alegre a finales de 1932.

Jack y yo jugábamos al póquer de poca monta. Nunca llegaba a casa antes de las seis, pero hacia las tres de la tarde le dije a Jack:

—No sé por qué, pero siento que debo irme a casa.

—¿Qué quieres decir con que deberías irte a casa? Solo porque vas ganando, ¿eh?

—Vuelvo en un rato —le contesté.

Cuando llegué a casa, el teléfono estaba sonando. Era el hermano de mi madre, Eduardo, un abogado prometedor que más tarde llegó a ser juez. Sonaba muy agitado:

—¡Saca a tu madre de casa ahora mismo! Vienen a buscarlos.

—¿Quién viene a buscarnos? —pregunté.

—Machado huyó del país y todos los que eran parte del régimen de Machado están en peligro. —Machado era el presidente.

—Cálmate, Quiquín [ese era su apodo]. ¿De qué demonios estás hablando?

—Escúchame, y pon atención. Están deteniendo o asesinando a todos los machadistas. Están saqueando y quemando sus casas.

—¡Espera un momento! —dije—. La gente de Santiago acaba de hacer una tremenda fiesta de celebración para papá cuando fue elegido diputado. ¿Por qué van a venir a dañar nuestra casa?

—Esta no es la gente de Santiago. No son más que un grupito de anarquistas y bolcheviques [en aquella época ni siquiera se los llamaba comunistas]. Han matado o herido a todos los policías que han tratado de detenerlos.

El Cuartel Moncada [el mayor puesto militar de Santiago] ¡está en llamas! Por el amor de Dios, no pierdas más tiempo. ¡Sal de ahí! Que Bombalé los lleve a casa de Bravo Correoso y nos encontramos allí.

Antonio Bravo Correoso era tío de mi madre y uno de los abogados penalistas más famosos de Cuba. Algunos de sus casos se siguen utilizando como libros de texto en la Universidad de La Habana. También había sido senador. Un hombre brillante.

Justo cuando colgué, oí un estruendo. Me asomé y no podía creer lo que veía. A unas ocho cuadras, apenas empezando a sobrepasar la colina de nuestro bulevar principal, había una turba de quinientas personas o más que llevaban antorchas, horcas, pistolas y Dios sabe qué más.

Mamá oyó y vio a esta turba aterradora.

—Dios mío, ¿qué es eso? ¿Qué está pasando?

—Quiquín llamó y dijo que son anarquistas que están destruyendo todo lo que pertenecía a cualquier machadista, y que saliéramos enseguida y fuéramos a casa de Bravo.

Mientras la ayudaba a ponerse el abrigo, le pregunté:

—¿Dónde está la caja chica que dejó papá?

Había dejado unos trescientos o cuatrocientos dólares para gastos domésticos. Ella cogió la caja chica y yo agarré un revólver con empuñadura de perla que papá siempre había guardado en la gaveta de su mesita de noche. Encontré a Bombalé, que nos manejaba porque nuestro chófer de siempre, Blanco, se había ido con mi padre a La Habana, en la puerta sacudiendo la cabeza y mirando a aquella muchedumbre enloquecida.

—No puede ser que vengan para acá—me dijo—. Hay negros en esa turba.

Lo que Bombalé quería decir era que los negros habían sido los mayores partidarios de papá. Sin ellos nunca habría sido elegido alcalde tres veces. La mayoría de los líderes de las campañas políticas de mi padre habían sido negros. Nunca supe lo que eran los prejuicios raciales hasta que llegué a la Florida. En lugar de tener prejuicios, estábamos orgullosos de nuestra población negra.

Muchos de nuestros héroes de la Guerra de la Independencia, como Flor Crombet y el Perito [sic] Pérez, eran negros. José Maceo y Juan Gualberto Gómez, mulatos, y, por último, pero no por ello menos importante, el indomable «Titán de Bronce», Antonio Maceo, que junto con su hermano revolucionario blanco José Martí, se convirtieron en nuestros mayores héroes y, de hecho, libertadores. Martí, nuestro Simón Bolívar, y quizás el cubano más brillante de todos los tiempos, escribió: «El hombre no tiene ningún derecho especial porque pertenezca a una u otra raza. El alma emana igual y eterna de cuerpos diversos en forma y en color. Dígase hombre y ya se dicen todos los derechos».

Nuestros bailes, por los que éramos tan famosos a nivel internacional como por nuestros puros, azúcar y ron Bacardí, eran sobre todo africanos: la conga, la rumba y el mambo. Y nuestra música cubana, como la describiera tan cariñosamente Fernando Ortiz, «era un amor entre el tambor africano y la guitarra española» (Changó, dios de la guerra, es el dios africano al que canto en «Babalú»).

Bombalé se volvió hacia mi madre y le dijo:

—Señora Arnaz, por favor, déjeme quedarme y proteger su casa.

—Gracias, Bombalé, pero no —respondió mi madre—. Te necesitamos. Por favor, ven y llévanos.

Mamá sabía que si Bombalé se hubiera quedado allí no habría podido proteger nada y probablemente lo habrían matado.

Cuando nos metimos en el carro, el perro policía y el chihuahua de papá ya estaban dentro; supongo que intuyeron algo. Bombalé intentaba arrancar el motor. No arrancaba. Entonces le oí decir:

—Dios mío, olvidé que esta mañana llevé la batería al taller.

Para entonces, la muchedumbre ya casi había llegado y un carro se detuvo al lado del nuestro. El que conducía era Emilio López, uno de los principales hombres del ABC, grupo formado contra Machado.

—Vamos, Desi, y Lolita y Bombalé —dijo Emilio—, suban aquí y los llevaré a mi casa.

Es un poco irónico que el hombre que nos alejó de la turba, y quizá nos salvó la vida, fuera uno de los jefes del partido de la oposición. No habían imaginado que la caída de Machado le daría a los anarquistas y bolcheviques una oportunidad perfecta para la violencia popular.

Nos quedamos en casa de Emilio hasta que oscureció. De camino a casa de Bravo Correoso tuvimos que pasar por nuestra casa. Mejor dicho, lo que quedaba de nuestra casa. El piano estaba hecho pedazos en el jardín, frente a la ventana de la sala. Nuestro carro, un Essex (que ya era bastante malo), estaba boca abajo en la acera, con todas las ventanillas rotas y las ruedas robadas. Por todas partes había mesas, lámparas, jarrones, sillas, cuadros, vasos, platos, discos, la vitrola, la radio, mi bicicleta (retorcida y doblada como una rosquilla), una raqueta de tenis, pelotas de béisbol, balones de fútbol, ropa de mamá, ropa de papá, mi ropa... de todo.

Algunas personas seguían entrando o saliendo de la casa, buscando cosas que robar o quizá simplemente coleccionando recuerdos.

Lo último que vi fue mi guitarra, con el mástil aún echando humo.

Mi madre dijo:

—No puedo creer que esa fue nuestra casa hace solo un par de horas.

Si estás leyendo esto en el calor y la comodidad de tu hogar, rodeado de todas las posesiones que has acumulado a lo largo de tu vida (no solo las cosas valiosas, sino todos tus cosas personales, todos tus recuerdos), trata de imaginar cómo sería si, en cuestión de horas, todo desapareciera.

Lo que más echaba de menos mi madre eran las fotos de bebé, los certificados de bautismo, primera comunión y matrimonio, las fotos de boda, el primer regalo de mi padre mientras la cortejaba y otros recuerdos de ese tipo. El valor de estas cosas en una tienda de empeños no daría ni un dólar, pero siguen siendo las cosas que más valoras.

Recuerdo, muchos años después, cuando Lucy y yo vivíamos en el rancho de Chatsworth y hubo un gran incendio a nuestro alrededor. Mamá venía a casa con nosotros. Al principio, la policía no nos dejó pasar. Intentaban mantener a todo el mundo fuera de esa zona, pero les expliqué que teníamos que llegar a nuestra casa tratar de salvar, al menos rescatar, lo que pudiéramos. Cuando llegamos, fui al tejado con una manguera para mantenerlo húmedo. Lucy estaba dentro, decidiendo qué llevarse. Sin saber por dónde empezar, le preguntó a mi madre:

—¿Qué sacas primero?

—Todas las fotos, llévate todas tus fotos y tus documentos y papeles privados y personales. Todo lo demás se puede reemplazar.

Lucy nunca lo olvidó, y cuando me contó lo que había dicho mi madre, volví a recordar que, por mucho que me esforzara, o por mucho éxito y riqueza que pudiera llegar a tener, siempre habría ciertas cosas que el dinero nunca podría comprar ni sustituir.

Nuestra casa de Santiago no fue la única que fue saqueada e incendiada. Al menos veinte o treinta más corrieron la misma suerte. Algunas pertenecían a personas que ni siquiera estaban en el Gobierno, como el pobre Salvador. Solo porque era hermano de mi padre, quemaron su apestosa fábrica de jabón. Mi abuela Rosita y mi abuelo Alberto casi volaron en pedazos por una bomba frente a su casa. Gracias a Dios que no estaban sentados junto a la ventana en sus mecedoras. Se salvaron por estar en la fiesta de cumpleaños de uno de sus nietos en el patio interior. Mi abuelo Alberto nunca se había metido en política.

Las acciones de semejante turba, incitada y manipulada por quienes saben cómo hacerlo, son difíciles de creer y aterradoras de presenciar. Podías señalar a alguien con el dedo y decir, «¡Mató a mi hermano!» y, sin importarles si era cierto o no, lo fusilaban o, peor aún, le amarraban una cuerda al tobillo y lo arrastraban por las calles. Yo vi un incidente así. El pobre desgraciado iba rebotando de una acera a otra mientras lo arrastraban hasta el cementerio; y allí, si por casualidad seguía vivo y les quedaba una gota de piedad, al final le daban un tiro como si fuera un caballo lisiado. Para entonces, los soldados y policías estaban muertos de miedo y superados en número, entonces se convirtieron en meros espectadores en medio de la turba.

Al menos de momento, mi madre y yo estábamos a salvo en casa de Bravo. Se opuso al régimen de Machado y uno de sus hijos, Tony, y el coronel Pujol, un yerno, fueron muy destacados en el ABC, fundado originalmente en 1931 por estudiantes y dirigentes de la oposición de la clase media-alta. Su único objetivo era sacar a Machado, pero en condiciones de clase media. Eran idealistas serios, interesados únicamente en la regeneración de la vida cubana.

Los grupos anarquistas y comunistas se infiltraron en el ABC con el fin de usar ese paraguas idealista para poner en práctica sus métodos revolucionarios de crear deliberadamente el terror y provocar así la interrupción de las actividades gubernamentales. Cuando lo lograron y Machado se tuvo que irse, aprovecharon la oportunidad de destruir cualquier apariencia de autoridad sabiendo que la anarquía y el caos (las condiciones ideales para sus actividades terroristas) crearían una situación tan intolerable que podrían tomar el poder y controlar la isla prometiendo restaurar la ley y el orden, que con tanta habilidad habían destruido antes.

Anarquía. Lo había oído mencionar tantas veces que le pregunté a Bravo:

—¿Qué significa anarquía?

—Gobierno sin jefe —me explicó.

Tony Bravo y el coronel Pujol llevaban en Casa Marina desde primera hora de la mañana celebrando la caída de Machado. No supieron que nuestra casa había sido saqueada y quemada, ni que mamá y yo estuvimos escondidos en su casa hasta aquella noche, hasta que alguien llegó al prostíbulo mostrando algunos de los «trofeos» que se habían llevado de nuestra casa. Entre ellos había una foto de grupo de sus familias y las nuestras. Eso aguó mucho la fiesta. Cuando Tony llamó a su padre, se enteró de lo que nos había pasado y ambos acudieron a la casa de inmediato.

Mi madre había aguantado bastante bien, con todo lo que le había pasado aquel día. Sin embargo, las noticias del día siguiente fueron demasiado para ella y se puso histérica cuando supimos que habían hecho lo mismo con nuestras tres fincas y con la casa de la playa de cayo Smith. También habían hundido la lancha motora de papá y mi pequeño barco de pesca. Lo peor de todo es que habían masacrado a la mayoría de los animales de las fincas: vacas, gallinas, cerdos, caballos y cabras. Bravo y Tony nos dieron a mamá y a mí un estrecho y largo abrazo.

Le pregunté a Tony:

—¿Mataron a los animales porque tenían hambre?

—Diablos, no, simplemente los mataron y los dejaron allí para que se pudrieran.

—Pero ¿por qué… por qué los animales?

—No lo sé, Desi. No sé por qué alguien haría algo así. Lo único que sé es que también dejaron salir de la cárcel a todos los delincuentes, no solo a los presos políticos, sino a todos los asesinos, violadores y ladrones. También han irrumpido en todas las licorerías. Nunca había visto tantos borrachos. Es increíble cómo un grupo bien entrenado de agitadores puede convertir lo que debería ser una celebración pacífica y feliz en una orgía bárbara de muerte y destrucción.

Durante los días siguientes anduve por la casa como un zombi. Comí y dormí, me bañé, hablé y pensé. Pensé mucho. Lo único que no podía hacer era llorar.

No podía comprender lo que había ocurrido. Papá siempre había sido querido en ese pueblo. Lo llamaban «Alcalde Modelo». Una de las últimas cosas que hizo como alcalde fue convertir una amplia zona alrededor de la bahía, que había sido un barrio de aspecto vergonzoso donde vivían negros y pobres, en un hermoso malecón, con parques y árboles, dos grandes piscinas para los niños, pistas de tenis y baloncesto y un campo de béisbol. Un ejemplo de lo que su Plan Arnaz habría hecho en todas partes.

Cuando estuvo terminado, los trabajadores y dirigentes sindicales y los jefes de comercio hicieron una colecta, y a la entrada del malecón construyeron una gran torre. En ella había un gran reloj y un busto de bronce de mi padre con ALCALDE MODELO impreso debajo.

Mi padre llamó al malecón Alameda Michaelson en honor de un amigo estadounidense de Cuba. El reloj y el busto de mi padre aún están allí. Fueron restaurados unos años después de ser derribados.

Más tarde, cuando vi a papá en la cárcel de La Cabaña en La Habana, le pregunté:

—¿Cómo puede ocurrir algo así de la noche a la mañana?

—No ocurrió de la noche a la mañana —me dijo—. Cuando tanta gente pasa hambre y no tiene un lugar decente donde vivir, atención médica y buenas escuelas para sus hijos, ciudades limpias sin moscas ni mosquitos, sin la amenaza continua del tifus, la fiebre amarilla y todas las demás enfermedades sinónimo de suciedad, es propensa a rebelarse.

»Había mucho malestar, pero nadie esperaba que acabara así, excepto los que estaban al acecho para aprovecharlo. Si hubiera tenido la más mínima sospecha, habría estado en Santiago. Tengo que creer que ni siquiera Sumner Welles, embajador estadounidense en Cuba en aquel momento, se dio cuenta de lo que hacía cuando obligó a Machado a huir de repente. Todo el mundo quería librarse de Machado. Incluso yo me estaba desencantando de aquel hombre, y si el señor Welles no se hubiera portado de una manera tan estúpida, todo habría ido bien. Pasó por alto el hecho de que el país, al quedarse repentinamente sin jefe de Estado, no tendría tiempo de sustituirlo de una manera ordenada y legal.

Papá lo comparó con lo que pasaba si la pared principal de soporte de un edificio estuviera podrida y hubiera que cortarla y sustituirla.

—Antes de cortarla, tienes que asegurarte de que todas las demás paredes de ese edificio están bien apuntaladas y aseguradas, porque si no lo están, y simplemente cortas la que está podrida y la tiras, todo el edificio se derrumbará. Y eso, desgraciadamente, es lo que le ha pasado a Cuba.

Al cabo de un par de días nos enteramos de que papá estaba a salvo en casa de su hermana en La Habana, pero todos los alcaldes, gobernadores, jefes de policía, senadores, diputados y cualquier otra persona que hubiera estado en el régimen de Machado y pudiera ser encontrada, terminaba en la cárcel. Los demás, que tenían dinero escondido fuera de Cuba y no habían sido capturados, salían del país tan rápido como podían.

Más tarde me enteré de que, en realidad, papá había ido al aeropuerto con el presidente y podría haberse ido con Machado cuando este se fue a Miami. Machado salió en la madrugada del día 12 con cinco tipos en pijama. Cada uno de ellos llevaba dos o tres sacos de oro, así que Machado iba a estar bien.

Le dijo a papá:

—Será mejor que vengas conmigo, Desiderio, porque cuando me haya ido, esto va a ser un caos total.

Papá le dio las gracias, pero dijo que no le iba a pasar nada.

—No se van a molestar por un pececillo como yo.

—Fíjate en lo que te digo, Desiderio, y no te arriesgues —contestó Machado—. Las personas que están detrás de todo esto no son los miembros del partido de la oposición tal y como lo hemos conocido en el pasado, sino los anarquistas y comunistas de hoy en día.

Santiago de Cuba había sido la primera ciudad de la isla en la que se había metido preso a un comunista, durante el segundo mandato de mi padre como alcalde. Eso quizá explica por qué no pudieron esperar para destruir todo lo que tenía en cuanto pudieron hacerlo. Papá decidió entregarse en La Cabaña, donde le habían prometido protección hasta que se restableciera la ley y el orden.

La casa de Bravo Correoso estaba construida alrededor de un hermoso patio, tan grande y con tantas flores, árboles, fuentes y bancos, que parecía un parque. En el centro había una jaula preciosa llena de todo tipo de pájaros, pero ni siquiera parecía que estuvieran enjaulados. Tenía al menos un piso y medio de altura y no menos de doce metros de largo por nueve de ancho. Había un enorme árbol de sombra en el centro, así que los pájaros estaban más contentos dentro que fuera. Tenían toda la comida y el agua que necesitaban y todas las bellezas de la naturaleza. Era un refugio para ellos y se reproducían como locos allí dentro.

Bravo sabía que su hijo Tony nos llevaría a La Habana al día siguiente. Recuerdo que le decía a mi madre, mientras paseábamos por el patio:

—La vida es muy larga. Es como un libro con muchos capítulos, y este es el primer golpe en tu vida. Y probablemente recibirás algunos más. Parece que la vida está llena de golpes.

Luego dijo:

—Sé que ahora no estás de humor para creer lo que te voy a decir a continuación, pero créeme, te recuperarás, seguirás adelante, volverás a tener las cosas que has tenido y quizá incluso más, pero tendrás que ser fuerte; sobre todo tú, Desi, eres un chico muy joven y tienes toda la vida por delante. Así pues, recemos para que tus futuros golpes no sean tan duros e inmerecidos, ni tan incomprensibles para ti como lo ha sido este.

Al día siguiente, Tony, mi madre, su hermano Eduardo, que conducía, y yo nos fuimos a La Habana en el carro de Tony, que había decorado con banderas del ABC. Cada vez que llegábamos a una ciudad o veíamos una multitud de gente, él y yo nos subíamos al estribo y gritábamos «¡Viva la Revolución!» hasta que llegamos sanos y salvos a La Habana.

Toda aquella semana del 12 de agosto había sido como una horrible pesadilla.

Si pensaba que era malo en Santiago y en todo el país, cuando llegamos a La Habana era mucho peor.

Llegamos allí después de un día y medio de recorrer con cuidado la isla y gritar «¡Viva la Revolución!» y fuimos directo a casa de mi tía Amparo, la hermana de mi padre. Fue entonces cuando nos enteramos de que papá ya se había entregado y estaba en la cárcel de La Cabaña.

Cuando llegamos a casa de mi tía, había un maldito idiota que, con un anticuado avión de cabina abierta de la Primera Guerra Mundial y bombas caseras, intentaba bombardear el nuevo régimen en el Palacio. Mi tía vivía a unas tres cuadras del Palacio, un lugar peligroso porque este comebolas nunca acertó a golpear el Palacio. Sin embargo, golpeó todo a su alrededor. En un café al aire libre, un niño que tocaba las maracas perdió un brazo. Murió una pareja en la playa, que estaba a unas tres cuadras y media del Palacio. Hirió a gente que salía del teatro, a cuatro cuadras de distancia. El lugar más seguro de toda la ciudad estaba *en* el Palacio.

Hubo una imagen que nunca olvidaré. La cabeza de un hombre clavada en un palo largo y colgada delante de su casa. El resto del cuerpo fue colgado dos puertas más abajo, delante de la casa de su padre.

---

# 4

CUANDO BAJÉ DEL TRANSBORDADOR QUE ME TRAJO DE Cuba a los Estados Unidos en cayo Hueso, tal vez no fuera un gran paso para la humanidad, pero sí lo fue para mí.

Mientras comprobaban mi permiso de turista en la oficina de inmigración, levanté la vista y vi a papá que reía alegremente detrás de la mampara de cristal.

Cuando me dejaron pasar, le di el abrazo más largo, grande y apretado jamás visto.

—Bienvenido a los Estados Unidos de Norteamérica —me dijo—, y esas serán las últimas palabras en español que te diga hasta que aprendas inglés.

Le recordé con orgullo que había sacado buenas notas en mis dos últimos cursos de inglés en el instituto.

—Así es, dímelo en inglés —dijo.

—De acuerdo. —Traté, pero no salió muy bien.

—Bueno, tomará un tiempo para que tus oídos se acostumbren y para que tu lengua lo maneje.

Mis oídos acabaron acostumbrándose bastante bien, pero mi lengua ha estado librando una batalla perdida desde entonces.

Subimos a la guagua hacia Miami y, mientras nos acomodábamos en nuestros asientos, me ofreció un cigarrillo. Nunca había fumado delante de él.

—¿Cómo sabías que había empezado a fumar?

—Oh, me imaginé que en algún momento de los últimos nueve meses probablemente lo habías hecho.

Mi padre había estado preso seis meses en La Cabaña en La Habana. Al fin pudimos sacarlo con un *habeas corpus*, que es un término legal para «O cagas o sal del baño».

Había leído en un periódico la noticia de un *habeas corpus* que había prosperado, a favor del gobernador de nuestra provincia de Oriente, Barceló. No tenían nada contra él, ni cargos definitivos, ni acusaciones, así que tuvieron que dejarlo salir.

Llevé el periódico a Bravo Correoso y le pregunté:

—¿No funcionaría esto igual para papá? Nadie lo ha acusado de ningún delito. No ha sido acusado de nada.

—Sí, no veo por qué no. Déjame comprobarlo con los tribunales de la ciudad y de La Habana.

Lo comprobó y no había nada contra él. Así que envió este recorte de periódico a mi tío Eduardo, el tipo que me llamó cuando la chusma enloquecida venía a casa y que, como ya he dicho, también era un abogado magnífico. Eduardo lo llevó a los tribunales y ganó el caso, y dejaron libre a papá. En cuanto salió, Batista le aconsejó que se fuera a Miami hasta que Cuba volviera a la normalidad.

Todavía había muchos locos sueltos, aunque Batista ya había establecido cierta apariencia de ley y orden. Al menos los tribunales volvían a funcionar.

—Siento no haber podido traerte antes, pero ya sabes que no tenía dinero. A decir verdad, ahora tengo muy poco. Solo pude pedir prestados unos cientos de dólares.

—No te preocupes, papá, te queda mucho camino por recorrer [entonces solo tenía cuarenta años]. Empezaremos de nuevo, y al menos recordaremos que lo que nos ocurrió en Cuba no puede ocurrir nunca en Estados Unidos.

El cuarto que teníamos en la zona suroeste de Miami estaba en una pensión y no era gran cosa. Sabía que mi padre se avergonzaba de no poder buscarnos algo mejor. Pero no me importaba y no debía importarle. Me sentía feliz simplemente por estar allí con él. Lo único que quería era ponerme en marcha para poder mandar a buscar a mi madre, que estaba en Santiago, en casa de su padre, esperando con ansias reunirse con nosotros.

La noche siguiente, me dijo:

—Está bien, tienes que empezar a moverte solo, así que vete a cenar solo.

Di una vuelta y encontré lo que parecía un restaurante modesto pero agradable y limpio. Una camarera muy mona me trajo un menú. Levanté la vista, dije «Gracias» y lo abrí. Después de echarle un vistazo, empecé a maldecir a los jesuitas. No solo no me habían enseñado a entender ni a hablar inglés, sino que ni siquiera me habían enseñado a leerlo. La camarera estaba a mi lado con bloc y lápiz. La miré y volví a sonreír. Me miró, me devolvió la sonrisa y dijo algo en inglés que sonó como: «¿Yaestálistoparaordenarsucena?».

Ese es el problema con una lengua extranjera: nadie se detiene entre palabra y palabra. Podría haber dicho «¿Vasaquedarteahítodalaputanocheovasaordenartucenacubanotonto?» y yo no habría notado la diferencia. De todos modos, como no quería que se quedara allí parada más tiempo, señalé cuatro líneas distintas del menú, y acabé con cuatro tipos distintos de sopas, que me comí o bebí, o como demonios se diga, como si fuera lo que normalmente pedía para cenar. Pensé que me había mirado un poco raro cuando le señalé por primera vez las cuatro líneas diferentes del menú, y cuando me trajo el segundo plato de sopa, supe por qué. Debes entender que en 1934 había muy pocos cubanos en Miami. Todavía no había empezado la gran avalancha de exiliados cubanos que se iba a venir sobre Miami durante los cuarenta años siguientes. Los únicos que estaban allí entonces eran los exiliados del régimen de Machado. Una semana después encontré un pequeño restaurante con un letrero que decía, «Se habla español». Hoy, con el medio millón o más de exiliados en esa misma zona de Miami, tienes suerte si puedes encontrar uno que diga «*English spoken*».

Mi padre me dijo que temía que las excelentes notas que me daba mi profesor de Inglés, un jesuita español, no significarían gran cosa cuando llegara a este país. Había decidido que iría a la escuela de verano de San Leo, a unos sesenta y cuatro kilómetros al norte de Tampa.

—No podemos gastar dinero para eso —protesté.

Dijo que ya estaba todo arreglado. Una sobrina del expresidente Machado conocía al director a través de una amiga suya que tenía dos hijos allí y nos habían hecho un trato muy bueno.

Entonces se dirigió a su maleta y, mientras sacaba algo de ella, dijo:

—¿Quieres llevarte esto?

Era la carta que me había enviado el año anterior por mi cumpleaños. El cristal estaba roto y el marco no estaba en el mejor estado.

—¿Cómo has conseguido eso?

—Bombalé volvió a la casa después de haberlos dejado en casa de Bravo y me lo envió a la cárcel. Lee la nota que envió con él. Está pegada por detrás.

*Querido doctor Arnaz:*

*Siento mucho que no pude hacer nada. Pero pensé que probablemente, Desi estaría contento de tener esta carta que usted le mandó.*

*Así fue como la encontré en el patio de atrás.*

*Atentamente, su servidor y su amigo.*

*Bombalé*

Me lo pasé muy bien en San Leo ese verano y apenas vi a los otros dos muchachos cubanos que estaban allí. Mi padre había ordenado a los hermanos que nos mantuvieran separados para que yo tuviera que hablar sólo inglés. Mis oídos aún no habían sido capaces de descifrar qué demonios significaban todas aquellas palabras juntas. Realmente sonaba peor que jerigonza y era molesto de escuchar, sobre todo si alguien intentaba darme una larga explicación sobre algo. Así que, si no quería oírlo, me hacía que lo entendía y me limitaba a decir: «*Yeah, yeah, okay*».

Unas tres semanas después de llegar a San Leo, uno de los hermanos que se encargaba del atletismo se me acercó para darme una larga explicación sobre algo. Le dije: «*Yeah, yeah, okay*».

La noche siguiente fui a mi clase de boxeo y me di cuenta de que había mucha gente. En general, solo había unos cuantos muchachos alrededor, algunos tomando clases, otros simplemente observando y conversando. Esta vez la sala estaba llena. El mismo hermano estaba en el *ring* haciendo algún tipo de anuncio y todo el mundo aplaudía y me miraba. Sabía que algo iba mal, pero no podía descifrar qué.

El hermano me hizo una señal para que subiera al ring y luego me ayudó con los guantes. El entrenador de boxeo ya estaba arriba, con el *short* de boxeo y los guantes puestos. El hermano nos llevó entonces al centro del ring, donde oí más jerigonza. Nos hizo darnos la mano y nos envió a nuestros rincones. Sonó la campana. (Nunca lo hizo para una lección). La primera vez que me pegó supe muy bien que no era una lección. Caí de culo. Ahí sentado, pensé: «¿Cómo demonios me he metido en esto?». Me levanté y empecé a bailar un poco.

«Sigue moviéndote, sigue moviéndote», me decía a mí mismo. Cuando creí tener una oportunidad, lancé un derechazo y me golpearon con tres combinaciones. Otra vez de culo. Los asaltos son de dos minutos, con un minuto de descanso, y déjame decir que son los dos minutos más largos y el minuto más corto del mundo.

Estaba enojado y adolorido y quería dejarlo, pero no quería parecer un cobarde, así que volvimos a las andadas. Pero no había forma de que pudiera golpear a este tipo. Cuando creí que lo tenía y le lancé un puñetazo, se agachó y *¡bim, bam!*, me golpeó tres o cuatro veces, y yo volví a caer sobre lo que ya saben.

Así fue durante las tres rondas. Nunca en mi vida recibí paliza como esa. No pude comer comida sólida durante dos semanas. Lo que ocurrió fue que cuando le dije al hermano: «*Yeah, yeah, okay*», le di el visto bueno a un combate de exhibición, que esos otros dos cubanos le habían dicho que yo, como campeón del instituto de peso medio de mi ciudad [no es cierto], quería tener con el entrenador.

¡Hijos de puta!

El entrenador, que, por cierto, era el campeón amateur de peso medio de la Florida, lamentó mucho el incidente y durante el resto del verano me enseñó mucho sobre cómo cuidarme. Me ha resultado útil unas cuantas veces. La primera vez fue antes de que acabara el verano. Debo admitir que no seguí todas las reglas del Marqués de Queensberry mientras «razonaba» con aquellos dos cubanos, de uno en uno.

Al final del verano volví a Miami y descubrí que el exalcalde de Santiago, el exgobernador de Santa Clara y el exgobernador de Camagüey habían creado una empresa para importar materiales de construcción. El *boom* de la construcción acababa de empezar en Miami y Miami Beach. Importaban tejas, baldosas de baño, azulejos de cocina... todo tipo de mosaicos.

Llamaron a la empresa Pan American Importing and Exporting Company, Incorporated (P.A.I. & E.C., Inc.), un nombre cojonudo para una empresa con un capital de quinientos dólares. Comprarían baldosas por valor de cuatrocientos dólares a México, y luego tenían que esperar a venderlas para poder pedir otro cargamento. No podían conseguir ningún crédito. Ni siquiera podían recuperar las pérdidas por rotura porque no podían pagar el seguro.

La sede de la empresa estaba en Third Street, S.W., en Miami, en una pequeña habitación con tres escritorios para los ejecutivos. Yo era el encargado del transporte, el que iba a buscar café, bocadillos y las baldosas.

El almacén, justo detrás de la oficina, tenía un piso de cemento bastante liso y era una habitación de buen tamaño, de doce por doce metros. Tenía un pequeño bidón en la parte de atrás y un lavabo.

Un día, mientras estaba allí contando y ordenando las baldosas, vi que papá miraba a su alrededor y medía una esquina. Yo sabía lo que estaba pensando, pero nunca me lo diría. Así que le dije:

—Sabes, papá, creo que deberíamos dejar de pagar cinco dólares semanales a la señora de la pensión. De todas formas, la comida es pésima, y podríamos encerrar un pequeño espacio, justo ahí detrás de la oficina, muy fácilmente. Podríamos hacerlo nosotros mismos, con unos cartones y unas vigas. Podríamos poner una pequeña cómoda, un par de camas, un armario colgante en una de las esquinas. Sería un bonito cuarto. Tenemos un retrete, tenemos agua y realmente no necesitamos todo este espacio para las baldosas. Vamos a conseguir una cocina de dos hornillas, un par de ollas y sartenes y resolvemos.

No dejaba de mirarme. Mi padre era un hombre muy orgulloso. Yo era su único hijo y me había dado todo lo que un padre puede dar a un hijo desde que nací.

—No quiero que mi hijo viva en un almacén —dijo.

—Eso es una tontería, papá, aquí podemos estar más cómodos y comer mejor que en la pensión.

Me costó convencer a mi padre, pero al final lo logré.

Llegaba a «casa» de una cita y me encontraba a mi padre, que había sido el rey de mi ciudad durante diez años, un tipo guapo, todavía joven y maravilloso, dando vueltas con un puto bate de pelota intentando matar a las ratas para que pudiéramos irnos a la cama sin peligro. Vivimos allí bastante tiempo y lo convertimos en una especie de juego para ver a quién de los dos se le ocurría una idea para arreglarlo mejor y eliminar a las ratas.

También íbamos a los mercados y buscar alimentos que estuvieran en oferta especial. Recuerdo que una vez encontramos latas de frijoles con cerdo a un precio de ganga. Compramos bastantes cartones, unas sesenta latas en total. Después de comernos media docena de latas, probamos con salsa de tomate, con ajo, con cebolla, con arroz... tratamos de disfrazar la carne de cerdo y los frijoles con todo lo que se nos ocurrió, pero te digo que es imposible: siguen sabiendo a frijoles con cerdo.

Luego de unas cuantas transacciones en el negocio de las baldosas, los socios decidieron que, teniendo en cuenta las roturas y todo eso, aquello no era muy rentable.

Importar plátanos sería mucho mejor. «En el plátano hay mucho más volumen de negocio y mayor rendimiento de tu dinero —dijo uno de los socios—. Podríamos conseguir los plátanos muy baratos en Puerto Rico y venderlos aquí por al menos cinco centavos cada uno. Un negocio muy bueno». Así que empezaron a importar plátanos.

Con el primer envío obtuvieron unas ganancias tremendas, como el 200 %. Así que este sería el negocio. Íbamos a hacernos ricos con los plátanos.

Cuando llegó el siguiente cargamento fui al barco a buscar los plátanos. Cuando los miré me eché a reír. Estaban negros. Es decir, que cada plátano estaba negro, negro, *podrido*. Era tan trágico que no me quedaba más que reírme. Cogí el teléfono y dije:

—Papá, siento decirte que la Pan American Importing and Exporting Company, Incorporated, acaba de quebrar.

—¿De qué estás hablando? —me dijo.

—Cada uno de estos plátanos está tan negro como Bombalé.

—Dios mío, ¿estás seguro?

—Sí, seguro, papá, están todos podridos. Lo siento.

Se podría pensar que esto habría sido el fin de la P.A.I. & E.C., Inc. No con mi padre. Los otros dos socios se rindieron, pero mi padre no.

Unos días después, estábamos sentados de nuevo en el maldito almacén, y lo único que quedaba era una gran pila de baldosas rotas de nuestro negocio anterior. Papá las miraba y dijo:

—Debe de haber alguna forma de ganar dinero con este montón de baldosas rotas.

—¿Cómo? ¿Pegarlas?

—Eh, espera un momento, es una buena idea.

—¿Qué es una buena idea?

—Lo que has dicho, pero no *pegarlas* sino *cementarlas*.

—Papá, creo que te volaste.

—No, no —dijo—. Oye, ¿conoces a ese tal Goldstein, el que está construyendo ese pequeño edificio de apartamentos en Miami Beach?

—Sí.

—Bueno, vamos a ir allí y te apuesto lo que quieras a que estará encantado de comprar estas baldosas rotas.

Le pregunté por qué.

—Pon unas cuantas en la parte trasera de la camioneta y conduciremos hasta el sitio.

Durante nuestra prosperidad bananera habíamos comprado una vieja camioneta muy barata. Cuando llegamos, papá le dijo al señor Goldstein que iba a confiarle algo.

—Escuche, hay un nuevo estilo de azulejar las chimeneas que se está poniendo muy de moda. Es lo último.

—¿Qué? ¿Qué cosa es? —preguntó el hombre.

—Bueno, en lugar de usar baldosas enteras, las rompen y juntan todos los trocitos diferentes. Es muy artístico.

Por extraño que parezca, más tarde se convirtió en una gran moda.

—Hmm. ¿Qué se les ocurrirá después? —dijo el constructor.

—Sí —dije— ¿qué le parece?

Papá me echó una mirada.

El hombre le preguntó si había visto algún trabajo hecho de esa manera.

—Ah, sí, la técnica empezó en Cuba —dijo mi padre—. Los tenemos por toda nuestra hacienda de Santiago.

—Todos los días aprendemos algo nuevo, ¿verdad? —dijo Goldstein.

—La verdad que sí —dijo papá—. Desi, trae algunos de esos azulejos y le enseñaremos cómo se hace.

Lo miré, intentando averiguar cómo íbamos a hacerlo.

—Tráelas para acá, coño —dijo.

El hombre le preguntó qué había dicho.

—Le decía a mi hijo que trajera solo las que habíamos roto especialmente para este estilo. Haremos parte de la chimenea y ya verá.

Nunca en nuestra vida habíamos hecho obras de cemento, baldosas ni nada parecido. Así que, mientras traía las baldosas rotas, dije:

—Papá, no sabemos cómo hacer esto. —En español, por supuesto.

—No importa —contestó, en el mismo idioma— no tenemos que hacer toda la chimenea. Solo haremos un pedacito de la parte superior de la repisa.

Así que pusimos manos a la obra y empezamos a juntar las piezas. Terminamos toda la parte superior y, por Dios, ¡quedó bien! Llevó tiempo, pero ¿a quién le importaba? No teníamos nada más que hacer.

—Sí, tiene buena pinta —dijo el tipo—. ¿Harían así todas las chimeneas?

Papá le dijo que no teníamos tiempo para hacer el trabajo en sí, pero que estaríamos encantados de enseñarle a su albañil cómo debía hacerse.

—Bien —dijo el constructor—, probablemente también más barato, ¿no?

—Pues, no —dijo papá—. Cuesta un poco más cuando se hace con baldosas rotas.

—¿Por qué? —preguntó el constructor.

Yo también quería oír esa explicación.

—Bueno, es la mano de obra, el costo de romper las baldosas.

Apenas pude aguantar la risa. Teníamos una puta montaña de baldosas rotas. Pero el hombre la aceptó y, créelo o no, el negocio de las baldosas rotas nos mantuvo durante un año. Nos fue tan bien que nos quedamos sin baldosas rotas y tuvimos que empezar a comprar nuevas y romperlas. La mano de obra para romperlas no era mucho. Después de recoger unas baldosas nuevas y bonitas, buscaba una calle trasera realmente mala con todo tipo de baches y manejaba el camioncito sobre ellas. Luego volcaba las baldosas con fuerza sobre el suelo de hormigón del almacén. Después de eso, no quedaban muchas más que romper.

Por fin ganábamos suficiente dinero para comer bien. Con «bien» me refiero a que estábamos comiendo. Seguíamos viviendo en el almacén. Sin embargo, para entonces ya no estaba tan mal. Habíamos agregado una butaca, una lámpara, una radio, algunas piezas necesarias de vajilla y cubiertos, incluso un mantel.

Y habíamos ganado la batalla de las ratas.

# 5

TENÍA DIECINUEVE AÑOS Y AÚN NO HABÍA TERMINADO el bachillerato. Notre Dame, por supuesto, no era opción, pero papá quería que al menos me graduara.

El padre William Barry era el director del instituto San Patricio de Miami Beach. Cuando vio mi expediente de bachillerato jesuita, que le habían enviado desde Cuba, me dijo que ya tenía suficientes créditos para graduarme.

—Pero —dijo—, te recomiendo mucho que curses al menos un año de Inglés y, ya que Estados Unidos es el país que has elegido, un año de Historia Estadounidense.

—Eso suena muy bien, padre Barry —le dije— pero hay un problema. No tengo dinero para pagar la matrícula.

—No importa, hijo —dijo—. Tu padre me ha explicado tu situación. Tal vez puedas encontrar algún trabajo por la mañana y venir a la escuela por la tarde para los dos cursos. No tendrías que estar aquí hasta la una y media, y acabarías a las tres de la tarde. En junio te graduarás con el resto de los muchachos.

Fue el curso escolar más fácil que he tenido nunca. Jugaba al baloncesto y nadaba en el equipo de la escuela. No tenían fútbol. Mi mejor amigo era Al Capone, Jr.

Solía ir a su casa, que estaba en una de las islas más exclusivas de Miami Beach, una casa magnífica. Su madre, May, siempre nos preparaba buenos almuerzos y nos daba limonada y otras cosas de tomar frías.

Cuando nos graduamos, Sonny me enseñó un precioso reloj de bolsillo con diamantes alrededor.

—Sonny, es precioso —dije—. ¿De quién es?

—Es de mi padre —respondió.

Nunca le había hablado de su padre. Ninguno de los niños lo hizo nunca.

—¿Sabes que está en Alcatraz? —dijo.

—Sí, lo sé, Sonny, pero no olvidó tu graduación. Debe de quererte mucho.

—Yo también lo quiero —dijo.

Algún tiempo después de nuestra graduación Capone salió de Alcatraz. Un día que llamé a Sonny, contestó el teléfono y dijo:

—Hola, hola. —Tenía una voz muy aguda, casi de soprano.

—¿Puedo hablar con Sonny, por favor? —pregunté.

—¿Quién es?

—¿Con quién estoy hablando? —pregunté.

—Soy Al, su padre.

—¡Ah, señor Capone! —Por Dios, estaba hablando con Al Capone.

—¿Quién es? —volvió a preguntar.

—Soy Desi.

—Oh, Desi. Sí, sí. May me contó todo sobre ti y Sonny. Espera un momento, voy a buscarlo.

Yo no lo sabía entonces, pero más tarde oí que el padre de Sonny estaba en las primeras fases de una paresia general (sífilis cerebral), que acabó matándolo.

Otro amigo era Teddy Whitehouse. Yo estaba muy enamorado de su hermana Lucy. Su madre era cubana y su padre estadounidense. El señor Whitehouse tenía una afición, la cría de canarios. Tenía tantos canarios que había convertido todo su garaje en una jaula para ellos.

Un día que estaba visitándolos, me dijo que había encontrado una forma de ganar dinero con los canarios. Iba a comprar como cien jaulas, poner un canario en cada una y colocarlas en consignación en droguerías de Miami, Miami Beach y Coral Gables, con un precio distinto para cada canario y su jaula. Si una jaula fuera más elegante y tuviera un canario mejor que otras, se vendería por $25,97. Otros se venderían por $15,98 o $12,99, nunca por $26,00, $16,00 o $13,00 (una buena lección de vendedores estadounidenses).

La gente entraba a la tienda, veía la bonita jaula, oía cantar y piar a los canarios, leía el libro de instrucciones que colgaba de cada jaula sobre cómo cuidarlos y el suministro para un mes de comida especial para canarios. Era un paquete atractivo.

Al final, mi trabajo era hacer las rondas, darle de comer a los canarios y limpiar las jaulas. Empezaba cada mañana en Coral Gables, luego iba a Miami y terminaba en Miami Beach. El último maldito canario del que me ocupaba cada día era el más cercano a San Patricio, y ahí es donde tuve un pequeño problema. No quería que los muchachos del instituto me vieran en mi trabajo, así que pasaba mucho tiempo escondido detrás de montones de cajas de Kotex y Kleenex.

Me pagaba quince dólares semanales y mi cena, y el señor Whitehouse vendía todos los canarios. Era un negocio muy bueno, siempre que tuvieras un garaje lleno de canarios.

Esos días en Miami Beach fueron maravillosos. Los fines de semana, un grupo de nosotros, quizá seis o siete muchachos, poníamos alrededor de un dólar cada uno y comprábamos perros calientes, panecillos, Coca-Cola y cerveza, y nuestras citas traían pasteles y tartas, mantas y almohadas de sus casas, y estábamos listos.

El Hotel Roney Plaza era el último gran edificio frente al mar en Miami Beach hasta llegar al Deauville. Entre los dos hoteles no había más que kilómetros de magnífica playa vacía con hermosa arena blanca y altos cocoteros. Montábamos un campamento, íbamos a nadar, encendíamos una hoguera, tomábamos algo, cocinábamos los perros calientes, tocábamos la guitarra y cantábamos. Por fin había conseguido comprar una guitarra de cinco dólares en una tienda de empeños. Era la guitarra más cursi que había visto nunca. En la parte delantera de la caja de la guitarra alguien había pintado todo un panorama de palmeras y muchachas con faldas hawaianas. Pero sonaba bastante bien.

Nunca olvidaré aquellas preciosas noches en la playa, con la luna sobre Miami. Comimos y bebimos, cantamos y jugamos, y templamos cantidad. Fue fantástico.

Mi carrera como limpiador de jaulas de canarios terminó cuando el señor Whitehouse vendió los canarios. Mi siguiente trabajo resultó ser mi primera experiencia en el mundo del espectáculo.

Alberto Barreras, expresidente del Senado cubano, también estaba en el exilio, pero se encontraba en una situación financiera mucho mejor que la de papá. Había enviado mucho dinero a Estados Unidos antes de tener que salir de Cuba, y ahora vivía en una casa muy bonita en la bahía de Biscayne.

Había conocido a su nieta, Gabriella, y solían invitarme a cenar a menudo. El viejo sabía que estábamos arruinados, pero era un buen amigo que se solidarizaba con las desgracias de mi padre. Al senador Barreras le encantaba jugar a los números y por eso conseguí mi primer trabajo en el mundo del espectáculo.

El tipo que le vendía los números también tenía una pequeña banda de rumba en el Roney Plaza. En aquella época tenían dos bandas. Buddy Rogers dirigía la orquesta principal del Roney, y este tipo tenía una banda de relevo llamada Septeto Siboney. No sé por qué lo llamaba septeto porque, incluso después de añadirme a mí, solo éramos cinco. Un día le preguntó al senador si conocía a algún cubano que supiera tocar la guitarra y cantar. Yo había aprendido a tocar la guitarra cuando era muy pequeño. En Cuba, una parte integral del romance es la serenata, y para la serenata la guitarra es perfecta. Te costaría mucho cargar con un piano.

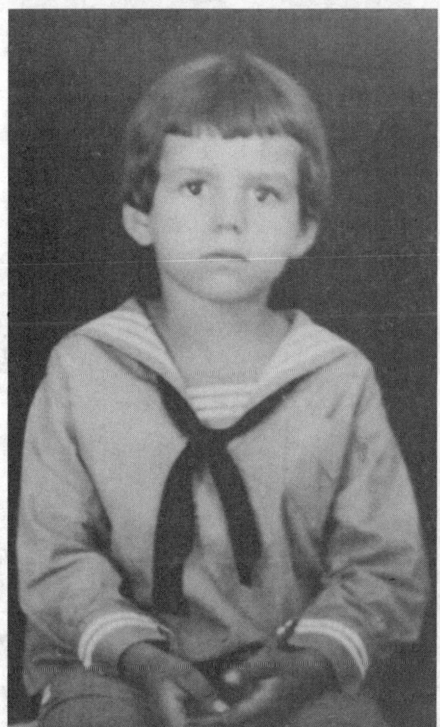

**DESDE ARRIBA:** Abuela Rosita y Don Desiderio I (derecha) con Desi II, el alcalde más joven que ha tenido Cuba. • Desiderio Alberto Arnaz y de Acha a la edad de cinco años. • Yo era igual de serio cuando me gradué de la escuela primaria.

DESDE ARRIBA: La torre del reloj que se construyó para el «Alcalde Modelo».
• Aquí estoy (segundo desde la derecha) en el instituto San Patricio de Miami Beach mirando por encima del hombro derecho de Al Capone, Jr., que era mi mejor amigo allí.

Cuando me uní al Septeto Siboney (segundo desde la derecha), solo éramos *cinco*. Mientras estaba en Cuba consiguiendo mis papeles de residencia, añadimos dos bongoseros.

El viejo le dijo que sí, pero no sabía si el padre del muchacho se lo permitiría, pensando aún en aquel viejo orgullo familiar. En aquella época, un músico entraba por la cocina. Aun así, la próxima vez que fui a la casa, el viejo me lo mencionó.

—Estupendo —dije—. ¿Cuánto paga y cuándo se trabaja?

—Tocan siete noches a la semana y para los bailes de té los domingos. Te dan cinco dólares por noche y cuatro por el baile de té.

—Son treinta y nueve dólares a la semana —dije—. ¿Cómo puedo tratar de conseguirlo?

—Ve a casa de este tipo —me dijo— y haz una audición. Llévate tu guitarra y cántale un par de canciones.

Así que fui a verlo y le canté un par de canciones.

—Eso es estupendo. Estás contratado —dijo.

Entonces fui a hablar con papá y le dije:

—Tenemos negocio. Tengo un trabajo que paga treinta y nueve dólares a la semana.

—¿Qué negocio?

—Conseguí trabajo en una banda.

—Ah, no, mi hijo no va a ser un maldito músico.

—Vamos, papá. Esto es Estados Unidos y, además, no puede ser peor que limpiar jaulas de pájaros.

Al final, el viejo senador habló con mi padre y le dijo que estaba haciendo el ridículo.

—Después de todo —le dijo—, el muchacho puede ganar algo de dinero, comprarse ropa nueva, ¿y qué hay de malo en eso? Canta muy bien, y a la gente le va a gustar.

Papá por fin dijo:

—De acuerdo.

Empecé en el invierno de 1936. Nuestro grupo estaba formado por mi guitarra, un maraquero, un bongosero, un pianista y el líder (el vendedor de números), que tocaba la marímbula, una caja de madera con cuatro tiras de metal sobre un agujero en el centro. Ocupa el lugar del bajo. También hice todas las voces.

En aquella época muy poca gente conocía la rumba. Casi nadie sabía bailarla, y eso era todo lo que podíamos tocar. Mientras tocaba la orquesta de Buddy Rogers, la pista de baile estaba llena, pero cuando paraban para sus descansos de diez minutos, todo el mundo se sentaba. Cuando empezábamos a tocar nadie se levantaba a bailar. Pensé que mi trabajo no iba a durar mucho si seguían haciendo eso.

Fui a ver al señor Rogers y le dije:

—Señor Rogers, ¿nos haría un favor?

—¿Qué cosa, hijo?

—Bueno, cuando usted para y nosotros subimos, todos se sientan y no podemos volver a levantarlos.

—Es que todavía no saben bailar tu música —dijo.

—Sí, lo sé, pero si el último número que toca en un set puede ser algo que conozcamos, como «El manisero»...

—Sí.

—Bien, después de que lo empiece, saca a su pianista y nosotros metemos a nuestro pianista, y cuando el resto de sus muchachos salgan, nuestro grupo entra y seguimos con el mismo número. La música nunca parará y la gente seguirá bailando, pero bailará con nuestra banda.

Funcionó, porque, de repente, la gente se dio cuenta de que estaban bailando una rumba y entonces decidieron que no era tan duro después de todo, y siguieron bailando.

Una mañana, durante la primera o segunda semana que estuve trabajando en el Roney Plaza, papá y yo estábamos en el almacén, donde aún vivíamos, cuando recibimos la visita de un funcionario de inmigración.

Nos dijo que no teníamos derecho a trabajar en este país porque no éramos residentes permanentes y que no podíamos trabajar hasta que arregláramos nuestros papeles. Esa era la ley.

Papá preguntó al hombre:

—¿Qué debemos hacer?

—Mire, doctor Arnaz, sabemos todo sobre usted y todo lo que pasó durante la Revolución de 1933, así que haremos lo siguiente. No pasaré por el Roney Plaza durante tres meses y me encargaré de que tampoco pase por allí nadie de nuestro departamento, pero dentro de tres meses quiero que usted y su hijo tengan los papeles en regla. Buena suerte a los dos —dijo y se fue. Te demuestra que hay gente buena en este mundo.

No podíamos convertirnos en residentes permanentes de Estados Unidos mientras estuviéramos en el país. Teníamos que ir a un consulado estadounidense fuera de Estados Unidos para conseguir nuestros papeles de residencia permanente.

Papá descubrió que la forma más barata era llegar a Puerto Rico (aún no creíamos que Cuba fuera seguro para él). Volvió después de dos semanas y siguió con su negocio de baldosas rotas. Luego fui a La Habana para conseguir mis papeles.

Cuando regresé, volví a trabajar en el Roney Plaza. Solo habíamos tardado cuatro semanas en hacerlo todo. Poco después mandamos a buscar a mamá.

# 6

MIS COMPAÑEROS DE ESCUELA HICIERON ALGO MUY bonito en el primer baile del té después de mi regreso. Todos fingieron no prestar atención a Buddy Rogers y su orquesta. En cuanto empezó nuestro pequeño grupo, todos empezaron a bailar. Cuando canté, se detuvieron, se pusieron delante del escenario, mirándome, y cuando terminé, todos gritaron y aplaudieron. Causó una buena impresión al vendedor de números y a otra persona que estaba parada al lado de los muchachos. Me pareció haberlo visto antes en algún sitio.

Le pregunté al pianista:

—¿Quién es el calvo que está ahí con los muchachos?

—¿Cuánto tiempo llevas aquí, niño? —contestó—. Es Xavier Cugat.

Por supuesto. Había visto sus fotos muchas veces. Cugie era el rey de la rumba. Carlos Molina, Enrique Madriguera, Pancho y algunos otros también eran populares, pero no había nadie que se le acercara a Cugat.

Cuando terminamos de tocar aquella tarde, tuve la corazonada de que Cugie iba a llamarme si pasaba por su mesa. Simplemente lo sabía. Guardé la guitarra en su funda y empecé a marcharme, asegurándome de que mi ruta me llevara cerca de su mesa. Caminé despacio, miré a mi alrededor con indiferencia y me acerqué a su mesa. Nada. En línea con su mesa, me detuve, sin mirarlo, y encendí un cigarrillo. Nada. Para entonces ya me decía: «Imbécil, ¿por qué te iba a llamar?». Empecé a alejarme y justo cuando estaba llegando a la salida oí:

—¡Oye, chico!

El corazón me dio un salto. Me volví, haciéndome que no sabía quién llamaba.

—Tú, el de la guitarra —dijo—. Acércate, por favor.

Fui a la mesa.

—¿Sí, señor?

—Soy Xavier Cugat.

—Sí, lo sé.

Me preguntó mi nombre y me dijo que había hecho un buen trabajo allí arriba.

—He estado pensando —dijo—. Quizá te dé una oportunidad en mi orquesta. ¿Vendrías a hacer una audición?

Tenía un ensayo la tarde siguiente y quería saber si podía venir a hacer un par de números con la banda.

—¡Sí, *señor*! —dije—. Claro que sí.

Así que fui al Brook Club y toqué un par de números con la banda. Entonces me preguntó si conocía «Para Vigo me voy».

—En nuestro grupo no la hacemos —dije—pero creo que me la sé bastante bien.

—Está bien, inténtalo conmigo y con la orquesta. ¿Cuál es tu tono?

—No lo sé.

Se volvió hacia la banda y dijo:

—El maldito chiquillo ni siquiera se sabe su puto tono. Prueba el arreglo que tenemos. El verso primero, ¿lo conoces?

—Sí, señor —le dije.

Estaba asustado, pero cuando aquella gran banda empezó a tocar los compases de la introducción que conducen a la estrofa, y cuando la sección rítmica se instaló en el interludio con el tipo de ritmo y emoción que no había oído desde que salí de Cuba, ¡me sentí de vuelta en Santiago!

Me corría la sangre cubana. Mis caderas giraban, mis pies pataleaban, mis brazos se agitaban. Habría hecho que Elvis Presley pareciera inmóvil. Me boté cantando esa canción.

Terminé y los muchachos de la banda se portaron genial. Todos aplaudieron. Estaba tan emocionado que apenas oí a Cugat decir:

—Oye, hijo, conseguiste el trabajo. ¿Cuándo puedes venir a Nueva York?

—No puedo ir a Nueva York hasta que me gradúe en el instituto.

—¿Aún no te has graduado del instituto? —preguntó.

Le dije que había perdido tres años a causa de la Revolución, por lo que no me graduaría hasta el próximo mes de junio.

—Ya veo. Bueno, escríbeme entonces —dijo.

Me gradué en junio y le escribí una carta. Pensé que no iba a saber nada de él, pero dos semanas después me escribió. La oferta era veinticinco dólares a la semana durante dos semanas, transporte de ida en autobús a Nueva York, donde ensayaría con la banda, y luego abriría con ellos en el Aquacade de Billy Rose en Cleveland, Ohio.

La carta también decía: «Esto es solo una prueba, pero si lo haces bien, hablaremos de negocios».

Papá pensó que estaría loco si aceptaba el trabajo.

—Es como ir a la escuela, papá. No sé nada del negocio de las grandes bandas, y puedo aprender mucho de Cugat. Además, nunca he estado en otro sitio que no sea Miami.

Mamá estaba de mi parte y, si no hubiera sido por su ayuda, no creo que papá me hubiera dejado ir.

Lo que más recuerdo de Nueva York es lo chiquitico que me hizo sentir. Llegué en un autobús con un pequeño maletín que contenía todo lo que mis padres habían podido reunir para mí. Tenía un traje bueno, un par de pantalones cortos, un par de camisas, unos pares de medias, un par de zapatos (zapatos buenos), una buena corbata y quince dólares en el bolsillo.

Debía presentarme ante Cugat en el Waldorf-Astoria. Tocaban en el Starlight Roof. No tenía ni idea de dónde estaba el Waldorf-Astoria, pero incluso antes de tratar de llegar allí, tenía que encontrar un lugar donde alojarme. Uno de los porteros de la estación de autobuses era puertorriqueño. Le dije que era mi primera vez en Nueva York y que buscaba un lugar barato donde alojarme. Me dirigió a la calle Cuarenta y dos o Cuarenta y tres, junto a Broadway. «Allí encontrarás algún hotel barato».

Tenía razón. Encontré uno, a un dólar la noche. Abrí las persianas de la única ventana, esperando contemplar una hermosa vista de Broadway, y me encontré mirando una pared de ladrillo. Sin embargo, estaba tan malditamente emocionado por estar en Nueva York que realmente no importaba.

Saqué las cosas la maleta, caminé por el pasillo para ducharme y afeitarme, volví, me puse mi mejor camisa, mi mejor par de medias, mi mejor corbata y mi único traje bueno, bajé al vestíbulo y pregunté cómo llegar al Waldorf-Astoria. Me dijeron que estaba bastante lejos, pero me quedé tan impresionado por las vistas que, aunque hubiera tenido dinero para un taxi, habría ido andando de todos modos, que al final fue lo que hice.

Entré por la entrada de Park Avenue, recorrí aquel magnífico vestíbulo, llegué por fin a los ascensores y dije: «Starlight Roof, por favor».

Al llegar al Starlight Roof, me recibió el *maître d'hôtel* con corbata blanca y frac. Le dije: «Debo encontrarme con el señor Cugat».

Que me llevaran a la mesa de Cugat, donde estaba sentada su mujer, Carmen, casi fue demasiada emoción para el hijo del alcalde de Santiago.

Carmen (una señora maravillosa) lo comprendió e intentó que me sintiera como en casa, lo cual no fue muy fácil mientras tenía la boca abierta y los ojos se me salían de las órbitas.

Cuando Cugie terminó de dirigir el set, se reunió con nosotros en la mesa, me invitó a cenar y a una copa de vino, me dijo dónde sería el ensayo al día siguiente y que estrenaríamos en el Aquacade de Billy Rose la semana siguiente.

El espectáculo que Billy Rose ofreció en Cleveland fue realmente extraordinario. No había visto nada igual en mi vida. Una gran pista de baile cubría un precioso lago artificial. El escenario, la escenografía y la entrada para el hermoso coro estaban en el lado opuesto a una tremenda tribuna para el público. Coristas, nadadoras, trajes fantásticos… y las estrellas eran Johnny Weissmüller, Eleanor Holm, Buster Crabbe, Cugat y el cubano limpiador de jaulas.

El agua estaba llena de las sirenas más hermosas que jamás hayas visto. Me enamoraba de una distinta cada dos días.

¡Qué verano!

Diablos, habría pagado a Cugat solo por estar allí, si hubiera tenido el dinero, claro. Y estaba contento porque todo el mundo decía que me iba muy bien con la banda.

Al final de la semana le dije a Cugat:

—Parece que le caigo bien a todo el mundo. ¿Cuándo hablamos de negocios?

—Tienes razón, hablemos de negocios. Te daré treinta dólares a la semana.

—¿Se acabó la charla de negocios?

—Así es.

Bueno, qué demonios, podría haberme rebajado a veinte dólares y yo no habría renunciado y abandonado a todas esas preciosas sirenas.

De Cleveland fuimos a Saratoga para tocar en el Arrowhead Inn, uno de los mejores casinos de juego del estado de Nueva York en aquella época. Fue una gran emoción para mí cuando Cugat decidió que yo abriera el espectáculo con «Para Vigo me voy» antes de que Veloz y Yolanda, que entonces eran el número de baile más famoso del mundo y, por supuesto, las estrellas del espectáculo, entraran a hacer su número.

Saratoga, durante la temporada de carreras, siempre está copada de Vanderbilts, Whitneys y Du Ponts, además de un surtido de los mejores criadores, dueños, entrenadores y jinetes de caballos pura sangre en Estados Unidos, y también estrellas de teatro, radio y cine por docenas.

Una noche, el jefe de camareros se acercó al escenario un par de veces para pedirme que cantara «Quiéreme mucho». La tercera vez que vino le oí preguntar a Cugat si le parecería bien que me sentara con uno de los huéspedes. Cugat le dijo:

—Ya conoces las normas.

Los miembros de la banda no debían mezclarse entonces con los huéspedes. Pero el jefe de camareros había dicho que no habría problema.

—Es el señor Crosby.

Al acercarme a la mesa y verlo, le dije al camarero:

—¿Cómo que, señor Crosby? Es Bing Crosby.

Bing se levantó y me saludó en español:

—Mucho gusto, señor.

—El gusto es todo mío, señor Crosby.

Entonces dijo, también en español:

—¿Cómo se llama usted?

—Desi Arnaz, señor.

—Siéntese, por favor.—Señaló hacia una silla—. ¿Quiere un Scotch o quiere ron?

—Ron. Bacardí, por favor —contesté.

—Sí, como no —me dijo, todo en español.

Trajeron a la mesa una botella del viejo Bacardí Añejo. El señor Crosby me dijo lo mucho que le gustaba la música cubana y que para celebrar que había conocido a un nativo me acompañaría a tomar ron. Después de un par de tragos me preguntó, ahora en inglés:

—¿Cuánto te paga este español?

—Treinta a la semana —le dije.

—Ese sinvergüenza tacaño —dijo—. Ven, vamos a hablar con él.

—Hola, Bing —lo saludó Cugat.

—Oye, español de pacotilla, ¿cómo se te ocurre pagarle treinta a la semana a este buen cantante cubano?

—Está empezando, Bingo.

—Olvida lo de Bingo. Dale un aumento. Un día de estos le estarás pidiendo trabajo.

—Está bien, está bien. ¿Qué tal si cantas una canción con la banda, Bing?

—¿Le vas a dar un aumento? —preguntó Bing.

—Por supuesto.

Bing cantó y el público enloqueció. Fue todo un honor para Cugat que Bing Crosby cantara con su orquesta. Cantó muchas canciones, algunas de ellas conmigo. «Quiéreme mucho», su favorita, la cantó en español, que estuvo bastante bien, y luego yo la canté en inglés, que estuvo bastante mal. El Bacardí Añejo ayudó mucho.

La próxima vez que vi a Bing fue cuando participé como invitado en su programa radial *Kraft Music Hall*. Era la primera vez que aparecía en un programa de radio nacional.

Lo primero que me preguntó fue:

—¿Te subieron el sueldo?

—Ya lo creo. A la semana siguiente me subió a treinta y cinco, y lo único extra que tuve que hacer fue pasear a sus perros hasta que hicieran sus asuntos.

Después de que termináramos en Saratoga y antes de que estrenáramos en el Waldorf, Cugat tenía algunas citas teatrales que tocar. La banda viajaba en tren, pero algunos de los chicos utilizaban sus propios autos. Cugat no utilizaba un autobús para toda la banda, como hacían la mayoría de las orquestas. Tenía que pagarnos el transporte en tren de un trabajo a otro.

En aquella época, no hacía falta pertenecer a un sindicato para tocar el bongó, las maracas o los tambores de conga, o para cantar. No existía una escala mínima para este grupo.

Una de las formas que utilizábamos para ahorrar dinero era compartir carro de un trabajo a otro. Uno de los muchachos de la banda, el que tocaba las maracas, tenía un auto bastante decente, así que, en lugar de ir en tren, contribuimos a pagar la gasolina y otros gastos, lo que bastaría para que el dueño ganara unos dólares. Con cinco hombres en el carro nos ahorramos parte del billete de tren.

Un día íbamos de Detroit a Boston. Nico, el bongosero, iba en el asiento delantero. El muchacho que conducía era el que tocaba las maracas. Nilo Meléndez, el brillante pianista de Cugat y compositor de la canción favorita de toda la vida «Ojos verdes», yo mismo y otro tipo que tocaba la guitarra estábamos en la parte de atrás. Llovía, todas las ventanas estaban cerradas y todo el mundo fumaba. Pensé que los cigarrillos olían un poco raro y luego me di cuenta de que todo el mundo se lo estaba pasando muy bien. Todos estaban de muy buen humor y a nadie parecía importarle demasiado el horrible tiempo que hacía, con la lluvia cayendo a cántaros y los carros salpicando agua contra las ventanillas al pasar. Todo el mundo se reía.

Alguien preguntaba:

—¿Qué hora es?

Un tipo diría:

—Son las tres.

Entonces todo el mundo se partía de risa. Muy pronto me encontré con el mismo estado de ánimo. Todos lo estábamos pasando genial en medio de aquel terrible aguacero.

Bueno, si no adivinaron ya, todos fumaban marihuana y, con todas las ventanas cerradas, yo no tenía que estar fumando nada, me volé igual que ellos con solo estar allí dentro.

Llevaba casi seis meses con Cugat y pensaba que había hecho un buen trabajo. Parecía gustarle al público. Me había presentado en el Waldorf; había sido el acto de clausura de su espectáculo teatral; pero seguía cobrando solo treinta y cinco dólares a la semana. Vivir con treinta y cinco dólares a la semana en Nueva York, incluso en aquellos días, era muy difícil. Hoy, por supuesto, es imposible. Tener que pasar por la cocina del Waldorf para llegar a la tarima de música ayudaba. Me llevé todo el apio, las aceitunas, las zanahorias, los trozos de pan, los panecillos y la mantequilla y cualquier otra cosa que pudiera esconder en mi camisa de rumba cada vez que volvíamos por la cocina para nuestro descanso de diez minutos. Esas mangas anchas y llenas de grandes volantes eran muy útiles.

Decidí que seis meses eran suficientes para aprender, y aprendí mucho de Cugat. Es un *showman* brillante, pero no solo eso, es un hombre de negocios muy astuto, muy comercial. Nunca hacía el tonto intentando introducir algo que no había sido probado, a menos que estuviera seguro de que era muy comercial.

Durante mis prácticas con Cugie, aprendí no solo cómo debía tocarse la música, cómo debía presentarse, qué le gustaba bailar a la gente estadounidense, sino también cómo manejar la banda, los ensayos, los sueldos y todos los ángulos del negocio de las bandas.

Una de las cosas en las que Cugat siempre era muy exigente y gastaba dinero era en el aspecto de la banda. Siempre tenía tres o cuatro personas, en general una muchacha y dos o tres muchachos, vestidos con grandes y coloridas camisas de rumba, que no paraban de bailar y moverse. En cada set, la joven y uno de los muchachos bailaban en el estrado para que los estadounidenses pudieran ver cómo se hacía ese número específico de baile latino: samba, rumba o tango.

Muchas veces terminábamos sobre las dos o las dos y media de la mañana y luego desayunábamos. Una mañana le pregunté si podía desayunar con él y hablar.

Durante el desayuno dije:

—Voy a volver a Miami para ver si puedo reunir una pequeña banda como aquel Septeto Siboney con el que me viste en el Roney. Qué demonios, sé tanto como ese tipo que era el líder, mucho más en realidad, gracias a usted, pero no puedo ganar suficiente dinero con usted.

—Ni soñando tienes chance —dijo—. Todavía no hay mucha gente que conozca y le guste la música latina en este país. La vas a pasar mal. Pasarás hambre.

—¡Maldita sea, Cugie, tengo hambre ahora! Además, mis padres están allí. Quizá me caiga de culo, pero tengo que intentarlo.

—Está bien —dijo—, te diré lo que haré para que empieces. Puedes presentarte como Desi Arnaz y su Orquesta Xavier Cugat directamente desde el Hotel Waldorf-Astoria de Nueva York.

—¡Qué bien! ¡Maravilloso! Gracias, pero quiero pagarte por el uso de tu nombre.

Levantó la vista y preguntó:

—¿Cuánto?

—Lo mismo que me pagabas cuando empecé, veinticinco dólares a la semana, y si nos va bien hablaremos de negocios.

Cugie tenía un gran sentido del humor.

—Muy bien, maldito cubano, a ver cómo te va.

# 7

LOUIS NICOLETTI ERA EL SECRETARIO DE CUGAT Y uno de sus trabajos, que muchas veces hacíamos juntos, era sacar a pasear por el Waldorf a los dos chihuahuas de Carmen y Cugie y a un gran perro policía, Moro.

Nick me preguntó:

—¿De verdad vas a dejarlo?

—Ya lo he dejado. Me voy a Miami. Cugat dice que puedo usar Desi Arnaz y su Orquesta Xavier Cugat, directamente desde el Waldorf-Astoria de Nueva York, siempre y cuando consiga un trabajo.

Nick tomó entonces una decisión rápida.

—Yo también lo dejaré e iré contigo. Yo seré el mánager de la banda.

—Ni siquiera tenemos banda todavía.

—Conseguiremos algo —dijo. Luego se dirigió a Cugie y le dijo—: Me voy con Desi.

—Está bien, buena suerte, muchachos —dijo Cugie—. Si conectan, avísenme y les mando una banda.

Cuando Nick y yo nos fuimos a la Florida teníamos cuarenta dólares entre los dos. Nick tenía un carro viejo, un cacharro desgastado. Fuimos de Nueva York a Miami en esta cosa y fuimos a la casita de mis padres.

A papá le iba aun mejor con sus baldosas rotas y también empezaba a hacer pequeños trabajos de construcción con otros hombres.

Él y mamá tenían una casita en Miami. En aquella época podías alquilar una a un precio muy barato. Había que poner periódicos en las rendijas para impedir que entraran el viento y el frío, pero al menos era una casa de dos habitaciones con baño, cocina y sala, muchísimo mejor que el almacén, y allí aterrizamos Nick y yo.

Cuando llegamos, teníamos veinte dólares entre los dos, más un buen traje cada uno. Era principios de diciembre, y en aquella época la temporada de Miami y Miami Beach no empezaba hasta justo antes de Año Nuevo. Investigamos Miami y Miami Beach y descubrimos que Bobby Kelly iba a abrir una nueva sala en Miami Beach como complemento del Park Central, uno de los mejores restaurantes de la playa. Bobby era hijo de Mother Kelly (que, por cierto, era su padre, no su madre, pero su bar se llamaba Mother Kelly's, así que todo el mundo lo llamaba Mother). El salón de Bobby iba a tener un bar, algunos reservados y una pequeña pista de baile. Tendría capacidad para doscientas o doscientas cincuenta personas como máximo. En la pared detrás de la barra habían hecho un hueco y colocado allí un pequeño escenario para cualquier espectáculo que organizaran.

Decidimos que esta era nuestra mejor oportunidad porque habíamos oído rumores de que podría hacerse con un motivo latino. Así que, una noche, nos pusimos nuestros mejores trajes y con nuestros veinte dólares fuimos a Mother Kelly's.

El plan era que Nick se hiciera pasar por el manager de la banda de Cugat y dijera que Desi Arnaz, vocalista de Xavier Cugat, estaba aquí de vacaciones. Había estado trabajando mucho y con mucho éxito en el Waldorf-Astoria y en teatros de todo el país, así que el señor Cugat le había dado una licencia para que viniera aquí a tomar el sol y descansar antes de reunirse con él en enero en el Starlight Roof del Waldorf. Había encargado a su mánager de banda, el señor Nicoletti, que cuidara de su «preciado tesoro».

Al entrar le dije a Nick:

—Pide una botella de champán.

Cuando el camarero se acercó a nosotros, le preguntamos:

—¿Tienen champán?

—Sí, señor.

—Bien. ¿Tienes Cordon Rouge, Extra Seco?

—Por supuesto —contestó el camarero.

—¿De qué año? —pregunté.

Nos dio el año, que en realidad no significaba nada para nosotros, pero pensamos que la pregunta sonaba bien. El camarero parecía impresionado.

Nick le dijo:

—No es un buen año para Cordon Rouge. ¿Qué más tienes?

—Tenemos Piper Heidsieck.

—¿De qué año?

Cuando lo informó, le dije:

—Es un buen año, Nick, muy bueno.

Nos sentamos allí con nuestro champán. Me imaginé que ya habíamos gastado unos diez o doce billetes de nuestros veinte dólares. Unos minutos más tarde pasó una muchacha con una bandejita, canturreando:

—Cigarrillos, cigarros, caramelos.

Así que compramos un paquete de cigarrillos y le dimos un dólar de propina.

Muy pronto Mother Kelly se acercó a nuestra mesa.

—Hola —dijo—. ¿No fuiste a la escuela aquí? ¿No te graduaste en San Patricio con Sonny Capone y esos muchachos?

—Sí, señor. Claro que sí —contesté.

—Recuerdo que vinieron aquí la noche de la graduación.

—Así es, Mother. Estábamos celebrando nuestra graduación.

—Me alegro de volver a verte. ¿Cómo estás?

—Bueno, estoy con Cugat. Por cierto, este es el señor Louis Nicoletti, mánager del señor Cugat.

Dos saludos después, continué:

—He estado protagonizando en su espectáculo en el Starlight Roof y en teatros de todo el país y estoy un poco agotado, así que Cugat fue muy amable al dejarme venir por un par de semanas.

Entonces Nick tomó el relevo, diciéndole lo bien que me iba. Era mucho mejor mentiroso que yo.

Muy pronto Mother dijo:

—Me gustaría que Bobby te conociera.

—¿Quién es Bobby? —Como si no lo supiéramos.

—Mi hijo.

Bobby vino y se sentó con nosotros.

—Voy a abrir una nueva sala con motivos latinos. Es una pena que tengas que volver al Waldorf porque, de veras, serías perfecto para este lugar.

Bobby también se acordaba de que yo había estado allí con Sonny Capone y todos los muchachos cuando nos graduamos de San Patricio.

—Bueno —dije— caramba, ya sabes, me encanta Miami y mis padres y todos mis amigos están aquí, pero tengo un contrato con Cugat y tengo que abrir en el Starlight Roof en enero.

Nick volvió a tomar el relevo y le dijo a Bobby que era muy amable por su parte pensar en mí y que yo lo haría muy bien.

—Tendrías que haberle visto en el Waldorf con todas las muchachas alrededor. No bailaban ni nada. Se quedaban allí mirándolo. —(¡Nadie se queda mirando a nadie en el Waldorf!).

Para entonces, a Bobby ya se le caía la baba. Le preguntó a Nick si había alguna posibilidad de que me presentara en su salón.

Nick le dijo:

—No hay ninguna posibilidad, Bobby, porque, aunque consiguiéramos el permiso de Cugat, tu salita no podría permitírselo.

Creo que eso fue lo que dio en el clavo.

—Espera un momento —dijo Bobby—. No es un *pequeño* salón. Vamos a tener un lugar de alto nivel y podemos permitirnos tanto como cualquier otro.

—Bueno, me alegra oírlo, Bobby, pero seguimos teniendo un problema con Cugie para dejarlo marchar —le dijo Nick.

Bobby no se rendía.

—Inténtalo. Dile que sería bueno para el muchacho estar por su cuenta en Miami Beach y ser la estrella de un sitio nuevo. Podría ayudar al espectáculo de Cugat en el futuro. ¿Por qué no lo llamas?

Ahora nos suplicaba que entráramos, y yo me moría porque pensaba que Nick se estaba pasando un poco. Le di una patada por debajo de la mesa y le dije: «Cuidado», cuando empezaron a hablar de dinero.

—No hablemos de dinero ahora, Nick —le dije—. Llama a Cugat y, si te da el visto bueno, Bobby y tú se encargan de los detalles financieros. Me da vergüenza hablar de dinero, ¿está bien?

—Comprendo, Desi —dijo Bobby—. Asegúrate de llamarme en cuanto te enteres, Nick.

Le dije al camarero:

—¿Me traes la cuenta, por favor?

—Oh, no, no —dijo Bobby—. Invita la casa.

Así que salimos de allí descontando solo el precio de un paquete de cigarrillos y el dólar que le di a la muchacha.

—Nick —le dije—eres tremendo estafador. Vamos a llamar al maldito español a ver qué dice.

—Te dijo que te mandaría una banda, ¿no?

—Sí.

Llamamos a Cugie y le dije:

—Me prometiste que si conseguía un trabajito me enviarías una banda y que podría llamarse Desi Arnaz y su Orquesta Xavier Cugat directamente desde el Waldorf-Astoria de Nueva York. ¿Es correcto?

—Sí —dijo— lo hice.

—¿Me enviarías la banda si consigo fijar este trabajo? —pregunté.

—Claro, ¿cuántos?

—Bueno, aún no lo sé porque no hemos hablado de precios con el tipo. Supongo que cuatro o cinco. Ya sabes, solo un pequeño combo.

—De acuerdo —dijo Cugat— avísame lo que pase.

La tarde siguiente fuimos a casa de Bobby y volvió a hablar de negocios con nosotros.

Le dije:

—Bobby, ya te lo he dicho, yo no hablo de negocios. Nick es el mánager de Cugat y él se encargará de todo.

El embaucador, usando la psicología inversa, le dijo:

—La única forma de que Cugat lo deje hacerlo es que accedas a decir en todos los anuncios «Desi Arnaz y su Orquesta Xavier Cugat directo desde el Starlight Roof del Hotel Waldorf-Astoria de Nueva York». No sé si quieres hacerlo o no, pero es la única forma de que deje a Desi hacerlo.

Bobby apenas podía contenerse.

—Sí, está bien. Claro que podemos hacerlo. Sí, sí. Veamos… un anuncio a toda página. «¡La única banda típica cubana en Miami Beach! Desi Arnaz y su Orquesta Xavier Cugat directo desde el Starlight Roof del Hotel Waldorf-Astoria de Nueva York». Sí, estoy de acuerdo.

¿Quién no lo estaría?

Nick y Bobby hablaron del dinero en privado, y una hora después Nick me dijo:

—Está todo arreglado.

—¿Qué conseguiste?

—Seiscientos cincuenta dólares a la semana para ti y un grupo de cinco músicos durante doce semanas garantizadas.

Quizá hoy no parezca mucho, pero en 1937 era muchísimo dinero.

Pagaríamos la escala de músicos, que era de unos setenta dólares más el transporte. Así que la banda nos costaría unos trescientos cincuenta dólares a la semana. También teníamos que mandarle a Cugat veinticinco dólares semanales por el uso de su nombre, como le había prometido.

Le pregunté a Nick:

—¿Cuánto crees que deberías recibir?

—Bueno, vamos a tener que pagar el transporte, comprar música, un esmoquin para ti y otras cosas más. Yo ganaba treinta y cinco dólares a la semana con Cugat, así que pon unos cincuenta dólares por mí, tú coge el resto y ya veremos cómo nos va.

Nos íbamos a quedar en casa de papá para no tener muchos gastos de manutención, pero ya teníamos problemas. Faltaba una semana para la inauguración y aún no teníamos banda. En realidad, Cugie me había dicho que tenía una fecha de apertura fatal. La única noche del año en que todos los músicos ganan mucho dinero es la Nochevieja, aproximadamente el triple. Nadie quería ir a Miami hasta después de Año Nuevo.

Le expliqué que los contratos estaban firmados y que Bobby iba a sacar un anuncio a toda página en los periódicos anunciando el estreno de «La única banda típicamente cubana de la ciudad, Desi Arnaz y su Orquesta Xavier Cugat directo desde el Starlight Roof del Hotel Waldorf-Astoria de Nueva York».

Entonces Nick le dijo a Cugat:

—Le dije a Bobby que era la única forma de que dejaras a Desi hacerlo, así que vas a tener tantos problemas como nosotros si no envías a esa banda. El tipo nos demandará y sabe que tienes el dinero, así que también te demandará a ti.

La verdad era que a Cugie realmente le estaba costando mucho conseguir músicos. Al final, llamó el día antes de que abriéramos y dijo que los muchachos estaban montados en el tren. Le pregunté a quién nos enviaba y me dijo:

—Cinco tipos: un bajo, una batería, un pianista, un saxofón y un violín.

—¿Qué clase de banda latina es esa? —le dije—. ¿Un saxofón y un violín? ¿Ni trompeta, ni acordeón, ni bongós?

—Son los únicos que pude conseguir —dijo.

—¿Cómo se llaman, señor Cugat?

—¿Cómo demonios voy a saberlo? Busca a un italiano bajito y gordo que lleva un bajo.

—Estupendo.

No teníamos más que unas cuantas hojas de piano, ningún arreglo especial. Teníamos algunos arreglos estándar de editor, que suelen ser muy buenos y fáciles de tocar para un combo estándar, pero muy difíciles de adaptar a esta agrupación poco ortodoxa y loca que nos estaba mandando. Llegaban a las tres de la tarde, el día de la inauguración.

Nick y yo alquilamos un pisicorre y fuimos a la estación de Miami. Un buen puñado de músicos se bajó del tren en aquel momento porque, como he dicho, la temporada acababa de empezar en Miami y Miami Beach. Algunos de ellos eran de las grandes orquestas organizadas, como las de Buddy Rogers y Lombardo.

Cada vez que veíamos a un tipo que llevaba un instrumento le preguntábamos para quién venía a tocar. Al fin, vimos a un italiano bajito y gordo que llevaba un bajo el doble de grande que él.

Nick le preguntó:

—¿Para quién trabajas?

—Un tipo llamado Dizzy Arnazzy o algo así —respondió.

El bajista era César De Franco y nos ayudó a reunir a los otros cuatro músicos. Esto es lo que teníamos para la única banda cubana típica de Miami Beach: un italiano como bajista, un español en percusión, y los españoles no saben tocar más que pasodobles; no saben ni les interesan las rumbas, tangos o sambas, solo pasodobles, sobre todo los que estaban en este país en 1937. Al piano, un muchacho judío. Hoy los muchachos judíos tocan la música latina tan bien o mejor que los latinos, pero en aquella época no sabían nada de música latina. En el violín había otro italiano y en el saxofón otro judío.

Esa era mi banda cubana típica. Bueno, eso es lo que tenía y con eso tenía que trabajar. Eran las cinco de la tarde y debíamos abrir a las diez de la noche. Fuimos a una sala de ensayo.

Le pregunté al pianista:

—¿Conoces algo de música latina?

—Bueno —dijo—, «El manisero» y «Mamá Inés» y me imagino que eso es todo.

—Dios mío —me dije.

—Está bien, vamos a tocarlas y a ver si el resto del grupo se las apañan.

Nos esforzábamos, pero con el español en la percusión, no importara lo que tocáramos, él tocaba pasodobles.

—¿Qué demonios estás haciendo? —le dije—. Se supone que debemos sonar como un conjunto latino. Sonamos como si estuviéramos tocando para que el condenado toro entre a la plaza.

—*Oy vey* —dijo el pianista.

También intenté conseguir algún tipo de acompañamiento para «Para Vigo me voy» y «Cachita» de las partituras de piano.

Al final del ensayo, después de probar todo lo que pudimos, toda la biblioteca musical que llevábamos al trabajo consistía en «Para Vigo me voy», «Cachita», «El manisero», «Mamá Inés», un par de canciones que había elaborado solo con piano y guitarra, dos o tres arreglos de *stock* que habíamos adaptado para el grupo (lo cual no fue fácil) y un maldito pasodoble para complacer al español.

A las diez de la noche en punto del 30 de diciembre de 1937, di el conteo de entrada a mi primera banda.

Teníamos buen aspecto. Todos los compañeros llevaban las camisas de rumba que la ex primera dama de Santiago había estado cosiendo durante la última semana. Yo tenía puestos pantalones de esmoquin negros, zapatos de charol, camisa blanca con volantes pequeñitos, pajarita roja bajo la chaqueta de esmoquin de verano de lino blanco con anchas solapas ribeteadas de raso blanco, y un pañuelo rojo a juego con la corbata, que asomaba descuidadamente del bolsillo.

Después de nuestro primer set, salimos del agujero en la pared y bajamos detrás de la barra. Bobby Kelly me estaba esperando y me dijo:

—¡Estás despedido!

Supongo que la apariencia no es suficiente.

—Es lo peor que he oído en mi vida —dijo.

—No puedes botarnos. Tenemos un compromiso de seis semanas.

—Me da igual lo que tengas. No es una banda latina. Esto es ridículo. Tienes a dos judíos, dos italianos y no sé qué demonios es el tipo del tambor.

Miré al español y me eché a reír. No sé por qué, pero siempre que las cosas son realmente terribles, me río.

—¿De qué te ríes? —preguntó Bobby.

A estas alturas, todos mis «cubanos típicos» se señalaban entre sí y se partían de risa por el aspecto que tenían con sus camisas de rumba. Era la primera vez que las vestían, y tuve que estar de acuerdo con Bobby en que era un grupo de aspecto ridículo. Por fin me controlé y le dije:

—Tienes razón, Bobby. Lo siento, pero cuando los compañeros llegaron hoy era demasiado tarde para poder ensayar bien. ¿Cuándo quieres que nos vayamos?

—Bueno, me guste o no, tengo que retenerte al menos dos semanas. Esa es la norma del sindicato.

Gracias a Dios por el señor Petrillo, presidente de nuestra Federación Estadounidense de Músicos en aquella época.

—Está bien, intentaremos hacer lo mejor que podamos hasta entonces.

Después del siguiente set, que no fue tan malo, pero aun lejos de ser música latina ni remotamente regular, Bobby volvió y dijo:

—Mañana por la noche vas a salir al aire como invitado en el programa radial de Ted Husing.

—¿Cómo? —dije—. Creía que acababas de despedirme.

—Lo hice y sigues despedido. Ted Husing quiere ponerte en remoto desde aquí y que cantes un par de canciones, pero solo tú y tu guitarra. No te atrevas a dejar que este grupo de mala muerte tuyo toque una sola nota.

Ted Husing, uno de los mejores locutores de radio y comentaristas deportivos de la época, si no el mejor, estaba entre el público como invitado de Bobby. Mientras tocábamos el segundo set Bobby le había dicho:

—Voy a despedir a este grupo, Ted. Me vendieron un «grupo Xavier Cugat del Waldorf-Astoria» y cargo con este montón de pelagatos. Habría sido mejor contratar a una banda del Ejército de Salvación.

—Estoy de acuerdo en que la banda no es buena —le dijo Ted— pero el chico cubano tiene algo. No sé qué, pero algo, y te diré lo que haré. Tengo un programa de radio desde Miami todas las noches. Lo pondré cinco minutos mañana por la noche para que cante un par de canciones de aquí.

—No con ese asqueroso grupo detrás —le dijo Bobby—. Si lo quieres en tu programa, déjalo cantar un par de números solo con su guitarra.

Me acerqué a la mesa de Bobby, agradecí al señor Husing su amable gesto y le dije que haría un par de números solo con mi guitarra en el siguiente set para ver si le parecían bien. Después de cantar los números, miré al señor Husing. Asintió con la cabeza y me dio el visto bueno.

Después de eso, mi grupo de mala muerte y yo nos esforzamos con algunas rumbas, pero no sonaban a rumbas, no sonaban a nada. Era un sonido lamentable. Los muchachos no eran malos músicos, pero no teníamos arreglos, nunca habían tocado música latina y la instrumentación no estaba hecha a medida. Necesitábamos una trompeta, bongós, maracas, tambores de conga. Llevaba conmigo un tambor de conga porque son buenos para respaldar al resto de instrumentos de percusión y al tamborista en todos los ritmos latinos, pero tienes que tener un tambor y otros instrumentos de percusión que puedan tocar ritmos latinos. No puedes hacerlo todo solo con el tambor de conga... excepto... excepto...

Y mi mente hizo un *flashback* a los carnavales anuales de Santiago, cuando miles de personas forman filas de conga en las calles, y recorren toda la ciudad, cantando y bailando durante tres días y tres noches al ritmo de los tambores de conga africanos. También utilizan sartenes, clavadas en tablas, con la parte inferior hacia arriba, que golpean con palos duros, haciendo un agudo *ding-ding-ding-ding it-ding it-ding-ding* siguiendo el ritmo del tambor de la conga *bum-bum-bum-BUM*. Es un ritmo sencillo.

Puedes oír ese sonido acercándose a diez cuadras de distancia y cada vez es más fuerte y excitante.

Alfonso Menencier era un distinguido caballero negro de mediana edad, y uno de los mejores amigos y jefes de campaña política de mi padre. Siempre vestía con elegancia, con un impecable traje de lino blanco, zapatos blancos, camisa blanca y corbata de seda, anudada con pericia, con un gran alfiler de diamantes que la mantenía en su sitio, justo cinco centímetros por debajo del nudo. En la cabeza llevaba un sombrero de paja de ala ancha, que Chevalier se habría sentido orgulloso de llevar, y nunca le faltaba un bastón con mango de plata.

Menencier se quedaba en la escalinata del ayuntamiento con papá y sus invitados, escuchando el comienzo de este salvaje, sensual y primitivo estruendo carnavalesco; y a medida que se acercaba, empezaba a criticar la costumbre.

—Ahí vienen otra vez. Todos los años se llenan de ron y forman esta fila de conga, tocando los tambores y bailando frenéticamente con su ritmo africano.

Su compostura seguía intacta, su dignidad aún imperturbable, pero si te fijabas bien, notabas que sus pies no podían quedarse quietos.

El sonido de la conga se hacía cada vez más fuerte a medida que los cientos de personas de la fila de conga se acercaban más y más.

—Ah, ah. Vienen hacia acá. Casi puedes oler el ron.

Más o menos en ese momento, un pie, quizá de forma inconsciente, daba una patada hacia un lado en el último tiempo del compás, lo que acentuaba el ritmo de conga.

Ahora la fila de conga era visible doblando la esquina del ayuntamiento y empezando a darle la vuelta a la plaza frente a él. Cientos de personas seguían apareciendo por aquella esquina. El ritmo de los tambores, el incesante sonido agudo de las sartenes que acompañaban el cántico de su líder africano, que todos los demás en la fila respondían a gritos, iban aumentando, casi monótonamente, hasta alcanzar un incontrolable crescendo de frenesí.

Los observaba, fascinado ahora, mientras los líderes llegaban a más de la mitad de la plaza y seguían saliendo más y más de aquella esquina. Empezó a sudar un poco, el cuello del traje que tenía alrededor del cuello empezó a molestarle. El bastón seguía ligeramente el ritmo del compás en los escalones del ayuntamiento. Sus pies ya no podían abstenerse de patalear un poco. Le costaba mantener la compostura y quería aferrarse a su dignidad.

—¡Dios mío-Dios mío-Dios mío-DIOS MÍO! —La exclamación salió a ritmo de conga.

Pasarían justo por donde él estaba y pronto estuvieron frente a él. Pasaron junto a él y llegaron al final de la fila de los que seguían saliendo de aquella esquina. Ahora habían rodeado toda la plaza y seguían bailando y gritando a su alrededor. Había miles de personas. Los tambores se contaban por centenares. El sonido de las sartenes era como el de un relámpago, que acompañaba al estruendo de los tambores. Casi podías saborear el ron. Podías oler los sexos. Era como una orgía salvaje de pies que pataleaban y brazos que se agitaban y cabellos que giraban y fondillos y pechos y vergas. Su corazón y el de ellos latían ahora al unísono. Ya no podía controlarse, nadie podía hacerlo. Se abrió el cuello y se desabrochó la corbata de un tirón. Su sombrero de paja se posó en su nuca y, con el bastón en alto, se unió a ellos en éxtasis, al igual que todos los que estaban en aquellos escalones, incluidos el alcalde y los turistas estadounidenses e invitados de su embajada.

# 8

LA CONGA NUNCA SE HABÍA TOCADO EN ESTADOS Unidos. Fui al camarero y le dije:

—Dame una botella de ron Bacardí.

Luego fui entre bastidores, donde estaban los muchachos.

—Bueno, muchachos, será mejor que se den unos tragos porque vamos a tocar algo que les voy a enseñar ahora mismo. Así que suéltense.

Fue la única vez en mi vida que dejé que una banda bebiera mientras trabajábamos.

—Escuchen atentamente lo que toco en este tambor de conga. Son cuatro tiempos por compás y el último tiempo a la charlestón, así. —Y golpeé *bum-bum-bum-BUM*—. Acentúen el último bum. El baile es uno-dos-tres-PATADA. Ahora maldito español, puedes hacer *bum-bum-bum-BUM,* ¿verdad?

—Sí, sí, puedo hacerlo.

Le dije al pianista que tocara solo cuatro acordes fuertes progresivos con el mismo compás. El bajo lo mismo en las cuerdas más graves, el saxofonista a golpear el bombo con un mazo suave, haciendo también *bum-bum-bum-BUM,* y el violinista a tocar la sartén. Cuando se lo dije, me miró como si estuviera loco.

Para cuando volví de la cocina con la sartén clavada en una tabla y dos cucharas para golpearla, el ron casi se había acabado y estaban dispuestos a probar cualquier cosa.

Entonces llamé a Nick y le dije lo que iba a hacer, cómo bailar la conga y cómo formar una línea de conga. Era un buen bailarín y, tan desesperado como yo por nuestra situación, estaba dispuesto a probar cualquier cosa.

Estábamos listos para empezar. El violinista miraba la sartén y las cucharas, intentando averiguar qué hacer con ellas.

—¿Qué pasa? —le pregunté.

—¿Cómo hago *bum-bum-bum-BUM* con esto?

—Ah, perdona, se me pasó enseñártelo. No haces *bum-bum-bum-BUM.* Vas *ding-ding-ding-ding it-ding it-ding-ding* mientras golpeas la sartén con la cuchara, una en cada mano.

Ahora estaba seguro de que yo estaba loco.

—*¿Ding-ding-ding-ding it-ding it-ding-ding?*

—Así es. Vamos.

Me colgué la gran correa de cuero del tambor de conga alrededor del hombro derecho y empecé a golpear *bum-bum-bum-BUM*. La banda empezó a unirse a mí. No fue muy difícil para ellos hacer *bum-bum-bum-BUM*. La gente del club no sabía qué demonios estaba pasando.

Les dije:

—Esto es un baile, amigos, que se llama la conga. Es muy sencillo… uno… dos… tres… PATADA. Uno… dos… tres… PATADA.

Y yo tocaba y bailaba al ritmo.

Nick estaba en la pista de baile y gritó:

—¡Síganme, amigos, sé cómo bailarlo! Uno... dos... tres... PATADA. Uno... dos... tres... PATADA. Pónganse detrás de mí. Formaremos una línea de conga.

En pocos minutos varias parejas se pusieron detrás de él. Luego salté desde el agujero de la pared hasta lo alto de la barra. Era una barra larga, de unos nueve metros, y yo bailaba y tocaba el tambor de un extremo a otro y viceversa. De ahí salté a la pista de baile y muy pronto teníamos a todo el maldito club haciendo esta línea de conga.

*¡Y así fue como empezó todo!*

Desde entonces siempre he llamado a la conga «Mi danza de la desesperación».

Después de esa primera vez aquella noche, tuvimos que hacer la línea de conga al menos una vez en cada set y aproximadamente una semana después, la línea de conga había calado de verdad. No podías entrar al club. Estaba abarrotado todas las noches.

Pronto empecé a dirigir la línea de conga desde nuestra pista de baile a través de la puerta lateral, doblando la esquina y luego a la izquierda hasta la entrada del Park Central, el restaurante que estaba contiguo, justo atravesando a sus comensales, hasta nuestro salón y de vuelta a nuestra pista de baile.

Bobby Kelly estaba extasiado y me dijo que me olvidara del preaviso de despido de dos semanas.

—Oye, Desi, ¿qué te parece si llamamos el salón Desi's Place?

—No, llámalo La Conga.

Joe E. Lewis actuaba en el Continental, a la vuelta de la esquina. Visitó La Conga, donde me dijo:

—¡Oye, muchacho, lo estás haciendo muy bien! Has empezado algo diferente.

Una noche teníamos un grupo muy grande. Cuando salimos a la calle, me dejé llevar y coreé:

—¡Vamos a ver a JOE! Vamos-a-ver-a-JOE. ¡Y allá fuimos! Doblamos la esquina y entramos al Continental justo cuando estaba en la pista haciendo su espectáculo de medianoche. Todos lo rodeamos un par de veces. La segunda vez, Joe se unió al final de la fila y siguió la conga hasta nuestro club.

—Cuando lo vi allí —coreé a nuestro grupo—. Volvamos, amigos. Volvamos, amigos. Así que congueamos a Joe de vuelta al Continental, lo dejamos en el centro de la pista, salimos y congueamos de vuelta a nuestro club sin perder el ritmo.

Joe E. no solo era un artista sensacional, sino también un hombre dulce, cálido y adorable. Todos los que tuvimos la suerte de conocerlo echaremos siempre de menos a Joe E. Lewis.

Pronto, todo Miami Beach estaba bailando la conga. La razón por la que se puso tan de moda, creo, fue porque es un baile muy sencillo. Cualquiera puede hacerlo; uno-dos-tres-PATADA. Ancianos, niños, cualquiera. También es una danza de grupo y el ritmo, como el océano, tiene una cualidad hipnótica.

Una de nuestras mejores clientas e impulsoras de La Conga fue Sonja Henie. En aquella época estaba en Miami haciendo su extraordinario espectáculo sobre hielo, y solía traer a todo su grupo. Le encantaba bailar y se convirtió en una querida amiga, incluso intentó enseñarme a patinar, pero yo seguía cayéndome de fondillo. Harry Richman, otro de los grandes animadores de aquella época, era un cliente habitual. Una noche metí un poco la pata y él volvió y me dijo: «Oye, cubano, esta noche no te has lucido con la conga. No lo vuelvas a hacer. No sabes quién puede estar sentado ahí fuera. Debes dar lo mejor de ti en todo momento, hagas lo que hagas».

Tenía razón. A partir de entonces traté de no meter la pata otra vez.

Sánchez, el rey cubano del azúcar, fue otro buen amigo y promotor incluso antes de La Conga, cuando yo aún limpiaba jaulas de pájaros y ganaba unos dólares extra con el Septeto Siboney.

Había conocido a mi padre y a toda mi familia, en particular al abuelo Alberto. Jorge era uno de sus mejores clientes, pues siempre necesitaba enormes cantidades de Bacardí para las grandes fiestas en su central azucarero, no muy lejos de Santiago.

Una noche en La Conga me preguntó si me gustaría tocar la guitarra y cantar en un gran almuerzo que iba a dar en su casa de Miami Beach.

—Seguro, Jorge.

—Bueno —dijo— no sé si a tu padre le gustaría, como el invitado de honor será Batista, pero puedes hacerte con cien dólares.

—Mi padre no tiene nada contra Batista. Si no hubiera sido porque Batista logró que los tribunales volvieran a funcionar, papá podría seguir en la cárcel. Además, cien dólares son cien dólares.

—Me alegra oírlo. Nos vemos el domingo a mediodía.

—Muchísimas gracias, Jorge.

Después de cantar algunas canciones cubanas, me acompañaron a la mesa de Batista.

Me saludó:

—Buenas tardes.

—Buenas tardes, señor. (No sabía si llamarlo sargento, general o dictador, así que me conformé con señor).

—Tienes que ser de Cuba. ¿Correcto?

—Sí, señor.

—¿Qué parte de Cuba?

—Santiago de Cuba —con orgullo, como lo dicen siempre todos los santiagueros.

—Ah, Santiago es una ciudad maravillosa. ¿Cómo te llamas?

—Arnaz, señor.

—¿Alguna relación con el alcalde, el doctor Desiderio Arnaz?

—Sí, señor, es mi padre.

—Bueno, mira para eso. ¿Cómo está su padre?

—Está bien, señor. Gracias, y gracias también por dejarlo salir.

—Nunca debería haber sido encarcelado. Dale recuerdos de mi parte.

—Gracias, señor.

Terminamos nuestras doce semanas en La Conga y se acabó la temporada. A pesar de ese terrible comienzo, habíamos tenido un gran éxito.

Le dije a Nick:

—Voy a ir a Cuba a ver si consigo un poco más de música. También quiero ver a mis abuelos. Nos vemos en Nueva York.

—Oye —dijo Nick— ¿tenemos que enviar a Cugat los veinticinco dólares de esta última semana? Estoy sin blanca y los necesito.

—Pues será mejor que se lo envíes. No quiero que ese español tenga nada contra nosotros. No tengo mucho, pero puedo prestarte cincuenta dólares.

—Gracias, Para Vigo. Nos vemos en Nueva York dentro de dos semanas e iremos a buscar trabajo.

Había empezado a llamarme Para Vigo cuando era la única canción que yo conocía con la orquesta de Cugat. Fui a La Habana y Nick debía empaquetar la música, el tambor de conga, las camisas de rumba y el resto de las cosas para llevárselas a Nueva York.

Por aquel entonces había en Miami una dama llamada Louise, una dama estupenda, de una de las familias más ricas de Detroit, una heredera multimillonaria. Salía con Pete Condoli, amigo y ayudante de Bobby Kelly. Tenía una gran disposición y un maravilloso sentido del humor, y estaba prometida en matrimonio con Pete.

Cuando Pete tuvo que ir a Chicago a comprar suministros para el club, alcohol, que podían conseguir más barato en Chicago gracias a algunos de sus contactos, le dijo a Nick que cuidara de Louise mientras él estaba fuera.

—¿Cuidarás de Louise, Nick? Sabes que le encanta bailar. Así que llévala a cenar y a bailar. Sabe que no tienes mucho dinero, pero no te dejaría pagar de todos modos. Solo estaré fuera un par de días.

—Claro, me encantaría, me cae muy bien —contestó Nick.

Llevaba tres días en La Habana cuando recibí una llamada a las ocho de la mañana. Cogí el teléfono y dije:

—Hola. —Y oí…

—Hola, Para Vigo.

—Nick, ¿dónde estás? ¿En Nueva York?

—No, no, en Nueva York no, estoy en La Habana.

—¿En La Habana? ¿Qué demonios haces en La Habana?

—Tengo el *penthouse* del Plaza.

—¿Estás borracho?

—No, estoy sobrio como un juez. Tengo todo el maldito piso.

—Vamos, Nick, ¿qué es esto? Te dejé en Miami con cincuenta billetes, estabas sin blanca, te ibas a Nueva York. ¿Cómo que tienes todo el *penthouse* del Plaza?

—Te digo que me alojo en el *penthouse* del Plaza. Estoy de luna de miel y quiero que me vengas conmigo a desayunar.

De repente caí en la cuenta.

—Hijo de puta, ¿te has casado con Louise?

—Sí, claro que sí.

—Bueno, es una bonita manera de ocuparte de la novia del pobre Pete… está bien, iré dentro de un rato.

Pasé su luna de miel con ellos. Fuimos a los mejores clubes nocturnos y a la playa de Varadero. Vivimos como la realeza durante dos semanas, y cuando se fueron les dije:

—Está bien, Nick, buena suerte, es una buena mujer.

Todavía la conozco muy bien. Tiene una casa preciosa en Palm Springs, pero el pobre Nick está muerto.

Volví de «nuestra» luna de miel a casa de mi tía en La Habana y encontré una carta de Cugat, con un contrato ya firmado por él. Había oído hablar del gran éxito que tuvimos en La Conga a pesar de la pésima banda.

El contrato era de doscientos a la semana, cincuenta y dos semanas, cinco años garantizados. En este contrato, y recuerda que estábamos en 1938, abarcaba cosas que yo nunca había soñado hacer en aquella época. Cubría programas de radio, Broadway, cine, vodevil y, aunque parezca mentira, televisión. Incluso tenía derecho a cambiarme el nombre, si lo consideraba necesario. Así que pensé: «Será mejor que lleve este contrato a un abogado».

Mayito Mendoza y yo nadábamos en el mismo equipo cuando íbamos a la escuela en Miami. (Ralph Flanagan, que con el tiempo batió muchos de los récords de Johnny Weissmüller, también estaba en ese equipo). El padre de Mayito era Mario Mendoza, que había sido uno de los mejores abogados de Cuba. Había estado muchas veces en su casa de Miami.

Fui a verlo y le dije:

—Señor Mendoza, ¿le importaría leer esto? Ya está firmado por Cugat, pero antes de hacer nada al respecto, me gustaría que me diera su consejo.

—Está bien, hijo, déjalo aquí y yo lo revisaré. ¿Cuándo lo necesitas?

—Bueno, me gustaría poder tomar una decisión lo antes posible, porque no tengo mucho dinero; de hecho, estoy casi pelado. Por eso estoy tentado de firmar este contrato. Significa mucha seguridad. Pero, si no firmo, quiero volver a Nueva York y ver si puedo conseguir algún otro trabajo allí.

—Está bien —me dijo—, déjalo aquí y vuelve mañana por la tarde.

Volví al día siguiente.

—Lo he leído, y lo único que, según este contrato, Cugat no puede hacer es templarte, e incluso eso es discutible, porque en realidad no he tenido tiempo de leer todos los detalles en letra pequeña. Así que, si valoras en algo tu independencia, no firmes esto. Si lo haces, no tendrás ninguna por los próximos cinco años.

—Muchas gracias, señor Mendoza.

Doscientos dólares a la semana, cincuenta y dos semanas al año, garantizados durante cinco años, era difícil de rechazar.

# 9

TENÍA ENTONCES VEINTIÚN AÑOS Y, FUERA DE ESE pequeño éxito que tuve en Miami Beach, no había hecho realmente nada. No sabía hacia dónde iba ni qué iba a hacer. La temporada de Miami Beach duraba solo tres meses al año. Sabía que podría volver, pero ¿qué demonios haría durante los otros nueve meses?

Volví a Nueva York y llegué allí sin un centavo. Primero, busqué a César De Franco, nuestro bajista en Miami.

Lo encontré en el Sindicato de Músicos. Todo el mundo acude al sindicato para enterarse de las fechas de los clubes, o de quién busca qué, etc. César dijo:

—Vaya, lo pasamos bien en Miami.

—Sí, así fue —le contesté.

Entonces me preguntó si tenía otro trabajo y le dije que no, pero que de seguro buscaba algo.

—Bueno, ¿por qué no vienes y te quedas con nosotros? —me dijo—. Tenemos una habitación extra en el apartamento de Brooklyn… Setenta y cuatro Avenida O. Mi mujer es una italiana simpática y estoy seguro de que no le va a importar. Fuiste amable conmigo y me lo pasé muy bien contigo en Miami; además, me diste trabajo durante doce semanas. Seguro que pronto conseguirás otra cosa, así que no te preocupes.

—Gracias, César, eso es genial.

Su mujer era una señora estupenda y le dije a César:

—Oye, quiero pagar por quedarme aquí.

—Bueno, comes aquí todas las noches. A ella no le importa alimentar a dos, tres… es lo mismo… sobre todo cuando comemos espaguetis la mayoría de las veces, y cuando tenemos dinero añadiremos albóndigas.

Le pagaba cinco dólares a la semana por alojamiento y comida, siempre y cuando pudiera conseguir los cinco; si no, lo marcábamos en el libro.

Pero era mucho más que alojamiento y comida. La señora De Franco me lavaba las camisas y los calcetines, me planchaba la ropa, me trataba como a su hijo. Ambos tenían aproximadamente cincuenta años y no tenían hijos.

Abajo había una barbería y la manicura era una pelirroja muy linda. Empezamos a salir y me hacía la manicura gratis siempre que quería. También convenció al barbero para que me cortara el pelo cuando lo necesitara, a crédito, claro.

Una cosa que siempre tenían los De Franco era una jarra de vino tinto; no sé si lo hacían ellos mismos o no. Algunas noches solo comíamos pan, un trozo de queso y vino. Era delicioso.

No teníamos suerte para conseguir ningún tipo de trabajo. Recuerdo que una noche me acosté y recé: «Por favor, Dios, no me importa lo que sea, volveré y limpiaré jaulas de canarios... lo que sea».

Te diré lo arruinados que estábamos. Solíamos levantarnos a las cuatro de la mañana y caminábamos de Brooklyn a Nueva York para ahorrarnos los cinco centavos. En aquel entonces el metro costaba cinco centavos. Y con los cinco centavos que ahorrábamos, nos comprábamos dos rosquillas y todo el café que quisiéramos. Ese era nuestro almuerzo. Era un largo y agradable paseo por el puente de Brooklyn.

Una tarde que estábamos en el sindicato buscando una cita en un club o cualquier otra cosa, oímos que había un director de orquesta que buscaba un guitarrista para el fin de semana, que empezaba esa misma noche. Eso significaba, por supuesto, un guitarrista que supiera leer música y tocar música estadounidense y todas esas cosas, ¡que no era yo!

Sin embargo, le dije a César:

—Voy a aceptar ese trabajo.

—¿Cómo puedes hacer eso? —me dijo—. No sabes leer música.

—¿Y qué? Estamos arruinados, y cuando se entere, será demasiado tarde.

Me dirigí al líder y le dije:

—Soy guitarrista.

—Ah, bien —dijo el hombre—, se hace tarde. ¿Tienes esmoquin?

—Sí, señor.

—¿Negro?

—Sí, señor, lo tengo.

Alquilé una chaqueta de esmoquin negra a juego con los pantalones, cogí mi guitarra y fui donde me dijo. Era uno de esos lugares alemanes por la calle Ochenta. Tocaban muchas canciones alemanas y tocaban música estadounidense, pero no tocaban nada de música latina.

Me senté al lado del baterista y me dieron todos estos arreglos. Era una orquesta bastante agradable, de ocho o nueve piezas. Pensé que, sentado junto al baterista, quizá no oirían mi guitarra. Tenía una guitarra española y pensé: «Si la toco despacito, quizá nadie se dé cuenta».

Empezamos, yo tocaba lo más bajo que podía, pero un par de minutos después el director de la banda se dio la vuelta y me hizo un gesto con la mano para que subiera un poco el volumen. Antes de dar el compás de entrada para el siguiente número, dijo:

—Oye, hijo, ¿puedes subir un poco la guitarra? No te oigo.

—Lo siento, señor, voy a asegurarme de hacerlo.

Dio el compás de entrada y yo seguía usando el mismo toque ligero, así que de nuevo me echó la bronca para subirlo. Bueno, superé ese set… Mientras descansábamos entre bastidores, en la sala de los músicos, se acercó y dijo:

—Mira, muchacho, no oigo esa guitarra. Quizá deberías sentarte delante. Sabes, estás justo al lado del baterista y con los saxofones delante no oigo la guitarra en absoluto. Nos iría igual de bien sin ella.

—Vaya, lo siento —le dije—. Déjeme tratar desde donde estoy, pero haré algo: usaré una púa. Vea, he estado tocando con los dedos. Utilizaré la púa como hacen los estadounidenses y creo que eso lo hará subir de volumen.

—Sí, es una buena idea, usa la púa, usa la púa.

Ahora sí que estaba muerto. Pensé: «Mejor rompo un par de cuerdas». En el siguiente set rompí tres.

—¿Qué pasó? —me preguntó.

Le enseñé la guitarra con las cuerdas rotas.

—Bueno, arréglalas —dijo.

Bajé del escenario y me fui entre bastidores. Tenía un juego extra de cuerdas en la funda de la guitarra, que saqué y me metí en el bolsillo del pantalón.

Volvió a la sala de los músicos y me preguntó:

—¿Arreglaste la guitarra?

—No —dije— no tengo cuerdas.

—¿Quieres decirme que aceptas un trabajo y no traes un juego de cuerdas extra?

—Bueno, mire, me he quedado sin dinero —le dije—. La verdad es que no tenía ni un centavo, ha sido realmente duro.

Era un tipo bastante agradable y me dijo:

—Lo comprendo, todos pasamos por eso. ¿Qué más puedes hacer?

—Canto —dije.

—¿Cantas?

—Sí, números latinos.

—Dios mío. ¿Números latinos?

—¿No toca ningún número latino? —le pregunté.

—Bueno, tenemos un par, como «El manisero» y «Mamá Inés».

(¿Estos gringos no conocen ningún otro número latino?)

—Está bien —le dije—. Me reuniré con el pianista a ver si podemos improvisar un par de esos.

—Bueno, tienes que hacer *algo*.

Me reuní con el pianista, encontramos el tono y en el siguiente set hicimos «El manisero».

De nuevo entre bastidores, el director de la banda dijo:

—Me gusta, nos da una variedad. ¿Estás ocupado los próximos tres o cuatro fines de semana?

—No, para nada.

—De acuerdo —dijo— te pagaré ahora por esta noche. —Normalmente uno cobra al final del fin de semana—. Así puedes conseguir un juego nuevo de cuerdas y tocar la guitarra con la orquesta además de cantar.

—Bueno, la verdad, ha sido muy amable conmigo, pero, a decir verdad, no sé leer música.

—¿No sabes leer música?

—No, no puedo. Esos arreglos que me dio me parecen letras chinas.

—Vaya, hijo de puta —dijo.

—Tenía hambre.

—Está bien, está bien, olvídate de la guitarra.

—No, no tenemos que olvidarnos de la guitarra. Cuando canto esas canciones en español puedo tocar la guitarra y eso hará que el grupo suene mejor. Tengo un par de maracas en casa. Las voy a traer y enseñaré a uno de los muchachos a tocarlas. Incluso podríamos intentar ver cómo les gusta a estos alemanes la línea de conga.

—¿Qué demonios es eso?

—Es algo que empezamos en Miami.

El fin de semana siguiente llevé las maracas y el tambor de conga y enseñé el ritmo a la banda, y pronto tuvimos a los alemanes en línea de conga. Estuvimos allí cuatro fines de semana y, antes de que terminara el trabajo, los alemanes daban la vuelta a la manzana.

Fue realmente en este lugar alemán donde empezó la conga en Nueva York.

Pude pagar a César y a su mujer el alquiler y volvimos a comer albóndigas con los espaguetis. Pero, una vez terminado ese trabajo, tuvimos un largo período de sequía. Entonces, un día, recibí un telegrama dirigido a Desiderio Alberto Arnaz de Acha, 74 Avenue O, Brooklyn. Estaba firmado por Tapps, y decía que tenía un posible trabajo para mí y mi banda para el próximo verano en un lugar de Glens Falls, y me preguntaba si podía ir y hablar con él sobre eso.

Le pregunté a César:

—¿Cómo es que este tipo sabe mi nombre completo y dónde vivo?

En aquel momento, nadie lo sabía. Cualquiera de Miami, por ejemplo, me conocía como Desi Arnaz. Ese es el nombre que siempre usé y todo el mundo me llamaba Desi. Recordé que había usado mi nombre completo en mi tarjeta del Sindicato de Músicos porque todavía no me había cambiado el nombre legalmente.

—¿Qué diablos te importa cómo lo sabe? —contestó César—. Vamos a ver al tipo.

Ese día nos gastamos un par de medios y cogimos el metro. Tapps era un tipo bajo, corpulento y de pelo blanco. No tenía un despacho lujoso, no precisamente como el de Lew Wasserman en MCA en los años cincuenta, pero tampoco estaba mal. Me presenté.

—Bueno —me dijo—, tengo un trabajito durante el verano y puede que te lo consiga.

Antes de entrar al despacho, le había dicho a César:

—Déjame hablar a mí, tú cállate.

Ahora yo tampoco dije nada. Quería que Tapps siguiera hablando para ver si podía averiguar cómo había conseguido mi nombre completo y de dónde lo había sacado. Pensé que esto me daría una pista sobre mi posición.

Entonces me dijo:

—Esta gente va a abrir un restaurante de carretera en Glens Falls, y me dijeron que buscara una pequeña banda de rumba de Miami. Pero ni siquiera recordaban tu nombre, así que me puse en contacto con el sindicato, lo averigüé y conseguí tu dirección.

Eso me hizo pensar que alguien me deseaba mucho como para tomarse tantas molestias. Por supuesto, el señor Tapps, que era un agente muy bueno, trataba de hacer ver que no era tan importante.

—¿Y bien? —preguntó.

—Suena prometedor —respondí—. ¿De qué se trata?

—Tocas allí quizá dos semanas, con algunas opciones, y si eres bueno, puede que te quedes allí ocho semanas.

—¿Cuánto paga el trabajo? —pregunté.

—Cuatrocientos dólares para ti y el grupo que tenías en Miami.

—Ah. Bueno, muchas gracias por tomarse tantas molestias, señor Tapps, pero no tiene caso que pierda el tiempo. Sé que es un hombre ocupado.

—Me tomaré el tiempo necesario —dijo—. Sentémonos y hablemos del asunto.

—Bueno, pero…

—Mira, quizá pueda hablar con ellos y conseguir que te den quinientos dólares, y por supuesto el transporte de ida y vuelta.

—¿Y las habitaciones y la comida?

—Allí tienen habitaciones. Me encargaré de que te den algunas.

—Muy bien, ¿y la comida?

—Bueno, es un restaurante de carretera, debería poder asegurarte la cena. Intentaré conseguir almuerzo y cena.

—Eso está un poco mejor —dije— pero aún estamos muy lejos en el precio.

—No puedo subir más —dijo—. Cinco, cinco cincuenta. Eso es lo máximo.

—Muchas gracias, señor Tapps, pero no es suficiente. Vamos, César.

Empezamos a irnos.

—¡Espera un momento! —gritó—. ¡Un momento! ¡Regresa! ¿Qué te pasa? ¿No puedes dedicar un par de minutos a hablar conmigo? ¿Cuánto tenías pensado?

—Tal y como yo lo veo, vamos a ser la única banda. ¿Verdad?

—Correcto.

—Y quieren que toquemos música latina y estadounidense, así que debería añadir dos hombres más, un trompetista y un acordeonista. Conmigo serán ocho. Entonces podríamos tocar música estadounidense, tangos, rumbas, de todo.

—Está bien, está bien. ¿Cuánto?

—Le digo una cosa, señor Tapps. Si consigue que me dejen añadir a los dos hombres, el transporte de ida y vuelta, por supuesto, más alojamiento y comida y un mínimo de ocho semanas, sin opciones…

—Sí, sí. ¿Cuánto?

—Bajaré nuestro precio a mil dólares semanales.

—¿Lo *cortarás* a mil? —preguntó.

—Sí, señor.

—Tus matemáticas están un poco jodidas. En La Conga te daban $650 por tus cinco hombres, así que dos hombres más solo pueden costar como mucho $150 más. En total serían $800. ¿Cómo es que lo bajarías a mil?

Otra lección: los agentes pueden averiguar cualquier cosa que quieran del sindicato.

—Sus cifras están bien, señor Tapps, pero eso fue antes de que tuviéramos un gran éxito, como tenemos ahora —dije, con cara seria.

De reojo, vi a César haciendo la señal de la cruz disimuladamente.

—Pues no hay manera de conseguirlo —dijo.

—Lo siento, pero le agradecemos que haya pensado en nosotros. Dale, César, vámonos.

Mientras cruzábamos la puerta, César murmuraba:

—¿Qué pasa? ¿No quieres comer? —(Mitad en italiano, mitad en inglés.)

—Oigan, regresen acá —oímos—. No creo que pueda conseguirles ese trato. Es mucho más de lo que pensaban pagar. Pero lo intentaré. Por supuesto, ya sabes que yo me llevo el diez por ciento.

—¿De mis mil? —pregunté.

—Claro, todos los agentes reciben el diez por ciento.

—Entonces será mejor que pidas mil cien dólares para que puedas conseguir tus cien dólares.

—¿Estás seguro de que no eres judío? —me preguntó.

Representaba a Fan and Bill's, pero también quería un 10 % de mí, que, por supuesto, es normal. El dueño de un club llama al agente y le dice qué grupo quiere. Entonces el agente se pone en contacto con el líder de ese grupo y le dice: «Oye, sé de un sitio donde quizá pueda meterte».

Lo que delató al señor Tapps fue el telegrama dirigido a mi nombre completo. Tuvo que ir al sindicato para buscarme. Además, dijo que lo habían llamado para buscar «un grupito de rumba de Miami». En aquella época yo era el único grupito de rumba de Miami.

De todos modos, el señor Tapps dijo que me llamaría al día siguiente. Al salir, César dijo:

—Creo que te volaste las albóndigas.

—No lo sé, nos estaban buscando. Alguien nos debe de querer mucho para tomarse tantas molestias.

Menos mal que tenía razón, porque al día siguiente me llamó el señor Tapps y me dijo que teníamos el trabajo.

El grupo que llevé a Fan and Bill's era el mismo que tuve en La Conga. Pero para entonces ya llevábamos bastante tiempo trabajando juntos. El español había aprendido otros ritmos además de pasodobles y la trompeta y el acordeón que habíamos añadido lo convirtieron en un combo bastante bueno.

Todos lo pasamos muy bien en el lago George ese verano. Fan and Bill's se portaron bien con nosotros, y fueron ellos quienes, por primera vez, pusieron mi nombre en la marquesina: «Desi Arnaz y su orquesta», ya no Cugat.

Volvimos a tocar en La Conga de Miami Beach el invierno siguiente.

Hacia el final de esa temporada, un tipo llamado Mario Torsatti vino al local y dijo que iba a abrir un club en Nueva York al que también llamaría La Conga. Nos ofreció un trabajo, a partir de cuando termináramos en Miami.

En La Conga de Nueva York la otra banda era Pancho's. Pancho era famoso por sus tangos, muy populares en aquella época. También tenían a una muchacha, Diosa Costello, una cantante y bailarina puertorriqueña que tenía un número emocionante y encajaba perfectamente en mi tema de la conga. Podía mover el trasero mejor y más rápido que nadie que yo hubiera visto nunca: una gran artista.

La Conga de Nueva York fue un éxito increíble. Al igual que el charlestón, la línea de conga se convirtió en una moda de baile nacional y poco después internacional.

La debutante número uno de Nueva York era Brenda Frazier, y vino a La Conga para ver de qué demonios se trataba todo aquel alboroto. Su grupo solía preferir el East Side, en lugares como el Stork Club, «21», The Versailles y El Morocco. Cuando Brenda vino a La Conga, todos la siguieron. Ella era la líder y donde fuera ella iban todas las demás debutantes y sus acompañantes.

Como dijo Dorothy Kilgallen en su columna, «La Conga fue el primer club nocturno que atrajo el East Side de Nueva York al West Side». La Conga estaba justo al lado de Broadway.

Brenda era, y estoy seguro de que sigue siendo, una muchacha extremadamente bella y llamativa. Fue la primera joven que vi que llevaba un maquillaje muy claro, casi blanco, sin apenas pintarse los labios. Tenía unos ojos preciosos, un sedoso y largo pelo oscuro y unos labios y una sonrisa de lo más provocativos. No era lo que yo suponía que sería una niña de dieciocho años mimada de la sociedad neoyorquina, en absoluto. Nos hicimos buenos amigos y siguió trayendo a La Conga a toda esa gente del East Side. Uno de sus acompañantes en aquella época era Peter Arno, el tipo que hacía todas las caricaturas de la revista *New Yorker*, uno de los mejores caricaturistas del mundo: inteligente, muy agudo, de clase alta. Peter tenía uno de esos viejos carros de carreras Duesenberg y él y yo de vez en cuando lo conducíamos a Atlantic City los fines de semana. Atlantic City era muy animada en aquellos días y Peter sabía dónde estaban los mejores «animadores».

En aquel tiempo me hice de otra buena amistad. Una noche, bailando delante del escenario de música, estaba una de las pelirrojas más hermosas que había visto nunca. Parecía tener dieciocho o diecinueve años. No podía dejar de mirarla y ella parecía estar disfrutando de una forma muy coqueta, y eso me dio un poco más de curiosidad. Después del set, le pregunté a Irving Zussman por ella. Irving y Milton Rubin eran los otros dos socios de La Conga y dos de los mejores hombres de relaciones públicas del negocio. Milton solía desayunar con Winchell todas las mañanas y Walter empezó a venir al club y me dio unos elogios estupendos en su columna, que, en aquella época, eran muy valiosos.

Así que les pregunté quién era la pelirroja.

Irving dijo:

—Vamos, quiero que la conozcas y a la gente con la que está. Creo que será muy interesante que los conozcas.

Me llevó a la mesa y dijo:

—Señor Arnaz, me gustaría presentarle a una famosa madama de Nueva York, Polly Adler, y a dos de sus encantadoras jóvenes.

Pensé que había dicho *madam* (como señora) y que probablemente era la madre o la tía de las muchachas. Ella me pidió que me sentara con ellas. Polly tenía una voz muy grave. Sonaba como Bill Frawley con laringitis. Me presentó a la pelirroja y a la otra, una guapa morena. Entonces me dijo:

—¿Te gustaría venir a desayunar con nosotras después de tu última actuación?

—Ah, eso sería bueno.

Para ese entonces ya me estaba volviendo realmente loco sentado junto a esa pelirroja. En mi época «construida como casa de ladrillos» era una descripción popular para expresar que la mujer era monumental.

La casa de mala reputación de Polly Adler en Nueva York era realmente un lugar elegante. El gran salón estaba decorado en tonos rojos y blancos y amueblado al estilo lujoso francés del siglo XVII. El techo alto sostenía una gran araña de cristal al estilo María Teresa. Sus adornos eran jarrones de rosas amarillas frescas, además de la mulata de aspecto más sensacional, vestida no como una de las conejitas de Hugh Hefner, sino con un vestido de noche de seda blanca y cuello alto y nada más, a lo Harlow, que abrazaba todas las colinas y valles de su encantador cuerpo. No debería haber dicho «nada más», porque también llevaba siempre zapatos rojos de tacón alto.

No había barra libre, pero una vez que esta muchacha sabía lo que te gustaba beber, se aseguraba de que nunca tuvieras que volver a pedirlo. Parecía tener un sexto sentido que le decía cuándo estabas a punto de dar el último sorbo. Antes de que lo hubieras hecho, habría una nueva bebida y el vaso vacío habría desaparecido.

En los cuartos llamaban la atención las camas de cuatro postes con dosel o las camas extragrandes con cabeceras de bonito diseño. Había grandes espejos antiguos colocados en lugares estratégicos. Estaban iluminadas solo con la luz de las velas y perfumadas con la fragancia de distintas flores frescas para que encajaran con la combinación de colores particular de cada cuarto, que a su vez complementaba el colorido de cada ocupante.

Después de tomar un suntuoso desayuno a base de caviar, esturión, huevos revueltos, tostadas... y nada más que el mejor champán para beber, Polly dijo:

—Te gusta la pelirroja, ¿verdad?

—¡Oh, sí!

Pero a estas alturas ya me había dado cuenta de que me encontraba en un prostíbulo de mucha clase y estaba seguro de que, en este lugar, hasta un rapidito debía costar al menos cien dólares. Así que le dije:

—Señora Adler, he disfrutado muchísimo de su desayuno. Ha sido una anfitriona muy amable, pero me temo que la pelirroja está muy por encima de mis posibilidades.

Me miró, y con esa maravillosa, profunda y sincera risa suya dijo:

—Está bien, mijito, esta va por cuenta de la casa.

Empecé a protestar, pero ella me paró con un:

—Dale. Te está esperando. No querrás que piense que no te gusta, ¿verdad?

—Por supuesto que no.

—Bueno, pues en marcha.

—¿Qué hora es?

—Seis y media.

—Tengo un ensayo a las dos.

—Te despertaré al mediodía. Espero que te deje dormir un par de horas.

¡Vaya! He tenido mucho sexo delicioso en mi vida, pero aquella pelirroja era otra cosa. Si había algo que no había aprendido en Casa Marina, ella me lo enseñó entonces. Era insaciable. Estas muchachas que trabajaban para Polly tenían tan buen aspecto y eran tan elegantes y refinadas como las muchachas de sociedad que encontrabas en El Morocco o en «21». Polly realmente les dio academia. Un hombre no solo iría allí a pasar un par de horas, sino que también podría salir con una de las muchachas por la noche y *eso* le costaba cinco billetes. Los ricos empresarios de fuera de la ciudad no querían meterse en líos con nadie ni en complicados romances. Podían llevar a estas encantadoras jóvenes a cualquier parte, sabiendo que siempre estarían bien vestidas y educadas, y que nunca beberían demasiado.

Polly también me ayudó muchísimo dando instrucciones a todas sus muchachas para que llevaran a los hombres a La Conga siempre que fuera posible. Es extraño que mis dos primeras mejores amigas en Nueva York vinieran de polos opuestos: Brenda Frazier, la debutante número uno, y Polly Adler, la madama número uno. Entre las dos y de diferentes fuentes, realmente trajeron a mucha gente a La Conga.

No conocía a mucha gente del cine o del teatro, pero muchos venían a La Conga. Una noche, después de terminar el primer programa, Mario me llamó a la oficina y me dijo:

—¿Sabes quién es quieren hablar contigo?

—¿Quién?

—Rodgers y Hart.

—¿Quiénes son?

Realmente no lo sabía.

---

# 10

—RICHARD RODGERS Y LARRY HART SON EL MEJOR equipo de guionistas de comedias musicales de Estados Unidos. Tienen todos los grandes espectáculos de Broadway. Eso es lo que son, cubano estúpido.

—Nunca he ido a un espectáculo de Broadway.

—Bueno, son los mejores. Siempre tienen éxitos. No sé qué quieren de ti, pero será mejor que vayas a hablar con ellos y trates de ser lo más encantador que puedas.

Conocí a Dick Rodgers y a Larry Hart. George Marion, Jr. estaba con ellos, y el señor Hart me explicó que el señor Marion había escrito un libro titulado *Too Many Girls (Demasiadas muchachas).* Uno de los personajes de la historia es un muchacho latino, de dieciocho o diecinueve años, supuestamente el mejor jugador de fútbol que haya salido de Latinoamérica. Cualquiera que haga el papel debe ser capaz de manejar la comedia, así como de cantar y bailar.

En aquella época, el tipo latino que describían no era fácil de encontrar en este país. Hoy son bastantes, y mucho mejores que yo. Los únicos que se conocían entonces eran los tipos románticos como Valentino y los del tipo de George Raft, o en el otro extremo, el personaje vago mexicano como Chris-Pin Martin o Leo Carrillo.

Aunque yo no tenía dieciocho ni diecinueve años, parecía tener unos cuantos menos de los que tenía en realidad.

Larry Hart me dijo:

—Te vi en La Conga de Miami.

—Ay, ni siquiera sabía que estaba ahí, señor Hart.

—Ya lo sé. Te vi y te observé. Les hablé de ti a Dick y a George. ¿Sabes actuar?

—No lo sé. Hice un par de papeles en obras de teatro en la escuela cuando estaba en Cuba y era parte del equipo de debate. También puedo recitar la «Marcha triunfal» de Rubén Darío.

—¿Qué demonios es eso? —preguntaron tanto Dick como Larry.

—Esa fue mi *pièce de résistance.* Empecé a hacerlo a los doce años.

—No lo vamos a saber hasta que lo probemos, ¿verdad, Dick? —dijo el señor Marion.

—Intentaré cualquier cosa —añadí.

—No te emociones demasiado —dijo el señor Rodgers—. Tenemos que traer al senor Abbott para que te eche un vistazo.

—¿Quién es?

—Realmente no sabes nada del teatro de Nueva York, ¿verdad?

—Lo siento.

—George Abbott es uno de los mejores directores de escena de Nueva York, y es especialmente bueno con los jóvenes sin experiencia. Resulta que también es el hombre que va a dirigir este espectáculo, si alguna vez conseguimos un reparto.

La noche siguiente, Larry Hart volvió con George Abbott y me vio hacer la conga. De hecho, el señor Abbott se unió a ella. Después me llamó y me dijo:

—Me gustaría que vinieras al teatro y leyeras un par de escenas para mí, pasado mañana a las nueve de la mañana. Larry te dirá dónde es.

Las nueve de la mañana me recuerda a Tommy Dorsey en el MGM muchos años después. El ayudante del director le dijo a Tommy que él y su banda debían estar en maquillaje a las ocho del día siguiente, para estar listos a las nueve. Aparecían en *DuBarry Was a Lady* (*DuBarry era una dama*), uno de los mejores musicales de MGM, protagonizado por Lucy y Red Skelton.

Dorsey preguntó al ayudante:

—¿Quieres decir a las ocho de la mañana?

—Por supuesto —le dijeron.

—Por Dios —dijo Dorsey—, mis muchachos no empiezan ni a vomitar hasta las once.

Abbott se fue y Larry presentó al doctor Bender, un dentista que trabajaba también como agente.

—Mira, a Abbott no le gusta que nadie vea el guion antes de que se lo lean —dijo Larry—. ¿Has leído alguna vez un guion para alguien?

—No lo creo. ¿Qué es un guion? —Ni siquiera sabía lo que significaba.

—Eso es lo que me temía. Te diré lo que haré. Voy a traerte el guion y trabajaremos contigo antes de que se lo leas. Al menos tendrás una idea de lo que se supone que es, pero por el amor de Dios, cuando leas para Abbott, pasado mañana, haz como si fuera la primera vez que lo ves. Nos echaría la bronca si se enterara de que te habíamos dado un guion antes de que fueras allí. Le gusta que la gente se lo lean en frío.

Esta es una de las muchas cosas que aprendí del señor Abbott. Mientras hacíamos *Yo amo a Lucy* ni siquiera Lucy vio nunca un guion hasta la primera lectura del lunes por la mañana, ni tampoco Bill o Vivian. No quería que se preocuparan por lo que harían la semana siguiente mientras hacíamos el programa de esta semana.

El papel para el que tenía que leer era Manuelito y tenía algunas escenas muy importantes. Al día siguiente, Larry y Doc Bender me hicieron leerlas varias veces. Más tarde practiqué delante del espejo, una y otra vez. Incluso hice algunos gestos que me parecieron apropiados.

Cuando llegué a la audición, Abbott me dijo:

—Primero canta algo. Ponte con el pianista y veremos cómo suenas en este teatro sin micrófono.

La audición, como ya he dicho, era a las nueve de la mañana, una hora difícil para mí. Nunca terminaba en La Conga antes de las cuatro y media de la mañana y, por supuesto, nunca podía irme a dormir enseguida. Tenía que relajarme. En general iba a casa de Polly y desayunaba, o algo así. Nunca me iba a dormir hasta las siete o siete y media de la mañana. Ese día sabía que, si me iba a dormir, nunca me iba a despertar a tiempo para llegar a la audición. Así que no me acosté.

Me junté con el pianista y canté una de las viejas canciones de Rodgers y Hart; él no conocía ninguno de mis números latinos. No era mi tipo de canción, ni mi momento del día.

Cuando terminé, y sabía que había estado bastante mal, oí por casualidad que Abbott le decía a Dick Rodgers, que estaba sentado a su lado:

—Bueno, al menos canta bastante fuerte.

A continuación, me dio el guion y me pidió que leyera la escena que había marcado. Manuelito está tratando de decidir a qué universidad de Estados Unidos irá. Tiene muchas opciones. Todas las universidades lo buscan, con ofertas de becas y todo tipo de cosas. Pero solo hay una cosa que Manuelito quiere saber en la escena.

Le dice a uno de los agentes: «Lo único que me interesa es ir a un sitio donde haya muchas muchachas guapas. En mi vida tengo nueve hermanos, ninguna hermana, diez tíos, ninguna tía. Tengo dieciocho años y nunca he tenido una muchacha. Pero tengo entendido que aquí en Estados Unidos hay muchas universidades con muchas muchachas, que no tienen que tener chaperonas ni nada de eso de lo que preocuparse. Así que ahí es donde quiero ir».

El agente dice: «Tú debes ir a Vassar».

Pregunta Manuelito: «¿Tienen muchachas allí?».

«Sí, tienen chicas, nada más —dice el agente—; el único problema es que no juegan al fútbol y tampoco dejan entrar a ningún hombre».

MANUELITO: El fútbol no es lo más importante, me gustaría ir a una donde lo jugaran, pero debe tener muchas chicas.

AGENTE: Querrás decir «coeducación, una universidad mixta».

MANUELITO: Eso es, jóvenes cooperativas.

Manuelito era un buen personaje, simpático. El público estadounidense simpatizaría con un muchachito de dieciocho años que aún no se ha acostado con nadie.

Cuando empecé a leer el texto, me dejé llevar por la actuación y agitaba las manos y hacía todos los gestos que había practicado delante del espejo.

El guion estaba por todas partes, excepto delante de mis ojos. Obviamente, no lo estaba leyendo.

Terminé, miré a Abbott y él estaba mirando a Dick Rodgers. Entonces vi a Larry Hart saliendo a hurtadillas del cine.

Abbott también lo vio y lo llamó:

—¡Larry! ¿Adónde vas?

—Solo al-al-al baño.

Abbott dijo:

—Le diste el guion, ¿verdad?

—¿Quién? ¿Yo? ¿Cómo? ¿Por qué?

—Porque no ha mirado ni una maldita palabra de esa escena. Lo hizo todo como un gran acaparador de escena, actuando y gesticulando por todas partes. Tú le enseñaste, ¿verdad? Y, debo añadir, lo hiciste muy mal.

Me sentí fatal. Había puesto a Larry en una situación muy incómoda. Después de todo, me había advertido de que a Abbott no le gustaba que nadie viera el guion antes de una audición. Además, como dijo el señor Abbott, todos aquellos gestos y expresiones que había añadido, delante de aquel maldito espejo, eran bastante malos. Seguro que había fracasado en la audición.

Así que empecé a bajar del escenario en silencio. Casi había salido del teatro cuando alguien vino y me dijo que el señor Abbott quería verme.

Volví y le dije:

—Lo siento, señor, no fue culpa del señor Hart. Sabía que yo nunca había leído de un guion. Solo trataba de ayudarme. Me dejé llevar y añadí todos esos gestos y cosas.

—De acuerdo, Dizzy.

—No es Dizzy, señor, es Desi.

—Bueno, Desi, parece que eres la única persona por aquí que encaja con el papel, así que, si no te importa trabajar como un mulo, lo intentaremos. Vuelve a la una.

—¿Quiere decir que tengo el papel?

Creo que ni siquiera dije gracias. No me lo podía creer. Nunca había soñado que tendría la oportunidad de estar en el escenario de Broadway.

Eso, para mí, estaba fuera de mi alcance. Ganaba trescientos a la semana en La Conga de Nueva York y, teniendo en cuenta los cinco años anteriores, eso era todo el dinero del mundo.

La prensa había sido maravillosa conmigo. Brenda Frazier, la debutante número uno del país, fue una de mis mayores impulsoras. Polly Adler y sus muchachas eran mis amigas, y algo más. Me lo estaba pasando en grande.

Al día siguiente, el señor Abbott dijo:

—Debemos resolver algo sobre tu compromiso en La Conga. ¿Cuánto tiempo te queda de contrato allí?

—Bueno, tengo que estar allí al menos tres meses más.

—Puedes seguir trabajando allí mientras estemos en la ciudad —me dijo—. No tendrás que ensayar por la noche, pero después de cuatro semanas estaremos fuera de la ciudad. Estaremos en New Haven una semana o más y luego estaremos en Boston al menos dos semanas antes de nuestro estreno en Broadway. ¿Crees que podrías conseguir una licencia de tu contrato?

—Supongo que sí.

Hablé con Mario Torsatti, Irving Zussman y Milton Rubin, los socios de La Conga, y les conté lo que Abbott había dicho sobre la licencia. Luego añadí:

—Antes de que me den una respuesta, tengo que decir que ni siquiera sé si quiero hacerlo.

—¿Cómo que no sabes si lo quieres hacer? —dijo Mario.

—Bueno, estoy muerto de miedo. Nunca he pisado un escenario de teatro en mi vida, y esto es Broadway, donde aparecen todas las grandes estrellas del mundo. No tengo la menor idea de lo que es actuar. Ni siquiera entiendo algunos de los chistes.

—Sí, bueno, entendemos cómo te sientes —respondió Mario—, pero George Abbott es el mejor director para jóvenes inexpertos del negocio y si él cree que tienes una oportunidad, estás loco si no lo intentas.

—Pero ¿y si no puedo hacerlo bien? Supongan que soy un fracaso allí y entonces probablemente ustedes tampoco me querrán de vuelta.

—Mira, si eso es todo lo que te preocupa, haremos lo siguiente. Mantendremos aquí un núcleo de tu banda mientras estés fuera de la ciudad. Si el espectáculo es un fracaso, volverás a La Conga con tu mismo salario, y si el espectáculo es un gran éxito y te conviertes en una estrella de Broadway, volverás a La Conga durante seis meses, no tres, pero también con el mismo salario.

—Me parece justo —les dije.

Mientras ensayábamos en Nueva York, no había ningún problema porque el señor Abbott hacía que los bailarines ensayaran por la noche los números para los que no me necesitaba y siempre me dejaba salir a las cinco o las seis a más tardar, de modo que tenía tiempo suficiente para cambiarme y prepararme para mi espectáculo nocturno en La Conga.

Por supuesto, toda la tropa del espectáculo venía a La Conga después de los ensayos, así que tenía a otro grupo animándome y haciendo saltar el local.

George Marion, Jr. y George Abbott iban a menudo porque a los dos les encantaba bailar. Abbott es realmente un gran bailarín de rumba. Bailaba con Diosa toda la noche entre espectáculo y espectáculo.

Una noche me dijo:

—Sabes, lo mejor que haces es cuando empiezas a hacer la conga gritando y aporreando ese gran tambor tuyo. Tenemos que encontrar la manera de incluirlo en el programa.

Cambiaron el final del primer acto para que todo el reparto hiciera la conga conmigo. Diosa también recibió un papel en el espectáculo. Mientras yo aporreaba el tambor y dirigía los gritos, ella meneaba su bonito trasero puertorriqueño por todas partes. Todos los muchachos del coro, todo el reparto, cubriendo todo el escenario a distintos niveles, se metían en esta gran línea de conga, respondiendo a los gritos, dando patadas, lanzando los brazos al aire mientras los tambores sonaban cada vez más fuerte. Fue realmente frenético. Robert Alton hizo un trabajo sensacional coreografiando este número.

Dick y Larry habían escrito una gran partitura. «I Didn't Know What Time It Was» (No sabía qué hora era) fue la canción número uno del *Hit Parade* durante al menos doce semanas seguidas. Otros fueron: «I Like to Recognize the Tune» (Me gusta reconocer la melodía), «Give It Back to the Indians» (Devuélveselo a los indios), «Love Never Went to College» (El amor nunca fue a la universidad), «Spic and Spanish» (Spic y español), «She Could Shake Her Maracas» (Ella sabía sacudir sus maracas), «Too Many Girls» (Demasiadas muchachas), «Potowatamie» y «Harvard Look Out» (Harvard, prepárate).

La última canción se convirtió en un interesante problema musical cuando tratamos de hacerla como una conga para el final del primer acto. Este número fue justo después de que hubiéramos ganado un gran partido de fútbol, en el que Manuelito había sido el gran héroe, y se estaba celebrando una fiesta con todos los miembros del equipo, la banda, las animadoras y todo el alumnado, igual que en USC o UCLA después de una gran victoria.

La letra de «Harvard Look Out» continuaba con «Princeton, cuidado; gritamos cuidado, Yale, eres un exagerado; mejor lárgate, Notre Dame, haremos gemir a Williams; Navy estás acabado; Army, tú también; pu, pu a Purdue».

Era una gran canción de solidaridad. El único problema era que Dick la había escrito como una marcha. Ahora bien, la conga es muy sencilla, pero ese «un, dos, tres, patada, un, dos, tres, patada» tiene que ajustarse no solo a la melodía, sino también al fraseo de las palabras. De lo contrario, te despistas por completo y no puedes bailarlo ni cantarlo. No hay forma de hacerlo.

Cuando intenté poner la conga a esta canción, simplemente no encajaba. Así que les dije al pianista, al arreglista y al director de orquesta, que estaban todos allí:

—Miren, esto no se puede hacer como una conga. La métrica no cabe. Los muchachos pueden hacerlo tal cual la primera vez que salen, pero cuando empiezo a tocar el tambor, hay que cambiarlo.

Bueno, se ofendieron.

El director de la orquesta dijo:

—¿*Tú* vas a cambiar una canción de Dick Rodgers y Larry Hart?

—Si quieren convertirla a conga, tendré que hacerlo. Si no, no podría interpretarla.

—Olvídalo, muchacho —me dijeron—. Estás hablando de Richard Rodgers y Lorenz Hart.

—Ya lo sé. De hecho, estoy asombrado de ser parte de esto en absoluto. Me muero de miedo, pero si quieren que haga la conga con esta canción, tendremos que ponerla a ritmo de conga, de lo contrario no podremos hacerla. Todo el mundo en Nueva York hace la conga tal y como nos ven hacerla en el club. Así que, si quieren que lo haga aquí, tendremos que hacerlo así, que es la forma correcta.

En realidad, era la única manera. Decididamente, no puedes bailar un vals con un tango, ni una conga con una marcha.

—No podemos cambiar la música de Rodgers —fue su respuesta.

En ese momento vi que Rodgers se acercaba por el pasillo.

—¿Qué pasa? —dijo—. ¿Qué sucede, Desi?

—Bueno, señor Rodgers, supongo que tenemos un problema y yo-eh-eh-...

—Bueno, ¿qué pasa?

El director de orquesta, secundado por el arreglista, dijo:

—Hola, Dick, este muchacho quiere cambiar el fraseo de Larry y tu música para adaptarla a su maldito ritmo de conga.

—Veamos por qué —dijo Dick—. ¿Cuál es tu problema, Desi?

—Bueno, no puedo cantar «Harvard, prepárate; Princeton, cuidado; gritamos cuidado, Yale» tal y como está escrito, porque no puedo hacer el ritmo de conga con ese fraseo.

—¿Cómo lo harías para una conga?

—Bueno, tendría que ser así: «¡Har-ar-ar-VARD! ¡Prepárate, Prin-n-n-STON! ¡Cuidado, we-e-e-EE! Grita, ¡cuidado, Ya-a-ALE!» y así sucesivamente.

El señor Rodgers dijo:

—¿Por qué no? ¿Qué les pasa a ustedes? Tendremos el primer estribillo recto y luego, cuando Desi empiece con el ritmo de conga, lo vamos a cambiar para adaptarlo a lo suyo. A decir verdad, me gusta más a su manera.

Eso es lo que dijo e hizo el señor Richard Rodgers, uno de los más grandes compositores de este siglo. Por eso me sentí tan complacido y orgulloso de que me pidieran que participara en un homenaje a él hace unos años en la extravaganza televisiva anual de los Premios Tony. Dick estaba allí al piano y yo canté «She Could Shake Her Maracas», uno de mis solos de *Too Many Girls* además de «Harvard Look Out» y la canción principal.

Dick se acercó después y me besó. Me dijo:

—Eres el primer hombre al que beso, cubano.

—Dick, te quiero. Nunca he olvidado lo que hiciste aquel día cuando intentábamos elaborar la música de la conga y todas las demás veces que me ayudaste tanto.

Pensar que solo era un chico que tenía suerte de tener un trabajo, ¡ni siquiera sabía leer música! Lo único que sabía era aporrear un tambor de conga. Y eso, por la gracia de Dios, desata una especie de locura por todo el país, el mundo, con el tiempo, y la única razón por la que había empezado a hacerlo, seguía recordando, era porque Cugat me mandó una banda pésima.

Y ahora, quizá el escritor musical número uno del mundo me iba a permitir cambiar su música para adaptarla a mi «cosa». Sí, Dick Rodgers es todo un hombre, y yo fui un cubano muy afortunado al contar con su ayuda y la de Larry y George Abbott. El señor Abbott es un genio cuando se trata de dirigir a jóvenes sin experiencia. Simplemente tiene un don para hacerte sentir cómodo, mostrarte adónde ir, cómo decirlo, cuándo y cómo reaccionar.

No sabía nada de cómo actuar, y mucho menos de actuar en una comedia, que es, como la mayoría de los actores estarían de acuerdo, mucho más difícil que el drama. En todos mis largos años en el mundo del espectáculo, he descubierto que un actor que es bueno en la comedia también puede ser muy bueno en el drama, pero no necesariamente al revés.

Uno de mis mayores problemas con la comedia era que no entendía algunos de los chistes, sobre todo los que dependían de un divertido juego de palabras.

Solía ir a ver a Abbott y decirle:

—La gente se ríe mucho con esta frase y no sé por qué.

Le hacía gracia y luego me lo explicaba. Además, a veces Eddie Bracken, que tenía el papel cómico principal, me decía algo en la obra y el público se reía a carcajadas. Por supuesto, yo como Manuelito tenía que reaccionar como si supiera lo que había dicho y también reírme a carcajadas. Muchas veces no sabía de qué nos reíamos.

Por ejemplo:

BRACKEN (hablando de un partido de fútbol americano): El árbitro interceptó el pase y corrió ochenta yardas (73 metros) para conseguir un touchdown.

MANUELITO: ¿El árbitro?

BRACKEN: Sí, era un antiguo zaguero de la NYU y nunca antes había quedado libre, ¡ja, ja, ja!

Lo primero que no sabía era qué significaba NYU.

Uno de los mayores chistes de la obra era sobre un montón de muchachas de Potowatamie, que llevaban *beanies* en la cabeza. Eran gorros redondos que cubrían la parte de atrás de la cabeza de las muchachas. Todos los varones intentaban averiguar si los gorritos tenían algún significado.

La escena empezaba con Eddie Bracken en el escenario, solo, luego entraba yo, seguido de Hal LeRoy, un gran bailarín que en la obra también jugaba en la posición de defensa posterior del equipo.

MANUELITO: He descubierto lo que significan los *beanies*.

BRACKEN: ¿Qué?

MANUELITO: Bueno, todas las muchachas que llevan *beanies* son... eh... vírgenes.
BRACKEN: Ah, vamos, no puede ser.
MANUELITO: Sí, así es. Nos lo dijo uno de los muchachos.
BRACKEN: Te estaba tomando el pelo, o algo así.
MANUELITO: No, no, no me estaba tomando el pelo. Las que llevan *beanies* son todas vírgenes.
BRACKEN: Eso es difícil de creer.
MANUELITO: Lo sé, son tantas.

¡Vaya! ¡Qué risa!

Y no sabía por qué. Primero pensé que podría tratarse de una broma religiosa. Bueno, no entendí la conexión en absoluto hasta que Abbott me lo explicó.

La escena, por cierto, continuaba con mi acompañante para la velada, Mary Jane Walsh, que salía a recibirme. Se robaba el espectáculo todas las noches interpretando una gran canción, «Give It Back to the Indians».

MARY JANE (con amplio acento sureño): ¿Estás preparado para ir a la reunión?
MANUELITO: Ah, sí, ¿cuán junto nos juntamos en estas reuniones?
MARY JANE (con una sonrisa significativa y coqueta): Pues ven conmigo, alto y apuesto bruto cubano, y descúbrelo.

Manuelito se da cuenta de repente de que su guapa y sexi acompañante no lleva gorro en la cabeza. Se vuelve y mira hacia Bracken y LeRoy, en el centro del escenario, y le señala la cabeza. Luego vuelve a mirarla, «para que el público pueda ver realmente tu expresión», como dijo Abbott, y cogiéndola por la cintura, con una enorme sonrisa de expectativa en la cara, sale con ella.

Mi única exposición previa a lo que yo creía que era humor estadounidense se basó en la observación de unos cuantos turistas que habían ido a Santiago, y mi reacción en aquel momento fue: «Menuda pandilla de personajes tontos». Todos parecían llevar sombreros raros, intentaban tocar las maracas o los bongós y hacían el ridículo, intentando rumbear y riéndose como locos unos de otros.

A veces uno de ellos te contaba un chiste en inglés y tú decías, «No sabe». Luego intentaban traducirlo al español y, claro, entonces no tenía ningún sentido, sobre todo los chistes que tenían que ver con un juego de palabras. Entonces te decías: «¿Qué clase de sentido del humor tienen estos personajes? Son realmente un bando de tontos».

Más tarde, cuando llegué a este país y fui al instituto, y por supuesto durante la presentación de *Demasiadas muchachas,* aprendí otra cosa. Podría haber ido a la universidad durante cuatro años y no haber aprendido más de lo que aprendí en *Demasiadas muchachas.* Y cuando conocí el sentido del humor estadounidense y lo comprendí, no solo dejé de pensar que eran unos tontos simplones que hacían el ridículo y se reían de un chiste idiota, sino que empecé a admirarlos por su sentido del humor. Empecé a darme cuenta de que tienen muchísimo más sentido del humor que nosotros, los latinos. El pueblo estadounidense es capaz de reírse de sí mismo, de burlarse no solo de sí mismo, sino también de sus defectos. Es una de las cosas que hacen de este país el gran país que es.

*Too Many Girls* se estrenó fuera de la ciudad, en New Haven, Connecticut, el 28 de septiembre de 1939.

Elegimos New Haven porque es una buena ciudad universitaria, y todo nuestro programa trataba de universitarios, fútbol y sexo. (Sí, en 1939 los universitarios también lo hacían). Así que era una buena ciudad para probar el espectáculo. Fue un gran éxito desde la primera noche. Para entonces había aprendido más sobre lo que significaban los chistes y la pasaba bien interpretando mi papel, pero era un zombi aquella primera noche que salí a ese escenario ante una sala llena.

La primera carcajada que recibí me asustó muchísimo. Nunca había oído el sonido de un teatro lleno riéndose de verdad de un chiste, una tontería. ¡Qué sonido tan maravilloso y qué emoción tan sensacional! Siempre recordaré New Haven como el lugar donde sentí algo así por primera vez.

La noche del estreno hicimos la canción «Harvard, Look Out», seguida del cambio de ritmo para el número de la conga al final del primer acto. El telón del primer acto bajó entre grandes aplausos. Entonces oímos al director de escena gritar «¡A sus puestos!». Así que volvimos y se levantó de nuevo el telón. La gente seguía aplaudiendo, ahora de pie.

Durante el intermedio, el señor Abbott metió la cabeza en nuestro camerino y dijo:

—Oye, Desi, para ser un aficionado lo estás haciendo muy bien, muchacho. Sigue así.

Ocupado como estaba la noche del estreno, se tomó la molestia de venir al vestuario para decirlo. Significaba todo el mundo para mí.

Entonces Bracken dijo:

—¿Sabes lo que acabamos de hacer?

—¿Qué? —pregunté.

—Ese fue el final del primer acto.

—Ya lo sé.

—Sé que lo sabes, pero lo que no sabes es que el telón no se levanta al final del primer acto. Se baja el telón, al final del primer acto, y la gente sale, cruza la calle, se toma un par de tragos rápidos y, cuando suena la campana, vuelve para el segundo acto. Nadie detiene el espectáculo al final del primer acto.

—¿Es eso lo que hicimos?

—Sí, eso es lo que hicimos. Paramos el espectáculo con esa conga tuya.

Me imaginé que solo trataba hacerme sentir bien, pero realmente era la verdad y ocurría casi todas las noches en New Haven, más tarde en Boston y aún más en Nueva York.

Actuamos una semana en New Haven.

Próxima parada: Boston.

Tras la representación de la noche del estreno, el señor Abbott tenía unas cuantas notas para todos los miembros del reparto. Cuando terminó con nosotros, se volvió hacia Larry Hart y le dijo: «Larry, necesitamos al menos dos estribillos más para "I Like to Recognize the Tune"».

El número había parado en seco el espectáculo aquella noche, y aunque el reparto estaba preparado con dos estribillos extra, que cantaron, el público seguía queriendo más. Mary Jane Walsh, Eddie Bracken, Richard Kollmar y Marcy Westcott hacían ese número.

Larry rebuscó en el bolsillo de su abrigo y sacó un sobre, lo puso encima del piano de ensayo en el escenario, agarró un lápiz prestado y empezó a escribir. Así lo dejamos mientras íbamos a un restaurante situado enfrente del teatro para la fiesta que Rodgers y Hart y George Abbott daban para el reparto y los amigos que habían venido de Nueva York.

Al cabo de media hora, Larry entró, se dirigió al señor Abbott y a Dick Rodgers y les dijo: «¿Qué les parece esto?», y les entregó el sobre. Había escrito otros tres estribillos tan buenos, si no mejores, que los anteriores. ¡Mente increíble! Las letras de Larry siempre contaban una historia tan bien y tan completa que podrías usar algunas de ellas como base para una película. «Parecía que antes estábamos de pie y hablábamos así/Nos mirábamos de la misma manera entonces/Pero no recuerdo dónde ni cuándo». Le ha ocurrido a todo el mundo. A veces te encuentras en un lugar y pienas: «Ya he estado aquí antes», pero sabes que nunca has estado, y sin embargo… Otra es: «No sabía qué hora era/Cuando te conocí/Qué hermosa hora era/Qué sublime era también».

Hay una definición de genio que me gusta mucho. «Una persona que puede hacer algo diferente, extraordinario, que ninguna otra persona ha hecho antes y especialmente algo que beneficiaría a la humanidad, o una persona que hace su trabajo mejor de lo que cualquier otra persona podría hacer el mismo trabajo».

Larry Hart tenía que ser un genio. Clasificaba en ambas categorías.

---

# 11

EN EL TREN HACIA BOSTON SENTÍ QUE ME DOLÍA mucho uno de los dedos del pie. Llevaba un par de días molestándome, pero no le había prestado mucha atención. Me quité el zapato y la media y lo miré. Estaba completamente azul. Una de las muchachas lo vio y dijo:

—Será mejor que se lo enseñes al señor Abbott, Desi. Eso no se ve bien.

Fui a ver al señor Abbott y le dije:

—Siento molestarlo con esto, pero algunos de los muchachos me dijeron que debería enseñárselo.

—¿Qué pasa? —preguntó.

—Bueno, mire el dedo del pie aquí…

—¡Ay, muchacho, eso es terrible! Eso parece una intoxicación de la sangre. ¿Cómo demonios vas a bailar con una cosa así?

—Bueno, tal vez desaparezca para mañana.

—No, una cosa así no se va sola. Vas al hospital en cuanto lleguemos a Boston.

Me llevó al hospital y el médico dijo:

—Sí, tiene una intoxicación sanguínea y se está extendiendo. La mitad del pie estará así esta noche. Tiene que quedarse aquí para que podamos controlarlo.

—¿Tengo que quedarme aquí? —dije—. No puedo, ¡yo abro mañana por la noche en el espectáculo!

—¡No vas a abrir mañana por la noche en ningún espectáculo, muchacho! —dijo el médico rotundamente.

Mi suplente, uno de los bailarines del espectáculo, era Van Johnson. También era suplente de Richard Kollmar, Eddie Bracken y Hal LeRoy. Debo decir que el señor Abbott era un poco estricto con el presupuesto. No empleaba ni una persona más de las que consideraba absolutamente necesarias.

Cuando Van Johnson se enteró de que era a mí a quien tendría que suplir, casi saltó por el balcón.

—¡Qué mala suerte! —gritó—. Bracken puedo hacerlo, Kollmar puedo hacerlo, LeRoy puedo hacerlo. Pero ¿cómo demonios voy a suplir a este cubano?

Mientras divagaba, le estaban probando pelucas oscuras para ver si podía parecer latino, algo difícil de conseguir con un tipo alto, de ojos azules, pecoso, pelirrojo y típicamente estadounidense como Van.

Al día siguiente vino a verme al hospital.

—¡Habla! —me dijo.

—¿Sobre qué?

—Cualquier cosa. Solo habla. Tengo que imitar tu acento esta noche.

—¿Vas a hacer mi papel?

—Sí, ¿no es una mierda? Esa es mi pésima suerte. Tenías que ser tú.

—Quédate por aquí. Voy a hablar con el médico. Ahora viene hacia acá.

Vino el médico y, después de mirarme el pie, le dije:

—Mire, doctor, ¿no hay algo que pueda hacer, algo que pueda darme, para que el pie esté muerto durante dos horas y media?

—¿Estás pensando en hacer la obra?

—Bueno, si puede hacer que este pie esté muerto durante ese tiempo, yo puedo hacerlo. Luego puedo volver para que trabaje en él toda la noche.

Lo que habían estado haciendo era ponerme compresas calientes en el pie y luego pinchar un poco aquí y otro poco allá. Querían ver si podían eliminar la infección sin tener que operar.

—Dale, probemos —dijo el médico.

Van estaba feliz.

—¡Gracias a Dios! ¡Gracias a Dios! —repetía una y otra vez.

Así que, durante las tres primeras noches en Boston, el médico me anestesiaba el pie, la ambulancia me llevaba entre bastidores, ya vestido para mi primera escena, y yo hacía la función. La ambulancia llegaba antes de que termináramos el final del último acto y me llevaba de vuelta al hospital.

Para entonces empezaba a doler. Al llegar, las enfermeras estaban listas con las compresas y demás. Trabajaban en el pie toda la noche y todo el día siguiente, hasta que llegara el momento de volver a adormecerlo.

Tres días y tres noches de eso y lo curaron bien. Cuatro días después, el médico dijo:

—Quiero verte. ¿Quieres venir acá?

—Mi pie está bien, doctor, ha hecho un gran trabajo —le dije.

—Gracias, me alegra saberlo, pero igual quiero verte.

—Pero, Doc, estamos ensayando unas letras nuevas para el estreno en Nueva York. Ya no duele, créame, y el color es natural y…

—Sí, ya lo sé, pero en cuanto puedas, ven, por favor.

—Está bien, Doc.

Fui a su despacho y me di cuenta de que se veía sombrío y triste. Habíamos llegado a ser muy buenos amigos mientras me ayudaba a actuar aquellas tres noches en Boston.

—Siéntate, hijo —me dijo.

Pensé: «Dios mío, ¿qué pasa ahora?».

—Me pesa tener que decirte esto —me dijo— pero tienes sífilis.

—Tengo *¿qué?*

—Sífilis. Verás, tuve que hacerte un análisis de sangre a causa del veneno que tenías en el pie y el análisis demostró que tienes sífilis.

Tenía veintidós años. El espectáculo fue un gran éxito, pero aún no había llegado a Broadway. Y este médico estaba sentado delante de mí, diciéndome que tenía sífilis. En aquellos días eso era peor que la muerte. Todavía no había cura con penicilina, nada. Es extraño cuántas cosas le pasan a uno por la mente en un momento así: tienes veintidós años, has pasado cinco años limpiando jaulas de pájaros, has pasado hambre, has trabajado en ratoneras, las cosas terribles que tuvieron que pasar mi padre y mi madre en Cuba y ahora estoy en un espectáculo de éxito, a punto de estrenarse en Broadway, un espectáculo que los periódicos dicen que será un gran éxito y parece que yo también lo seré. ¡Un gran éxito en Broadway! ¡Y este hombre me dice que tengo sífilis!

Volví al hotel. Mi habitación estaba en el quinto piso. No podía dejar de pensar en la terrible noticia. Sabía que la cura de la sífilis era inexistente o extremadamente rara. Sabía que Al Capone había muerto de eso.

Nunca he estado tan cerca de saltar por una ventana en mi vida como aquel día. Pero no podía creer lo que me habían dicho. No podía aceptarlo.

Volví al médico y le dije:

—Doctor, no me lo creo. No he estado con ese tipo de muchacha. No sé de dónde podría haber cogido algo así.

—Podrías haberte infectado simplemente besando a alguien —me dijo.

—Dios mío, tengo una escena en la que beso a la muchacha unas seis veces. ¿Quiere decir que podría pasárselo?

—Bueno, si tienes un corte en el labio y resulta que ella tiene un arañazo en el suyo, sí, podrías dárselo besándola.

—Supongo que será mejor que no haga más el espectáculo.

—Pero si no tienes ningún corte en los labios, no pasa nada.

—Es un infierno tener que preocuparse por eso. Sabe, Doc, estaba a punto de saltar por la maldita ventana, pero no me lo creía. Sigo sin creérmelo. No recuerdo que ninguna tipa de labios ensangrentados me haya besado, y las muchachas con las que he tenido aventuras durante los últimos seis meses son todas muy correctas. Es imposible que me lo haya pegado una de las muchachas de Polly. Son las muchachas más limpias de Nueva York.

—Lo siento, hijo. Sé que es difícil de creer.

—Doc, ¿le importaría hacerme otra prueba?

—Claro que no, te saco sangre ahora mismo.

—¿Cuánto tardará en saberlo?

—Cuarenta y ocho horas.

—Serán las cuarenta y ocho horas más largas de mi vida.

—Vamos a rezar una oración —dijo el médico.

—No seamos parcos, Doc, vamos a rezar un montón. —Entonces le pregunté—: ¿Qué hago con el espectáculo? Si lo tengo, no quiero dárselo a Lila. —(Era la muchacha con la que hacía la escena del beso).

—Asegúrate de revisarte los labios.

Ni siquiera me atreví a fumar. Pensé que tal vez el papel se me pegaría al labio y lo rasgaría. Cada noche, antes de esa escena, pasaba largo rato delante del espejo con una lupa. Era una escena muy tierna de Manuelito, en la que le dice a esta alumna: «Apuesto a que puedo adivinar el tipo de pintalabios que llevas». Por supuesto, el público sabe que él ya ha averiguado de qué tipo es.

LILA: Seguro que no.
MANUELITO: Si te beso, puedo.

LILA: ¿Puedes saber por el sabor de mis labios qué tipo de pintalabios estoy utilizando?
MANUELITO: Sí.

Entonces Manuelito besa, saborea sus labios y dice: «Chanel».

LILA: No es ese.
MANUELITO: Dame otra oportunidad.

Así que la besa unas seis veces antes de decirle el tipo correcto.

Para entonces Bracken está allí diciendo: «Eh, tú, ¿qué alboroto tienes montado aquí?».

Esa era la escena que tanto me preocupaba. Nunca se lo dije a Lila. No tenía caso que nos preocupáramos los dos.

(Lila Ernst, si lees este libro, por favor, créeme: ¡tuve mucho cuidado!).

¡El resultado de la segunda prueba fue NEGATIVO!

Si alguna vez he dado gracias a Dios en mi vida, se las di entonces. Lo que había ocurrido (me enteré más tarde) fue lo siguiente. Cuando te hacían un análisis de sangre en un hospital, si eras un paciente en cama, traían una bandeja con un montón de tubitos de cristal, y los del laboratorio sacaban la sangre y la ponían en uno de esos tubos. Luego ponen el nombre del paciente en el tubo. No estaba en un cuarto privada. Así que también le habían sacado sangre al paciente que estaba a mi lado, confundieron los tubos y pusieron mi nombre en su análisis de sangre. Entonces el médico tuvo que salir a buscar a ese pobre desgraciado y decirle que tenía sífilis.

Durante el año y medio siguiente me hice un análisis de sangre cada seis meses. No me fiaba de ningún hospital. Iba directamente al médico y le decía: «Toma la sangre delante de mí, ponla en ese tubito de cristal que tengo delante y voy a llevarla al laboratorio yo mismo, o si tiene que llevarla otra persona, iré con ella.

# 12

*TOO MANY GIRLS* SE ESTRENÓ EN NUEVA YORK EL 14 de octubre de 1939, en el Teatro Imperial. Ni siquiera había visto nunca un espectáculo de Broadway, y aquí estaba estrenando uno con partitura de Rodgers y Hart, dirección de George Abbott, libro de George Marion, Jr., coreografía de Robert Alton y vestuario de Raoul Pène duBois.

En aquella época, para una inauguración como esta, el público del nivel de la orquesta, al menos, siempre vestía de corbata blanca y frac. Pena que la generación actual no haya tenido la oportunidad de ver lo hermoso que se veía. Un público escuchando la obertura, todos con corbata blanca y frac.

Bracken me hizo mirar por la mirilla de la cortina. Todos los críticos y columnistas importantes estaban allí: Walter Winchell, Dorothy Kilgallen, George Jean Nathan, Brooks Atkinson, Ed Sullivan, Louis Sobel, Danton Walker, Leonard Lyons, Earl Wilson y muchos otros. Bracken me los señalaba todos.

—¿Quieres callarte? —le dije—. Me estás poniendo los nervios de punta.

El espectáculo fue estupendo. Todos los chistes hicieron que la gente se muriera de la risa. Mary Jane Walsh paró el espectáculo con su actuación. Hal Le Roy paró el espectáculo; también lo hicieron Marcy Westcott y Richard Kollmar con «I Didn't Know What Time It Was». Diosa Costello detuvo el espectáculo. Bracken detuvo el espectáculo. Conseguí todas mis risas, gracias a Dios, y el final del primer acto se llevó realmente una gran ovación. Todos pensamos que teníamos un gran éxito.

Pero como dijo Bracken, «En Nueva York nunca estás seguro hasta que salen esas críticas».

Bueno, no tuve tiempo de sentarme en Sardi's y esperar las críticas porque esa misma noche estrenaba en La Conga. La Conga había sacado un anuncio a toda página en el programa del teatro, diciendo al público de la noche de estreno de *Too Many Girls* que Diosa Costello y yo estrenábamos en el club inmediatamente después del último telón, volviendo al lugar de nuestro debut en Nueva York.

En cuanto terminé la canción principal, «Too Many Girls, Too Many Girls, But how can one man have Too Many Girls?» (Demasiadas muchachas, demasiadas muchachas, pero cómo un hombre va a tener demasiadas muchachas) hicimos el final y Diosa y yo nos fuimos a La Conga.

Años después Lucy diría: *Too Many Girls* no era solo el título de tu primer espectáculo, es la historia de tu vida.

Nunca desaprovechaba la oportunidad de salir con un chiste como ese.

Cuando llegué a La Conga ya estaba lleno. Mucha gente que había dejado en el Imperial ya estaba allí: el señor y la señora Rodgers; Larry Hart; George Marion, Jr. y su esposa; el señor Abbott con nuestra protagonista, Marcy Westcott; Brenda Frazier y Peter Arno; Richard Kollmar y Dorothy Kilgallen; Eddie Bracken, Hal LeRoy, Bob Alton y muchos, muchos más.

El local estaba abarrotado, y casi todo el mundo de frac y corbata blanca. La Conga estaba preciosa. Poco después de aquella noche empecé a llevar corbata blanca y frac en mi espectáculo. Nunca llevaba una corbata preanudada; siempre me la anudaba yo mismo porque quería poder aflojarla y dejar que el cuello se abriera cuando empezara a tocar los tambores.

Hicimos nuestro espectáculo de medianoche a la una de la madrugada. Para cuando salimos del teatro, llegamos y saludamos a todo el mundo, ya se nos había hecho tarde, pero a nadie le importó.

El público era estupendo. La mayoría de ellos acababan de vernos estrenar en Broadway y la sensación era que *Too Many Girls* era un gran éxito. Solo decían «Felicidades, tremendo éxito», etc.

Incluso Abbott dijo:

—No te preocupes.

Irving Zussman, Milton Rubin y Mario Torsatti, los socios de La Conga, estaban eufóricos. Sin embargo, aún teníamos que esperar las críticas de Brooks Atkinson, George Jean Nathan y los demás.

Todo el mundo relacionado con el espectáculo había decidido venir a esperarlas a La Conga en vez de a Sardi's.

Cuando terminamos la última función, hacia las 4 de la madrugada, Diosa y yo nos sentamos a la mesa con los Rodgers, Larry Hart y su madre, George Abbott y Marcy, George Marion, Jr. y su esposa, Brenda y Peter y Dick Kollmar y Dorothy Kilgallen.

Una media hora más tarde vi a Polly Adler acercarse a nuestra mesa. Tenía todos los periódicos en las manos y, al acercarse, gritó con esa voz suya tan grande y profunda:

—¡Cubano, eres el mayor puto éxito de la ciudad!

Sacudió bastante la mesa, incluyéndome a mí, y yo no «me sacudo» con demasiada facilidad. Me agarró y me besó, y después de que todo el mundo había terminado de abrir los ojos como platos, pasó los periódicos y dijo:

—¡Aquí están, amigos, las críticas son estupendas! Felicidades.

—Entonces me dijo—: Te voy a invitar a una botella de champán, cubano. Vamos.

—Enseguida estoy con usted, señora Adler —dije, de la manera más apropiada que pude.

—¿Quién es esa señora? —me preguntó la señora Rodgers.

—Solo es una amiga que me ayudó mucho cuando empecé en La Conga. Es una... es una...

Peter Arno al rescate:

—Es Polly Adler, la mejor madama del mundo y una muy buena amiga nuestra.

—¡Ajá! —exclamó Brenda—. Así que es ahí donde pasan ustedes las primeras horas de la mañana.

—Brenda, querida —le dije—, solo vamos porque sirve un desayuno maravilloso.

—¡Sí, claro! —y golpeó a Peter. Él estaba más cerca.

Para entonces todos los demás estaban tan interesados en leer las críticas que se olvidaron de Polly. Las críticas fueron estupendas. Fuimos un tremendísimo éxito. El mayor éxito de esa temporada hasta el momento, tres estrellas y media en el *Daily News,* más que cualquier espectáculo desde *Babes in Arms (Los hijos de la farándula).*

No quería seguir allí sentado ignorando a Polly, así que me acerqué a su mesa. Tenía el champán abierto y tres de sus muchachas estaban con ella, mi preciosa pelirroja y un par más que no conocía.

Polly me las presentó y dijo:

—¿Qué les parece nuestro muchacho, eh? Un gran éxito cubano en un gran musical estadounidense. Vamos a celebrarlo, así que no deje de mandar las burbujas, capitán. —Luego se volvió hacia mí y dijo—: ¿A qué hora sube el telón mañana?

—Lo mismo de siempre, a las ocho y media —le dije.

—¿Qué piensas hacer de ahora a entonces? —preguntó.

—Bueno, me voy a la cama a descansar. Estoy hecho polvo.

—Tienes razón —respondió—. Te vas a la cama, pero no antes de haber desayunado. La mansión de Polly Adler estará cerrada a todos los demás hasta mañana por la noche. Mi personal te dará de comer y te relajará hasta que tengas que irte a *Demasiadas muchachas*. ¿Qué podría ser más apropiado?

¿Cómo iba a negarme?

La noche siguiente, al final del primer acto, el señor Abbott vino entre bastidores y me dijo:

—¿Qué te ha pasado esta noche?

—¿Qué quiere decir, señor Abbott?

—Bueno, anoche destrozaste este teatro, pero esta noche parecía que estabas medio muerto.

—Sí. Bueno, supongo que fue la emoción y todo lo de la noche del estreno.

No me atreví a decirle dónde había pasado el día.

—Le aseguro que no volverá a ocurrir.

—Espero que no. Asegúrate de descansar lo suficiente. Con la doble jornada aquí y en La Conga no te va a resultar fácil. No lo eches a perder.

—No, señor.

Durante la temporada de *Demasiadas muchachas,* Irving Pincus, el hombre de Twentieth Century Fox encargado de los talentos en Nueva York, vino entre bastidores. Fue muy elogioso con mi actuación en el espectáculo y mencionó el hecho de que iban a hacer una película, *Down Argentine Way»* *(Serenata argentina)* con Alice Faye como estrella; y dijo que iba a traer a algunas personas a Nueva York para ver si les gustaba lo suficiente como para protagonizar junto a la señorita Faye en esa película.

Cuando se lo conté a Abbott, me dijo:

—Si consigues el papel protagónico junto a Alice Faye en un musical de la Fox, sería una gran oportunidad para ti. ¿Qué te parece?

—Siento que no sé lo que estoy haciendo. Si no hubiera sido por usted, no sabría ni cómo cruzar el escenario. Y, si este va a ser el trabajo de mi vida, y cree que tengo muchas posibilidades de triunfar como actor, debería aprender a serlo. No empecé a manejar ese camión para mi padre en Miami hasta que aprendí a manejar. Trabajar bajo su dirección en el escenario me parece una forma muy buena de aprender a actuar.

—Bueno, eres muy sensato al respecto —dijo—. Odiaríamos muchísimo perderte, pero estoy seguro de que Dick y Larry opinarían, como yo, que no deberíamos interponernos en tu camino hacia una oportunidad tan grande.

—Muchas gracias —dije.

Pincus volvió una semana después y dijo:

—La gente te ha visto y estamos dispuestos a hacerte una oferta. Nos gustaría que actuaras junto a Alice Faye en esta película. Empezaremos con mil quinientos dólares a la semana durante cuarenta semanas. ¿Cuándo puedes irte a la costa? ¿Y qué hay con tu contrato con el espectáculo?

—Señor Pincus —dije—, he hablado con el señor Abbott y me ha dicho que no se interpondría en mi camino. Me dejarán ir, aunque tengan un contrato conmigo, y estoy seguro de que la gente de La Conga también hará lo mismo. Pero he decidido no aceptar ese trabajo.

—¿Qué quieres decir con que has decidido no aceptar el trabajo? —preguntó—. ¿Has decidido no protagonizar junto a Alice Faye en una de las mejores películas de comedia musical de Twentieth Century Fox de nuestro programa del año que viene? ¿Sabes lo que estás rechazando?

—Sí, más de lo que puedo permitirme, pero no puedo hacerlo.

—¿Cómo que no puedes hacerlo? Te dejarán irte.

—Señor Pincus, para ser sincero, ni siquiera sé qué hago en ese escenario. Solo hago lo que el señor Abbott me dice que haga.

—¡Y qué! —dijo—. Tampoco muchos actores saben qué demonios hacen en Hollywood. Todos están dirigidos por directores, igual que tú por Abbott. Y, además, es mucho más fácil allí. Solo hacen un par de líneas a la vez. Aquí tienes que mantener una actuación durante toda una noche.

Realmente no podía creer que lo rechazara.

—Quieres más dinero, eso es, ¿eh? —me dijo.

—No, de verdad —respondí—. Su oferta es increíble y se lo agradezco mucho, pero no puedo aceptarla.

Es curioso cómo sucedieron las cosas. Alice Faye quedó embarazada, Betty Grable consiguió hacer la película, y el papel para el que me querían a mí fue para Don Ameche. Aquella fue la primera gran oportunidad de Betty en el cine y, con el tiempo, sustituyó a Alice Faye como reina de las películas musicales de Twentieth Century Fox.

El protagonista romántico de *Too Many Girls* era Richard Kollmar, que se casaría con Dorothy Kilgallen, columnista del periódico *Journal-American*. Dorothy solía venir al teatro al menos dos veces por semana para ver el espectáculo, y a Richard, por supuesto. Cada vez que ella estaba entre el público, Richard, en algún momento del espectáculo, se quedaba absolutamente en blanco, y quiero decir en blanco. Hacíamos apuestas entre bastidores sobre si se estancaba en el primer acto o en el segundo, en la primera, segunda o tercera escena. Era como una apuesta de boxeo: «¿Qué ronda?».

En el espectáculo, mi primera escena era con Richard. Era una escena que establecía todo el personaje de Manuelito, la misma que hice en mi audición. Una escena muy importante, porque establecía puntos importantes del argumento, sin los cuales muchas de las bromas que venían después no tendrían ningún sentido.

Una noche Dorothy estaba allí. Yo solo había dicho dos líneas y él respondió con la *última* línea de la escena: «Tu sitio está en Vassar». Se había saltado cuatro y tres cuartos de páginas del diálogo. Me quedé mirándolo. No tenía ninguna experiencia en este tipo de cosas.

—¿Qué has dicho? —le dije. (Gran improvisación, ¿eh?).

—Tu sitio está en Vassar —repitió.

Sabía que la primera escena había ganado la apuesta.

Es extraño cuando alguien se queda así en blanco. No se dan cuenta. Piensan que es el otro el que ha olvidado sus líneas. Se ponen tercos en lo que dicen.

Para entonces, Jerry White, nuestro director de escena, agonizaba entre bastidores, y el director de orquesta, Harry Levant, se preparaba para lo que fuera.

Entonces dije:

—Eso es lo que creía que habías dicho, que pertenezco en Vassar. (Otra fantástica improvisación).

Me miró como si estuviera loco y contestó con firmeza:

—¡Eso fue lo que dije!

No podía hacer que reaccionara. No lograba que me diera la entrada para lo que se suponía que debía decir, lo que *tenía* que decir.

Así que dije:

—Quieres decir porque tuve nueve tíos y ninguna tía, etcétera, y porque me da igual jugar al fútbol en Harvard o en Yale, etcétera, y porque lo único que quiero es ir a un sitio donde haya «muchachas cooperativas».

Hice todo un monólogo y él se quedó parado hasta que dije «muchachas cooperativas». Entonces se despertó y dijo:

—Eso es lo que dije, tu sitio está en Vassar.

Estuve a punto de soltar: «Sí, comebola, pero lo dijiste cuatro y tres cuartos de páginas antes de que lo tuvieras que decir».

Cuando llegué entre bastidores, el señor Abbott estaba allí. Solía ver el espectáculo todas las noches durante la primera parte de la temporada. Esto fue como la segunda o tercera semana.

Me miró y me dijo:

—Bueno, te diré algo, amigo cubano, hoy te has graduado.

Teníamos muchas canciones de gran éxito en el espectáculo. «I Didn't Know What Time It Was» fue la más grande. En nuestro espectáculo lo hacían primero el protagonista, Richard, y la ingenua, Marcy. La escena era un parque del campo universitario. Los amantes estaban sentados en un pequeño banco, con árboles alrededor que creaban un ambiente muy romántico. La canción tenía dos versos: uno lo cantaba el muchacho y el otro la muchacha, después de él.

Una noche Richard empezó su verso con «Una vez fui joven, ayer tal vez, bailé con Jim y Paul y besé a otros muchachos».

Entre bastidores dijimos:

—¡Ay, mi madre, está cantando el verso de Marcy!

Sabíamos que Dorothy estaba otra vez en el teatro.

Naturalmente, el público se descostillaba de la risa, pero Richard no tenía la menor idea de por qué se reían. Por qué, de repente, «I Didn't Know What Time It Was» arrancaba tantas risas. Miró a Marcy y luego al público como si estuvieran locos, pero siguió cantando hasta que terminó toda la estrofa de la muchacha. ¡Pobre Marcy!

Después le preguntamos a ella:

—¿En qué estabas pensando?

—No sabía si debía cantar el verso del muchacho cuando llegara mi turno, o qué.

Al final, decidió repetir su propio verso y que el público supiera con certeza lo que había ocurrido.

¡Cómo nos divertimos haciendo ese espectáculo! El único momento en que me resultaba un poco duro era en los días de matiné, miércoles y sábado. Llegaba al teatro a las dos de la tarde para la matiné. Después, íbamos todos a cenar a Dinty Moore's, que estaba justo al final de la cuadra. Luego todos descansábamos hasta el espectáculo de la noche, pero yo tenía que ir a La Conga para el espectáculo de la cena a las siete y media. En general, la cena-espectáculo era a las ocho y media, pero durante la representación de *Too Many Girls* aceptaron que lo hiciera antes. En cuanto terminaba, un carro me esperaba para llevarme al teatro para el espectáculo de la noche. Luego, cuando terminaba en el teatro, volvía a La Conga para el espectáculo de medianoche, y cuando terminaba ese aún tenía que hacer el de las dos y media de la madrugada, que, gracias a Dios, era el último. Fueron cinco veces en un día las que tuve que hacer la conga, que duraba cinco minutos a toda mecha; pero cuando eres joven puedes hacer muchas cosas. Hoy me caería muerto si tuviera que hacerlo dos veces.

# 13

¡EL AÑO 1939 FUE MARAVILLOSO!

Excepto por una cosa. Mis padres se divorciaron. No tenía ni idea de que esto fuera siquiera una posibilidad remota. Cuando papá me llamó para explicarme las circunstancias, fue tal el impacto que le colgué. Con el tiempo, llegué a darme cuenta de que era una tragedia más causada por la Revolución: tener que separarse de mamá durante tanto tiempo, tener que empezar una vida totalmente nueva a los cuarenta años, arruinado y avergonzado por no poder cuidar de nosotros. Todas estas cosas contribuyeron a ese final.

Solo tenía cuarenta y seis años cuando se divorciaron. Llevaba mucho tiempo solo, excepto por la visita de mi madre a Miami. Ann, la mujer con la que acabó casándose, era buena con él y amable. Su hija, Connie, tenía entonces tres años, era una muñeca y adoraba a mi padre.

Al fin lo llamé y de nuevo estuvimos muy unidos hasta que falleció. En realidad, fue mi madre la que me hizo llamarlo. Adoraba a mi padre. Solo tenía treinta y siete años en el momento de la Revolución y su separación forzosa, y solo cuarenta y tres cuando se divorciaron, pero nunca ha vuelto a casarse. Todavía lleva el anillo de casada.

Una vez, en Cuba, estaba muy enojado con mi padre por alguna razón infantil y le dije a mi madre:

—¿Quién se cree que es? Es culpa tuya, madre. Siempre lo tratas como si fuera un rey.

Nunca olvidaré su respuesta:

—Solo así puedo ser reina.

Mi madre no es muy amiga de la Liberación de la Mujer.

A principios de 1940, mi madre vino a Nueva York y se quedó conmigo en un precioso *penthouse* que había subarrendado a Barney Ross, un gran boxeador de aquella época. Estaba en el 60 de Central Park West, justo enfrente del parque, y allí vivía gente muy correcta. Una era Ethel Merman. El dúplex era elegante, con enormes ventanales de cristal que daban al parque.

Mi madre se encargaba de la casa. Cada vez que me veía aporrear los tambores y dirigir la conga, que era casi todas las noches, me decía que trabajaba demasiado.

—¿Por qué no cantas unas cuantas canciones bonitas con tu guitarra?

—Quieren verme sudar, Mamá, y no me molesta. Además, es divertido y me mantiene en forma.

El único problema que tenía al vivir con mi madre era que no podía traer a una muchacha a quedarse allí conmigo, y estaba viviendo un romance muy bonito y serio con la mujer más asombrosa que había conocido nunca. Su amor, su ternura, su disposición eran increíbles. No cabe duda de que fue mi primer amor verdadero. La llamaremos «Pecas».

La había conocido en La Conga una noche que entró con Brenda Frazier y Peter Arno. Formaban parte del «grupo del Este», como los llamaban Kilgallen, Winchell y otros. Dorothy afirmaba que «ellos» venían al Westside solo para ver un espectáculo de Broadway o meterse en la línea de la conga. Winchell llamó a la línea de conga «La cadena Desi».

Aquella noche en que conocí a Pecas supe el significado de la letra de Larry Hart: «Te eché una mirada, eso es todo lo que pretendía hacer, y entonces mi corazón se paró».

Era una joya, un hallazgo raro y único. Teníamos la relación más feliz y maravillosa. Tuvo la comprensión y la paciencia de aguantarme, lo que estoy seguro no fue un trabajo fácil a veces. Nunca regañaba, nunca discutía. Incluso si sabía que había estado con otra muchacha durante un breve desvío de fin de semana, se hacía que no lo sabía y se limitaba a preguntarme si había tenido un buen viaje, lo que, por supuesto, me hacía sentir como un mierda. Decidía positivamente en ese instante que nunca volvería a hacerlo. Pero, a esa edad, era una promesa difícil de cumplir. Pecas sabía que no significaba nada. Ella sabía que yo la amaba a *ella* y que tenía toda la intención de casarme con ella. Lo único que estábamos esperando era su divorcio.

Era parte de un equipo de baile, uno de los más famosos del mundo, pero llevaba tiempo separada de su pareja y todo el mundo sabía por qué.

Era terrible con ella. Le pegaba. Una vez tuvo que salir al escenario con un ojo morado cubierto de maquillaje. La única razón por la que le había sido fiel era porque él la había encontrado en una escuela de baile en algún lugar cuando ella era una adolescente y él era una gran estrella. Le había enseñado todo lo que sabía, pero se había vuelto posesivo, un dictador. Todo el asunto de Pigmalión es interesante hasta que piensas en la posibilidad de la crueldad de Henry Higgins hacia Liza Doolittle a lo largo de los años.

Una noche, Pecas y yo íbamos a su apartamento del Pierre a desayunar después de que yo hubiera terminado de trabajar, hacia las cuatro y media de la mañana, y nos encontramos a su marido esperándonos en el vestíbulo. El hombre era al menos veinticinco o treinta años mayor que yo, también más pequeño, así que no me preocupaba. Entró al ascensor con nosotros, se volvió hacia el botones y le dijo:

—Hijo, quiero presentarte a mi mujer y a su amante.

Por supuesto, el botones me había visto antes, pero no creo que supiera que había un marido de por medio. Entonces me miró un poco nervioso, sin saber qué decir. Cuando llegamos a nuestro piso, el señor Marido se bajó con nosotros.

—¿Para qué demonios estás aquí? —le dije.

—Quiero hablar contigo —respondió.

—Bien. En cuanto la lleve a su apartamento, volveré.

Justo antes de dejarla entrar, me dijo:

—Oye, Desi, por favor, ten cuidado. Sé que eres más grande y más joven que él, pero, créeme, es peligroso.

—No te preocupes, cariño, yo me sé cuidar.

—Mantente atento todo el tiempo. Ya he visto antes esa mirada de loco en sus ojos. No será la primera vez que intenta matar a alguien.

—Está bien, cariño, voy a tener cuidado. Te lo prometo.

La besé y volví al loco. Bajamos las escaleras y salimos a la calle, donde empezó a ponerse los guantes, guantes de cuero.

—Mira, no quiero hacerte daño —le dije—, pero si me das un puñetazo vas a atravesar esa ventana de cristal que tienes detrás.

El muy cabrón aún me lanzó un puñetazo. Me agaché y lo agarré por el cuello para alejarlo. Fue muy gracioso, no podía alcanzarme, pero siguió tratando.

Mientras lo tenía agarrado, le dije:

—Voy a hablar contigo, pero no quiero pelear contigo.

—Está bien, suéltame y ven a mi apartamento.

—Está bien.

Caminamos hasta su apartamento, que estaba a unas seis cuadras. Vivía en el decimoséptimo piso de un edificio muy bonito.

Cuando entramos a su apartamento, abrió la ventana y dijo:

—Ven aquí y mira esta vista.

—Mire, señor —le dije—, ¿por casualidad está coqueteando con la idea de empujarme por esa ventana?

—¿Qué te hace pensar que trataría de algo así? —preguntó.

—No lo sé. Es que estamos aquí en pleno invierno y de pronto abres la ventana, dejando entrar el viento y la nieve, solo para que pueda mirar la vista. Conozco la vista, así que ciérrala.

—Solo quería que vieras…

—Sí, ya lo sé. Ahora cierra la dichosa ventana antes de que nos congelemos los dos.

La cerró y me preguntó:

—¿Quieres desayunar?

—Sí, eso estaría bien. Eso es lo que estábamos a punto de hacer Pecas y yo cuando te uniste a la fiesta.

—¿Qué tal huevos con tocineta, tostadas y café?

—Encantador, y mientras lo haces, ¿te importaría decirme qué quieres de mí?

—Quiero que le pidas que vuelva y trabaje conmigo.

—Ahora sí *tienes* que estar loco. Quieres que *yo* vuelva allí y le diga a esa muchacha, después de todo lo que le has hecho, que quieres que vuelva y trabaje contigo? ¿Cuánto hace que no trabajan juntos?

—Unos cuantos años —dijo—. La necesito. Podemos abrir en el Waldorf-Astoria en plena temporada. Sería nuestro mayor regreso hasta la fecha. Sabes que *éramos* los mejores.

—Sí, todo el mundo lo sabe.

Se pasó diez minutos hablando de su acto.

—Actuamos ante el rey y la reina de Inglaterra, el rey de España. Somos famosos en todo el mundo. No hay nadie como nosotros.

—Es culpa tuya que eso ya no sea verdad —dije, comiéndome la tocineta y los huevos.

—Dile que es solo para este compromiso. Eso es todo lo que quiero. Quiero abandonar el escenario estando arriba. Entonces aceptaré el trabajo de coreógrafo en Hollywood que me han ofrecido. ¿No crees que me lo debe?

—¿Cómo puede deberte nada? —le pregunté.

—La tomé cuando tenía quince años. Le enseñé todo lo que sabe y la convertí en una estrella tan grande como era yo, como lo soy. Si no fuera por mí, seguiría siendo una corista... o Dios sabe qué.

—Seguro que lo agradece —le dije—, pero todo el maltrato que recibió de ti debe ir a su cuenta. Creo que te ha compensado bien.

—¿Quieres pedírselo, por favor? —insistió.

—No lo sé. Gracias por el desayuno.

Pecas me estaba esperando.

—Gracias a Dios has vuelto. He estado muy preocupada. Llevas fuera tres horas. ¿Qué pasó?

—Bueno, primero pensó en empujarme por la ventana, pero luego me preparó un desayuno maravilloso.

—*¿Qué?*

—Me contó la historia de su vida, incluyendo cómo te enseñó todo lo que sabes.

—¿Qué quiere?

—Creo que está convencido de que nunca volverás con él y está dispuesto a darte el divorcio, pero quiere que trabajes con él una vez más.

—Está loco —dijo ella—. Lo encerrarán uno de estos días.

—No te lo vas a creer, Pecas, pero me da pena. No es que le debas nada, y se lo he dicho. Me prometió que tendrían camerinos separados y que no volvería a ponerte la mano encima. Lo único que quiere es este último compromiso, para abandonar el oficio en lo más alto. Entonces podrá aceptar ese trabajo de coreógrafo en Hollywood y darte el divorcio sin batalla.

—¿Qué te parece, Desi?

—No lo sé, cariño, no puedo decirte qué hacer. Tendrás que decidir, y hagas lo que hagas, me parecerá bien.

—Bueno, si es la única manera de conseguir el divorcio...

—No dejes que eso te influya. No quiero que lo hagas solo porque quieras divorciarte. Lo conseguirás, sea como sea. Solo lo está usando.

Volvieron a trabajar juntos para ese compromiso. Su noche de inauguración en el Waldorf fue el mayor evento en mucho, mucho tiempo en la historia de la café-*society* neoyorquina. Nunca los había visto bailar.

Ella bailaba con un abandono tan endiablado que parecía que el sonido de la música la hacía flotar y se burlaba de su pareja mientras corría, saltaba y hacía piruetas en el aire. De vez en cuando me echaba un vistazo y me guiñaba el ojo como una niña traviesa. Eran fantásticos.

Lex Thompson era un multimillonario y nos habíamos conocido en el «21». Tenía la casa rodante más bonita, magníficamente decorada y construida según sus especificaciones. Debió de ser la primera de su clase. En la parte delantera, completamente aislada del área de vivienda, había un lugar para el chófer y un camarero. Cuando los necesitabas, tocabas un timbre y venía el camarero. En la parte de atrás había un salón, un bar, una cocina y un dormitorio grande y precioso. Encima del asiento del conductor había un gran portal, todo acristalado, con un sofá fijo a lo largo de la pared, mirando al frente.

El domingo era el único día en que ni Pecas ni yo teníamos que trabajar, así que Lex, que se había convertido en un buen amigo nuestro, se encargaba de que la casa rodante nos recogiera en La Conga cuando yo hubiera terminado el último espectáculo del sábado. Nos subíamos y le decíamos al conductor que nos llevara hasta el campo, a la parte norte de Nueva York. Nos ausentábamos todo el domingo y todo el lunes, y volvíamos justo a tiempo para nuestros espectáculos.

Buscábamos un arroyo y pescábamos, subíamos a las montañas y mirábamos a nuestro alrededor, hacíamos muchas fotos y paseábamos por el bosque. A veces el conductor nos preguntaba adónde queríamos ir y yo le decía: «Sorpréndenos. Llévanos a un lugar donde no hayamos estado antes».

Ese mismo año Betty Grable causó sensación en el espectáculo de Broadway de Ethel Merman, *La DuBarry era una dama*. Era preciosa, ¡qué figura y qué piernas! Su piel era magnífica y tan lisa que parecía un melocotón por todas partes.

Nuestros teatros estaban uno al lado del otro. Todos teníamos los mismos días de matiné, así que empezamos a cenar juntos en Dinty Moore's entre función y función. Se unía a nuestra mesa y era imposible sentarse junto a Betty y no querer conocerla un poco mejor.

La invité a La Conga para que viera nuestro espectáculo. Venía, bailábamos y me esperaba hasta que acababa. Luego íbamos a la bolera o algo así. Betty fue el desvío más duradero que tomé durante el tiempo que estuve con Pecas, que de nuevo sabía y comprendía. Ella era otra cosa. Se dio cuenta de que yo era un muchacho joven en su primer gran éxito en Broadway, disfrutando cada minuto de la vida y bebiendo todo lo dulce de la vida.

RKO compró los derechos cinematográficos de *Too Many Girls* y me contrataron para la película. Cuando terminó la función en Nueva York, tenía que presentarme en el estudio de Hollywood. No tenía que llegar hasta dentro de dos semanas, así que decidí ver un poco del país de camino a la costa oeste, donde Pecas se reuniría conmigo.

Me detuve en Detroit para visitar a los Bansfield. El señor Bansfield tenía un buen negocio. Su empresa fabricaba la tapicería de todos los automóviles de General Motors. Salía con Pat, su hija, en Miami, cuando estaba en La Conga allí. Cuando vinieron a Nueva York a verme en *Demasiadas muchachas,* el señor Bansfield me dijo:

—Cuando quieras un auto, Desi, ven a Detroit y te conseguiré uno, al por mayor.

Ese fue el año en que salió el Buick Roadmaster descapotable. Compré uno de color gris claro con capota negra, tapicería negra y neumáticos de banda blanca. Era estupendo, uno de los mejores carros que he tenido.

Richard, mi ayuda de cámara, y yo pasamos una semana deliciosa en Detroit como invitados de los Bansfield. Richard fue vestidor durante la temporada de *Demasiadas muchachas.* Fue asignado a Bracken, Le Roy y a mí. Los tres solíamos vestirnos en el mismo camerino. Tenía más de sesenta años, pero aquel tipo podía ayudarnos a los tres a hacer un cambio de vestuario en treinta segundos con facilidad. Lo tenía todo tan preparado, calculado y listo. Otra cosa estupenda que recuerdo de Richard era que siempre que alguno de nosotros tenía dolor de cabeza o resaca, era el mejor para tener cerca. Tenía unas manos grandes y fuertes y te apretaba las sienes todo lo que podía con ellas. Luego aflojaba la presión muy despacio y repetía toda la rutina unas tres veces, y aunque tuvieras el peor dolor de cabeza o resaca de tu vida, cuando terminaba su manipulación ya había desaparecido. Era increíble y, en aquella época, necesitábamos a Richard con bastante frecuencia.

Así que cuando terminamos el espectáculo, le pregunté si quería ser mi ayuda de cámara y ver Hollywood. Richard nunca había salido de Nueva York, New Haven y Boston. Siempre estaba con un espectáculo porque tenía fama de ser uno de los mejores vestuaristas del teatro. Cualquier programa se consideraba con suerte de conseguir a Richard. Yo también. Pecas había insistido en que atravesáramos Estados Unidos en carro y viéramos el país, y que ella cogería el tren y se reuniría con nosotros en Hollywood. Le dije a Richard que cuando quisiera volver a los escenarios de Broadway, que era la vida que amaba, que me lo hiciera saber.

Mamá había ido a Cuba para conseguir los papeles de residente permanente, no porque fuera a trabajar, sino para no tener que renovar el permiso de visitante cada seis meses.

Richard y yo cogimos los mapas, fijamos una ruta y... ¡California, allá vamos! Empezábamos a manejar al amanecer, parábamos a almorzar durante una hora más o menos, y luego conducíamos hasta que casi oscurecía. Pasábamos la noche en un motel de carretera, nos levantábamos antes del amanecer, desayunábamos y seguíamos el viaje. Fue un viaje muy agradable y sin prisas. Ambos lo disfrutamos enormemente porque nunca habíamos visto Estados Unidos, al menos no desde Detroit hasta Hollywood. Era la única manera de ir si querías tomártelo con calma y disfrutar de todo el hermoso paisaje.

Hicimos todo el camino sin problemas hasta llegar a Pasadena. Llegamos allí sobre las seis de la tarde y no llegamos a Hollywood hasta cerca de las diez de la noche. Simplemente no podía salir de Pasadena.

Todavía no sé cómo llegar a Hollywood desde Pasadena. Una señal decía «HOLLYWOOD» en esa dirección, y uno seguía la flecha. Entonces conducías durante un rato y, justo cuando pensabas que ibas a llegar, veías una señal que decía: «PASADENA».

Queríamos llegar al Hotel Hollywood Roosevelt, donde teníamos reserva. Al fin, después de haber intentado muchas veces salir de Pasadena, un policía nos paró y quiso saber qué hacíamos dando vueltas y más vueltas. Le explicamos que habíamos venido desde Detroit sin dificultad alguna hasta llegar a este maldito lugar, Pasadena, y ahora parecía que estábamos atrapados.

—Solo estamos tratando de ir a Hollywood, pero no lo logramos.

El policía se rio a carcajadas y luego tuvo la amabilidad de indicarnos el camino.

Por fin llegamos y nos registramos. No hubo ninguna objeción a que Richard se alojara allí, cosa que nos preocupaba, porque era negro, aunque mientras viajábamos por el país nadie nos puso problemas por alojarnos en el mismo sitio o comer en el mismo restaurante. Supongo que si hubiéramos viajado por el sur del país habríamos tenido algunos problemas.

Debíamos presentarnos en el Departamento de *Casting* de los Estudios RKO a las nueve y media de la mañana siguiente. Pregunté al recepcionista cómo llegar.

El hombre dijo:

—Baja por Sunset Boulevard hasta Gower, luego gira a la derecha hasta que veas la señal. No te la puedes perder.

Condujimos por Sunset, fuimos a Gower y giramos a la derecha, y vi este gran edificio y el letrero: «RKO». Había una gran verja, así que giré hacia ella. Había un hombre parado allí y le dije:

—Buenos días.

—Buenos días —respondió.

—Debo presentarme en *casting*. ¿Dónde está?

—¿*Casting*?

—Sí.

—Creo que está en el lugar equivocado.

—¿Qué quiere decir? Me dijeron Sunset a Gower, gira a la derecha. Esta es Gower y ese cartel dice RKO.

—Pues no. Este lugar está junto a RKO. Esto es Beth Olam, un cementerio, y creo que llega un poco pronto para este lugar.

—¿Cómo salimos de aquí? —preguntó Richard.

—Retroceda, siga bajando hasta Melrose y luego gire a la izquierda —respondió el hombre—. Cuando llegue a la primera esquina, allí solo hay una callecita, vuelva a girar a la izquierda, pero eso no es todo. Quiero decir que el estudio que ve delante de usted no es RKO. Eso es Paramount, pero ya casi llega. Mire a la izquierda y verá la puerta de RKO, y ahí es donde quiere ir.

Le di las gracias. Richard estaba un poco alterado.

—Espero que no tengamos que presentarnos aquí durante un buen tiempo.

—No te preocupes, es probable que ni tú ni yo nos presentemos aquí, nunca. Es un cementerio judío.

Por fin llegamos a la puerta de entrada de los Estudios RKO.

# 14

ESTABA A PUNTO DE CRUZAR LA PUERTA DE UNO DE los estudios cinematográficos más famosos del mundo para protagonizar una película. Tuve que pellizcarme para creerlo.

Toqué el claxon y salió un policía de una pequeña jaula de cristal. Una cadena atravesaba la entrada.

Richard iba vestido con su flamante uniforme, con gorra negra y todo. Y yo también iba muy elegante, con un traje deportivo, sombrero de Panamá y bufanda.

El policía dijo:

—¿Sí, señor?

—Desi Arnaz, de Nueva York —respondí—. Tengo una cita aquí a las nueve y media. Quite la cadena, por favor.

—¿Quién dijo que era?

—Desi Arnaz de Nueva York. Quita la maldita cadena, que llego tarde.

—Sí, señor. Ahora mismo.

No sabía si era el jefe de RKO en Nueva York ni quién era yo. Pero Richard y yo lucíamos impresionantes. Pasé con el carro y estacioné delante del edificio de la administración. (Unos diecisiete años después, mis propias oficinas estaban allí, junto al bonito parquecito).

Vi una plaza de parqueo libre, así que me metí ahí y le dije a Richard:

—Tú quédate aquí y yo iré a averiguar dónde está este lugar de *casting*.

Pregunté a la gente del edificio de administración cómo llegar a *casting*, que yo era Desi Arnaz presentándome para *Demasiadas muchachas*.

La muchacha dijo:

—Ah, está bien, están en el Little Theater (Teatro Pequeño). El señor Abbott ya estaba preguntando por ti.

Me indicó el camino a seguir y se lo agradecí. Manejamos hasta el Little Theater y aparcamos delante. Más tarde me enteré de que todo el mundo se preguntaba quién demonios era ese tipo con chófer, porque a muy poca gente se le permitía entrar en carro al estudio: Fred Astaire, Ginger Rogers, Carole Lombard, Katharine Hepburn, el presidente y quizá un par de vicepresidentes y eso era todo. No lo sabía, así que manejamos por todas partes y estacionamos donde más nos convenía.

Todos los muchachos estaban en el Little Theater. Conocimos a Richard Carlson, que iba a interpretar el papel de Richard Kollmar; a Ann Miller, que iba a interpretar el papel de Diosa; no me preguntes por qué... por la misma razón que Van Johnson era mi suplente, supongo. Él también estaba allí. También Frances Langford, que iba a hacer el papel de Mary Jane, además de todos los muchachos y las muchachas del coro de Broadway.

Admiraba mucho a Ann Miller y a Frances Langford, pero ¿por qué hacían que Annie tratara de hacer el papel de Diosa, con acento y todo? Además, ¿por qué sustituir a Mary Jane Walsh, que durante un año en Broadway no dejó de parar el espectáculo al menos una o dos veces cada noche?

—Así se hacen las cosas en Hollywood —te decían cuando les preguntabas. Como si dijeran: «Así creó Dios el universo».

La única persona que no estaba en el Little Theater era Lucille Ball, que iba a hacer el papel de ingenua de Marcy.

No sé si a esta generación le gusta la imagen de lo que era una ingenua en aquella época. En general era una muchacha muy delicada, rubia y de ojos azules, con una cualidad inocente y virginal.

Marcy Westcott era el prototipo de ingenua y llevaba quince años interpretando ese papel. No creo que George Abbott haya hecho nunca un espectáculo en el que Marcy no fuera la ingenua. Era una muchacha encantadora, pero a nadie se le ocurriría acostarse con ella sin campanas de boda y todos los adornos. Larry Hart me decía: «Seguro que orina agua helada». Muy parecida a Larry, y probablemente muy distinta de Marcy, pero tenía la imagen.

Así que esperábamos que entrara esa imagen, y entra Lucille Ball, a la que no reconocí. La señorita Ball acababa de llegar de una escena en la que había estado filmando *Dance, Girl, Dance* (Baila, muchacha, baila) con Maureen O'Hara, en la que las dos hacían el papel de a reinas del burlesque. Acababa de terminar una escena con la señorita O'Hara en la que habían tenido una gran pelea. Parecía una prostituta de a dos pesos a la que el chulo le hubiera dado una buena paliza, con el pelo por toda la cara y un ojo morado, e iba vestida con un traje barato. Solo pasaba a saludar a George.

Cuando se fue, le pregunté al señor Abbott:

—¿Quién demonios es esa?

—Es la muchacha que va a hacer el papel de Marcy —respondió—. Es Lucille Ball.

—¿Es Lucille Ball y va a hacer el papel de ingenua? Me estás tomando el pelo.

—Bueno, espera un momento. Estaba maquillada para otra cosa.

—Creo que pasaste, George. Es imposible que la vuelvan a cambiar para que parezca una ingenua.

Paramos para almorzar. Teníamos que volver a las cinco de la tarde para repasar la música con la gente nueva, el arreglista, el pianista y todo el reparto. Richard y yo dimos todo un recorrido, buscando el comedor, que resultó estar justo al lado del Little Theater. Estacionamos y Richard dijo que no tenía hambre. Se quedó junto al carro como si fuera el dueño del estudio. Ya habíamos parqueado en todos los sitios donde no se podía parquear.

A las cinco estábamos de nuevo repasando la música. Estaba haciendo «She Could Shake the Maracas» (Ella sabía sacudir sus maracas) con el pianista cuando vi entrar a esta muchacha. Iba vestida con un pantalón beige ajustado y un suéter amarillo, tenía un precioso pelo rubio y unos grandes ojos azules.

Le dije al pianista:

—¡Oye, chico, qué tronco de mujer!

—La has conocido hoy —me dijo.

—No, no la conozco. Nunca la he visto antes.

—Es Lucille Ball —dijo.

—¿Esa es Lucille Ball? No se parece en nada a la de esta mañana.

—Hola —me dijo al acercarse.

—¿Señorita Ball? —pregunté como si no estuviera seguro de haberla conocido antes.

—¿Por qué no me llamas Lucille y yo te llamaré Dizzy?

—Está bien, Lucille, pero no es Dizzy.

—¿Oh? ¿Cómo se dice? ¿Daisy?

—No, Daisy es una flor, es Desi: D E S I.

Las siguientes frases que usé eran las más antiguas de la historia y las más cursis.

—¿Sabes bailar la rumba, Lucille?

—No, nunca he aprendido.

—¿Quieres que te enseñe a bailar la rumba?

Una movida bastante impresionante, ¿eh? No sé por qué salió conmigo después de esa payasada.

Continué esta brillante réplica con:

—Puede ser útil para tu papel en la película. —Lo dije a pesar de que sabía que su papel no requería una rumba, pero ella aún no lo sabía, y continué—: Vamos todos a El Zarape, que me han dicho que es un restaurante mexicano de moda en Sunset, casi en el centro, encima de un mercado. Todos los muchachos de Nueva York van a cenar allí. He oído que allí tienen un grupito latino estupendo y he pensado que quizá te gustaría venir y conocer un poco mejor a los chicos, si no tienes otra cosa que hacer.

—No tengo planes y me encantaría —dijo.

Le dije a Richard que se tomara la noche libre, y Lucille y yo nos reunimos con el resto del grupo en El Zarape. Bailamos toda la noche, cenamos y todo el mundo se emborrachó.

La llevé a su casa, me dio las gracias por una velada encantadora y nos despedimos. Ese podría haber sido el final de la historia con Lucy. Resultó que ni siquiera era el principio.

Pecas llegó el sábado en el tren. La recogí en Union Station de Los Ángeles; no me atreví a ir de nuevo a Pasadena. Tuvimos una reunión maravillosa. El domingo fuimos a casa de Eddie Bracken en Malibú. Él y Connie, su mujer, habían invitado a todos los muchachos a venir a pasar el día en la playa. Habían alquilado una casa muy bonita, y estaban allí el grupo de Broadway y el grupo de Hollywood.

Tenían un ambiente precioso. Todos iban en bañador y se lo estaban pasando de lo mejor. Mientras caminaba hacia la playa, vi a Lucille.

—¡Hola! ¿Cómo está mi profesor de rumba? —dijo.

Me reí y dije:

—Hola.

—Me lo pasé muy bien en El Zarape —dijo, atravesándome con esos malditos ojos azules tan grandes y hermosos.

—Gracias, yo también.

Dio un golpecito en la arena y dijo:

—Siéntate.

Me senté y nunca volví con Pecas.

Luego esa noche me dijeron que Pecas se había ido con otra persona. Nunca dijo una palabra, nunca me preguntó qué demonios estaba pasando. No volví al Hollywood Roosevelt. Fui al apartamento de Lucille y esa fue nuestra primera noche juntos.

Al día siguiente Lucille llamó a Al Hall, su prometido, y le dijo:

—Me mudo, Al. Voy a mandar a alguien a recoger mi ropa. Te lo explicaré en otra ocasión.

Llamé a Pecas y le dije:

—No sé qué me llevó a hacer lo que hice, y precisamente a ti. Sabes que estaba enamorado de ti.

—Sí, pero ahora ya no lo estás, ¿verdad?

—Pecas, no sé cómo puede ocurrir algo así. No es natural, no tiene lógica.

Lo único que dijo fue:

—Todo lo que pasa en la vida es natural y tiene una razón. Buena suerte, Desi.

He conocido a muchas mujeres en mi vida, pero a ninguna tan desinteresada y comprensiva como Pecas. Y aunque haya hecho cosas malas en mi vida, ninguna de ellas podría haber sido tan mala como lo que le hice a ella.

Lucy y yo solíamos coger mi carro, el Roadmaster que había comprado en Detroit, bajar la capota y manejar hasta Palm Springs los fines de semana. En aquella época podías encontrar algunos caminos muy bonitos y solitarios que se prolongaban durante kilómetros en esa dirección. Estaba muy orgulloso de aquel Roadmaster, conducía de maravilla y superaba los ciento sesenta kilómetros por hora en la recta, lo que asustaba muchísimo a Lucy. Pensaba que estaba loco. Cuando sintió suficiente confianza en mi forma de manejar y supo que no corría riesgos estúpidos, se relajó y empezó a gritar a pleno pulmón, lo que al mismo tiempo me asustó muchísimo.

—¿Qué ocurre? —grité por encima de sus gritos.

—¡Nada, adelante! —gritó ella—. Katharine Hepburn me dijo que debía bajar el tono de mi voz.

—¿Y? —le grité.

—¡La mejor forma de bajar el tono de la voz es gritar a pleno pulmón cuando vas en un carro abierto!

—De acuerdo. Tú grita y yo conduciré.

Si un policía nos hubiera visto y oído, nos hubiera encerrado.

La versión de RKO de *Too Many Girls* no fue tan buena como la de Broadway, pero no creo que hayamos hecho otra película en la que todo el mundo se divirtiera tanto como en aquella. Una de las cosas que he mencionado antes es que Van Johnson fue uno de los coristas que se trajeron para hacer la película. Y esto me lleva a al tema de qué hace a una estrella.

DESDE ARRIBA: Aquí está la banda que me mandó Cugat, pero cuando se hizo esta foto ya llevábamos bastante tiempo trabajando juntos. • Aquí está nuestro héroe del fútbol americano, Manuelito, con Diosa Costello (izquierda) y Mary Jane Walsh.

**DESDE ARRIBA:** Leila Ernst, D. A., Diosa Costello, Richard Kollmar, Marcy Westcott, Hal Le Roy y Mary Jane Walsh. • La versión de *Too Many Girls* de RKO no fue tan buena. Los jugadores de fútbol americano son (de izquierda a derecha) Richard Carlson, D. A., Hal Le Roy y Eddie Bracken.

«¿Sabes bailar la rumba, Lucille?».

No creo que nadie pueda decir qué es lo que hace a una estrella. Es simplemente alguien que salta de la pantalla hacia ti: tú eres el público y tú haces la estrella. Van era un ejemplo perfecto.

En los preestrenos de una nueva película, los estudios siempre tienen esas tarjetitas blancas en el vestíbulo en las que se pide al público que responda a preguntas como: ¿Qué te ha parecido la película en general? ¿Qué tal la música? ¿Qué te parece la actuación de fulano de tal? ¿Qué parte te ha gustado más? ¿Qué parte te ha gustado menos? Hacia el final preguntan: ¿Algún comentario más?

Un número increíble de estas tarjetas de nuestros preestrenos volvieron preguntando quién era el tipo alto y pelirrojo que estaba detrás de Desi, o de Ann Miller, o de quien fuera. Se referían a Van. Y no tenía líneas de voz ni nada. Lo escogieron del fondo. El público convirtió a Van en una estrella.

Después de terminar la película, tuve que ir a Chicago para hacer mi papel en *Too Many Girls* en el escenario y Van interpretó el papel principal. Richard Kollmar ya se había casado con Dorothy Kilgallen, que no podía irse de Nueva York por su columna en el periódico. Creo que también habían empezado su programa de radio matinal, *Dorothy and Dick*. Así que no podía irse de Nueva York, y Abbott le dio a Van la oportunidad de interpretar el papel principal.

Lucy vino a Chicago, y desde aquel día en Chicago hasta el 30 de noviembre de 1940, los obstáculos, los problemas, las peleas por las que pasamos habrían bastado para desanimar a cualquiera a casarse. Nos amábamos con furia y nos peleábamos con furia.

Había empezado a llamarla Lucy poco después de conocernos; no me gustaba el nombre «Lucille». Era el que habían utilizado otros hombres. «Lucy» era solo mío. Así fue como, al final, nuestro programa de televisión se llamó *Yo amo a Lucy,* y no *Yo amo a Lucille.*

Los antepasados de Lucy son irlandeses, escoceses y franceses. Los míos son españoles, irlandeses y franceses, con un toque cubano. Ella nació en Jamestown, Nueva York, y yo en Santiago de Cuba.

Es realmente asombroso que dos personas de orígenes y procedencias geográficas tan diferentes hayan llegado a juntarse. Eso era quizá parte de la atracción, y también, estoy seguro, la causa de muchas de nuestras discusiones, peleas y otros problemas. Yo tenía un concepto diferente de las cosas. Ella fue educada de forma diferente a mí.

Solo pudo quedarse en Chicago un par de días porque tenía que terminar en Hollywood una película que estaba haciendo para Harold Lloyd llamada *A Girl, a Guy and a Gob (Ella, él y el otro).* Edmond O'Brien y George Murphy fueron coprotagonistas.

Cuando terminé la presentación de la obra en Chicago, fui a la Universidad de Tennessee y a algunas otras universidades a promocionar *Too Many Girls* la película, que estaba a punto de estrenarse. Organizábamos concursos en cada ciudad para elegir a las alumnas que sabían bailar rumba, que era algo nuevo en aquella época, y la mejor bailarina de rumba comparecía conmigo esa noche en el espectáculo y recibía algunos premios, y organizábamos una exhibición de rumba. Fue divertido y los muchachos lo disfrutaron. Al final de esa gira me estrené en el Versalles de Nueva York. Para entonces, ya no llevaba la banda conmigo. Estaba haciendo un espectáculo personal. Mis viejos amigos de La Conga ya no tenían que cruzar la ciudad. Fue un buen peldaño en mi carrera en los clubes nocturnos, desde un sótano de Broadway hasta el lujoso Versalles. Los Hartman, el famoso equipo de baile cómico acrobático, eran mis coprotagonistas.

Después de Versalles, me estrené en el Roxy de Nueva York el 1 de noviembre. Estuve allí cuatro semanas y tuve una temporada muy exitosa.

Tuve suerte de tener una película muy buena conmigo. Creo que era *Alexander's Ragtime Band (Al compás de mis recuerdos)*. Fue una buena oportunidad para mí porque todas las cifras de taquilla en *Variety* eran estupendas. La biblia del mundo del espectáculo titulaba «Arnaz en escena, Teatro Roxy, ¡WOW!».

Durante todo este período, Lucy y yo estuvimos separados, excepto el fin de semana que Harold la dejó venir a Chicago. Pero las conversaciones telefónicas de ida y vuelta durante ese tiempo, las facturas por las llamadas, Dios mío, podríamos haber comprado la mitad de AT&T. Yo la llamaba y le decía: «¿Dónde estabas cuando te llamé la última vez? Sé que no estabas en el estudio. ¿Con quién demonios estabas cenando?». Yo era extremadamente celoso, y ella no era mejor, quizá incluso peor.

Entonces ella decía: «Bueno, estuve aquí y allí».

Y no podía averiguar dónde demonios había estado, así que me enfadaba y colgaba: «Bueno, al diablo, se acabó, olvídalo. No puedo confiar en ti, eres esto y aquello».

Entonces, o ella volvía a llamar unos minutos más tarde, o yo le devolvía la llamada y me disculpaba, o ella me llamaba en otra ocasión, justo antes de la matiné, y me decía: «Cubano hijo de puta, ¿dónde estuviste anoche? ¿Qué intentas hacer, acostarte con cada una de las malditas coristas de *Demasiadas muchachas?* No en balde te eligieron para la obra». Luego me colgaba.

Esto continuó durante todo este período. Fue a Milwaukee para promocionar *Dance, Girl, Dance (Baila, muchacha, baila)* y vi una foto del alcalde. Era un joven hijo de puta bien guapo. Se suponía que ella solo iba a estar allí dos días, pero se quedó una semana.

La siguiente llamada fue mía. «Ya sé por qué te quedas en Milwaukee, mendruga, te estás tirando al alcalde». Y me acusaba de tirarme a todas las tipas de todas las ciudades en las que estaba.

Cómo demonios sobrevivimos a este período después de todo esto y aún tuvimos agallas para casarnos, nunca lo entenderé.

Cuando nos casamos, nadie le dio más de dos semanas. Había apuestas en todo el país, con probabilidades astronómicas en nuestra contra

Al fin terminó su contrato en Milwaukee y vino a Nueva York. Me equivoqué al decir que se tiraba al alcalde, creo, y estaba locamente enamorado de ella, y sabía que ella estaba enamorada de mí.

Lucy llegó a Nueva York el viernes 29 de noviembre. Yo seguía en el Roxy, pero fui al Pierre, donde ella tenía una *suite*, entre espectáculo y espectáculo.

Lucy estaba dando una entrevista a una escritora de una revista y le estaba contando todas las razones por las que ella y yo no debíamos casarnos. Le decía a la escritora que acababa de llegar a Nueva York para saludar y que estaba promocionando su película, *Dance, Girl, Dance*. También se alegraba de que yo estuviera en Nueva York al mismo tiempo. Sin duda nos veríamos, pero de ninguna manera íbamos a casarnos, debido a que había demasiadas dificultades entre nosotros. Nuestros caracteres eran completamente distintos. Yo tenía que vivir un cierto tipo de vida de gira, en clubes nocturnos y trabajos teatrales, y ella estaba más o menos comprometida con Hollywood.

Al fin, la señora se fue.

Hacía mucho tiempo que no nos veíamos, así que nos besamos y nos disculpamos por todas las cosas desagradables que nos habíamos dicho por teléfono. Nos besamos de nuevo e hicimos el amor a toda prisa, porque yo tenía que volver al Roxy y hacer el siguiente espectáculo.

Al irme, le dije a Lucy:

—Esta muchacha lo va a pasar fatal con esa historia.

—¿Por qué?

—Porque lo tengo todo dispuesto para casarme contigo mañana por la mañana, si quieres casarte conmigo.

—¿Dónde? —preguntó.

—En Connecticut —respondí.

—Estás bromeando, ¿verdad?

—No, no bromeo. Quiero casarme contigo y quiero casarme contigo mañana.

—¿Por qué no podemos vivir juntos? —preguntó. Estaba muy adelantada a su generación.

—No, no quiero que solo vivamos juntos —le contesté—. Quiero casarme contigo y quiero tener hijos contigo y quiero tener un hogar. No soy como la imagen que tienes de mí. Ahora, ¿quieres casarte conmigo o no?

—Claro que quiero casarme contigo, idiota, pero ¿no se supone que tenemos que esperar tres días para obtener un permiso o algo así?

—Lo tengo todo arreglado. Ya tengo un permiso, y al juez para que nos conceda una exención.

—Bueno, ¿cómo vamos a… no tienes que trabajar mañana en el Roxy?

—Sí, pero mi primera función de mañana no es hasta las once.

—¿Quieres decir que vamos a manejar hasta Connecticut, casarnos y volver, y luego ir al Roxy a tu camerino… de luna de miel? —me preguntó.

—Eso es todo durante una semana más o menos.

—Supe cuando te conocí que las cosas no iban a ser normales —dijo.

—Me amas, ¿verdad?

—Te amo mucho.

—Bueno. Yo también te amo mucho. ¿Qué más hay? Ahora tengo que irme, volveré después del próximo programa.

Cuando volví, George Schaeffer estaba allí con ella. Era el presidente de RKO. Todavía no le había dicho que nos casábamos porque yo le había dicho: «No le digas nada a nadie. Si en el Roxy se enteran, es probable que se pongan nerviosos pensando que quizá no vuelva a tiempo para el espectáculo».

El señor Schaeffer me conocía, por supuesto, y cuando entré a la habitación me estaba señalando con furia e intentaba hacerlo sin que Lucy se diera cuenta. No entendía qué demonios intentaba decirme. Por fin, Lucy se dio cuenta.

—Querido… —dijo ella.

—¿Sí?

—El señor Schaeffer trata de decirte que tienes la bragueta abierta.

Me había cambiado de ropa de escena tan rápido que había olvidado no solo la cremallera, sino también los calzoncillos.

—¡Dios mío! —grité. (Al final, mi pájaro sí podía volar).

Se volvió hacia el señor Schaeffer y le dijo:

—El cree en la publicidad.

Fue un día agitado. Me quedaba una presentación por hacer. Creo que me comí un bocadillo rápido y un vaso de leche, que Lucy había pedido al servicio de habitaciones, y volvió conmigo al Roxy.

Hice la última presentación. Volvimos a su *suite* y le dije:

—Será mejor que nos acostemos. Vamos a tener que dormir apurados.

A las seis de la mañana salimos de una cama calentita y nos dirigimos a Greenwich, Connecticut, para casarnos.

# 15

EL JUEZ TESTAMENTARIO HAROLD L. NAPE NOS EXIMIÓ de la espera de cinco días exigida por la ley de Connecticut, y el juez de paz John P. O'Brien nos casó en el Byram River Beagle Club el mediodía del sábado 30 de noviembre de 1940.

Me había olvidado de comprar un anillo de boda y no sabía que teníamos que hacernos una prueba de Wassermann. Eso era lo único que el juez no podía pasar por alto. Mientras Lucy y yo íbamos a hacernos la prueba, Deke Magaziner, mi mánager comercial, y Doc Bender, el amigo de Larry Hart que era mi agente teatral, fueron a buscar un anillo. Todas las joyerías estaban cerradas porque era sábado, así que volvieron con uno de la tienda de todo por un peso.

—Eso es terrible —les dije.

Lucy nos oyó y preguntó:

—¿Qué pasa?

Le conté lo que había pasado y le enseñé el anillo.

—¡Me encanta! —exclamó.

Se volvió más verde y más delgado con el paso de los años, pero ella nunca se lo quitó. Incluso después de que le diera uno muy bonito en nuestra boda por la iglesia en 1949, insistió en quedarse también con el verde de la tienda de todo por un peso.

Miré la hora y era obvio que no había forma de que llegara al primer espectáculo. Llamé a la oficina del administrador del Roxy. Cuando contestó, supuso que estaba entre bastidores porque faltaba una hora para el espectáculo y sabía que me gustaba llegar temprano para calentar el tambor. Tenía que poner un bombillo en su interior para apretar la piel y no confiaba en nadie más para hacerlo. También tenía que revisar mi guitarra y comprobar que las cuerdas no estaban rotas.

—Hola, Desi —me dijo—, ¿cómo va todo por allá atrás?

—No estoy allá atrás.

—Oh, ¿aún no estás en el teatro?

—No, no estoy en el teatro.

—¿Dónde estás?

—Estoy en Greenwich, Connecticut.

—¿Estás en Greenwich, Connecticut? —gritó—. Tenemos la sala repleta y una cola que da la vuelta a la manzana. Es imposible que llegues al *show* de las once.

—Ya lo sé. Por eso te llamo.

—¿Qué voy a hacer con toda esta gente? ¿Qué les voy a decir? —preguntó.

—Bueno, creo que si les dices la verdad —dije— nos perdonarán y estaré allí para la segunda función. Te lo prometo.

—¿Qué haces en Greenwich, Connecticut, si no te importa contármelo?

—Me estoy casando.

—¿Te estás casando?

Lo último que esperaban de mí en Nueva York era que me casara.

—¿Con quién te casas?

—Me caso con Lucy, Lucille Ball, la muchacha que actuó en la película conmigo.

—¡Qué maravilla! —dijo.

—El juez O'Brien ha dispuesto que una escolta en moto nos lleve de vuelta al Roxy. Te prometo que estaré allí para el segundo espectáculo. Incluso traeré a Lucy al escenario y le contaré al público lo que pasó.

—Bueno, no puedo hacer otra cosa que desearles suerte a los dos y felicitarlos.

El juez O'Brien nos dijo entonces:

—Miren, no quiero casarlos aquí, en mi despacho. Vamos al Club Beagle de Byram River.

—¿Qué es eso? —pregunté.

—Bueno, es un club que tenemos aquí, un club de campo. Es un lugar muy agradable.

Realmente era el entorno más encantador. Un río serpenteante, hermosas flores y árboles, las montañas al fondo. En la parte trasera había una zona acristalada donde se celebró la ceremonia. El juez había llamado antes y había hecho que enfriaran champán y pusieran flores por todas partes. La vista que Lucy y yo miramos durante la boda era una postal de Navidad.

Dimos las gracias al juez de paz O'Brien por llevarnos allí. Es algo que ninguno de los dos olvidamos nunca, y nos escribimos durante muchos años hasta que falleció.

Cuando volvimos a Nueva York, el *Journal-American* tenía un titular al respecto; y los fotógrafos y cinéfilos, la mayoría de los cuales conocían a Lucy mejor que a mí, más los que me conocían de Broadway, La Conga y, por supuesto, el Roxy, formaron toda una turba. El director de escena era un manojo de nervios.

—Desi, tienes quince minutos… doce minutos tienes… tienes que cambiarte.

—Muchachos, lo siento —les dije al final—, tengo que irme. Ya saben que me perdí el primer espectáculo.

Todos se reían y nos felicitaban. Eran realmente muy simpáticos, no una turba que nos rasgaban las vestiduras, sino amistosos y alegres.

Lucy subió conmigo y, por supuesto, en cuanto llegamos a mi camerino, tuve que hacerlo. El primer umbral que la cargué fue el de la puerta del camerino.

Tenían una preciosa hielera con Mumm's Extra Dry en el camerino y flores para Lucy. La gerencia realmente se esmeró.

Nunca en mi vida me habían ovacionado tanto como cuando salí al escenario. El teatro estaba abarrotado. Muy poca gente se había ido después de anuncio durante el primer espectáculo, y a muchos más tuvieron que dejarlos entrar desde la calle, los que habían estado esperando en la cola. La gerencia incluso tuvo que pedir permiso a los bomberos para que la gente pudiera quedarse de pie en los pasillos, al menos hasta que nos vieran a Lucy y a mí.

Tras agradecer al público su maravillosa acogida, dije:

—Me gustaría presentarles a mi encantadora esposa de apenas una hora. —Y traje a Lucy al escenario.

El Roxy tenía muchas gradas, cuatro o cinco cada vez más altas, y la gerencia había mandado traer pequeños paquetes de arroz. Todo el mundo en ese cine tenía uno de estos paquetitos. Parecía una tormenta de nieve cuando encendieron los focos y vimos esa cascada de arroz que caía desde lo alto de la última grada hasta el escenario. No sé cuánto tiempo tardaron en limpiar el reguero, pero fue realmente un espectáculo.

Nos besamos y lloramos y les tiramos besos y ellos se levantaron y gritaron y chillaron y nos tiraron arroz.

Esa noche había organizado una fiesta de boda en El Morocco, solo de corbata blanca y frac, y vinieron todos nuestros amigos de Nueva York: Brenda Frazier, Peter Arno, Rodgers y Hart, George Abbott, George Marion, Jr., Dorothy Kilgallen y Richard, todos los de La Conga (esa noche me salté a Polly; me pareció prudente), todos los de *Demasiadas muchachas,*

George Schaeffer, el presidente de RKO y todos los amigos de Lucy de allí, César y su mujer, algunos de los otros chicos de la banda, la gente del Roxy y Dios sabe cuántos más.

Tenían todo el lugar decorado con flores y pasteles de boda, y la banda tocó «La marcha nupcial» cuando entramos. Bailamos «I Love You Truly» (Te amo sinceramente), y luego tocaron todas las canciones de *Too Many Girls* y canciones que habían salido en otras películas de Lucy. Fue una noche hermosa, agotadora, pero hermosa.

RKO pagaba la gran *suite* de Lucy en el Pierre mientras promocionaba su película en Nueva York. Por suerte, el día siguiente era domingo, así que mi primer espectáculo en el Roxy no empezaría hasta la una de la tarde. Llevábamos todo el día bebiendo champán, desde el Club Beagle de Byram River, durante todos los espectáculos en el Roxy y en toda la fiesta de El Morocco. Me desperté en mitad de la noche con mucha sed. Así que le di una manotada en el trasero y le dije:

—Tráeme agua, ¿quieres? Tengo sed.

—¿Eh? —murmuró Lucy.

—Tráeme agua, tengo sed.

Se levantó, medio dormida, y atravesó el salón, que parecía una tormenta de nieve porque había dejado las ventanas abiertas. Ese fue siempre uno de nuestros principales problemas. Ella seguía abriendo las ventanas, yo las cerraba. A mí me gusta caliente, a ella le gusta frío. Fue a la cocina, me trajo un gran vaso de agua, le puso hielo, me lo trajo y me dijo:

—Aquí tienes, cariño —y volvió a dormirse.

Hacia las once de la mañana se sentó en la cama, me sacudió y me dijo:

—¡Oye, oye!

—¿Qué? ¿Qué pasa? —pregunté.

—Oye, tú. La próxima vez que quieras un vaso de agua, levántate y búscatelo tú mismo. Acabo de darme cuenta de lo que me has hecho hacer.

—Lo siento, cariño —le dije—. Te diré una cosa, a partir de ahora asegúrate de que haya una jarra de agua en mi mesa de noche antes de acostarme, porque me entra sed, sobre todo si estoy bebiendo, me entra una sed horrible. Y ya que estamos despiertos, mejor te digo que mantengas la maldita ventana cerrada. Hace un minuto casi me muero de frío tratando de ir al baño.

Tuvimos un bonito comienzo, pero lo aprovechamos bien. Se convirtió en uno de los episodios de *Yo amo a Lucy.*

Se quedó conmigo hasta que terminé mi compromiso en el Roxy y luego hicimos un viaje encantador a California. Por aquel entonces, Lew Wasserman, que desde entonces se había convertido en mi agente (la MCA había comprado a Doc Bender), me comunicó que RKO me había hecho un contrato para hacer tres películas en los dos años siguientes a razón de diez mil dólares por película. No era mucho dinero, pero para mí estaba bien. Iba a poder quedarme donde iba a estar Lucy. Estábamos muy contentos cuando abordamos el tren.

Habíamos conseguido dos dormitorios y abrimos el tabique central, lo que convirtió el espacio en un hermoso compartimento. Tenía un aspecto romántico y alegre con todos los claveles rojos y blancos, sus flores favoritas, que yo había encargado colocar allí.

Durante tres días hicimos el amor, comimos, descansamos, tuvimos un viaje maravilloso. Llevaba la guitarra conmigo y el primer día y parte de la noche no dejé de rasguear la guitarra y murmurar para mis adentros. Más tarde me dijo: «Me estaba poniendo un poco nerviosa contigo y esa guitarra tuya en un rincón, murmurando para tus adentros. Pensé: "Dios mío, ya se cansó de mí"».

Yo estaba escribiendo una canción para ella: «Cuando te miré a los ojos/ Y entonces dijiste suavemente: "Sí, quiero"/ De repente me di cuenta de que tenía un mundo nuevo/ Un mundo contigo/ Un mundo donde merece la pena vivir/ Un mundo que es tan nuevo para mí/ Un mundo de recibir y dar/ Como Dios quiso que fuera el mundo/ Donde los buenos tiempos encontrarán a dos para saludar/ Donde los tiempos difíciles encontrarán a dos para vencer/ Encontré mi mundo nuevo contigo, cariño/ Cuando dijiste, suavemente: "Sí, quiero"».

Lucy estaba muy contenta. Se convirtió en un ritual que en cada uno de nuestros aniversarios en el futuro yo cantara esa canción y también le enviara claveles rojos y blancos. Hasta hoy, después de quince años de divorcio, le envío claveles rojos y blancos en nuestro aniversario.

Cuando llegamos a Hollywood, nos recibieron de maravilla la prensa, el estudio, la familia… todo el mundo. Volvimos al apartamento de Lucy, todavía no teníamos casa, y allí empezó a conocer mi cocina. Aprendió todo sobre los platos cubanos: el arroz, los frijoles negros y el picadillo, arroz con pollo y otros. Le encantaron todos los platos y aprendió a cocinarlos bien.

Hicimos unas fiestas íntimas maravillosas en el apartamento con unos pocos amigos y mucha música, por supuesto. Donde esté yo, tiene que haber música. Siempre teníamos algunos guitarristas. Carmen Miranda venía con su grupo. Bakaleinikoff traía algún solista nuevo de la orquesta RKO y un buen vodka y caviar rusos. Pasamos grandes momentos en ese apartamento.

Sin embargo, queríamos tener un lugar propio, una casa con patio y árboles, un ranchito de ser posible. Lucy conocía a Jack Oakie desde hacía mucho tiempo y había hecho algunas películas con él. Jack vivía en el Valle, en una casa que originalmente fue propiedad de Barbara Stanwyck, en Northridge.

Una noche que estábamos visitando a Jack, nos dijo:

—¿Por qué no echan un vistazo por el valle de San Fernando? Es un área que está empezando a crecer. Conozco a un tipo, Bill Sesnon, cuya familia ha sido propietaria de este terreno durante años y años, parte en las colinas y parte en las llanuras del Valle, que está empezando a urbanizar. Ha cogido parcelas de dos hectáreas y ha construido pequeñas casas tipo rancho, de tipo colonial, ha puesto una bonita piscina en cada una y ha plantado unos doscientos naranjos delante y detrás de cada casa. También ha cercado las dos hectáreas con vallas blancas de tres raíles.

No puedes visualizar exactamente lo que son dos hectáreas hasta que las ves encerradas en su bonita valla blanca de tres raíles, con una bonita reja grande al frente. Cuando vimos los doscientos naranjos, el caminito que conducía a la casa y la piscina en la parte de atrás, pensamos que era perfecto. Estaba a unas tres manzanas de donde vivía Jack, en la misma calle, Devonshire Boulevard. Nos enamoramos del lugar de inmediato.

—Eh, dentro de esa valla está nuestra tierra. Ese podría ser nuestro pequeño lugar. Podríamos tener gallinas, vacas, un huerto y todo tipo de cosas.

Ninguno de los dos ganaba demasiado dinero en aquel momento. Lucy tenía un contrato con RKO y yo iba a hacer las tres películas, pero yo no había podido ahorrar mucho, y ella siempre había cuidado de su familia, su abuelo, su madre, su hermano y su prima Cleo, hasta que se casó. Les había comprado una casita y los había mantenido toda su vida, desde que consiguió un trabajo por primera vez.

Lucy y yo solíamos hablar de nuestros primeros trabajos, de lo arruinados que habíamos estado y de cómo empezamos en el mundo del espectáculo. Me contó que una vez fue servidora de refrescos en una droguería de Nueva York, y que la despidieron porque siempre se olvidaba de poner los plátanos en los banana *splits*. Me contó que estaba sin blanca y hambrienta y que había urdido un plan para desayunar gratis. Iba a uno de esos sitios de dos rosquillas y café (los mismos a los que íbamos César y yo) e trataba de detectar a «un hombre de una rosquilla», el tipo que siempre tiene prisa, se traga una rosquilla y su café en cinco segundos, mira el reloj, da un último mordisco al otra rosquilla y deja una propina de cinco céntimos en el mostrador antes de salir corriendo. Cuando Lucy veía a un hombre que solo comía una rosquilla, esperaba cerca, sin sentarse todavía, y en cuanto él se iba, ella se deslizaba hasta su banquillo, cogía los cinco centavos y la rosquilla sobrante, llamaba al encargado y, poniendo los cinco centavos sobre el mostrador, decía: «Quiero dos rosquillas más y una taza de café acabado de hacer, por favor».

Cuando llegó a Hollywood, Lucy era una chica Goldwyn, que ganaba cincuenta dólares a la semana. Ninguno de los dos habíamos podido abrir una cuenta de ahorros o comprar bonos y acciones o cosas por el estilo.

Le preguntamos al señor Sesnon lo que quería, y no te lo vas a creer en los tiempos que corren: 14 500 dólares por las dos hectáreas, la casa, la piscina, los árboles, todo, y justo en la esquina de Corbin y Devonshire.

Bill Sesnon era muy inteligente. Intentaba que algunas personas bastante conocidas compraran en su nueva urbanización para atraer a otras personas y aumentar el valor de su propiedad. Pero no teníamos los 14 500 dólares.

Cuando se lo dijimos, dijo:

—No se preocupen por eso. ¿Qué pueden poner?

—Quizá mil quinientos dólares o algo así.

—Está bien —dijo—. Pongan los mil quinientos dólares y tarden lo que quieran en pagar el resto. ¿Estarían bien diez años?

Llamamos a Andy Hickox, mánager comercial de Lucy, y le dijimos:

—Nos gustaría mucho hacerlo. Queremos nuestro propio lugar y vimos uno que nos encanta. El señor Sesnon nos ha ofrecido un trato maravilloso.

Le dijimos de qué se trataba y nos dijo:

—Creo que podrán con ello, si se cuidan. Te pondré una paga, Lucy, y eso es todo lo que tendrás. Hablaré con tu mánager comercial, Magaziner, y también te pondrán una paga, cubano.

—Está bien, está bien —acordamos.

Era realmente un lugar encantador. Me enamoré de la cocina de inmediato. Tenía grandes ventanas de cristal a un lado, orientadas al norte, hacia la verja, el camino de entrada frente a la casa y el huerto de naranjos. Otra gran ventana opuesta daba al patio de atrás y a la zona de la piscina.

Desde la cocina había una puerta batiente que daba a una bonita habitación grande, el comedor y la sala de estar combinados, con casi cinco metros de ventanas de cristal del techo al suelo en el lado norte, y en el lado sur un rincón rectangular acristalado de un poco más de cinco metros, con un asiento acolchado.

Desde el cuarto principal se veía, a través de otra ventana de cristal de cinco metros que iba del techo al suelo, el bosquecillo de naranjos, las montañas y el campo. En aquella época era impresionante porque no había casas en esa dirección. La única relativamente cercana estaba al oeste de nosotros, la casa de Bill Henry, el distinguido columnista del *Los Angeles Times*. Ahora es una gran urbanización y todos están unos encima de otros.

Fue realmente una compra sensacional y Lucy se la pasó en grande decorando el lugar con preciosos organdíes blancos, cortinas con volantes y cretona, que quedaban genial con el empapelado del salón, de grandes rosas rojas y hojas verdes. Lo hizo poco a poco. Mi madre, su madre y Cleo ayudaron a confeccionar las cortinas y a colgarlas.

Todos nuestros amigos nos hicieron una gran fiesta de estreno en nuestro hogar y nos trajeron ollas y sartenes, cubiertos y platos, vasos y jarrones, incluso servilletas y papel higiénico. No la amueblamos con nada caro, solo cosas cómodas y bonitas, de la era estadunidense temprana. «La era Northridge temprana, por favor», me corregía Lucy.

Queríamos un nombre para nuestras hermosas dos hectáreas. Habíamos oído hablar de Pickfair, la elegante finca millonaria de Mary Pickford y Douglas Fairbanks, así que ¿por qué no íbamos a tener una? Nuestra casa nos parecía una hacienda millonaria. Probamos Arnaball (no servía), Ballarnaz (asco), Lucy's Des (no), Desi's Ball (definitivamente no), Ludesi (no del todo), Desilu: ¡BINGO!

Era la primera vez que me daban el primer puesto, pero a ella no le importaba. Thornton Wilder me dijo más tarde que Desilu sonaba como el participio pasado de un verbo francés.

# 16

POCO DESPUÉS DE COMPRAR EL RANCHITO EMPECÉ a rodar otra película en RKO, *Four Jacks and a Jill (Cuatro ases y una reina)*, de la que espero que nadie se acuerde. Ojalá pudiera olvidarla yo mismo. Buen título y no tenía mal reparto, la verdad: Ray Bolger salía en ella, también Eddie Foy, Jr. y Ann Shirley.

Pero teníamos un director, que es inútil mencionar su nombre. No creo que siga por aquí, y si está nadie sabe dónde. Quizá se haya escondido desde entonces. Al principio era editor. Curiosamente, la mayoría de los directores que procedían del departamento de montaje solían ser muy buenos directores. Para empezar, son prácticos y saben de cine. Pero este tipo era otra cosa. Aprendí dos cosas de él. Quiero decir que aprendí a *no* hacerlas.

En primer lugar, desempeñé un doble papel: príncipe y taxista. Se *suponía* que era una comedia musical. El príncipe haría que el taxista vistiera sus ropas y fuera en su lugar a cenar al Waldorf, o a hablar con algunos grandes dignatarios o cosas así. No creía que el público fuera a saber si era el príncipe el que asistía a esas funciones o el taxista que se hacía pasar por el príncipe. Si para mí no estaba claro, ¿cómo iba a estarlo para el público?

Le dije al director:

—Creo que, si el público sabe con certeza que es el taxista, un borracho y un personaje, que intenta hacerse pasar por el príncipe con la dignidad y la pompa de la realeza, tendría gracia. Si el público no sabe que es el príncipe, entonces no funcionará. ¿Qué demonios tiene eso de gracioso? Así es como el príncipe *debe* comportarse.

Entonces me dijo:

—Espero que tengas razón. Eso mantendrá al público tratando de adivinar. Los mantendrá en vilo.

—Un momento —dije—, no lo entiendo. ¿Qué demonios estamos haciendo, una comedia o un misterio? ¿Hacemos Hitchcock o hacemos Lubitsch?

—No te preocupes por eso, muchacho. Espero que tengas razón, muchacho. Será estupendo, muchacho.

Cuanto más me llamaba «muchacho», más me disgustaba aquel comebola. Pero, fue mi primera película después de *Too Many Girls* y estaba encantado de tener contratadas esas otras tres películas, así que no quería agitar las aguas.

Me alegraba estar con Lucy en nuestro pequeño lugar y hacer lo que me dijeran, pero sabía que el tipo estaba equivocado. Tenía que estar equivocado. El sentido común te lo diría. Tienes que hacer saber al público cuál es la situación, incluso dejar que se adelante a ti. Es bueno que digan: «Espera, espera a ver lo que va a pasar». Como a veces nuestra audiencia de *Yo amo a Lucy* reaccionaba: «Ay, vaya, espera a que Ricky llegue a casa. Va a buscarse tremendo problema».

Eso es bueno. Es bueno que el público se esté anticipando. Luego, cuando sucede, dicen: «Ves, te lo dije. Te dije que la iba a regañar».

De vez en cuando, les lanzas una curva, lo que también está bien, si es una curva divertida. Por supuesto, fue años antes de *Yo amo a Lucy* así que no estaba seguro al cien por cien de estar en lo cierto. Pero, después de que se estrenara la película y de que el público, en las tarjetas del preestreno, nos dijera lo mismo, que no sabían qué demonios estaba pasando, quién era quién y qué era qué, supe que había acertado. Nunca olvidé la lección que aprendí de aquel director: Cómo no hacer comedia.

Tendría que haber visto cuánto detalle y cuidado empleaba George Abbott en establecer un punto argumental para que los chistes funcionaran. Y cuánta paciencia y comprensión tuvo dirigiendo al reparto.

Lou Holtz, uno de los mejores cómicos de vodevil, de la misma clase que George Burns, Jack Benny, Milton Berle, Henny Youngman y Bob Hope, un hombre que ganaba mucho dinero en clubes nocturnos y teatros, aparecía por primera vez en una película como estrella invitada en un papel corto en *Four Jacks and a Jill*.

En su gran escena tuvo un discurso muy largo, un monólogo. No había sido escrito por el señor Holtz ni por sus guionistas. No era una de sus famosas rutinas de vodevil, y no era particularmente de su estilo.

Llegó el día en que íbamos a rodar la escena y nuestro director (a nadie se le escapaba que él era el director: lo decía un gran letrero en el respaldo de su silla de lona) dijo al reparto:

—Muy bien, vamos a tratar.

Lo ensayó una vez y el señor Holtz cometió un par de errores, pero el director, sin ensayarlo de nuevo, dijo:

—Está bien, probemos una toma.

Era un día muy caluroso. En aquella época no había aire acondicionado en los escenarios y las luces daban mucho calor… mucho más que ahora. Cuando estabas en un set pequeño, y este era un set de cafetería muy pequeño, abarrotado de todos los actores principales y extras y lleno de humo, resultaba bastante incómodo incluso para nosotros, los jóvenes.

El señor Holtz tenía unos cincuenta años y todos pensábamos que lo estaba haciendo bien. Es un hombre muy divertido con una boca tremenda. En esta primera toma se trabó un poco y cometió un error.

—¡Corten, corten, corten! Arréglale el maquillaje, está sudando.

Arreglaron el maquillaje.

—Está bien, vamos a intentarlo otra vez. Rueden. Cámara. Acción.

El señor Holtz llegó al mismo lugar y volvió a trabarse en la misma línea. Y era casi tres cuartas partes hacia el final del discurso. Solo le quedaban unas pocas frases, pero el director volvió a decir:

—Bueno. ¡Corten, corten, corten! Ahora, señor Holtz, no es tan difícil, contrólese, ¿quiere? Arreglen el maquillaje, está sudando otra vez. Va a quedar fatal en la pantalla.

El director podría haber hecho varias cosas. Podría haber usado todo el material hasta ese punto, cambiar un poco el ángulo de la cámara y retomarlo un par de líneas antes del final. Sabía que no iba a permanecer en el mismo ángulo durante todo aquel largo discurso. Iba a tener que usar dos o tres ángulos para los primeros planos del señor Holtz y las reacciones de otras personas. Pero no, quería hacer esta «toma maestra» de mala calidad en una sola toma.

Un hombre como John Ford habría dicho: «Es maravilloso, señor Holtz, perfecto. Impriman eso. Trae la cámara aquí para un primer plano del señor Holtz. Fue hermoso hasta ese punto, Lou. La gente pensaría que llevas toda la vida en el cine».

Así es como debes hacerlo. Así es como lo hace un buen director. Hace que un hombre se sienta bien y lo más probable es que la próxima vez no se trabe con la misma línea. Pero este maldito idiota hizo que Lou se sintiera como un aficionado destrozado y lo avergonzó en una sala llena de extras y de todas las demás actrices y actores de la película. Todo el reparto estaba en esa escena.

Así que lo hicieron otra vez. Hizo que este pobre hombre repasara esto diez o más veces. Para entonces, tuvieron que cambiarle la camisa y la corbata en tres ocasiones. Le habían arreglado el maquillaje varias veces. El pobre Lou no tenía ninguna posibilidad de pronunciar este largo discurso en una sola toma. Una vez que te bloqueas mentalmente en un punto concreto, estás muerto. Peor aún, a estas alturas había perdido todo lo bueno que había hecho hasta entonces.

Entonces Lou dijo:

—Señor Director, estoy seguro de que, si pudiera cambiar un poco esa línea sin cambiarle el significado, no tendría más problemas.

Era un cambio tan ligero que realmente no suponía ninguna diferencia. No cambiaba el chiste, ni su sentido, ni su lógica, ni nada. Era solo que sabía que tenía un bloqueo mental con esta frase en particular, y si podía decirla a su manera, perdería el bloqueo mental.

Esto es lo que hizo este director. Se levantó de la silla y delante de todo el reparto y los extras dijo:

—Bueno, señor Holtz, no sabía que quería dirigir esta película. Por favor, siéntese en mi silla y diríjala.

Lou empezó a temblar. No podía hablar. No podías distinguir las lágrimas de rabia del sudor. Entonces nos dio la espalda, salió del set, del escenario, del estudio y nunca volvió.

Agarré al director por la camisa y le dije:

—Hijo de puta. Muerto de hambre. Nunca has hecho otra maldita cosa que no sea una mierda de presupuesto de cinco centavos como esta. Estúpido comebola. ¿Quién coño te dijo que podías dirigir?

Parte de eso probablemente se lo dije en español. Tuvieron que alejarme de él. Supongo que mi temperamento latino no pudo soportarlo. Explota muy rápido, pero se va igual de rápido. Quizá por eso rara vez se oye hablar de úlceras en América Latina.

Después de eso, hicimos una película titulada *Father Takes a Wife (Papá se casa)* con Adolphe Menjou y Gloria Swanson. Menjou tenía un maravilloso sentido del humor y se conocía todos los trucos del oficio. Estábamos haciendo una escena en un taxi y se suponía que teníamos que salir del taxi para entrar a un hotel. Cuando bajamos del taxi, Menjou primero y yo después, se suponía que yo decía una frase. Lo hicimos y el director gritó:

—¡Corten!

No era el mismo director, gracias a Dios, era otra persona.

—Hagámoslo otra vez —dijo— pero, Desi, cuando salgas del taxi, despéjate de detrás de Menjou para que te vea la cámara.

—De acuerdo —dije.

Lo volvimos a hacer. Menjou salió del taxi con ese gran estilo que tenía, y me cubrió de nuevo al pronunciar la frase.

—¡Corten!

Tenía mucho respeto por el señor Menjou. Lo admiraba mucho en todas sus películas. Sabía que llevaba mucho, mucho tiempo en el cine y que era uno de los mejores actores de carácter del negocio, así que no me atrevía a decir nada.

El director me dijo:

—Desi, estabas cubierto de nuevo.

—Bueno, me cuesta un poco estar expuesto. El señor Menjou ocupa casi todo el espacio cuando salimos ahí.

—Adolphe lo ocupa todo si puede salirse con la suya. No se lo permitas.

—Está bien, lo intentaré de nuevo.

Volvimos a hacerlo, y de nuevo fracasé.

—¡Corten!

De vuelta al taxi.

—Señor Menjou —le dije—, tiene que ayudarme un poco porque el director me está haciendo la vida imposible. Quiere que me exponga por detrás de usted cuando salgamos del taxi para que pueda verme la cara cuando diga mi frase. Ya he tratado cinco veces y no he tenido mucho éxito.

—¡Sálvese quien pueda! —respondió.

—¿Sálvese quien pueda? —pregunté.

—Así es.

La siguiente vez que salimos del taxi, le di un buen empujón y casi se va de fondillo.

—¡Corten!

Volvimos al interior del taxi.

—Eso es pasarse un poco para exponerse, ¿no? —preguntó Adolphe.

—Bueno, sálvese quien pueda, señor Menjou.

Se echó a reír.

—Te va a ir bien aquí, aprendes rápido.

En la siguiente toma no tuvimos ningún problema y me ayudó mucho durante el resto de la película; me ayudó con mis diálogos, con cómo hacer las partes cómicas, con mis reacciones. Era un hombre encantador.

Mientras hacía esta película, aprendí algo más sobre cómo se hacen las cosas en Hollywood. Charlie Koerner, que ahora era presidente de RKO y un gran tipo, había estado presente cuando canté «Perfidia» en un acto benéfico en San Francisco. Le gustó la canción y la forma en que la canté, solo con mi guitarra. Así que dio instrucciones a su gente para que compraran los derechos cinematográficos y me hicieran cantarla en esta película con Menjou y Swanson.

«Perfidia» era una preciosa balada latina en tempo lento, un son. El papel que hacía en la película era el de un tenor de ópera. Así que, aunque el estudio la había comprado porque a su presidente le gustaba cómo la cantaba, el productor de la película decidió que debía cantarla como un aria de ópera, con una gran orquesta, para lo cual, uno, mi voz no estaba preparada, y dos, no era la forma en que debía hacerse.

Así que «Perfidia», comprada por el señor Koerner para que la cantara yo, simplemente con mi acompañamiento de guitarra y a mi manera, quizá no demasiado buena pero típicamente latina, acabó cantándola en la película un tenor italiano, doblando mi voz al estilo de un aria de ópera, acompañado por una orquesta sinfónica.

Más tarde, recibí cartas de Latinoamérica, España y, sobre todo, Cuba, preguntándome: «¿Qué demonios intentabas hacer con "Perfidia" y de dónde sacaste ese acento italiano?».

Después de *Father Takes a Wife,* RKO no tenía otra película para mí, así que dejé de recibir sueldo. Había ganado veinte mil dólares en poco tiempo, pero mi carrera como actor de cine no se había visto beneficiada. Las dos películas eran desastres.

Fui con Lucy a Taos, Nuevo México, donde actuaba en una película con James Craig titulada *Valley of the Sun (El valle del sol).* Había muchos nativos en la película y, como no tenía otra cosa que hacer, cogí uno de sus tambores y les enseñé el ritmo de la conga. Pronto tuve a toda la tribu nativa haciendo la conga por toda la aldea.

Después de *Valley of the Sun,* la siguiente película de Lucy iba a ser *The Big Street (Su última danza),* con Henry Fonda, basada en el cuento de Damon Runyon «Little Pinks». Era un drama pesado en el que interpretaba a una discapacitada en silla de ruedas, una discapacitada malvada y malhumorada.

Le dijo a Charles Laughton, que por aquel entonces también trabajaba en RKO, que estaba preocupada por el papel. Era la primera vez que la veía temerosa de abordar un papel. Laughton le dijo: «Lucy, querida, si vas a interpretar a una zorra, interpreta a la zorra más zorra que haya existido o no interpretes el papel».

El señor Laughton también trató de meterme en una película que iba a hacer con Carole Lombard, mi cómica favorita. Carole tenía una cualidad poco frecuente; se pueden contar con los dedos de una mano las mujeres que la han tenido. Carole, mientras hacía payasadas, despeinada, empapada por la lluvia, sin importarle cómo se veía, aunque estuviera cubierta de barro, podía hacerte reír y, al mismo tiempo, hacer que quisieras irte a la cama con ella. Lucy tiene esa misma cualidad.

A pesar de los argumentos del señor Laughton con la jerarquía de RKO de que yo sería perfecto para el papel del joven de la película, que más tarde se convertiría en *The Most Happy Fella* (El tipo más feliz) en Broadway como musical de Frank Loesser, no me querían para el papel a causa de mi acento.

Estaban dispuestos a pagar un profesor de elocución para ver si sí me lo podía quitar. Tomé clases durante tres meses y al final de los tres meses me hicieron una prueba del papel. Mi acento salió en la banda sonora tan marcado y tan cubano como siempre.

Mientras tanto, de vuelta en el rancho, me puse a trabajar en el huerto. Construí una barbacoa y un bohío en un lado de la piscina. En el otro lado empecé a construir una casa de baños.

Teníamos un anciano de Chatsworth, el señor Conlin, que trabajaba a tiempo parcial para nosotros y me ayudaba con estos proyectos. En el rincón más alejado de las dos hectáreas construimos también dos establos para caballos, por si alguna vez volvía a tenerlos, y una gran incubadora de madera. Llenamos la incubadora con cien huevos, que pronto producirían nuestros primeros pollitos.

Un día Lucy, el señor Conlin y yo estábamos en la cocina almorzando cuando nos dimos cuenta, a través de los grandes ventanales de cristal, de que todo el patio estaba en sombras, pero no había ni una nube en el cielo. Resultó ser un gran enjambre de abejas. El señor Conlin me dijo que sacara mi tambor de conga al patio y lo tocara.

—¿Qué quieres decir?

—Sácalo, ponte en el centro del patio y mantén un ritmo constante y monótono. Se juntarán en un montón en uno de los árboles y entonces podremos atraparlas y tendrás tu propia miel. Iré a casa y traeré una colmena mientras tú tocas el tambor para ellas.

Se fue como si acabara de darme una tarea muy sencilla y cotidiana.

—Dale —dijo Lucy—, ya has oído al hombre.

Mientras estaba allí de pie tocando el tambor con fuerza, aquellas miles de abejas me rodeaban por todas partes, incluso la cara y el pelo. Lucy estaba a salvo detrás de la mosquitera del porche. Le dije, con el menor movimiento facial posible:

—He tocado este tambor para mucha gente, pero nunca para un montón de abejas.

Se reía tanto que estaba llorando.

El señor Conlin tenía razón. No me picaron ni una sola vez, y al final se reunieron todas en un gran olivo que había justo delante del porche. Las puso en una caja y tuvimos nuestra propia miel durante bastante tiempo.

Otro buen ayudante que tuve en estos proyectos del rancho fue el abuelo de Lucy, Fred C. Hunt, todo un personaje. Lo vi por primera vez después de casarnos y de ir a Palm Springs unas tres semanas, en su casa de Ogden Drive, la que Lucy había comprado para su familia.

Cuando me pongo al sol, me pongo bien prieto. No puedes distinguirme de los pescadores nativos de Hawái o México. Fue entonces cuando vio por primera vez al marido de su nieta.

Después de conocerme, llamó a un lado a Lucy y le dijo:

—Parece un buen tipo, pero no habla muy bien y es un poco moreno, ¿no?

Tenía poco más de setenta años y, aunque estaba jubilado, aún podía fabricar hermosos muebles en el taller de su garaje. Uno de los pocos buenos torneros de madera a la antigua que quedan. Cuando RKO supo de él, convenció a Lucy para que dejara trabajar al abuelo, al menos unas horas al día, en su departamento de carpintería y fabricación de muebles. Después de tres días de trabajo allí, había convencido a todo el departamento para que hiciera una huelga contra RKO, exigiendo mejores salarios. Como resultado, fue despedido, por supuesto, y Lucy casi fue despedida junto con él.

El abuelo Hunt era un gran admirador y seguidor de los ideales socialistas de Eugene V. Debs, y también leía todos los días *People's World*, un periódico socialista-comunista de Los Ángeles. Capturaba a cualquiera que entrara en aquella casa y le leía los editoriales durante todo el tiempo que podía retenerlo allí. A la madre de Lucy, Dede, la hija del abuelo, le costaba muchísimo mantener incluso a una criada o cocinera a tiempo parcial. El abuelo iba a la cocina, hablaba con ellas y les comentaba el pésimo sueldo que cobraban, y pronto la criada o la cocinera renunciaban.

Estaba tan a favor de los pobres que se lo consideraba un rebelde. Hoy sería un conservador.

Una tarde me estaba ayudando con el tejado de la casa de baños. Hacía calor y le pregunté:

—Abuelo, ¿quieres una cerveza fría o un buen *gin fizz*?

—No, no, ya no toco esas cosas —dijo.

—¿No bebes nada?

—No, no desde hace mucho, mucho tiempo.

—¿Por qué? ¿Qué pasó?

—Solía ser un buen bebedor —explicó—. Lo que pasó fue que la última vez que me emborraché fue en el Día de Acción de Gracias. Cuando se me pasó la borrachera, era Año Nuevo y no recordaba lo que había pasado en el medio. Fue entonces cuando pensé que era mejor dejarlo, y fui a tomar la cura.

Dede le daba cinco dólares a la semana para gastos. No tenía gastos, por supuesto; tenía casa, comida y todo lo que quisiera. Los cinco dólares eran solo de bolsillo. El abuelo iba a la esquina de Sunset y Fairfax, cerca de su casa. Era un lugar de reunión de prostitutas callejeras, que se sentaban allí en el banco, haciéndose que estaban esperando el autobús mientras intentaban ligar con alguien. Si al abuelo le gustaba una de las muchachas, le daba su paga de cinco dólares y le decía: «Mira, cariño, ¿por qué no te tomas la noche libre?».

Había unos árboles preciosos delante de la casa en 1344 de North Ogden Drive, entre la acera y la calle, a lo largo de toda la cuadra. Al abuelo le gustaba sentarse en el portal y mirar pasar a la gente y el tráfico. Un gran árbol le tapaba la vista. No paraba de decir:

—Ese maldito árbol nos bloquea la vista. Creo que deberíamos quitarlo.

Cualquiera que le oyera decir eso le advertía:

—Abuelo, será mejor que no lo hagas. Eso pertenece a la ciudad. Puedes meternos en muchos problemas. Ese árbol no es nuestro.

—Se va a caer de todos modos —respondía—. Está viejo y no muy sano y la próxima vez que venga una buena lluvia y ventolera, esa cosa se va a caer.

Cleo es prima hermana de Lucy, pero se criaron como hermanas y son así de unidas. El abuelo Hunt era también el abuelo de Cleo. En aquella época estaba casada con Artie Auerbach, un muy buen intérprete radiofónico que era bastante famoso como Mr. Kitzel en *El show de Jack Benny*.

Artie me contó que una noche, tarde y oscura, descubrió que el abuelo había quitado el césped alrededor del árbol en cuadrados para poder volver a ponerlos, como trasladan los céspedes, y estaba cortando las raíces. Se aseguraba de que su profecía se cumpliera cuando llegaran las lluvias.

Después de contármelo, Artie me preguntó:

—¿Qué crees que deberíamos hacer?

—Olvídalo, Artie. Déjalo en paz. Y qué si se cae el árbol.

Por desgracia, cuando llegaron las lluvias y el árbol se vino abajo, cayó justo encima del flamante descapotable de Lucy.

Un par de años después, Cleo se divorció de Artie y se casó con Kenny Morgan, que más tarde se convertiría en jefe de relaciones públicas de Desilu Productions. Kenny fue capitán del Ejército durante la guerra y volvió a casa de permiso. Cleo le dijo al abuelo:

—Te acuerdas de mi marido, Kenny, ¿verdad?

—¿Qué le pasó a Artie? —preguntó el abuelo.

Después de Pearl Harbor, el abuelo quiso hacer algo por el esfuerzo bélico y lo nombraron vigilante antiaéreo de su cuadra. El abuelo tenía una doble hernia, por lo que tenía que llevar un doble braguero. Tampoco podía ver sin gafas. Cada vez que sonaba la alerta antiaérea de práctica, Dede y Cleo tenían que levantarse, buscar su doble braguero, sus gafas y su casco de guardia antiaéreo antes de poder sacarlo de casa. No podían hacer ninguna de estas cosas en la oscuridad. La única casa de toda la cuadra que tenía las luces encendidas durante el apagón era la casa del guardia antiaéreo. Por lo general, cuando lo preparaban para salir, ya había sonado la señal de «todo despejado».

Yo adoraba al abuelo Hunt. Estaba sacado de *You Can't Take It with You (Vive como quieras),* un personaje adorable y chiflado.

Con la ayuda del señor Conlin y del abuelo y de la propia Lucy, cuando no estaba trabajando en una película, había conseguido que nuestro rancho Desilu estuviera en plena forma. Las gallinas habían salido del cascarón, todas buenas y sanas, y teníamos el gallinero lleno. El huerto iba bien. Teníamos un maíz maravilloso, unas alcachofas preciosas y papas. Nunca he probado unas papas tan buenas en mi vida. Es increíble lo diferentes que saben cuando las sacas directamente de la tierra. Teníamos zanahorias y rábanos, que crecían por todas partes; no podías impedir que crecieran.

Un amigo nos regaló dos terneras. Una de ellas murió, la otra estaba muy enferma, y Lucy y yo pasamos toda la noche en vela con ella. Tenía mucha fiebre y la abrazamos, envuelta en mantas, y le dimos lo que el veterinario nos había dicho. Al final, superó la enfermedad y vivió. Ambos nos sentimos bien y orgullosos de nuestro triunfo por haber conseguido que aquella preciosa ternerita blanca y negra a la que llamamos la Duquesa de

Devonshire viviera gracias a los esfuerzos de nuestra enfermería. Era una Holstein de cara blanca.

Con el tiempo, llegó a pesar doscientos kilos. Se enamoró de mí y venía a la ventana de nuestro dormitorio en mitad de la noche y mugía, mugía, mugía. Lucy se despertaba y decía: «Ahí está tu maldita enamorada tratando de entrar f. Será mejor que vayas y hagas algo antes de que entre por la ventana».

Nos habían dado la ternera para que la engordáramos y, después de un tiempo, la descuartizáramos, pero ni locos carnábamos a la Duquesa. Al final pagamos a alguien por su alojamiento y alimento hasta que falleció de muerte natural.

Todo y todos parecían estar bien, excepto yo y mi carrera. No iba a ninguna parte, y eso no me alegraba. A Lucy le iba bien. No era una estrella de la magnitud de Ginger Rogers, pero se había convertido en la reina indiscutible de las películas de categoría «B» de RKO. Me habría conformado con algunos trabajos en películas de categoría «C».

Mi acento no me ayudaba nada. Eso redujo el número de papeles para los que podrían tenerme en cuenta. Una noche me vestí hasta los dientes, con la esperanza de que algún productor me viera y pensara en mí para algo, y llevé a Lucy a un estreno de RKO en el teatro Pantages en mi precioso Buick Roadmaster, que me había pasado medio día limpiando y puliendo. Debo decir que hacíamos una pareja muy guapa.

Al final de un estreno, un acomodador con un micrófono llama a los carros de las estrellas para que los acerquen a la parte delantera, ya sea su chófer o el vigilante uniformado del aparcamiento. Cuando se pronuncian los nombres, los focos apuntan a esa pareja, y los cinéfilos, que abarrotan las gradas especialmente erigidas para la ocasión y por todas las aceras y la calle, enloquecen aplaudiendo y gritando a sus favoritos.

Cuando llegó nuestro turno, el acomodador nos miró, sonrió, asintió y luego llamó:

—¡El carro de Lucille Ball, por favor! Llevaron el carro a la parte delantera, la ayudé a entrar, di la vuelta al lado del conductor, me puse al volante y salí de allí.

A una cuadra de distancia, y no sé cómo logré esperar tanto, le dije a Lucy:

—¡Ya basta!

—¿Qué quieres decir?

—Me voy de esta maldita ciudad y me busco un trabajo.

—Tienes que ser paciente. Seguro que pronto consigues algo. No sabes cuánta gente se me acerca y me dice que deberías ser el próximo Rodolfo Valentino.

—Bueno, gracias, cariño, te agradezco que tratos hacerme sentir mejor.

—Ahora escúchame, cariño —me dijo—. Hace un momento Perry Lieber, director de publicidad de RKO, me dio este artículo que apareció en todo el país con la fecha de Hollywood, 22 de junio, un comunicado de prensa sindicado. Deja que te lo lea.

Encendió la luz de lectura del carro y, mientras volvíamos a casa, se puso a leer:

«Si Desi Arnaz, el cubano guapo, de piel aceitunada, pelo negro y ojos ardientes, que Abbott vio en La Conga, le diera un papel en *Too Many Girls* y se convirtió en un ídolo de matiné, puede repetirlo ahora en la pantalla, es muy posible que haga que los productores de cine busquen latinos como hicieron tras el ascenso de Valentino. Fue con Valentino cuando el tipo latino alcanzó su mejor momento. Tan grande era entonces la moda de ese tipo que los hombres, ni siquiera latinos, ensayaban los roles. Warner Baxter en *In Old Arizona (En el viejo Arizona),* Wallace Beery en *Viva Villa,* Ricardo Cortez, aunque no era latino, sacó partido de su aspecto sensual adoptando un nombre profesional a su medida. Pero esa hora ya no existe. Desi Arnaz, el recién llegado, puede ser justo lo que recetó el médico para el renacimiento de la moda latina tras el éxito de Valentino, la hoja para tallar semejante renacimiento».

Le contesté:

—Bueno, eso está muy bien, pero supongo que llegué unos años tarde y, obviamente, mi cuchilla no estaba lo bastante afilada. También he leído en muchas otras columnas de Hollywood y Nueva York que iba a actuar junto a Ginger Rogers en un musical de primera, que iba a actuar junto a Maureen O'Hara en otro película espectacular de RKO, etcétera, y todo lo que he hecho hasta ahora son tres películas pésimas y ahora me he quedado sin trabajo. De ninguna manera voy a quedarme aquí y convertirme en el señor Ball.

A la mañana siguiente llamé a César y le dije que reuniera el mismo tipo de banda que teníamos en La Conga de Nueva York o en Fan and Bill's. No habíamos trabajado juntos desde La Conga y yo no lo había visto desde la fiesta de nuestra boda. Se alegró de volver a la acción.

Entonces llamé a MCA y les dije que me iba a Nueva York a ensayar con la banda y a buscar trabajo en algún sitio. Recogí mi ropa, cogí mi guitarra y mi tambor y me fui, no molesto ni tras una pelea con Lucy, solo desanimado y cabreado.

El trabajo que consiguió MCA fue en el Rumba Casino, un local nuevo que acababa de abrir Tom Cassara, el hombre que dirigía The Continental cuando Joe E. Lewis estaba allí y yo estaba en La Conga.

Al final de aquel compromiso, el Departamento de Estado me preguntó si me uniría a un grupo de artistas y estrellas de cine que iban a ser enviados a México para poner en marcha la Política del Buen Vecino del presidente Roosevelt. Me sentí halagado de que me lo pidieran y no me lo habría perdido por nada del mundo.

La Política del Buen Vecino era una idea maravillosa y pretendía acercar un poco más a los pueblos de Norteamérica, en especial a los que vivían en Estados Unidos con los pueblos que vivían al sur del río Grande, no solo en México, sino en todos los países latinoamericanos. La Fundación Rockefeller también participaba en la promoción de este proyecto para el presidente.

El comienzo consistió en tres aviones DC-3, cargados de estrellas de Hollywood que se dirigían a Ciudad de México. Cuando digo aviones llenos de estrellas, quiero decir llenos de estrellas como Mickey Rooney, Norma Shearer, James Cagney, Clark Gable, Robert Taylor, Bing Crosby… ¡lo mejor de lo mejor!

Yo estaba en el viaje no porque estuviera en esa misma clase. La única razón por la que me enviaron allí es porque querían que captara la reacción del pueblo mexicano sobre la Política del Buen Vecino del presidente Roosevelt. Estaba encantado de ir, por la razón que fuera.

El gran romance del viaje fue el de Mickey Rooney y Norma Shearer. Parecían un poco graciosos juntos, la señorita Shearer siempre elegante con largos vestidos de organdí y una sombrilla, y Mickey trotando a su lado por los jardines presidenciales del bosque de Chapultepec. Cuando se paraban a hablar y se encaraban, si no estabas cerca, parecía que Mickey le hablaba al pecho.

Fue todo un evento allí. Fuimos solo a Ciudad de México y permanecimos allí tres días, pero teníamos turbas de gente saludándonos y siguiéndonos por todas partes. Tocábamos en cinco, seis o siete teatros cada día y nos trataban de maravilla.

Años antes, Lee Tracy, un gran actor de carácter, fue a México como invitado del Gobierno mexicano para celebrar el Cinco de Mayo, que es para ellos como el Cuatro de Julio para nosotros. Lee lo aprovechaba muy bien. Resulta que estaba meando desde un balcón justo cuando pasaba el desfile. Por supuesto, en aquel momento estaba más que borracho, pero el pueblo mexicano no solo estaba furioso con Lee, sino también con Estados Unidos. Se convirtió en un gran incidente internacional y de hecho arruinó la carrera del señor Tracy.

Cuando estuvimos allí en 1941, cada vez que uno de los actores estadounidenses salía al balcón, podías ver cómo se dispersaba la turba. Pensaban: «¡Los malditos locos gringos van a volver a mearnos!».

Lo más importante de este viaje fue la reacción del pueblo mexicano ante la Política del Buen Vecino del presidente Roosevelt. Como ya he dicho, la única razón por la que fui fue porque hablaba español y querían que informara a la gente de Roosevelt y a la Fundación Rockefeller.

Cuando volvimos, me reuní con ellos y me preguntaron:

—¿Cuál fue su reacción?

—Desconfían —les dije.

—¿Cómo que desconfían?

—No lo entienden. No entienden este trato, de repente, de Política del Buen Vecino.

—¿No les dijiste que queríamos decir...?

—Les dije que el presidente Roosevelt tiene una idea maravillosa y que ya era hora, pero creo que debo decirlo como me lo planteó un mexicano, porque creo que lo dijo muy bien, cuando le pregunté por qué desconfiaba de esta política. Le dije exactamente lo siguiente: «Sé que el presidente Roosevelt lo dice en serio, sé que quiere fortalecer las relaciones entre Estados Unidos y América Latina. Entonces, ¿por qué sospechas?».

—Me dijo: «Bueno, puede que todo eso sea cierto y está muy bien, pero déjame decirte algo, Desi. Si vivieras al lado de alguien durante veinte años, y nunca te diera los buenos días, nunca te invitara a una copa, nunca se acordara del cumpleaños de tu mujer, ni de Navidad, ni de nada y hubiera sido tu vecino durante veinte años, pero nunca hubiera tenido nada que ver contigo en absoluto; entonces, de repente, un día te da los buenos días, le manda flores a tu mujer y te invita a cenar. ¿Cuál es tu reacción? Tiene que ser: ¿Qué coño quiere ese hijo de puta?».

Esa fue exactamente la reacción del pueblo mexicano ante la Política del Buen Vecino: «¿Qué es esto de repente? Llevamos aquí ciento cincuenta años y nadie nos ha hecho ni puñetero caso. De repente dicen: "Quiero ser tu amigo". ¿Qué quieren? ¿Tomar el resto de México? Ya se han llevado una gran parte. ¿Qué es lo que quieren ahora?».

Por supuesto, ese es uno de nuestros mayores problemas. Lo encendemos demasiado fuerte y demasiado de golpe. No entienden nuestra política exterior. En lo que respecta a América Latina, siempre ha sido una política muy mala.

Seguimos equivocándonos todo el tiempo. No sabemos qué demonios estamos haciendo ahí abajo. Parte de la razón es que, y no entiendo por qué lo hacemos, nuestros embajadores allí, la mayoría de ellos al menos, ni siquiera hablan el idioma. Estoy seguro de que tenemos suficientes personas en este país que vienen de toda Latinoamérica, de Argentina, México, Brasil, Chile, Colombia, Perú, etc., que ahora son ciudadanos estadounidenses y pueden hablar ambos idiomas perfectamente. Entonces, ¿por qué no elegimos a algunos de esos tipos para que sean nuestros embajadores allí, en vez de enviar a un Sumner Welles, que se sentaba en el maldito vestíbulo del Hotel Nacional a leer poesía mientras Batista mataba a todos los generales?

---

# 17

EL 7 DE DICIEMBRE DE 1941, LUCY Y YO ESTÁBAMOS en Nueva York quedándonos en un precioso *penthouse* que nos había prestado un amigo mío. Había venido a Nueva York para estar conmigo después de mi reunión con la gente de la Fundación Rockefeller y fue allí donde nos enteramos de que los japoneses estaban bombardeando Pearl Harbor. Sabíamos que habían diezmado gravemente nuestra Armada y todo el mundo daba por hecho que seguirían atacando California o algún otro lugar de la costa del Pacífico.

Hicimos los preparativos para volar de inmediato a Los Ángeles y estar con nuestras familias. Al cabo de una semana, Cuba también había declarado la guerra a Japón, y poco después del primero del año recibí una comisión como teniente en el Ejército cubano. Todo el mundo en Hollywood se alistaba o era reclutado. Decidí renunciar a mi asignación en el Ejército cubano y alistarme en la Armada estadounidense. Me encantaba el mar, había estado rodeado de barcos toda mi vida, sabía navegar bastante bien, al menos a ojo de buen cubero, ¡así que era la Armada!

Había conocido al capitán Jackson Tate de la Armada a través de Ed Sedgwick, director en MGM de la mayoría de las películas de Buster Keaton, y muy buen amigo de Lucy. Aprendimos mucho sobre la comedia física del señor Sedgwick.

El capitán Tate estaba al mando de un portaaviones en aquel momento. Había sido el primer hombre en aterrizar un avión en un portaaviones de la Armada estadounidense. Me dijo:

—Si la Armada te acepta, puedes empezar como ayudante de navegante.

Le dije que sabía navegar barcos por estima, pero que no sabía mucho de navegación celeste.

—No te preocupes por eso —dijo— porque tal como lo hacemos ahora en nuestras tablas de navegación, mueves un par de reglas hacia un lado y hacia otro y ya está. En realidad, es muy sencillo. Puedes aprenderlo todo en muy poco tiempo.

Me hacía mucha ilusión, pero cuando fui a la estación de reclutamiento de la Armada para alistarme, para mi total incredulidad descubrí que no podía. Hay una ley que dice que si no eres ciudadano de Estados Unidos no puedes ser voluntario. Puedes ser reclutado, pero no voluntario, lo cual es una ley un tanto ridícula. Si eres lo suficientemente bueno para ser reclutado, ¿por qué no eres lo suficientemente bueno para unirte por tu voluntad?

El capitán Tate trató de ayudar. Incluso llegó hasta la Secretaría de la Armada intentando que me admitieran, pero le dijeron que haría falta una disposición del Congreso para reformar la ley. Ya había solicitado mis papeles de nacionalidad un par de años antes. Se convirtió en una carrera entre recibir mis papeles definitivos de ciudadanía estadounidense o «Saludos del tío Sam». Resultó que, después de varios meses, ganó el tío Sam.

Mientras tanto, hice la última película de mi contrato con RKO, *The Navy Comes Through (Emboscada en alta mar)*. La dirigió Edward Sutherland, un buen director. Era todo lo contrario del imbécil que hizo *Four Jacks and a Jill*. Era un hombre que realmente conocía su oficio, y además un buen hombre; había empezado como actor.

En el reparto estaban Pat O'Brien, George Murphy, Carl Esmond (que hizo el papel un gran «protagonista» alemán en esta película), Frank Jenkins, Max Baer y Jackie Cooper (interpretando a la personificación de un joven héroe marinero), además de Ray Collins, Lee Bonnell y otros. La única muchacha que aparecía era Jane Wyatt, como enfermera.

Se basó en un cuento de revista de Borden Chase. La película tuvo muy buenas críticas y yo recibí mi primera buena crítica como actor de cine. Decía: «También revela una superior delineación de personajes por parte de Desi Arnaz y Frank Jenkins». Fue la única buena de las tres que hice en RKO. De todos modos, descartaron mi opción. Es decir, me botaron.

Había conocido a Max Baer en Miami justo antes de que se convirtiera en campeón del mundo de los pesos pesados. Max era el hombre más gentil y amable que jamás había conocido. Nunca sabré cómo se metió en el negocio del boxeo. No tenía la disposición, el instinto asesino necesario. Cuando luchó contra Primo Carnera por el título, yo estaba junto al ring. Carnera ya estaba en el ring. Era un gigante. Cuando Max llegó por el pasillo, me vio, se paró un segundo, miró a Carnera en el ring y luego me dijo con voz aguda de mujer y con un tono «gay» muy gracioso: «Es grande, ¿verdad?». Entonces subió al ring, noqueó a Carnera en el primer asalto y se convirtió en el campeón mundial de los pesos pesados.

Después de terminar *Emboscada en alta mar,* recorrí el país durante abril y mayo de 1942, para la organización Army and Navy Relief, para recaudar fondos para las viudas y familias de nuestros soldados y marineros muertos en el extranjero. Un tren privado de diecisiete vagones transportaba por todo el país a veintidós de las mayores estrellas de Hollywood, además de siete guapísimas estrellas en ciernes y músicos y técnicos.

Era la Caravana de la Victoria de Hollywood.

Mark Sandrich, un brillante productor y director de Paramount, organizó el espectáculo. Alfred Newman, uno de los principales directores musicales de Twentieth Century Fox, dirigió una orquesta de treinta músicos. Si ese tren hubiera chocado, Hollywood se habría quedado sin negocio.

Un periódico publicó la noticia de que costaría más de cuatro millones de dólares por noche montar aquel espectáculo, lo cual no parece muy descabellado si se tiene en cuenta quién participaba en él.

Como de costumbre, cuando hay tantas estrellas implicadas, el elenco se presentaba en orden alfabético. Gracias a la *A,* Desi Arnaz quedaba a la cabeza de la lista, pero, créeme, esa fue la única razón; los demás fueron Joan

Bennett, Joan Blondell, Charles Boyer, James Cagney, Jerry Colonna, Claudette Colbert, Olivia de Havilland, Cary Grant, Charlotte Greenwood, Bob Hope, Bert Lahr, Frances Langford, Laurel y Hardy, Groucho Marx, Frank McHugh, Ray Middleton, Pat O'Brien, Merle Oberon, Eleanor Powell y Rise Stevens. Bing Crosby se unió a nosotros en Minneapolis.

Las siete bellas estrellas de aquel año tuvieron grandes éxitos en la gira con todos los que las conocían: Alma Carroll, Marie MacDonald, Frances Gifford, Elyse Knox, Fay MacKenzie, Juanita Stark y Arleen Whelan.

Solo tuvimos dos días de ensayo antes del estreno, el 30 de abril, en el Capital Theatre de Washington, D. C. Entre los escritores que aportaron material se encontraban George S. Kaufman, Moss Hart, Marc Connelly, Jerome Kern y Alan Scott.

La señora Roosevelt ofreció una merienda de té en la Casa Blanca la tarde de nuestro estreno en el Capital Theatre. Estaba a la cabeza de la fila de recepción y cada vez que alguien se le acercaba le decía algo muy personal y muy íntimo antes de dejarlo pasar. Yo sabía que ella conocía a Cary Grant, Charles Boyer, James Cagney, Bob Hope y todas las demás grandes estrellas, pero ¿cómo me conocía a mí y a algunas de las muchachas que solo eran *vedettes*? Pero nos trataba a todos como si también fuéramos grandes estrellas. Nos dedicó el mismo tiempo a nosotros y nos preguntó por nuestra vida privada.

Cuando llegó mi turno, me dijo:

—Hola, Desi. ¿Cómo está Lucille?

En aquella época yo no era nadie. Así que pensé: «¿Cómo demonios puede hacer esto?». Pasaban al menos cuarenta o cincuenta personas. ¿Cómo es posible que recuerde a cada uno, con quién están casados, y les diga algo personal a cada uno? Ni siquiera James Farley podría haberlo hecho, y tenía fama de ser el mejor en ese tipo de cosas.

Por fin vi a un tipo detrás de ella. Supongamos que Cagney estuviera delante de mí y ella le diera la mano. El tipo que estaba detrás de la señora Roosevelt susurraba: «Desi Arnaz, casado con Lucille Ball, es cubano».

Aprendí a usarlo más tarde, cuando entré en el negocio de las grandes bandas. En cada ciudad que visitábamos había cuatro o cinco personas muy importantes para nosotros para ese compromiso: el director del teatro, el *disc-jockey* más popular y los tipos del periódico local. En cada pueblo pasábamos toda la semana con estas personas y nos hacíamos muy amigos de ellas. Luego íbamos a la siguiente ciudad y encontrábamos otro grupo del mismo tipo de personas. Y así sucesivamente.

La próxima vez que volviera a Omaha, por ejemplo, me sería imposible recordar los nombres de aquel grupo. Es entonces cuando usaba la técnica de la señora Roosevelt.

El hermano de Lucy, Freddie, trabajaba para mí y me costó bastante averiguar qué demonios podía hacer Freddie. Pensé que esta podría ser la respuesta.

—Está bien, Freddie —le dije—, esto es lo único que tienes que hacer: cada vez que lleguemos a una ciudad quiero que hagas una foto de estos pocos tipos importantes. Luego quiero que los pongas en un libro, con sus nombres justo debajo de sus fotos, y que lleves un registro de ello, para que cuando volvamos a esta misma ciudad dentro de seis meses, y me baje del tren y se me acerque el *disc-jockey*, te pongas detrás de mi oreja y digas simplemente Bill, o John, o Mike, y yo me encargaré a partir de ahí.

Por cierto, eso es lo que hace a un buen camarero: recordar los nombres de la gente.

Hablando de camareros: López en el Copacabana fue el mejor. Trabajamos allí con la *big band* en 1946, una carrera fenomenal, dieciocho semanas, empatando el récord de Joe E. Lewis.

El bar estaba arriba, en el primer piso. López saludaba a la gente que bajaba.

—¿Nos puede dar una mesa? —preguntaban.

—No lo sé con seguridad —contestaba.

Siempre tenía una mano detrás de la espalda, con la palma abierta, mientras miraba alrededor del salón. Si sentía algo en la palma de la mano, decía:

—Quizá pueda encontrarles una mesa.

Seguía observando esta rutina y me preguntaba cómo sabía cuánto era lo que le habían puesto en la palma de la mano. Todo es papel, ¿verdad? Un billete de un dólar tiene el mismo tamaño y peso que uno de cien, o de veinte, o de diez, o de cinco. Entonces, ¿cómo sabía lo que era? ¿O dónde poner al tipo que le llena esa palma vacía suya? Un billete de cien dólares te conseguía la primera fila, o incluso una mesa extra en la pista, pero si era de un dólar, te echaba del club. ¿Pues cómo lo sabía?

Al final le pregunté y me dijo: «Es la sensación, es la forma en que lo colocan».

# 18

CUANDO VOLVIMOS A HOLLYWOOD, YO REALMENTE estaba muy desorientado. Ken Murray estaba haciendo un programa llamado *Ken Murray's Blackouts* (Los apagones de Ken Murray) y me llamó para preguntarme si quería participar con él. El espectáculo llevaba bastante tiempo en cartel y era un gran éxito. Me alegré de tener trabajo.

Una noche, después del espectáculo, el señor Louis B. Mayer vino entre bastidores; había estado en el público aquella noche. Por supuesto que sabía quién era el señor Mayer, pero nunca lo había conocido.

—Me gustaría hablar contigo —me dijo—. ¿Puedes venir mañana a mi oficina en MGM? No quiero que traigas a ningún agente. Solo ven a hablar conmigo.

—Está bien, señor Mayer —le dije.

Estaba tan emocionado, pensé que tal vez, por fin, me llegaría una buena oportunidad en Hollywood. Fui a su despacho, uno magnífico en el edificio Thalberg de MGM. MGM en aquellos días era EL lugar… Gable y Turner, Tracy y Hepburn, Taylor y Garbo, Judy Garland, James Stewart, los Barrymore, Joan Crawford, Mickey Rooney: «Más estrellas de las que hay en el cielo» era su eslogan.

Dios sabe que estaba impresionado.

El Sr. Mayer me sentó y me dijo:

—Cuando vi tu espectáculo anoche, me recordaste a Busher.

Siempre me habían gustado mucho las carreras. En aquella época no tenía mis propios caballos, pero sabía que Busher era uno de los grandes caballos de carreras del señor Mayer, posiblemente el mejor. Así que supe que, de algún modo, lo había dicho como un cumplido.

—Estoy seguro de que lo que ha dicho debe de ser un cumplido —dije— porque sé que Busher es una de las principales estrellas de su cuadra de carreras, pero ¿cómo le recuerdo a Busher, si no le molesta?

—Bueno, Busher parece muy corriente cuando está en el establo, pero cuando le ponen una silla de montar y sale a la pista, sabes que es un campeón. Lo mismo te ocurre a ti cuando te cuelgas ese tambor al hombro. Hasta ese momento eres un mexicano más.

—Mexicano no, señor, cubano.

—Pues uno de esos latinos. Quiero ver qué podemos hacer contigo por aquí. —Luego apretó un botón y dijo—: Que entre Lana.

En cuanto llegó la señorita Turner, me dijo:

—¿Quieres ponerte a su lado, luego darle la vuelta y mirarla, de arriba abajo, luego volver a darle la vuelta, cogerla en brazos y besarla?

¡Qué trabajo tan dulce iba a ser!

Hice lo que me dijo y luego le dijo a Lana:

—Vuelve al set.

La acompañé hasta la puerta y le dije:

—Gracias.

—El placer fue mío —dijo, y se fue.

Otra vez el botón.

—Haz entrar a Judy.

Vino Judy Garland y me hizo hacer lo mismo con ella. Ya para entonces mi pájaro tenía muchas ganas de volar.

Entonces dijo:

—Sabes que este es el mejor estudio del mundo, y aquí hacemos estrellas, muchas estrellas. Creo que tienes posibilidades de ser una estrella.

—Señor Mayer, es el cumplido más amable que me han hecho desde que empecé en este negocio.

—Vamos a empezar con quinientos dólares a la semana.

—Señor Mayer —le dije—, ya sabe que me gusta vivir bien. Me gusta comer en Chasen's, estoy casado y mantengo a mi madre y me gusta llevar buena ropa; quinientos dólares a la semana no son suficientes.

—Hijo, es un buen trato. No has hecho mucho en películas. Hiciste tres de ellas en RKO, que no eran tan buenas…

—No puedo contradecirlo en eso, señor. Ni siquiera recogieron mi opción.

—Agradezco tu honestidad, pero quinientos dólares no está mal para empezar.

—Le diré una cosa. No puedo hacerme el listo con usted; no estoy en condiciones de hacerme el listo y sí quiero tener un contrato con usted. La mayor oportunidad de mi carrera fue que de casualidad usted fue a *Blackouts* la otra noche y me vio y le gustó lo que hacía. Así que, si insiste, firmaré por quinientos dólares, pero sería mucho más feliz si me da seiscientos cincuenta dólares.

Se quedó mirándome un rato, se rio y dijo:

—Hijo de puta, ¿cómo voy a decir que no? Tienes seiscientos cincuenta dólares.

Después de firmar el contrato, la USO quería que fuera al Caribe para entretener en esa zona, donde había muchos cubanos, puertorriqueños y otros muchachos latinos con nuestras tropas estadounidenses.

El señor Mayer dijo:

—Dale. Creo que tengo una buena película en ciernes para ti, pero aún no está lista. En cuanto lo esté, procuramos que la USO te envíe de vuelta.

Primera parada: ¡la bahía de Guantánamo en mi Cuba natal!

Solo había cuatro artistas en este grupo: Billy Gilbert, aquel maravilloso cómico con el estornudo entrenado; su mujer, Lolly; Fay MacKenzie, su sobrina, una muchacha muy guapa y buena cantante y bailarina; y yo.

Pasamos por todas las bases del Caribe. No éramos grandes estrellas, pero les dimos un buen espectáculo. Trabajábamos con lo que tenían los muchachos. A veces un trío, otras veces solo un pianista. La mayoría de las bases no tenían escenarios, así que usamos la parte trasera de un camión como escenario. Para las luces usamos los faros de otros dos camiones y para las cortinas utilizamos mantas del ejército o cualquier otra cosa que hubiera por ahí. Si queríamos un coro de bailarinas, cogíamos a seis muchachos de las tropas, los vestíamos de muchachas, les poníamos un par de mitades de cocos en el pecho y los dejábamos hacer cabriolas. A las tropas les gustaba tanto esta parte que la hicimos en todas las bases.

Mientras estábamos en la bahía de Guantánamo, que está cerca de mi ciudad natal, pregunté al comandante de la base:

—¿Hay alguna forma de que pueda ir a Santiago, al menos un par de horas, para ver a mis abuelos?

—¿Cuánto tiempo ha pasado —preguntó— desde la última vez que los viste?

—Unos seis o siete años. Solo me quedan dos abuelos y esta podría ser mi última oportunidad. Se están poniendo bastante viejos.

—Bueno, no está previsto que hagas nada hasta mañana por la noche. Haré que uno de los muchachos te vuele hasta allá y te traiga.

—Eso sería maravilloso. Muchísimas gracias.

A la mañana siguiente vino a verme un alférez de la Armada y me llevó a su pista de aterrizaje.

—No te importa volar en este avión, ¿verdad? —me dijo.

—¿Qué avión? —pregunté.

Me lo señaló y me dijo:

—Lo llamamos *El Peligro Amarillo.* Es el que utilizamos para entrenar a los muchachos.

Era amarillo, un biplaza de cabina abierta.

—¿Y bien? —preguntó.

—¡Vamos, chico!

Despegamos y aterrizamos en Santiago. Cogimos un auto y fuimos a casa de mi abuelo. Nadie sabía siquiera que yo estaba en el país, y cuando mi abuelo y mi abuela vieron a este alférez de la Armada de los Estados Unidos con su uniforme y se dieron cuenta de que la Armada me había trasladado hasta allí solo para verlos a ellos, se quedaron realmente impresionados. Pensaron que debía de ser una persona importante en Estados Unidos. Y, por supuesto, no llevábamos allí ni media hora cuando todo el pueblo se enteró. Hay doce hermanos y hermanas en la familia de mi madre y siete en la de mi padre. Con sus maridos y mujeres, hijos y primos, de repente había ciento cincuenta personas alrededor de la casa.

Para entonces, eran cerca de las tres de la tarde. Vi grandes y pesadas nubes que pasaban por el cielo y se movían muy rápido. En nuestro país estas tormentas tropicales surgen de la nada. Así que me dirigí al alférez y le dije:

—Creo que será mejor que nos larguemos de aquí porque esto se va a poner muy feo.

Mi abuelo levantó la vista y dijo:

—Sí, vete pronto. —No entendía el inglés, pero comprendía aquellas nubes y sabía lo que me preocupaba.

Habíamos llegado cruzando por encima de las lomas, que es el camino más corto, pero cuando llegamos al aeropuerto y subimos al avión, la cosa estaba tan mala que no había forma de volver por las lomas. El alférez dijo:

—¿De qué otra forma podríamos llegar a Guantánamo desde aquí?

—Por la bahía —respondí.

—Sí —dijo—, pero hay altas montañas rodeando la bahía de Santiago y la entrada es terriblemente estrecha.

—Lo sé, pero puedo pasar una aguja por esa bahía.

—De acuerdo —dijo—, dirígeme y volaremos a treinta metros sobre el agua.

Pensó que, si salía de la bahía y se adentraba directo al mar, estaríamos bien. Una tormenta de ese tipo puede concentrarse en una zona muy pequeña.

Vi mis antiguos caladeros y le dije:

—Pasa por encima del Merrimac, que está allí, sigue recto por ese rumbo y pasarás justo por la embocadura.

—Desi, no dejes que se te moje el paracaídas —me dijo.

—¿Qué? —pregunté.

—No dejes que se moje tu paracaídas, porque si se moja no funcionará.

—¡Qué mal momento para decírmelo! ¡Ahora está empapado!

—Ay Dios mío, debería haberte dicho que te sentaras encima de él.

Despejamos la embocadura y cinco minutos después nos alejamos de la tormenta. Era como entrar por una puerta al clima tropical más hermoso. El sol brillaba, los peces saltaban, el agua estaba azul y tranquila; y justo a la izquierda, tan cerca que casi podías tocarla, una masa negra y aterradora donde se desataba el infierno.

Así son las tormentas tropicales.

Habíamos estado yendo hacia el sur para alejarnos de la tormenta, luego hacia el este y en paralelo a ella, pero tuvimos que girar hacia el norte para llegar a Guantánamo.

A mitad de camino, el alférez dijo:

—Sabes, el único problema es que vamos a llegar a Guantánamo dentro de unos quince minutos y este avioncito no va a poder atravesar ese muro.

Ahora sí que se había cerrado.

Unos minutos después dijo:

—Estamos casi a la altura de la bahía, ahora deberíamos girar hacia el norte, pero es imposible atravesar eso.

Mientras hablábamos por el intercomunicador, aquel sólido muro negro de la tormenta se abrió de repente ligeramente, y allí estaba la bahía de Guantánamo.

Al salir del avión, ambos levantamos la vista y dijimos:

—Gracias, Señor.

Cuando llegamos a Santo Tomás, el oficial al mando me dijo que me preparara para volar a Puerto Rico, donde me pondrían en un avión con destino a Hollywood. MGM empezaba *Bataan*. Esta película era la historia de un puñado de hombres que defendieron un puente para permitir la huida del general MacArthur de Filipinas.

En la película, todos los hombres de nuestro pelotón sabían que no iban a salir con vida. Solo se trataba de cuándo y cómo nos iban a matar a todos.

Una cosa interesante de este tipo de películas es que cuando lees el guion casi puedes saber lo importante que es tu papel averiguando en qué rollo vas a morir. Si te matan en el primer rollo no tienes mucho que hacer.

Teníamos un gran reparto: Robert Taylor, George Murphy, Robert Walker, Sr., Thomas Mitchell, Lloyd Nolan, Lee Bowman, Barry Nelson y Phil Terry, que más tarde se casó con Joan Crawford. Fue la primera película de Robert Walker y estuvo sensacional en ella.

Robert Taylor era el sargento al mando y, por supuesto, murió último. Fue una experiencia muy buena para mí, ver a todo el mundo intentando morir de forma diferente, y ¿cuántas formas hay de morir cuando te disparan? Jimmy Cagney fue el tipo que moría de forma más bella en todas sus películas. Se caía, se arrastraba, se volvía hacia la cámara, se arrodillaba, se levantaba de nuevo, intentaba subir unas escaleras o algo así, se volvía hacia la cámara y al fin moría. Él era el maestro.

Murphy y yo tuvimos las únicas escenas de muerte diferentes. Subió en su avión, lleno de dinamita, y luego, en un gran acto de heroísmo, lo estrelló contra el puente. Yo morí lentamente de malaria, temblando como un demonio. Creo que morí a las tres cuartas partes de la película, así que fue un papel bastante bueno. Cuando ensayamos la escena de mi muerte, yo estaba dentro de una mosquitera, mientras que Robert Taylor estaba sentado del lado de afuera. Mis líneas eran en español. Así que le dije a Tay Garnett, nuestro director:

—No tengo ni una plegaria en esta escena. Tienes a Robert Taylor fuera de la red. ¿Hay alguna forma de que te lleves esta mosquitera?

—De acuerdo, sacaremos la malla.

—Otra cosa —le dije—, cuando mi personaje esté a punto de morir, que vuelva a su infancia y recite el *mea culpa* no en español ni en inglés, sino en latín, como lo hacíamos cuando yo era niño en el colegio de los jesuitas.

Le encantó la sugerencia, y cuando la consultó con Bob Taylor, este le dijo:

—Me parece genial.

*Bataan* fue una de las mejores películas de la Segunda Guerra Mundial. De hecho, fue seleccionada para ser conservada en el Motion Picture Museum of Art para la posteridad, y también me valió el reconocimiento como actor, el Photoplay Award a la mejor interpretación del mes, debido a la escena de la muerte, estoy seguro. No era el Premio de la Academia, pero estuvo más que bien.

# 19

RECIBÍ MIS «SALUDOS DEL TÍO SAM» EN MAYO DE 1943.

Pedí entrar a la Fuerza Aérea. Había superado todas las pruebas y estaba listo para ir a la escuela de bombarderos un lunes.

El domingo, la víspera de mi partida, participé en un partido de béisbol en el Centro de Recepción de Arlington, cerca de Riverside, California. Le hice swing a la pelota, fallé y me desgarré el cartílago de la rodilla buena que me quedaba. Me había roto la otra jugando al fútbol en Cuba. Acabé en el hospital durante tres meses. Me enyesaron la pierna, lo que más tarde supe que era un error. Cuando me quitaron el yeso, tenía la pierna rígida.

Querían operarme la rodilla. Había ido a un especialista en Nueva York por la rotura del cartílago de la otra rodilla y me había dicho que, en aquellos años, una operación de rodilla no siempre tenía éxito. Cuando le expliqué esto, el médico del Ejército dijo: «Probemos primero otra cosa. Cada mañana, siéntate a un lado de la cama y saca la pierna (era como una plancha de madera), y hazlo dos o tres veces más durante el día. Una hora cada vez».

Un día se dobló como medio centímetro, luego, poco a poco, fue bajando más y más, y entonces empecé a poder doblarla hacia atrás un poco; pero hasta hoy no puedo doblarla hacia atrás lo suficiente como para tocarme el fondillo.

Cuando me dieron el alta en el hospital, me enviaron, por supuesto, a la infantería.

Como bombardero, lo único que tenía que hacer era sentarme, observar las mirillas, estudiarlas, apretar el botón y lanzar las bombas. Pero no pude pasar el examen físico para la Fuerza Aérea, así que me destinaron a la infantería, y ese es el peor lugar para estar con dos malditos cartílagos desgarrados.

Para empeorar las cosas, yo ya era un poco más conocido por entonces y todo el mundo sabía que estaba casado con Lucille Ball, así que, naturalmente, lo único que se les ocurría a algunos de aquellos tipos era que cualquiera que viniera de Hollywood era un muchacho glamoroso o un maricón o algo así. Tuve algunas peleas y acabé en la base un par de veces. También pasé mucho tiempo limpiando letrinas y pelando papas, pero no podía dejar que nadie se saliera con la suya.

Al final, todo se arregló. Hice los últimos ejercicios de entrenamiento básico, la carrera de obstáculos y la caminata de dieciséis kilómetros con la mochila llena. Algunos de los tipos se estaban cayendo por todos lados, desmayados, agotados o simplemente fingiendo. No me hubiera detenido a menos que cayera muerto. Cuando volvimos de la caminata, mi rodilla estaba hinchada como un jamón de nuevo. Me volvieron a ingresar al hospital y más tarde me clasificaron para servicio limitado.

Acabé en otro campo como instructor de analfabetos. Estuve allí unos seis meses. No sabía cuántos analfabetos eran reclutados por el Ejército. Realmente no pensaba que hubiera tantos analfabetos en todo el país.

Mientras estaba en ese campamento, el comandante me dijo: —Sabes, todo el mundo está preocupado por entretener a las tropas fuera de Estados Unidos. Pero una de nuestras mayores necesidades es entretener a estos muchachos que acaban de ser reclutados. Están atravesando un cambio tremendo en sus vidas. Es la primera vez que la mayoría de ellos están fuera de casa, y si hay algo que puedas hacer para conseguirles algún entretenimiento, sería maravilloso.

Nadie se preocupaba de entretener en campamentos analfabetos. Era más glamoroso ir con Bob Hope a donde estaba la verdadera acción. Sin embargo, psicológicamente, estos muchachos lo necesitaban de igual manera. Había muchos niños en estos campamentos que estaban realmente confundidos.

—Voy a hacer lo mejor que pueda —le dije.

Lucy fue de gran ayuda. Consiguió que viniera mucha gente. Tuvimos a Ann Sheridan, Lucille Ball, Lana Turner, Tommy Dorsey y su orquesta, Mickey Rooney, Lena Horne, Martha Raye y muchos más. Dimos los mayores espectáculos en toda la zona, gracias a Lucy. Los llamó por teléfono y les dijo que tenían que venir.

El Ejército se despertó un día y preguntó: «¿Cómo es que este pequeño campamento de entrenamiento de analfabetos está consiguiendo todas estas grandes estrellas? ¿Qué está pasando?».

A principios de 1944 me trasladaron al hospital de Birmingham, en el valle de San Fernando. Este hospital estaba casi terminado y listo para recibir a todos los heridos del Pacífico Sur.

Debido a lo que había hecho en el lugar de analfabetos, su personal me asignó a la sección psicológica. Para entonces, yo era cabo. Unos meses más tarde me convertí en sargento mayor. Mi trabajo consistía en asegurarme de que estos hombres, que venían directo de sus barcos a Birmingham, tuvieran algo con que distraer sus mentes en cuanto su barco anclara. Eran muchachos con heridas graves, muchos casos de locura, muchos con fatiga de combate que iban directo a las salas de psiquiatría. Nos habían dado una paliza en el Pacífico, así que tuvimos muchas bajas importantes.

Lucy volvió a ayudar mucho. Cada vez que llegaba un barco, traía a veinte o treinta muchachas jóvenes de los estudios, estrellas y estrellas en ciernes. No importaba, solo que fueran muchachas guapas para servir leche fría a los muchachos. Habíamos descubierto que, si preguntabas a alguno de ellos qué quería primero, te decía: «Un vaso de leche fría».

Teníamos camiones cargados de leche fría, y unas muchachas guapísimas para servirla mientras desembarcaban. Algunos se bebían cuatro litros, uno tras otro, antes de irse al hospital.

B'nai B'rith también fue de gran ayuda para nosotros. Irving Briskin, que entonces era ejecutivo de los Estudios Columbia, y esta maravillosa organización siempre estaban ahí cuando los necesitábamos. La forma en que el Ejército hace las cosas es a veces un poco extraña. Construirían un hospital y te dirían que entretuvieras a los muchachos. Pero no teníamos instalaciones para hacerlo. Gracias a Lucy, Irving y muchas otras personas, conseguimos una piscina y una bolera, y el Ejército construyó un teatro con un proyector. Pero la manera en que estaban organizados de los asientos era terrible: bancos de madera sin respaldo.

Muchos de los pacientes del hospital no estaban en forma para sentarse en esos bancos durante un par de horas. Ni siquiera yo podría sentarme en uno de ellos y ver una película entera, así que ¿cómo podían hacerlo esos pobres muchachos?

Lo que lo hacía más ridículo era que, aunque pudiéramos reunir el dinero, seguiríamos sin poder conseguir butacas normales de teatro. Estos asientos estaban clasificados como prioridad «Triple A» y para conseguirlos había que pasar por el Noveno Mando de Servicio en San Francisco, ellos tenían que dar el visto bueno: había que enviar el pedido al Pentágono en Washington para su aprobación final, y luego de vuelta al Noveno Mando de Servicio antes de que al fin nos llegara a nosotros.

Pensé que, si teníamos que pasar por toda esta maldita burocracia, la guerra habría terminado antes de que llegaran los trescientos asientos. «Debe de haber otra forma de conseguirlos», pensé. Así que llamé a Irving Briskin, de Columbia.

—Irving, ¿crees que B'nai B'rith estaría dispuesta a donar trescientas butacas de teatro al Hospital de Birmingham?

—Creo que sí, pero necesitas una prioridad «Triple A» para conseguirlos. Lo sé porque ni siquiera nosotros podemos conseguirlos para nuestros propios cines.

—Entiendo —dije—, pero supongamos que pueda conseguir la prioridad. Entonces, ¿podría la B'nai B'rith comprar las plazas?

—Te llamaré dentro de un par de horas.

Volvió a llamar.

—Tienes el dinero, consigue la prioridad y tendrás los asientos. Bonitos y buenos asientos, acolchados, con reposabrazos y todo.

—Qué precioso —dije, y le di las gracias.

Mientras intentaba averiguar cómo sortear toda la burocracia del Ejército, descubrí que, al final, todos los papeles venían de una muchacha secretaria de nuestro puesto, quien, después de que le hubieras mostrado tu autoridad del Noveno Mando de Servicio, llenaba y firmaba la «Triple A».

Empecé a entablar amistad con ella, sin mencionarle absolutamente nada sobre los asientos del teatro. La llevé a cenar y a bailar un par de veces, y la invité a unas copas. Sabía que probablemente pronto llegarían los asientos del teatro. No había hecho nada respecto a la prioridad, porque sabía que no teníamos ninguna posibilidad de conseguirla a tiempo.

A la semana siguiente Briskin me llamó y me dijo:

—Está bien, ya tenemos los asientos. Tienes la prioridad «Triple A»?

—Sí, señor —dije—. ¡Claro que sí! ¿Tienes personal para instalarlos?

—Sí, lo haremos todo. ¿Cuándo los quieres? ¿Esta tarde? ¿Mañana?

—Mañana por la tarde —respondí.

—Bien. Mañana están ahí.

—Maravilloso. Diles que vengan al Edificio de la Administración. Mi oficina está justo al lado de la entrada. Gira a la derecha, la segunda puerta por el pasillo.

Los muchachos llegaron con los asientos, los dirigí al teatro y les dije:

—Adelante, empiecen a colocarlos.

Entonces llamé a la muchacha que tenía que dar la autorización «Triple A» y le dije:

—¡Hola, cariño! Tienes mi prioridad para los asientos del teatro, ¿verdad?

—¿Qué? —dijo ella.

—¡La prioridad, mi prioridad «Triple A» para los asientos del teatro!

—No sé de qué estás hablando —dijo ella.

—Vamos, no me digas que se te olvidó. Te lo dije hace un mes. Pasamos por todo el tinglado de este asunto.

—No tengo órdenes de nadie —dijo.

—¿No te di la carta del Noveno Mando de Servicio con la aprobación del Pentágono?

—Seguro que no. No me has dado nada.

—Dios mío, lo siento —dije—. He estado haciendo tantas cosas que se me olvidó. Los instaladores están colocando los asientos ahora, así que, por favor, hazme la «Triple A». Siento haberme olvidado de darte los papeles, cariño, pero te los traeré enseguida. Solo voy a ir a ver si los colocan bien y, en cuanto compruebe el teatro, vendré y te daré la autorización.

—Está bien, Desi, voy a empezar a hacerlo ahora, pero tráeme por favor los papeles que lo autorizan.

—Te los traeré en cuanto vaya al teatro.

Los muchachos ya casi habían terminado de colocar los asientos. El capataz encargado dijo:

—Sargento, ¿dónde está la prioridad?

—La *¿qué?* —pregunté.

—Me dijeron que no debíamos instalar estos asientos sin una prioridad.

—Ah, es verdad —dije—. Espera un momento y voy a buscarla enseguida.

Ahora me presionaban por ambos lados. El tipo que ponía los asientos pedía la «Triple A» y la muchacha que debía dármela pedía la autoridad para expedirla.

Me acerqué a la muchacha y le pregunté:

—¿Ya llenaste el papel?

—Sí, aquí está —dijo ella—. ¿Dónde está la autoridad?

Le cogí la «Triple A», le di las gracias, busqué en todos mis bolsillos su autoridad y finalmente dije:

—Maldita sea, me la he dejado en la oficina. Oye, ese hijo de puta no terminará el trabajo hasta que tenga esto. ¿Por qué no vas a mi oficina y nos vemos allí después de darle esto? Entonces vendré enseguida y te daré los papeles.

—¿Seguro que los tienes? —preguntó.

—Por supuesto. ¿Estás bromeando? ¿Por qué te diría que los tengo si no los tengo?

—De acuerdo —dijo—, nos vemos en tu oficina.

Le di al tipo la prioridad «Triple A»; ella se reunió conmigo en mi despacho y, por supuesto, tampoco allí pude encontrar los papeles.

—Bueno, estaban aquí hace un par de minutos —dije—. No sé qué les pudo pasar.

Para entonces, ya sabía que ella sabía que yo no tenía nada.

—¿Estás seguro de que le escribiste a alguien sobre esto? —preguntó.

—Mira... —le dije— ¿quieres ver a esos jóvenes sentados en bancos duros, sin brazos, sin piernas, con la espalda rota, el cuello roto y el culo roto? Ni siquiera es cómodo para ti ni para mí.

—Nunca conseguiste la autoridad, ¿verdad? —preguntó.

—Respóndeme, ¿quieres ver a esos tipos sentados ahí en esos duros bancos? ¿Sí o no?

—Pues no. Pero es probable que nos metamos en un buen lío. ¿Qué le vamos a decir al coronel?

—No sabe nada al respecto. Tenemos los asientos. El tipo consiguió su prioridad «Triple A» y B'nai B'rith pagó por ellos. Para cuando el Ejército se entere de este trato, la guerra habrá terminado y nadie sabrá lo que pasó. Dentro de unos años, algún pobre empleado del Ejército estará intentando averiguar cómo conseguimos estos malditos asientos. Ya sabes cómo hacen las cosas. Te envían siete copias de un pedido, todas de distintos colores, diciéndote cómo ahorrar papel.

—De acuerdo —dijo ella—, no diré nada si tú no lo haces.

Unos tres días después, el coronel me pidió que fuera a su despacho.

—Sargento, he oído que hay una especie de controversia sobre cómo conseguimos los asientos para el teatro. Nadie parece saber exactamente si debemos dinero por ellos o si obtuvimos una prioridad o, si la obtuvimos, cómo la obtuvimos. Lo único que sé es que el teatro tiene buen aspecto, los asientos son muy cómodos y los muchachos disfrutan mucho más que antes. Hasta la señora y yo los disfrutamos anoche. ¿Cuál es la historia?

—Bueno, en primer lugar, coronel, señor, no pagamos los asientos. B'nai B'rith los donó gracias a los buenos oficios de Irving Briskin, de Columbia Pictures. Ahora bien, si quiere que le cuente cómo conseguí la prioridad «Triple A», lo haré, pero es una historia bastante larga y sé que es un hombre muy ocupado. Pero si quiere que lo haga, lo haré.

Me miró con cara de pregunta y yo le devolví una mirada inocente.

—No, sargento —dijo—, tengo la corazonada de que no quiero oírlo. Dios sabe adónde puede decidir enviarte el Noveno Mando de Servicio, y no creo que me fuera a gustar estar allí.

—Como desee, coronel, señor. —Saludé y salí de su despacho.

Probablemente todavía estén intentando averiguar cómo conseguimos la prioridad «Triple A» para esos asientos.

La mayoría de mis deberes legítimos eran con los heridos graves y los pacientes con trastornos mentales. Los médicos nos habían dicho que no hiciéramos saber a esos pacientes que sentíamos lástima por ellos, sino que fuéramos tan duros con ellos como pudiéramos. No fue fácil hacerlo.

Recuerdo muy bien a un muchacho. Lo seguí desde que bajó del barco. Era un guapo héroe del fútbol americano universitario de Texas, medía un metro noventa, y había perdido una pierna. Cuando bajó del barco no quiso hablar con las muchachas guapas que siempre teníamos esperando en el punto de desembarque; ni siquiera quiso leche fría cuando se la llevé.

—¡Aléjate de mí, mierda! —fue lo que me dijo.

Cuando llegó al hospital y lo acostaron, no quería comer. Se quedó tumbado y no dio más que problemas a los asistentes y a las enfermeras. Al no haber recibido disparos ni haber pasado por lo que él había pasado, me sentía como lo que él me llamó cuando tenía que regañarlo.

—¿Por qué demonios te compadeces tanto de ti mismo? —le pregunté—. Has perdido una pierna. De acuerdo. ¿Quieres que te enseñe a otros tipos que han perdido dos? ¿Otros sin brazos también? Tienes suerte. ¿Así que no quieres comer? Bien, muérete de hambre, pero deja de molestar a todo el mundo con tus quejas.

No te sientes muy bien diciéndoselo a alguien que te mira y te dice:

—Bueno, mierda, a ti no te han pegado un tiro, así que ¿qué coño sabes tú? Estás aquí, en este maldito hospital, pasándotelo en grande. Nunca fuiste al extranjero ni nada.

—No, no lo hice —admití.

Me caía muy bien este muchacho. Se convirtió en mi reto personal. Lo que intentábamos era que tuvieran algo diferente que hacer cada día y cada noche. Para los que sabían nadar, teníamos una piscina; para los que sabían andar y jugar a los bolos, teníamos una bolera. Teníamos el teatro y todos los estudios de Hollywood nos enviaban películas y cooperaban mucho en otros ámbitos.

También teníamos nuestro propio espectáculo, un *show* escénico que solíamos hacer al estilo de los programas durante apagones. Eddie LeBaron, el director de orquesta, estaba en nuestro grupo. Cully Richards, que solía trabajar con Ben Blue, también estaba allí. Utilizábamos a algunos de los chicos como coristas en vestidos, como hacíamos en el Caribe, y teníamos una banda.

Dábamos un espectáculo bastante bueno con nuestro propio personal y con los pacientes que podían hacer algo. Pero tarde o temprano nos quedamos sin cosas que hacer. Intentábamos averiguar qué más podíamos hacer, el martes, por ejemplo. Así que nos decidimos por el bingo, pero no un bingo cualquiera. Una vez más, Lucy y sus amigos de Hollywood nos ayudaron.

Le dije: «Quiero treinta muchachas jóvenes y guapas aquí todos los martes».

Poníamos a tres muchachos y a una o dos de estas muchachas tan lindas en cada mesa para jugar al bingo. Las tiendas del valle de San Fernando también colaboraron y nos dieron cinturones, relojes, billeteras, camisas y todo tipo de cosas como premio. Los pacientes no tenían que poner nada para ganar, pero siempre compraban refrescos y caramelos a las muchachas por su cuenta.

Los premios no eran la atracción principal. Era el hecho de que treinta o cuarenta muchachas guapas estaban sentadas hablando y bromeando con los chicos. La noche del bingo fue el mayor éxito de todos. Se morían de ganas de llegar y sentarse con esas muchachas tan guapas, pero yo me sentía como una basura, sentado allí con todos esos hombres que tenían todo tipo de medallas, condecoraciones y experiencia de combate, diciendo «B7, A2, D4».

El amigo de Texas era tan hijo de puta que nunca venía a las partidas de bingo. Le había preguntado muchas veces:

—¿Por qué no vienes una noche? Hay muchachas hermosas ahí abajo. Muchachas guapas.

—¡Me cago en el bingo! —respondió—. ¿Por qué demonios voy a jugar al bingo, puto sargento tonto del culo?

Siempre se las arreglaba para llamarme exactamente como me sentía.

—Muy bien —le dije—, muérete. ¿A quién le importa?

Unas tres semanas más tarde estábamos haciendo lo del bingo y lo vi venir por el pasillo en su silla de ruedas. Aún no le habían puesto una pierna artificial y me miraba con una expresión de hartazgo.

Pensé: «Ay, mi madre, ahora sí que lo va a hacer».

Llegó justo delante del escenario, me miró y esperó a que terminara de cantar el juego.

Entonces dijo:

—¡Eh, sargento!

—¿Qué quieres? —pregunté.

—Quiero hablar contigo.

—De acuerdo, bajaré en un minuto. Tengo que averiguar quién ganó el último partido. Lo estamos comprobando.

Descubrimos al ganador, le dimos el premio y luego me dirigí a LeBaron:

—Canta el próximo partido, ¿quieres? —Luego bajé del escenario y le dije al muchacho—: ¿Ahora vas a joder el negocio del bingo?

—Quiero cantar los números —dijo.

—¿Qué quieres hacer?

—Quiero subir y anunciar los números como haces tú.

—No puedes anunciar los números. No sabrías cómo. Tienes que tener experiencia para eso; tienes que saber qué línea y qué números y cosas así. Mira allí a tu izquierda. ¿Ves a la rubia y a la pelirroja? ¿Por qué no me dejas llamar los números y vas allí con esas dos a jugar?

—Sargento, creo que has acertado —dijo.

¡Y eso fue todo! A partir de entonces le fue bien y acabó aprendiendo a usar la pierna artificial como si fuera la suya propia.

Algunos de nuestros pacientes estaban incluso en peor estado que este soldado. Recuerdo a un muchacho que salió de su estupor, fatiga de combate, mientras Eddie Cantor cantaba en su sala. Teníamos un piano con ruedas que movíamos de una sala a otra. Justo en medio de una de las canciones de Eddie, este muchacho, que no sabía quién demonios era, de dónde venía, no quería o no podía hablar, por primera vez habló y dijo: «¡Eddie Cantor!». Estaba en vías de recuperación.

También fui editor del *Birmingham Reporter.* Había hecho un trato con el *Hollywood Reporter* y se publicaba en el mismo formato: el mismo papel, el mismo estilo. Billy Wilkerson, redactor y editor del periódico comercial, nos lo imprimía gratis.

No sé si la gente ha dado suficiente crédito a aquellos como Eddie Cantor, Joe E. Brown, Bing Crosby, Al Jolson, Betty Hutton, Bob Hope, Martha Raye y muchos miles más que, a través de la USO, hicieron cosas tan maravillosas por estos muchachos.

# 20

EN ALGÚN MOMENTO DE FINALES DE SEPTIEMBRE de 1944, recibí en Birmingham una llamada del abogado de Lucy, avisándome que se divorciaba de mí. Y, de hecho, siguió adelante y consiguió una sentencia interlocutoria en octubre de 1944. Empecé a escribir este capítulo en noviembre de 1974. Podía recordar claramente el año y el mes y lo que ocurrió el día y la noche anteriores a su comparecencia ante el tribunal, y también lo que ocurrió inmediatamente después de que se le concediera la sentencia interlocutoria. Pero que me maten si recuerdo por qué se divorció de mí. Ahora habían pasado treinta años. Así que la llamé.

—¿Por qué te divorciaste de mí en mil novecientos cuarenta y cuatro?

—No me vengas con esas —dijo ella—. Ya sabes por qué. Te acostabas con todo el mundo en el Hospital de Birmingham.

—¿Quién? —pregunté—. ¿Cully Richards? ¿Eddie LeBaron? Me habrían hecho un consejo de guerra si hubiera tonteado con las enfermeras. ¿Así que con quién?

—Sabes muy bien quiénes, las muchachas del bingo, las muchachas de la leche, y lo peor es que fui yo quien te las suministré.

—Pues estabas completamente equivocada. Nunca habría hecho algo así.

—¡Ja! —dijo, al estilo de Lucy en el *show*—. ¿Nunca harías una cosa así? ¡Ja!

—Bueno, cariño, te equivocaste.

Si me hubiera pillado en la cama con una muchacha, a menos que fuera en pleno acto, habría saltado y habría exigido saber cómo se había metido esa muchacha ahí. Gracias a Dios que nunca lo hizo, porque si no hoy no estaría escribiendo sobre el tema.

—Además —dijo ella—, ¿por qué sacas el tema? Fue hace treinta años y fue la interlocutoria más breve de la historia de los tribunales de California.

Tenía razón. El día antes de saber que iba a comparecer ante el tribunal para pedir la sentencia, que no iba a impugnar, la llamé.

—¿Cómo estás?

—Estoy bien —respondió ella.

—¿Qué vas a hacer esta noche? —pregunté.

—Nada en particular. Sabes que me voy a divorciar de ti mañana por la mañana.

—Sí, ya lo sé, pero ¿qué vas a hacer esta noche?

—Nada especial.

—Bueno, ¿te gustaría cenar conmigo?

—De acuerdo —dijo, y me dio la dirección de un apartamento en algún lugar de Beverly Hills.

Conseguí un pase, la recogí y fuimos a cenar. Después de cenar, volvimos al apartamento y nos acostamos juntos. Pasamos una noche preciosa. A las siete y media de la mañana se levantó y dijo:

—Dios mío, llego tarde. Tengo que irme.

—¿Qué quieres decir? —pregunté—. ¿Adónde vas?

—Te he dicho que me divorcio de ti esta mañana.

—Sí, ya sé que me lo dijiste, pero ahora no vas a seguir adelante con ello, ¿verdad?

—Tengo que seguir adelante —respondió ella—. Todos los periodistas están esperando. Tengo un traje y un sombrero nuevos. Tengo que irme.

—Estás loca —le dije.

—Bueno, no puedo decepcionar a la prensa.

Así que se vistió con su nuevo traje y sombrero, me besó y me dijo:

—No voy a decir demasiadas cosas desagradables de ti. Volveré en cuanto pueda.

—Vuelve pronto, loca guapísima. Te espero aquí mismo.

Fue a los tribunales, consiguió el divorcio, volvió enseguida y se metió en la cama conmigo. Esto, por supuesto, anuló el divorcio de inmediato, porque, en California en aquellos días, había un período de espera de un año entre la interlocutoria y la definitiva, y, si durante ese período los involucrados se juntaban y tenían una relación amorosa, el divorcio era automáticamente nulo.

Los dos volvimos al ranchito de Chatsworth. Las gallinas envejecían y la Duquesa de Devonshire estaba creciendo de verdad. Al día siguiente volví a Birmingham, pero podía ir a casa bastante a menudo después del trabajo, cuando no tenía turno de noche, además de algunos fines de semana. El hospital estaba a solo unos quince minutos de nuestro rancho.

Nunca olvidaré el día en que estaba sentado en mi oficina de Birmingham, miré por la ventana y vi la bandera ondeando a media asta. Al principio no sabía por qué, y luego me enteré de que el presidente Roosevelt había muerto. Era el 12 de abril de 1945.

Fue un día muy triste y conmovedor para todos. Nadie conocía al señor Truman y supongo que nadie pensaba mucho en el tipo de presidente que sería. Sé que la mayoría de nosotros pensábamos que ahora estaríamos en el Ejército para siempre. Resultó que Harry S. Truman pasará a la historia como uno de los mejores presidentes que ha tenido Estados Unidos.

En 1948, cuando Truman se presentaba contra Dewey, yo llevaba casi tres años fuera del Ejército. Me llamó el presidente del Partido Demócrata de California. Me dijo que el presidente iba a venir a Los Ángeles y que estaría en el Hotel Biltmore. Querían que algunas estrellas de Hollywood lo acompañaran a cenar.

—¿Cenarían tú y Lucy con el presidente y la señora Truman?

—Por supuesto —dije—. Será un honor. Muchas gracias. ¿Cuándo es?

Me lo dijo y luego agregó:

—Quiero que hagas algo más por mí. ¿Crees que podrías conseguir que otras estrellas cenaran con ellos?

—¿Qué quieres decir? —pregunté.

—Bueno, ya sabes, todo el mundo en Hollywood está a favor de Dewey y nadie quiere venir a cenar con Truman.

—Eso suena ridículo —dije—. Aunque estés a favor de Dewey, Truman es *ahora* el presidente de los Estados Unidos. ¿Qué mayor honor puedes tener que ser invitado a cenar con él y con la primera dama?

—Te lo aseguro —dijo—, me está costando muchísimo conseguir que venga alguien. Eres el primero que ha dicho que sí y he llamado a mucha gente. Es asombroso; es increíble.

—Trataré de hacer lo que pueda —dije.

Al final, quedamos Lucy y yo, Humphrey Bogart y Lauren Bacall, Alan Ladd y su mujer, Sue Carol, y George Jessel, que temía que lo despidieran porque entonces trabajaba para Twentieth Century Fox y Darryl Zanuck. Y Zanuck tenía a todo el estudio haciendo campaña por Dewey.

Nos reunimos abajo en el bar antes de subir a la *suite* presidencial. No había suficiente gente para celebrar la cena en uno de los grandes comedores del hotel, así que la hicimos en su *suite*.

No recuerdo ninguna otra estrella que estuviera en esa cena. Algunos demócratas destacados de California estaban allí, por supuesto, pero no más de treinta personas en total. Como eran tan pocos, el presidente pudo sentar a diferentes parejas a cada lado de él durante la cena. Por ejemplo, Bogart y Betty para la sopa, Jessel y su pareja para el pescado, Alan y Sue para el plato principal y Lucy y yo para el café y el brandy.

No pude evitar decirle al presidente lo bien que se veía.

—Señor Presidente, he estado recorriendo el país haciendo actuaciones de una noche con mi banda y creo que soy bastante más joven que usted, y sin embargo esas cosas casi me matan. Son difíciles. Sé lo que ha estado haciendo en su campaña relámpago y tiene un aspecto maravilloso, tan sano y con un bronceado maravilloso. ¿Cómo lo hace?

Me fijó la mirada, era un hombre increíble, tan honesto, tan directo, y me dijo:

—Bueno, te diré una cosa, hijo. Me encanta una buena batalla y acuérdate de lo que te digo —dijo, y golpeó la mesa con la mano con cada palabra—: ¡Voy a ganarla!

En ese momento no tuve la menor duda de que ese hombre iba a ganar, aunque todo el mundo decía que no tenía ninguna posibilidad y todas las encuestas estaban en su contra.

La noche de las elecciones estaba tocando con mi banda en el Hotel Palace de San Francisco, que era la sede republicana. Todos los informes tempranos e incluso tardíos que recibíamos eran para Dewey. Todo el mundo pensaba que iba a ser una victoria aplastante para él. No dejaba de recordar al señor Truman golpeando la mesa y diciendo: «¡Voy a ganarla!». Seguí aceptando apuestas, y como las probabilidades eran cada vez mayores, incluso conseguí algunas apuestas a diez a uno.

Todo el mundo conoce la historia del titular del *Chicago Daily Tribune*: DEWEY DERROTA A TRUMAN.

Todos los que asistieron a aquella cena en el Biltmore recibieron una invitación especial de él para su toma de posesión. Lucy no pudo venir, pero yo sí y me senté en su palco en la fiesta de la victoria en la Armería de Washington. Le dije que había ganado mucho dinero en las elecciones.

—Bien por ti —dijo.

Una de las bandas que tocaban en esa fiesta era la de Cugat. En un momento de la velada, vi a Cugie en la planta baja, debajo del palco del presidente, intentando llamar mi atención.

Bajé la mirada y le dije:

—¿Qué quieres, campesino?

El presidente se volvió hacia mí y me preguntó:

—¿Qué quiere ese tipo?

—Yo trabajaba para ese tipo —le dije—. Ahora solo bromeo con él.

Al final lo subimos al palco y el presidente firmó su programa. Cuando se fue, le dije al presidente que el primer trabajo que me dio Cugat solo pagaba veinticinco dólares a la semana.

—¡Vaya, qué sinvergüenza! —dijo el presidente.

—Eso es exactamente lo que le dijo Bing Crosby, pero aprendí mucho de él.

Años más tarde, tuve una idea para un programa de televisión: un estadista estadounidense de alto nivel hablando con jóvenes de todo el mundo. Una de las cosas que me dio esta idea fue saber que muchos latinoamericanos no acababan de entender ciertas cosas que hacían los estadounidenses en su política exterior hacia América Latina. A partir de ahí, pensé que sería estupendo que lo hiciera el expresidente. Tendría un foro con unos cinco o seis jóvenes de países tan diferentes como Rusia, Japón, México, Cuba, Alemania y Francia. Le preguntarían al presidente: «¿Por qué ha hecho esto? ¿Por qué Estados Unidos hace eso?». Y les respondería desde el punto de vista estadounidense.

Fui a Independence, Missouri. Me recibió en su despacho de la Biblioteca Truman y me enseñó sus recuerdos y todo. Es todo un sitio tremendo.

En un momento dado dijo:

—Oh, aquí… Quiero mostrarte una imagen de Dios. Ese es.

Miré y era el general MacArthur.

Y continuó:

—Al menos se creía Dios. —Se acercaban las doce y media, así que dijo—: Vamos a almorzar.

Salimos de la biblioteca y nos dirigimos a su auto. No vi a ningún chófer cerca, así que empecé a abrirle la puerta trasera.

—No, no. Ven, siéntate delante. Yo manejo —dijo.

Se sentó en el asiento del conductor y yo me senté a su lado. Solo nosotros dos, ni siquiera un hombre del Servicio Secreto. Conducía con bastante ostentación y hablaba de una manera muy colorida. Por ejemplo:

—Apártate, hijo de puta —decía, asomando la cabeza por la ventana—. ¿Qué haces con ese camión?

El camionero lo reconoció, se rio a carcajadas y gritó:

—Está bien, Harry.

Era como cualquier otro, tan natural.

Cuando llegamos al centro de la ciudad, estacionó el carro en una plaza que encontró, y luego caminamos una cuadra y media hasta el hotel donde íbamos a almorzar. Almorzaba allí todos los días. Era una rutina con él.

Mientras caminábamos todo el mundo decía:

—Hola, Harry, ¿cómo está?

—Hola, Joe —contestaba él—. Hola, Bill. Ed.

Conocía a todo el mundo en la ciudad y todo el mundo lo quería. Subimos a la *suite* donde siempre almorzaba con cuatro o cinco de sus compinches.

—¿Te apetece tomar algo antes de comer? —me preguntó.

—¿Va a tomar algo, señor Presidente?

—Oh, sí, siempre lo hago. ¿Qué te gustaría?

—Tomaré *whisky* y agua, por favor. —Había cambiado del ron al *whisky* escocés.

—¿Escocés? —preguntó—. Es curioso. Hubiera jurado que bebías *bourbon*.

—¿Eso es un punto en mi contra? —pregunté.

—No —me dijo—, es que no te imaginaba bebedor de *whisky* escocés.

El camarero sabía lo que bebía, dos dedos de *bourbon* antes de almorzar, así que le trajo eso, a mí el escocés y a los demás caballeros lo que bebieran. Luego pidió el almuerzo, un gran almuerzo, y durante todo esto seguimos hablando del programa de televisión.

—Me gusta tu idea —dijo—. Me gusta trabajar con jóvenes. Creo que es una muy buena idea.

—Señor Presidente —le dije—, ¿qué le diría a un muchacho de Japón si le preguntara qué le hizo lanzar la bomba sobre Hiroshima?

—Sería difícil, ¿verdad?

—Esa sería la más difícil de todas —respondí . Por eso quería sacar el tema.

—Bueno, yo le diría la verdad. Le diría que fue la decisión más importante y difícil que tuve que tomar en toda mi vida, y que la razón por la que al final decidí que era lo correcto fue porque sentía que podíamos salvar un millón de vidas, tanto japonesas como estadounidenses. Si hubiéramos tenido que invadir Japón con la infantería y los paracaidistas, sin duda habrían muerto medio millón de japoneses o más, además del mismo número o quizás incluso más de nuestros muchachos. A la larga, estoy seguro de que podríamos haberlo ganado así, pero al lanzar la bomba, salvamos muchas vidas. Eso fue lo que al final me hizo decidirme.

Todo este tiempo me había estado dirigiendo a él como señor Presidente.

—Déjame preguntarte algo —me dijo—. ¿Por qué sigues llamándome señor Presidente? Ya no soy el presidente. En lo más formal, soy el señor

Truman. La mayoría de la gente me llama Harry. Entonces, ¿por qué sigues llamándome señor Presidente?

Realmente no lo sabía. Nunca había pensado en ello. Es solo un hábito, supongo. Si alguien ha sido gobernador, uno lo sigue llamando gobernador, y si fue presidente, siempre se le dice señor Presidente. Pero era un hombre tan realista que supe que tenía que pensar en una respuesta sincera, porque era el tipo de hombre al que no se engaña. Pensé: «Será mejor que le digas la verdad».

—No lo sé. Déjeme pensarlo un momento. —Lo pensé mucho y de repente lo supe—. Ya sé por qué lo llamo señor Presidente.

—¿Por qué? —preguntó.

—Porque me hace un hombre más grande. Estoy hablando con el presidente, así que eso eleva mi nivel.

—Eso está en mi libro —dijo—. Lo leíste.

—No, señor, no lo he leído. Acaba de darme su libro. Me lo acaba de autografiar hace una hora y luego he venido hasta aquí con usted y he estado con usted todo el tiempo, así que aún no he tenido tiempo de leerlo.

—Bueno, cuando lo leas, lo verás.

Y está en su libro: que la gente sigue dirigiéndose a él como señor Presidente después de que ha dejado el cargo, porque los engrandece. Es verdad.

El acuerdo televisivo estaba a punto de cerrarse y le gustaba la idea.

Entonces dije:

—Solo hay una cosa en este programa en la que espero que esté de acuerdo conmigo. No puede ser político; no puede ser partidista. Tiene que ser un estadista estadounidense que hable con personas de países extranjeros y, sea demócrata o republicano, no puede usar el programa para el ascenso político de ningún candidato de ninguno de los dos partidos.

—De ninguna manera podría hacer eso —dijo—. No hay forma de evitar que me aproveche de esto por razones políticas.

—Señor Presidente, quiero decir señor Truman, no funcionaría así.

No estaba enfadado ni nada. Se tomó otro *bourbon* antes de que llegara el almuerzo, me invitó a otra copa y se comió todo su almuerzo. Yo también almorcé bien. Luego dijo:

—Después de almorzar me acuesto y duermo dos o tres horas. Siento que lo que tenías en mente no haya funcionado, pero he disfrutado compartir contigo.

—Gracias, señor Truman.

No sabes lo maravilloso que era este hombre.

# CAPÍTULO 20

◇◆◇

El número 392-956-43 fue dado de baja del Ejército el 16 de noviembre de 1945. Me habían dicho que saldría un mes antes. Solo tenía que volver a MGM y decir: «Aquí estoy».

Mientras estabas en el Ejército, los estudios no te pagaban, pero tus aumentos entraban en vigor de todos modos. Había empezado con $650 semanales, el segundo año subió a $750, el tercer año a $850, etc. Así que cuando salí del Ejército, mi contrato ascendía a $1 000 semanales, durante cuarenta semanas. No está mal: $40 000 en 1945.

Sabía que MGM estaba haciendo un musical con Esther Williams. Parecía un cuadro perfecto para mí. Tenía un contrato con ellos; habían quedado satisfechos con mi trabajo en *Bataan,* así que pensé en ir y decirles que tenía el alta del Ejército.

Fui al estudio y le dije a Jack Cummings, que iba a producir la película:

—Jack, voy a salir dentro de un mes y vas a hacer una película con Esther Williams y su interés romántico es un tipo latino. Quería que supieras que estaré disponible. Soy perfecto para el papel.

—Me alegro de que salgas —dijo— pero ya tengo a otro.

—¿Quién? —pregunté.

—Ricardo Montalbán —contestó.

—¿Ricardo quién?

—Montalbán —dijo—. Hemos firmado con un actor mexicano. Va a ser el protagonista con Esther en la película.

—Llevo dos años y medio en el Ejército —le dije—. Es un papel perfecto para mí ¿y se lo vas a dar a otra persona que ni siquiera tiene contrato con el estudio?

—Ya está hecho —dijo.

Fue tremenda decepción para mí. Estaba seguro de que era pan comido empezar con esa película. Pero también me di cuenta de que a Jack Cummings, uno de los mejores productores de musicales, le gustaba mucho Montalbán y me preocupaba cuántos papeles iban a salir para ese tipo de protagonista. Si le convencía tanto Montalbán, yo iba a estar allí haciendo de segundón y haciendo todo lo que no quisieran que hiciera.

Supongo que fue un: ojos que no ven, corazón que no siente. Llevaba dos años y medio fuera y se habían olvidado para qué me habían contratado… comedias musicales.

Aún era bastante joven y durante mi vida, cuando tenía una crisis de este tipo, siempre volvía a la música, al negocio de las bandas. Así que pensé que tenía que largarme de allí y armar una banda.

El problema era que no creía que el señor Mayer me liberara. Estaba orgulloso de su historial como creador de estrellas. Él me había descubierto personalmente y él mismo me había contratado.

Debía treinta mil dólares cuando me licenciaron del Ejército, la mayor parte por impuestos. Si me hubiera quedado en MGM habría tenido los cuarenta mil dólares, garantizados durante al menos un año. Pero hay momentos en los que tienes que mirar tu vida y saber dónde estás. Tienes que decirte a ti mismo: «Esto está bien por ahora, pero ¿qué va a pasar en el futuro si sigo en esta dirección?». De todos modos, siempre he sido un jugador.

Así que, cuando me enteré de que el señor Mayer se iba a Newmarket, Inglaterra, a comprar unos caballos, supe que tenía más posibilidades de conseguir mi libertad. Benny Thau sería el hombre que decidiría. Se ocupaba de los contratos de los jugadores.

Antes de ir a hablar con el señor Thau, fui a ver a un muy buen amigo mío que era el jefe de General Artists Corporation (GAC) en California, un hombre llamado Milton Krasny, y le expliqué la situación.

—Sé exactamente el tipo de orquesta que quiero, Milton. La música latinoamericana en este país ha tenido una falla básica. Cuando un grupo como Machito toca música latina en Nueva York, el ritmo es estupendo, pero el sonido no es lo suficientemente bueno desde el punto de vista melódico: es metálico. En cambio, cuando Kostelanetz toca «Amor», es exuberante pero no tiene cojones. Mi idea es combinar los ritmos latinos de Machito con la exuberancia de Kostelanetz.

—Es una buena idea —dijo Krasny—. Vamos a hablar con H. D. Hover. Pronto reabrirá Ciro's.

Le dijo a Hover:

—Desi va a salir del Ejército; tiene una orquesta tremenda y serán perfectos para Ciro's.

Aún no teníamos la orquesta, no teníamos arreglos… no teníamos nada. Me recordó a los días de La Conga en Miami. El señor Krasny es todo un agente. Cuando salimos del despacho del señor Hover teníamos un contrato garantizado por ocho semanas. Abriríamos en Ciro's con una orquesta de veintidós músicos. Le había dicho a Krasny que eso era lo que quería para conseguir el sonido que tenía en mente.

Krasny me preguntó:

—¿Cómo vas a organizarlo?

—No lo sé —le dije—. ¿Tu agencia puede prestarme algo de dinero?

Llamó al señor Tommy Rockwell, presidente de GAC en Nueva York, y me prestaron ocho mil dólares. Necesitábamos arreglos, uniformes, una sala de ensayo y copistas. No puedes abrir en Ciro's con arreglos de rutina.

Cuando estaba todo preparado, me dirigí a Benny Thau. En aquel momento estaba en buena forma, pero quería tener muy mal aspecto cuando entrara en su despacho para que no me costara mucho librarme de mi contrato. Agarré prestado un uniforme que me quedaba demasiado ajustado, me puse una almohadita en la barriga, me aplasté el pelo, lo que no favorece mi cara redonda, y la noche anterior me quedé bebiendo toda la noche.

En cuanto entré al despacho de Thau y vi la forma en que me miraba, tuve la certeza de que no iba a tener ningún problema para librarme del trato.

—Señor Thau —le dije— estoy a punto de salir del Ejército y estoy convencido de que nunca llegaré a nada en el negocio del cine. Me gustaría mi liberación para poder reunir una pequeña banda de rumba y empezar de nuevo.

—¿Seguro que sabes lo que haces? —me preguntó—. El día que salgas del Ejército, recibirás mil dólares a la semana durante al menos cuarenta semanas. Estás renunciando a mucho.

—Lo sé —dije— pero siento que tengo que tomar una nueva dirección.

De todos modos, después de tener la amabilidad de tratar de disuadirme, me dijo:

—De acuerdo, si eso es lo que quieres.

Sabía que debía a MGM mil quinientos dólares, que me habían prestado durante el tiempo que estuve en el Ejército.

—Odio mencionar esto —dijo— pero debes al estudio mil quinientos dólares, que habríamos descontado de tu salario a unos cien dólares semanales si te hubieras quedado aquí, pero si te doy tu libertad…

—Lo sé, señor Thau. —Metí la mano en el bolsillo de atrás y deposité quince billetes de cien dólares sobre su escritorio.

Me miró algo sorprendido y me dijo:

—Supongo que estabas bastante bien preparado para esto.

—Sabía que le debía dinero, señor Thau, y no iba a pedirle que lo olvidara ni que me fiara.

DESDE ARRIBA: «Me gustaría presentarles a mi encantadora esposa». • El abuelo de Lucy, Fred C. Hunt. • Ni locos carneábamos a la Duquesa.

HC

IN APPRECIATION OF
YOUR LOYAL SERVICES TO
THE HOLLYWOOD CANTEEN

The President

**DESDE ARRIBA:** En el Ejército, también pasé mucho tiempo limpiando letrinas y pelando papas. • Agradecimiento de The Hollywood Canteen, firmado por la presidenta, Bette Davis.

—Buena suerte —dijo.

Abrimos en Ciro's dos semanas después. Fue la primera inauguración de etiqueta desde el final de la guerra. Hover y yo habíamos acordado que fuera solo de etiqueta.

La banda estaba formada por tres trompetas, dos trombones, cuatro saxofones, que también doblaban con clarinetes y flautas, cuatro violines, una guitarra, un piano, bajo, batería, bongós, maracas, congas y dos muchachas: una estadounidense, Amanda Lane, y una latina, Dulcina.

Empezamos a tocar música de baile a las ocho y sobre las nueve presentábamos el primer espectáculo. Benny Thau tenía una mesa en primera fila y había traído con él a muchas estrellas de MGM.

Cuando terminamos de tocar nuestro primer set de música de baile, el señor Thau me llamó a su mesa y me dijo:

—Oye, cubano, ¿ese es «el grupito de rumba» con el que querías empezar de nuevo tu carrera?

—Bueno, señor Thau, se fue haciendo más y más grande a medida que avanzábamos.

—Suena bien, muy bien, y tienes un aspecto un poco distinto al que tenías cuando entraste a mi despacho hace dos semanas. Te ves muy bien.

—He estado a dieta.

—Ajá... montaste tremenda escenita en mi despacho. De todos modos, buena suerte y felicidades.

—Gracias, señor Thau.

Ciro's estaba realmente abarrotado, gracias a los esfuerzos de Lucy, Krasny, H. D. Hover y, como ya he dicho, el propio Benny Thau.

Abrimos con un instrumental de orquesta muy rápido. Entonces presenté a Dulcina, que era linda, tenía una figura estupenda y el mismo tipo de acción trasera que Diosa.

Después de Dulcina, presenté, en su primer compromiso profesional, a un joven llamado Larry Storch. Hedda Hopper me había llamado y me había dicho que había visto a este joven cuando estaba en la Armada en uno de los espectáculos que había hecho con Bob Hope y que era muy bueno, hacía buenas imitaciones y era muy gracioso. Larry no solo era bueno, ¡era genial! Estoy seguro de que, a estas alturas, casi todo el mundo conoce el nombre de Larry Storch.

Para cambiar de ritmo, Amanda Lane, la cantante estadounidense, una muchacha muy guapa y sexi, apareció e interpretó un alegre número de *jazz*.

Luego hizo la estrofa de «Cuban Pete», que en realidad me daba la entrada a mí.

Después de «Pete» me limitaba a saludar al público y agradecerle su presencia. No intentaba hacer ningún chiste, sobre todo porque no conocía ninguno. Luego terminamos con «Babalú», como un número de conga con el tambor. Fue la primera vez que hice «Babalú».

El espectáculo fue un éxito. Al público parecieron gustarles todos los participantes y recibimos buenas críticas. Entre un set y otro, me senté con Bogart, Errol Flynn, Bruce Cabot y otros de mis impulsores de La Conga de Nueva York.

Recuerdo a Bogie echando un vistazo al lugar y comentando lo guapas que estaban todas las muchachas y lo bien que se veían los hombres. Luego me dijo:

—No en balde se acuestan entre sí.

# 21

MIENTRAS TOCABA EN CIRO'S, HOWARD WELSH, UNO de los productores ejecutivos de Universal Studios, y Jonie Tapps, encargado de música en Columbia e hijo del agente neoyorquino que nos metió en Glens Falls, me propusieron hacer una película musical de bajo presupuesto que se llamaría *Cuban Pete (Pete el cubano)*. Iba a ser una película «B-menos». Me habían visto en Ciro's y pensaron que podrían hacer una pequeña película sobre un tipo llamado Desi Arnaz y su banda, y quizá sacar provecho de su creciente popularidad.

Acepté la oferta de hacer la película porque hacía tres años que no hacía ninguna. Me estaría representando yo mismo y, desde luego, era una buena publicidad para mi orquesta. Lo más importante de todo es que el IRS estaba muy contento con el dinero. Solo tardaría doce días en hacer la película y ganaría diez mil dólares. El IRS recibiría cinco mil. Había llegado a un acuerdo con ellos para saldar mi deuda pagándoles la mitad de mis ingresos al salir del Ejército.

Cuando terminamos la película, vino a verme el del IRS en Los Ángeles y me dijo:

—Oye, ¿no podemos conseguir más películas de estas? Ese fue un arreglo bastante bueno. Consigue unas cuantas más de esas y no nos deberás ni un centavo.

—Si quieres convertirte en mi agente y conseguir algunas más, por mí no hay problema.

Creo que *Cuban Pete* cumplió su propósito. Cuando empecé a circular con la banda, haciendo giras teatrales, al menos la gente nos había visto; y eso no podía hacer otra cosa que ayudar a nuestra taquilla. También presentó a nuestra orquesta en Latinoamérica y, estoy seguro, contribuyó mucho al éxito de nuestro primer álbum para RCA Victor.

El Copacabana de Monte Proser era *el* lugar en Nueva York en aquel momento. Solo los grandes nombres del país tocaban allí: Joe E. Lewis, Jimmy Durante, Lena Horne, Frank Sinatra, Dean Martin y Jerry Lewis. Me emocioné mucho cuando Milton Krasny me dijo que íbamos a abrir en el Copacabana inmediatamente después de nuestro compromiso en Ciro's.

El Copa siempre hizo un gran negocio, y eso es fácil de entender con el tipo de artistas que siempre tuvieron. *Y* también estaban las Copa Girls, seis u ocho de las muchachas más guapas que hayas visto en tu vida en la pista de un club nocturno. Es decir, ¡eran realmente algo impresionante! Costaba mucho decidir a cuál caerle.

Jane Froman era la estrella del espectáculo cuando abrimos allí. Cuando terminó su compromiso, Monte trajo a Peter Lind Hayes para que fuera mi coprotagonista. Más contento no podía estar.

Peter también acababa de salir del Ejército y habíamos sido amigos desde que llegué a Hollywood. La madre de Peter, Grace Hayes, tenía un club en el valle de San Fernando llamado Grace Hayes' Lodge. Estaba casada con Charlie Foy, el hijo mayor de la famosa familia Foy del vodevil. Charlie trabajaba allí y también Joe Frisco, uno de los mejores vodeviles de antaño y un gran ingenio natural.

Recuerdo una noche en que teníamos un pase de fin de semana y Peter, Cully Richards y yo fuimos al club de Grace. Siempre fue maravillosa con nosotros, nos invitaba a grandes cenas de bistec. Con nuestros sueldos del Ejército, un bistec era algo difícil de conseguir.

Una noche estábamos los tres sentados a la mesa, discutiendo sobre quién era el hombre más rico del mundo. ¿De qué otra cosa íbamos a hablar, con solo treinta billetes al mes para gastar?

Uno de nosotros dijo Rockefeller, otro dijo Ford. Les dije:

—Quizá Du Pont.

Frisco estaba escuchando esta discusión y dijo, a su manera tartamuda:

—Un momento, ch-ch-chicos, todos están equivocados. El hombre más rico del mundo es Andrew M-M-Mellon. Es dueño del petróleo Mellon, del ferrocarril Mellon, de todos los melones fruta y de la mitad de la canción «Ven a mí, me-me-lancólica nena».

Ese era Joe improvisando. Siempre original y nunca tuvo guionista. Un día, mientras nos enseñaba a Peter y a mí una carta del IRS en la que le decían que se presentara en la oficina de Los Ángeles, nos preguntó:

—¿Creen que deba ir?

—Más te vale, Joe —le dijimos—. Con el Gobierno federal no se juega.

Joe siempre estaba arruinado. Le encantaban los caballos. Una de las mejores rutinas que hizo en su acto fue sobre la desventaja de los caballos. Hacía media hora de chistes sobre cómo elegir un caballo, con el formulario de carreras y todas las hojas de notas, periódicos, hojas de consejos, etc. Era divertidísimo. De todos modos, fue al IRS. En la antesala se encontró con Pat Rooney, Jr., cuyo padre era también uno de los grandes del vodevil de todos los tiempos.

Frisco le preguntó:

—¿Q-q-qué haces aquí, mu-mu-chacho?

—Pues me dicen que debo cuatrocientos setenta y cinco dólares, o algo así, en impuestos y no tengo ni un céntimo.

—Ya ve-ve-veo.

Llamaron a Joe y este entró al despacho del hombre al que ambos iban a ver. Joe nunca había hecho una declaración de la renta.

Siempre decía: «Es me-me-mejor no em-em-empezar».

—Señor Frisco —dijo el hombre del IRS—, le debe al Gobierno veintidós mil quinientos setenta y cinco dólares con quince centavos. ¿Tiene dinero para pagar esto?

—¿Está b-b-bromeando? Si tuviera ese d-d-dinero estaría en Hollywood Park.—Nunca tartamudeó al decir Hollywood Park, que es nuestro hermoso y famoso hipódromo.

—Eso es muy gracioso, señor Frisco, pero se trata de un asunto serio. Vamos a tener que embargarle el sueldo.

—Llega demasiado ta-ta-tarde —dijo Joe—. Ya lo han hecho otros tres tipos.

Joe no tenía propiedades: nunca tuvo casa ni nada. O bien vivía en el Hotel Plaza de Hollywood, regentado por un viejo amigo suyo del mundo del espectáculo, o se mudaba con Charlie Foy.

En cualquier caso, el IRS no podía hacer gran cosa al respecto porque no había nada que pudieran encontrar para tomar o embargar. En cuanto a su salario, tenía razón. Siempre había tres o cuatro tipos que intentaban acceder al salario para pagar el alquiler o comida, pero sobre todo para el dinero que debía a los corredores de apuestas.

Así que el del IRS tuvo que dejarlo marchar. Al salir, volvió a ver al joven Pat, que seguía allí sentado, con aspecto muy preocupado.

Joe recordó que el chico había dicho que le reclamaban cuatrocientos setenta y cinco dólares. Así que volvió a ver al hombre del IRS que acababa de dejar y le dijo:

—Señor, ahí fuera hay un bu-bu-buen chico. Debe cuatrocientos setenta y cinco dólares. Solo p-p-ponlo en mi cue-cue-cuenta.

A Bing Crosby le encantaba Frisco. Lo usó en el *Kraft Music Hall* tantas veces como pudo. Bing fue el primero que me habló de la política de Frisco a la hora de pedir dinero prestado en el hipódromo. Si Joe sabía que apenas te las arreglabas, te pediría prestados cinco dólares, tal vez. Si conseguías una oportunidad en un largometraje, te pedía veinte dólares. Si te convertías en una estrella, te pedía cincuenta dólares.

Sabía que Bing tenía razón, porque cuando estaba en Ciro's solo me pedía diez dólares, pero cuando mis discos de «Babalú» y «Cuban Pete» empezaron a venderse, subió a veinticinco dólares, y cuando *Yo amo a Lucy* se convirtió en número uno, me pidió cincuenta.

A Crosby le pedía cien: era una superestrella. Y Bing solía dárselos.

Un día, me dijo Bing, le había prestado cien dólares y, unas tres carreras más tarde, se enteró de que Frisco había apostado el billete de cien en una apuesta arriesgada y ahora estaba forrado de dinero, con grandes billetes saliendo de todos los bolsillos de su abrigo, comprando bebidas para todo el mundo en el bar del Turf Club. Es lo primero que hacía siempre que tenía suerte.

Bing se dijo:

—Por pura curiosidad, voy a ver si recupero mis cien.

Se acercó a Joe en la barra, que estaba muy concurrida, y le dio una palmada en el hombro. Frisco lo miró y le preguntó:

—¿Qué pasa, ch-ch-chico?

—¿Y los cien, Joe? —le preguntó Bing.

—Está bien, ch-ch-chico. Quietos, mi gen-gen-gente, qu-qu-quietos.

—Entonces se volvió hacia Bing, le dio un billete de cien dólares y le dijo—: Danos un co-co-coro de «Wh-Wh-Wh White Chr-Chr-Christmas» (Navidad Blanca).

Como parte de su actuación en el Copa, Peter solía contar bastantes historias de Joe Frisco, en especial las de Frisco en Nueva York. Recuerdo una en la que Joe caminaba por la Sexta Avenida.

Joe se detuvo al borde de un profundo agujero que estaban cavando, miró hacia abajo y preguntó a uno de los obreros:

—¿Qué hacen ahí abajo?

—Estamos construyendo un metro —le gritó el hombre.

—¿Cuánto t-t-tardará en estar listo? —preguntó Joe.

—Unos dos años —dijo el hombre.

—Oh, m-m-mejor cojo un t-t-taxi.

Hacíamos tres espectáculos por noche en el Copa: a las ocho y media, a medianoche y a las dos y media de la madrugada. La gente ya habría cenado y/o cenado tarde después del teatro y ya estaría tomando bastante. Así que siempre había unos cuantos borrachos y, a veces, unos cuantos alborotadores.

Joe E. Lewis era el maestro en ocuparse de los alborotadores y los borrachos. Podía manejarlos mejor que nadie. Yo no sabía muy bien qué hacer con ellos.

Una noche, Joe E. me vio luchando, y después del espectáculo me dijo: «Desi, te daré un consejo. Cuando estos vagos se vuelen y hagan ruido, tú habla suave y ellos se callarán. Si pueden oírte con un oído y hablar y oír a la muchacha de al lado con el otro, seguirán hablando. Pero, si al hablar no te oyen, se callarán porque temen perderse algo».

Lo probé. Cuando el público se ponía ruidoso, hacía «Tabú», que es un número afrocubano muy suave sin tambores ni banda, solo yo y mi guitarra. La cantaba, incluso sin micrófono, caminando entre la multitud. Así que, si querían oírlo, tenían que callarse. Funcionaba de maravilla. La sugerencia de Joe fue perfecta.

Una noche, sin embargo, justo en medio de «Tabú», oí unas monedas que golpeaban el suelo y te digo que sonaron como golpes de platillos, porque ese alborotador había elegido ese momento en que yo tenía al público tranquilo y callado para lanzarme un puñado de centavos. Miré y vi los centavos en el suelo y me dio mucha vergüenza.

Terminé la canción y luego me tomé mi tiempo para recoger cada uno de los centavos. Mientras hacía esto, el salón se quedó en silencio. El público no sabía si yo había visto al tipo que había tirado los centavos, y si lo había visto, si iba a ir allí a darle un puñetazo en la cara o qué. Lo que tampoco sabían era que yo tampoco sabía lo que iba a hacer.

Joe E. habría tenido unos cuantos comentarios bonitos que hacer y todos habrían sido muy divertidos, estoy seguro. Pero yo, yo solo estaba allí de pie. Entonces empecé a lanzar uno de los centavos al aire, como hacía George Raft con las monedas en su película. Seguí haciéndolo para ganar tiempo hasta que se me ocurriera algo. Entonces, al final, pensé en el bar The Rat Hole de Miami.

—Saben, señoras y señores, he sido muy afortunado en este país. He tenido muchas oportunidades maravillosas. Hace años, cuando estaba en Miami y no tenía nada de dinero, solía tocar la guitarra en un sitio llamado The Rat Hole por un dólar la noche y propinas. Tenía el mismo aspecto que su nombre indica, una ratonera, y la clientela que iba allí no era desde luego el tipo de clientela que solemos tener aquí en el Copa, ni mucho menos. No estaban bien educados. No tenían la menor idea de los buenos modales. No eran más que un grupo de pobres vagabundos borrachos. Pero, si te daban un centavo o dos o tres, como propina, era bastante halagador porque no podían permitirse mucho más. Así que estoy muy contento de saber que uno de mis viejos fans de The Rat Hole está aquí en el Copa esta noche.

Monte Proser era una gran figura en el mundo de los espectáculos. Creo que ahora está jubilado. Su asistente número uno y gerente era Jack Entratter, un hombre grande y fuerte, de un metro noventa de altura, que podía recibir un puñetazo en la barbilla y devolverte la mirada sin pestañear. No es que lo haya probado nunca, pero vi a un borracho hacerlo una noche y, cuando vio que Jack le devolvía la mirada, se quedó petrificado, se le pasó la borrachera a toda prisa y se largó del club. Jack fue el hombre que en años posteriores hizo del Hotel Sands de Las Vegas un éxito fabuloso. Por desgracia, ya ha fallecido. Fue mi padrino cuando me casé con Edie, mi segunda esposa, y un amigo muy querido.

Nick Kelly era el ayudante de Jack, un hombre alegre, gordo y amable. Todo el mundo en el negocio sabía que Monte no era el dueño del Copa. Pertenecía a Frank Costello, Lucky Luciano y sus «chicos». Kelly solía presumir todo el tiempo de sus días con Capone, y de cómo podía manejar una ametralladora. Quería que pensaras que era uno de los grandes tipos malos de la época de la Prohibición. Pero, en realidad, todo el mundo sabía que Nick nunca fue tal. Era un gatito. Nunca habría sido capaz de matar una mosca.

Cuando Jack pasó a The Sands, Nick fue con él; y nunca se perdía ni uno de los episodios de *Los intocables* que producía Desilu. Nick solía llamarme de vez en cuando para decirme que el programa había sido bueno, pero que «la Banda Púrpura no hizo ese trabajo, *nosotros* lo hicimos».

Yo le contestaba: «¿Qué es lo que quieren? ¿Créditos en pantalla?».

Era un buen grupo de hombres con quien trabajar y todos estaban muy orgullosos del Copa. Los espectáculos que organizaban eran los mejores de Nueva York.

Cada nuevo espectáculo tenía coreografía original, música y letras originales escritas para él, vestuario nuevo, luces nuevas… igual que harían para una obra de Broadway.

Para mi espectáculo, tenían un motivo latino muy bonito por todas partes. Los trajes eran como los de Carmen Miranda. Julie Wilson, una muchacha guapísima, hizo todos los números de producción y cantó las nuevas letras. El gran éxito de nuestro espectáculo, escrito específicamente para nuestro compromiso, fue «They've Got an Awful Lot of Coffee in Brazil» (Tienen muchísimo café en Brasil), que interpretaron Julie y las Copa Girls y que yo repetiría más tarde.

También estaban muy orgullosos de su clientela. Tenían muy buena clientela, excepto de vez en cuando que había alguno como el tipo que me tiró monedas. Pero, eso no se puede evitar en un club nocturno. En el Copa no había tantos, porque Monte, Jack, Nick y López, nuestro *maître*, vigilaban y se ocupaban de que la gente se comportara. Pero otra vez nos tocó el rey de los abucheadores. Era un multimillonario de la alta sociedad canadiense. No aportaría nada a este incidente mencionar el nombre del hombre, así que no lo haré.

El consejo que me dio Joe E. Lewis sobre cantar en voz baja cuando la mul titud se volvía ruidosa, para acallarla, funcionó bien la mayoría de las veces. Desgraciadamente, también dio a uno de esos molestos espectadores ocasionales la oportunidad de hacerse oír. El tipo que tiró los centavos no dijo nada, solo tiró las monedas y luego lo echaron. Pero este otro hombre de Canadá estaba sentado junto al estrado, y era realmente un tremendo borracho, uno de los peores borrachos que he conocido en todos mis años en clubes nocturnos.

Mientras hacía «Tabú», no paró de hablarme durante todo el número. Yo seguía intentando sonreír e ignorarlo, pero él seguía y seguía y seguía. Vi que Monte se levantaba de la mesa y lo observaba. Entonces el hombre dijo:

—¿Cuántas Copa Girls te has tirado ya?

¡Ahí se fue!

Monte, que era un hombre pequeño, bajó a la mesa de este tipo odioso, que estaba justo delante de una de las palmeras que teníamos en el Copa. Las palmeras eran de cemento, pintadas de blanco con hojas verdes falsas.

Al llegar a la mesa, Monte le dijo:

—Levántate, hijo de puta, te voy a dar un puñetazo en la nariz.

Mientras esto ocurría, yo seguía intentando terminar mi versión suave de «Tabú». Monte se quitó las gafas. No podía ver ni un palmo sin gafas. Lanzó un golpe al tipo, le erró por más de medio metro, chocó contra la palmera y se rompió la mano.

Entratter, Kelly y López llegaron en cuestión de segundos. López llevó a Monte al hospital para que le curaran la mano, Entratter y Kelly cogieron cada uno un brazo de la silla en la que estaba sentado este bastardo, levantaron la silla con él dentro, lo sacaron del estrado, subieron las escaleras hasta el segundo piso del Copa, atravesaron el vestíbulo, salieron a la entrada, lo sentaron en la acera y llamaron a su limusina. Cuando la limusina llegó delante del Copa, abrieron la puerta, volcaron la silla y tiraron al tipo de cabeza al suelo de la limusina. Ese fue otro que nunca volvió al Copa. Monte se lo prohibió para siempre.

Peter Lind Hayes fue un gran éxito en el Copa. Además de hacer todos los cuentos de Frisco, hizo material propio. Una rutina especial que hizo fue una caracterización de un luchador borracho por los puñetazos. Solía llamarlo Punchy Callahan. Utilizaba solo una gorra, pero realmente se transformaba en este luchador. La rutina provocaba muchas risas, también era emotiva y tenía una historia. Era un clásico.

Yo hacía el mismo espectáculo que había hecho en Ciro's. Allí es donde Monte me había visto y la razón por la que me contrató para el Copa porque le gustó el espectáculo que había hecho allí.

Así que hice un número de apertura rápido con nuestra orquesta, «Cuban Pete», que presentaron las Copa Girls, y el número de guitarra; y terminé con el tambor y «Babalú».

Monte sugirió que Peter y yo cerráramos el programa haciendo algo juntos.

Peter escribió una parodia sobre «Gallagher y Shean». Lo esencial era que se dirigiera a mí como «Señor Arnaz, oh, señor Arnaz», y luego decía:

—Qué bonito negocito tiene. Simplemente poniéndose ese tambor grande y alargado sobre el hombro, gritando y aporreándolo y parando el espectáculo al hacerlo.

Entonces yo le decía:

—Oh, señor Hayes, no sé por qué grazna tanto. Lo único que hace es contar un montón de cuentos de Joe Frisco y luego hace lo de Punchy Callahan y arrasa con el público.

—¿Ah sí, señor. Arnaz?

—Sí, así es, señor Hayes.

—Bueno, señor Arnaz, ¿le gustaría tratar de hacer mi número?

—Señor Hayes, sería pan comido.

—¿Le gustaría hacer de Punchy Callahan?

—Claro, es muy simple.

Entonces me daba la gorra, me la ponía e intentaba hacer de Punchy Callahan como él lo hacía. Por supuesto que era pésimo.

Entonces me decía:

—Eso no sirve, señor Arnaz.

—Quizá tenga razón, señor Hayes. ¿Le gustaría tratar de hacer mi número?

—¿Quiere decir que me ponga ese gran tambor alargado sobre el hombro, grite y lo aporree a tope?

—Sí, señor Hayes.

—Señor Arnaz, eso lo puede hacer cualquiera.

—Por favor, adelante, señor Hayes.

Entonces yo le colgaba el tambor del hombro, él gritaba «Babalú, Babalú», y la primera vez que golpeaba el tambor se caía de fondillo, con tambor y todo, lo que, por supuesto, hacía que el público se cayera de risa. Lo ayudaba a levantarse y le quitaba el tambor del hombro, y entonces él decía:

—¿Señor Arnaz?

—Sí, Sr. Hayes —le contestaba.

—Creo que será mejor que siga aporreando su gran tambor y haciendo su «Babalú» y sus gritos.

—Gracias, señor Hayes, y creo que sería mejor que siguiera con los cuentos de Frisco y Punchy Callahan.

—Gracias, señor Arnaz.

—De nada, señor Hayes.

Peter decía entonces:

—¿Quiere bailar, señor Arnaz?

—Me encantaría, señor Hayes.

Luego nos poníamos en posición de baile, bailábamos por toda la pista y subíamos los escalones y desaparecíamos en nuestros camerinos.

He olvidado quién guiaba el baile.

Al público le gustó mucho ese final porque creo que demostraba que esos dos jóvenes, que por primera vez actuaban en ese famoso lugar, no intentaban superarse el uno al otro, que eran amigos y disfrutaban trabajando juntos. Ambos nos alegramos de que Monte lo hubiera sugerido.

Damon Runyon, uno de los escritores estadounidenses más famosos y queridos, visitaba el Copa con frecuencia y se convirtió en uno de mis mayores impulsores. Vincent X. Flaherty, que fue durante muchos años el famoso redactor de deportes del *Los Angeles Times* escribió un día toda su columna sobre mí basándose en una carta del señor Runyon. En su artículo, que debió de aparecer en la sección de deportes, echaba pestes de Hollywood por no reconocer mi talento. ¡Dios lo bendiga!

Desde que organizamos la banda, habíamos tocado en el mejor club nocturno de Hollywood y en el mejor club nocturno de Nueva York. También habíamos grabado nuestro primer disco, además de algunos simples. No podías haber pedido una entrada mejor al mundo del espectáculo.

Entre los dos sitios y mi contrato discográfico, más algunas invitaciones de la radio en Nueva York, había recaudado más de cien mil dólares. En ese momento me alegré mucho de que la Metro hubiera contratado a Montalbán.

Mi vida profesional iba bien y cada vez mejor, pero mi vida personal iba mal y cada vez peor.

# 22

LAS LARGAS SEPARACIONES SIEMPRE NOS HABÍAN hecho muy infelices a Lucy y a mí, incluso antes de casarnos. En ocasiones, los años en el Ejército crearon separaciones aún más largas. En realidad, eso provocó ese primer divorcio en 1944, que por suerte no se consumó. Y ahora parecía que nuestras carreras conflictivas seguirían dándonos problemas y creando una situación matrimonial muy poco ideal. Si a eso le añadimos que ambos éramos extremadamente celosos y temperamentales, teníamos un verdadero problema, un problema que ambos tratamos de superar lo mejor que pudimos.

Pero la carrera cinematográfica de Lucy iba muy bien, lo que la mantenía en Hollywood, mientras que, por desgracia, la capital mundial del cine no parecía interesarse por mí en absoluto.

Podría haberme quedado en casa y ser mantenido por mi mujer, lo que habría completado realmente la imagen que la mayoría de los estadounidenses tenían de nosotros los latinos, en especial en aquellos días. Pero si lo hubiera hecho, no habría podido vivir conmigo mismo. Así que no tuve más remedio que aceptar compromisos como el del Copacabana de Nueva York y los muchos otros clubes nocturnos y giras teatrales que vendrían después.

Intenté contratar a la banda en Hollywood todo el tiempo que pude, pero incluso durante el primer compromiso largo en Ciro's, antes del Copa, Lucy y yo no pudimos pasar mucho tiempo juntos.

La mayoría de las veces nos encontrábamos en la cima de Coldwater Canyon cuando ella se dirigía a trabajar en MGM (desde nuestro rancho hasta el estudio había cuarenta y cinco minutos de trayecto) y las muchachas que protagonizaban o actuaban en una película siempre tenían que presentarse en el departamento de peluquería del estudio a las seis de la mañana. Por otra parte, nunca acababa en Ciro's antes de las cuatro de la mañana, y para cuando me había relajado y comido algo, ya estaba manejando de vuelta a casa sobre las cinco de la mañana.

Así pues, nos veíamos en la cima de Coldwater Canyon sobre las cinco y media. Si iba retrasada, nos saludábamos al pasar. Si le sobraban unos momentos, nos sentábamos en su auto, hablábamos un rato, nos robábamos un par de besos y luego ella se iba a trabajar y yo me iba a casa a dormir.

La mayoría de los días nos volvíamos a ver esa misma tarde, hacia las siete, cuando ella volvía del trabajo (nunca terminaba antes de las seis y yo tenía que empezar en Ciro's a las ocho) y volvía a tener lugar la misma escena de la cima de Coldwater Canyon.

Cuando tenía un turno tarde en el estudio al día siguiente, o quizás ninguno, venía a Ciro's conmigo, cenábamos y nos quedábamos allí hasta que yo hubiera terminado, y luego manejábamos juntos a casa.

Y mientras yo estaba en el Copa, si ella tenía una o dos semanas libres, volaba a Nueva York y estaba conmigo. Estuvo allí en nuestra inauguración y pudo quedarse un par de semanas.

Pero eso no pasaba a menudo. El resto del tiempo, sobre todo cuando estábamos lejos geográficamente, AT&T seguía aumentando sus ganancias gracias a nuestras interminables conversaciones telefónicas a larga distancia, con frecuencia tres o cuatro veces al día, la mayoría de las cuales acababan en alguna terrible discusión, en la que nos acusábamos mutuamente de todo tipo de cosas, por lo celosos que éramos.

Algunos de los columnistas de los periódicos no nos ayudaron en esta situación, pero, para ser justos con los columnistas, muchos de los artículos que publicaban se los enviaba el agente de prensa del lugar en el que yo trabajaba. Estos agentes de prensa habían decidido seguir presentándome como un playboy y un donjuán, que consideraban que sería bueno para el negocio.

Uno de los artículos que Lucy había leído era sobre el estúpido borracho de Canadá, el altercado en el Copa y lo que me había preguntado sobre las muchachas del Copa. Lucy, que había visto a las Copa Girls y no se fiaba en absoluto de mí, quiso saber si le había dicho al hombre cuántas habían sido. Entonces me enojé muchísimo con ella por acusarme de algo basándose en un comentario de ese odioso personaje. Protesté y le dije que nunca tonteaba con la gente con la que trabajaba. A lo que ella respondió: «¡Ja!». Pero era cierto, al menos la mayor parte del tiempo.

En uno de los periódicos más importantes de Nueva York apareció otro artículo que inició una tremenda pelea, escrito por uno de los columnistas más famosos. Escribió que «los amigos de Desi le aconsejaron: "Deberías ser más discreto"». A lo que yo respondí, según este columnista: «Eso es lo mismo que le dijeron al rey Eduardo VIII durante su romance con la señora Simpson y el rey respondió diciendo: "La discreción no es una cualidad que yo admire especialmente". Supongo que yo tampoco, compañeros». El artículo iba aún más lejos y decía que, a pesar de mi respuesta a mis amigos, había intentado hacer caso de sus consejos, pero que la siguiente muchacha con la que tuve una aventura se apresuró a hablar con el editor de una revista y le vendió su historia. En ese momento, escribió este columnista, me había lamentado y, según sus palabras, dije: «No puedo ganar».

Había otros artículos relativos a Lucy que yo leía. Por ejemplo: Lucille Ball había sido vista la noche anterior en tal o cual club nocturno teniendo un *tête-à-tête* muy íntimo con el coprotagonista de su película actual. Esto me hacía empezar la discusión en la siguiente conversación telefónica diciéndole que, mientras ella siempre me acusaba de acostarme con todas las malditas tipas con las que había trabajado, ella parecía pasárselo en grande con todos los coprotagonistas de sus películas. Entonces se ponía furiosa, me llamaba algunos nombres poco halagadores y trataba de explicarme que, aunque no le gustaba, tenía que aparecer, por motivos de publicidad, en algunas funciones y fiestas públicas. A lo que yo contestaba: «Pues entonces deja el desgraciado negocio del cine y limítate a ser mi mujer. No me gusta que te vean por la ciudad con otro hombre que no sea yo. Aún no estoy *tan* americanizado».

Debo admitir que yo era un latino chapado a la antigua, criado observando y creyendo en la clásica doble moral. Tu mujer es tu mujer y quieres saber que puedes confiar en ella y estar seguro de ello. Tus amoríos no pueden afectar en modo alguno tu amor por ella. Esa relación es sagrada y unos cuantos pecadillos no significan nada. Lucy lo sabía.

Me complació leer su respuesta tan sincera a Laura Bergquist en una entrevista que le hizo para la revista *Look*. La señorita Bergquist le preguntó: «¿Era ese el conflicto? ¿La doble moral, el llamado «machismo»? El machismo es aquello que supuestamente todos los latinos intentan demostrar constantemente, que son buenos sementales, que sus capacidades sexuales son extraordinarias». Lo cual también es una gran estupidez.

Cuando esta señora le hizo esta pregunta a Lucy, ella respondió: «No, el "machismo" no me molestaba. A mí también me gusta jugar».

Estoy seguro de que la razón por la que sobrevivimos a estas constantes discusiones, peleas y acusaciones durante tantos años fue porque teníamos algo muy especial. Estábamos muy enamorados el uno del otro, y cuando podíamos estar juntos, nuestra relación sexual era celestial. Además, y quizá aún más importante, teníamos buen sentido del humor. Podíamos reírnos de nosotros mismos y de nuestras discusiones, a veces absurdas y estúpidas.

La mayoría de aquellas conversaciones telefónicas acababan con ella colgándome o yo colgándole a ella. Luego nos sentábamos ahí, en nuestros respectivos extremos del país, pensando en lo que acabábamos de decirnos, y nos dábamos cuenta de lo terribles que habíamos sido y de las cosas ridículas de las que nos habíamos acusado mutuamente. Empezábamos a reírnos, y a los cinco minutos uno de los dos cogía el teléfono y llamaba al otro para disculparse por lo que habíamos dicho, hacer las paces y poder por fin irnos a dormir.

Una noche, tras una discusión telefónica especialmente desagradable, ninguno de los dos llamó al otro. Me estaba quedando en el Hotel Warwick de Nueva York. Las telefonistas de los hoteles de Nueva York escuchaban todo lo que pasaba, sobre todo si te conocían. Todos conocían a Lucy y todos me conocían a mí. Tenían la costumbre de escuchar todas nuestras discusiones, y estaban acostumbrados a que, después de que uno de nosotros hubiera colgado el teléfono al otro, cinco minutos más tarde hubiera otra llamada, ya fuera yo llamándola a la costa, o ella a mí en el Warwick.

Esa noche en concreto, en la que esto no había ocurrido o al menos no había ocurrido todavía, la propia operadora, bendita sea, llamó a Lucy y le dijo: «¿Por qué no le ha devuelto la llamada? Sé que está en su cuarto sintiéndose miserable, esperando a que lo llame. No quiso decir nada de lo que dijo y estoy segura de que usted tampoco, así que ¿por qué no lo llama y se reconcilia con él? Es solo un bebé».

Eso, por supuesto, la conmovió a Lucy y tuvo llamarme enseguida para contarme que la operadora la había llamado y le había dicho que yo era «solo un bebé», lo que nos hizo reconciliarnos de nuevo.

# 23

DESPUÉS DEL COPACABANA EMPEZAMOS NUESTRA primera gira de teatros. Había tocado en los teatros en los años cuarenta antes de entrar al Ejército. Tocaba en el Roxy cuando me casé con Lucy, pero entonces solo hacía un simple y me pagaban un sueldo y punto. Estas giras de bandas en los teatros eran algo completamente distinto. El trato consistía en que el teatro proporcionaría todas las instalaciones y empleados, además de una película. El líder de la banda se encargaría el espectáculo escénico y se repartiría al 50 % con el dueño del teatro. Como el teatro tenía que pagar por la película que se proyectaba durante el compromiso, siempre reservaba las más baratas que podía encontrar, algunas joyas de Monogram como *Who Killed Tilly in the Mountains and the Valley* (¿Quién mató a Tilly en las montañas y el valle?).

Mi gasto andaba los cinco mil dólares semanales o más. Entonces, si era una semana pésima, podía perder dinero. Nuestros tres primeros teatros fueron el Chicago Theatre en Chicago, el Riverside Theatre en Milwaukee y el Orpheum Theatre en Omaha. Me preocupaba que mi tipo de entretenimiento no funcionara bien en el Medio Oeste del país. ¿Qué pensaría Omaha, Nebraska, de «Babalú»?

Resultó que tuvimos una semana de sesenta y cinco mil dólares en Chicago y un ingreso bruto mayor la segunda semana. Rompimos el récord de Tommy Dorsey en Milwaukee y lo empatamos en Omaha.

Mientras estábamos en Omaha, recibí una llamada de Lucy diciéndome que había estado hablando con Bob Hope sobre lo bien que me había ido en nuestra gira teatral. Ella le había enseñado todos los ejemplares de *Variety* con las críticas y las cifras de taquilla, y le había preguntado si me tendría en cuenta a mí y a mi orquesta para su programa de radio, que empezaría en algún momento de octubre. Ella era muy buena agente y, por supuesto, también intentaba hacer todo lo posible por mantenernos juntos.

Teníamos un problema. Cuando Lucy convenció a Bob y los agentes se reunieron, teníamos unos dos días para ir de Omaha a Hollywood y empezar a ensayar para el espectáculo inaugural de la temporada del señor Hope, y no podíamos conseguir reservas para toda la banda y para mí, además de la carga (nuestros grandes baúles con música, trajes, atriles, instrumentos, etc.) en una línea aérea regular para llegar a tiempo a Los Ángeles. Recuerden que en aquella época no había tantas compañías aéreas y tampoco tenían esos aviones tan grandes. Tenían el DC-3.

Le pedí a Fred Ball, que actuaba como mánager de la banda en la carretera, que fletara un avión.

Terminamos el último espectáculo del último día en el Orpheum de Omaha. Habíamos empacado todo lo que pudimos durante el día, pero aún teníamos que empacado todos los instrumentos, los trajes y todo lo demás que utilizamos en el último espectáculo. Para cuando hicimos todo eso y llegamos al aeropuerto, eran las cuatro de la mañana. No podíamos vernos las manos, había tanta niebla. Ni siquiera pudimos encontrar el avión que habíamos alquilado. Después de buscar por todo el aeropuerto, Fred creyó localizarlo, y cuando nos acercamos lo suficiente para poder verlo, observé un gran cartel en el lateral del avión que decía: «Midwest Vegetable Co., Inc.».

—¿Qué demonios nos has conseguido? —le pregunté—. Este tipo va por ahí transportando verduras por el Medio Oeste.

—No te preocupes —dijo Fred—. Comprobé el piloto. Es un piloto muy bueno, muy recomendado. Ya sabes que los DC-3 son buenos aviones y, además, esto es todo lo que pude conseguir.

Bueno, si eso era todo lo que podíamos conseguir, eso era todo lo que podíamos conseguir.

Cuando empezamos a cargar, me di cuenta de que era un viejo DC-3 Army Transport, que no tiene asientos normales, sino asientos de ómnibus a ambos lados. También tropezamos con unos cuantos cogollos de lechuga y coles y cosas así, que seguían rodando por ahí.

Estábamos listos para despegar, pero la torre no permitía que el piloto lo hiciera hasta que se disipara la niebla. Estuvimos sentados dentro de esa cosa durante dos horas y media. Al fin le dieron el visto bueno para despegar, y así lo hicimos.

Alberto Marrero, que era mi percusionista, un puertorriqueño, estaba sentado a mi lado. Odiaba volar y nunca lo había hecho.

—Tienes que volar —le había dicho—, porque es imposible que lleguemos al compromiso de Hope si no volamos. Así que vamos, ¡maldita sea!

Me senté a su lado para mantenerlo tranquilo. Era mulato. Había pasado una hora desde nuestra salida de Omaha cuando me dio un codazo y me dijo:

—¿Se supone que eso sea así? —y señaló la hélice de nuestro lado del avión. La miré y me di cuenta de que no giraba. Estaba ahí, muerta.

—No, no exactamente —le dije.

Fui a la cabina del piloto y justo cuando llegué estaba haciendo un giro.

—¿Qué sucede? —pregunté.

—Hemos perdido un motor y creo que nuestra mejor opción es volver a Omaha. Ese es mi aeropuerto base y allí podemos arreglar el avión. Además, no conozco ningún otro aeropuerto por aquí en el que podamos aterrizar antes de perder demasiada altitud.

—¿Crees que logremos volver a Omaha?

—Bueno, no estamos tan lejos y estos DC-3 vuelan bastante bien con un solo motor. Estaremos perdiendo altura todo el tiempo, pero creo que lo lograremos.

Volví y les dije a los muchachos:

—No se preocupen por nada. Tenemos que volver a Omaha para arreglar el motor, pero no hay peligro. Relájense, todo va a salir bien bien.

Volví a sentarme junto a Marrero. Relajarse era imposible para él.

—¿Cómo demonios dejaste que Fred Ball encontrara un avión que nos llevara a California? —preguntó—. Por dios santo, no pudo encontrar la dirección de la esposa correcta a la que enviar su baúl.

Marrero tenía tres «matrimonios abiertos» simultáneamente, uno en Los Ángeles, otro en Chicago y otro en Nueva York, y hablaba de la vez que Fred se había equivocado y había enviado el baúl que debía ir a la mujer de Marrero en Los Ángeles a su mujer en Chicago. La mujer de Marrero en Chicago, una puertorriqueña de temperamento fogoso, se dio cuenta de que esa no era su ropa; y cuando Marrero llegó para nuestro compromiso en Chicago, le fue encima con un cuchillo de cocina, con la intención de cortarle los huevos. Marrero giró justo a tiempo o se habría quedado castrado. En cambio, le dio en el trasero, una herida que requirió quince puntos y lo obligó a permanecer de pie durante todo aquel compromiso en Chicago mientras tocaba la percusión.

Ahora, en el avión, estos asientos duros no ayudaban en nada a su estado ni a su trasero.

Por fin logramos arreglar el avión y despegamos de nuevo de Omaha. Cuando nos acercábamos a Los Ángeles oí un timbre que venía de de la cabina del piloto, lo que significaba que este quería verme. Fui a la cabina. Acabábamos de pasar Palm Springs o sus cercanías, y todos estábamos muy contentos de casi haber llegado después de todos los problemas que habíamos tenido.

Al llegar a la cabina, el piloto me dijo:

—¿Dónde está Los Ángeles?

—¿Qué clase de pregunta es esa? ¿Dónde está Los Ángeles?

—Bueno, yo solo he volado por el Medio Oeste y no sé dónde está.

No teníamos ni navegante ni copiloto.

—Te sugiero que pongas la radio —le dije— y trates de comunicarte con el Aeropuerto Internacional de Los Ángeles y les cuentes cuál es tu problema, porque yo no puedo guiarte hasta allí. No soy piloto. He volado allí muchas veces, pero solo sentado en la parte de atrás hablando con las azafatas guapas, tomando una copa y relajándome.

Puso la radio. Pensé que sería mejor escuchar esta conversación entre él y la torre de Los Ángeles. Me senté en el asiento del copiloto y me puse el otro par de auriculares. Lo que oí fue más o menos lo siguiente:

La torre de Los Ángeles le pidió que se identificara. Nuestro piloto les dio el número de avión o de licencia, como quieras llamarlo. La torre confirmó que recibió y preguntó:

—¿Cuál es el problema?

—No sé dónde está Los Ángeles —respondió.

TORRE: Por favor, repita su última transmisión. Creo que no lo he oído bien. Por alguna razón, lo único que me ha parecido oír es que vuela a Los Ángeles, pero que no sabe dónde está Los Ángeles.

PILOTO: Correcto.

TORRE: ¿Dónde se originó su vuelo?

PILOTO: Omaha, Nebraska.

TORRE: ¿Y no sabe dónde está Los Ángeles ni en qué aeropuerto debe aterrizar?

PILOTO: Eso también es correcto.

TORRE: ¿Tiene pasajeros en su avión?

PILOTO: Sí, tenemos bastantes. Tenemos a Desi Arnaz y toda su orquesta, un par de muchachas cantantes, el mánager de orquesta y el asistente de la banda. Todos juntos, aparte de mí, tenemos veinticuatro personas.

TORRE: ¿Sabe dónde está ahora? ¿Podría averiguarlo?

PILOTO: Espere un momento.

[Entonces se volvió hacia mí y me preguntó:

—¿Dónde crees que estamos ahora? Más o menos, quiero decir.

—Sé que acabamos de pasar Palm Springs. —Había volado tantas veces por allí que podía identificar las luces de Palm Springs].

PILOTO: Acabamos de pasar Palm Springs.

TORRE: ¿Podría ser un poco más específico? ¿Podría indicarnos tu latitud, longitud, altitud y la lectura actual de la brújula, el rumbo que lleva ahora?

PILOTO: Espere un momento.

[Realmente era un buen piloto, pero nunca había volado en otro lugar que no fuera el Medio Oeste. Volvió a llamar a la torre].

PILOTO: Puedo darle nuestra altitud y nuestro rumbo.

[Y así lo hizo].

TORRE: Muy bien, ya tengo su problema. En primer lugar, suba dos mil pies. Hay montañas en el área. Y por ahora, mantenga su rumbo actual. Por cierto, ¿cuál es su velocidad de vuelo?

PILOTO: Ciento noventa y tres kilómetros por hora.

TORRE: De acuerdo, mantenga el rumbo, mantenga la mayor altura, mantenga la calma y nos pondremos en contacto con usted en breve.

[Un par de minutos después].

TORRE: El piloto de un avión de línea, que se dirigía al Aeropuerto Internacional de Los Ángeles, que acaba de pasar por su izquierda nos llamó, intentando identificar quién era. No pudo leer el número de su avión. Entonces, utilizando sus prismáticos de alta potencia, informó de que este avión tenía un gran letrero en el costado. MIDWEST VEGETABLE CO., INC. ¿Es usted?

PILOTO: Somos nosotros.

TORRE: Bien, ahora sabemos exactamente dónde está. Manteniendo la misma altitud, haga un giro de cinco grados a la derecha. En poco tiempo debería poder ver las luces del Aeropuerto de Los Ángeles. Mientras lo haga, inicie un patrón de retención.

PILOTO: ¿Se refiere a dar vueltas y vueltas por encima del aeropuerto?

TORRE: Exacto. Así es.

PILOTO: De acuerdo, lo haremos.

TORRE: Hay algunos otros aviones que vienen a aterrizar y que también están en un patrón de espera a diferentes altitudes. Así que asegúrese de mantenerse a la misma altitud a la que está ahora y tan pronto como podamos lo ayudaremos a bajar a tierra. Le diremos qué rumbo tomar para la aproximación correcta, en qué pista, etc.

Esto lo hizo la torre, con mucha calma y eficacia, y finalmente aterrizamos.

Durante todo este tiempo no pude mantener a Marrero en su asiento. Quería estar delante conmigo para saber lo que pasaba, y a estas alturas su la piel de su cara, que era bastante oscura, se había vuelto mucho más clara que la clarísima piel de Lucy.

---

# 24

DESDE QUE LLEGUÉ A ESTADOS UNIDOS EN 1934, aunque solo pude terminar el bachillerato y nunca llegué a la universidad, no había dejado de aprender. Aprendí mucho en aquellos primeros años en Miami, mientras luchaba sólo por sobrevivir y veía la fortaleza de mi padre.

El tiempo que pasé con Cugat fue mejor que ir a la escuela para aprender el negocio de las grandes bandas. La tutela de George Abbott fue de un valor incalculable. Las películas malísimas que hice me enseñaron algunas cosas sobre el negocio del cine. Puedes aprender aprendiendo lo que *no* debes hacer. Montar mi propio espectáculo en Ciro's, el Copacabana y los teatros en los que actuamos antes de llegar a Los Ángeles para unirme al programa de radio del señor Hope contribuyó a mi educación en el mundo del espectáculo.

Ahora iba a ir a la mejor universidad que se podía encontrar para aprender el arte de la comedia, enseñado por su principal profesor, el señor Robert Hope, el maestro del espectáculo.

Como director musical de su espectáculo, tenía que asistir a su primera reunión con sus guionistas (creo que tenía diez o doce en aquella época) para averiguar qué música, puentes o fondos necesitaba, y si quería un número concreto para que yo lo cantara con la banda o no, quiénes iban a ser las estrellas invitadas y qué tipo de canción debían cantar. Podría no querer una balada lenta en un lugar determinado esa semana. Puede que quisiera una melodía alegre.

Esas conferencias de escritores me enseñaron mucho. Cada uno de los guionistas escribió un programa de radio completo de media hora. Entonces, y yo lo he visto hacerlo, Bob entraba en un gran despacho, extendía por el suelo todas esas diez o doce versiones diferentes del programa de esa semana y se arrastraba sobre las manos y las rodillas de un guion a otro, seguido por una secretaria con unas tijeras y otra con cinta adhesiva.

Ya los había leído todos, pero ahora estaba editando lo que consideraba la mejor de todas las versiones, lo que sería más actual para esa semana, qué chistes serían más graciosos o encajarían mejor con su estilo, y qué *sketch* o *sketches* serían los adecuados para la estrella invitada y el reparto. Era una sesión bastante larga y pesada para él, pero cuando la terminaba, tenía un guion de esas diez o doce versiones y ese era el que volvían a mecanografiar y del que hacían copias para el programa de esa semana.

Durante el día anterior a la emisión ensayaba todo el programa, supervisaba la música, el vestuario, el atrezo, los decorados (siempre hacía su programa delante del público) y ensayaba los *sketches* con las estrellas invitadas y los habituales: Jerry Colonna, Vera Vague y, a veces, yo. Frances Langford ya no estaba con él, así que teníamos que encontrar una muchacha nueva cada semana.

Yo les hacía la audición a muchas de ellas para Bob. Una de las muchachas a las que hicimos una audición era Doris Day. Era una muñeca y me gustaba cómo cantaba, pero no estaba seguro de si debía recomendársela a Bob porque él estaba acostumbrado a Frances, que cantaba a todo pulmón. Pero, cuando Doris terminó de recoger su música, nos dio las gracias a mí y a la banda y se alejó de nosotros, dije: «¡Eso es!».

Su figura sexy desde ese ángulo tenía un movimiento delicioso. Se convirtió en una de las cantantes de nuestros programas. Poco después le iba tan bien en las películas que ya no encontraba tiempo para la radio.

Olvidando a Doris por ahora, algo que no es fácil de hacer, volveré a mi educación durante este período. Veía trabajar a Bob cada semana en todas las cosas que he mencionado, supervisando todas las facetas de ese programa, produciéndolo y dirigiéndolo él mismo, cosa que sigue haciendo.

La noche que hicimos el espectáculo, salía al escenario al son de «Thanks for the Memory» (Gracias por el recuerdo), con la barbilla bien alta, y daba sus clásicas largas zancadas, iba de lado a lado, parecía un poco maricón, cosa que personalmente puedo asegurar que no es, y luego llegaba al micrófono junto a las candilejas, en el centro del escenario, y se apoderaba del público, como nadie más que Bob puede hacerlo.

Su entrega es siempre genial. Cuenta el gran remate de un chiste, uno que sabe perfectamente que va a provocar una gran carcajada, como si no fuera consciente de que iba a provocar tal carcajada. Otros cómicos hacen una pausa después del remate y si no logran la risa del público acaban en ascuas.

Otra cosa que aprendí de Bob, y quizá la más importante, fue cómo conservar la energía. Podía desconectarse en cualquier momento. Cuando tenía que hacer algo, lo hacía, se desconectaba y se relajaba, como si apagara un motor. Es un don estupendo.

En el carro de camino a la siguiente aparición benéfica, me preguntaba: «¿Cuál es la rutina para esta?». Se lo decía y si le gustaba decía: «Está bien».

Luego apoyaba la cabeza en el respaldo del asiento y se dormía, a pesar de las malditas sirenas y de que el carro atravesaba el tráfico a ciento veinticinco kilómetros por hora. Yo apenas me sostenía, pero él dormía hasta que llegábamos a donde íbamos, luego se iba directo a su camerino, se lavaba la cara y se relajaba hasta que estábamos montados y listos en el espectáculo. En cuanto oía los acordes de «Thanks for the Memory», salía lleno de ánimo y vigor.

La capacidad de hacerlo es lo que hace posible que Bob pueda realizar los numerosos espectáculos, los beneficios y esas largas, frenéticas y a veces incluso peligrosas giras por todo el mundo.

Es algo que, por desgracia, Lucy nunca ha aprendido. No puede poner de repente esos frenos mentales y físicos.

Al Jolson fue uno de los más grandes artistas que han existido. Fue un gran héroe para mí. También podía salir ante un público y, solo con su presencia, tenerlo en la palma de la mano.

Jolson hizo muchos espectáculos en Broadway. A veces salía antes del segundo acto y decía a la gente: «Miren, al diablo con el segundo acto. De todas formas, no es tan bueno. Les dije a todos los del reparto que se fueran a casa y yo me voy a sentar aquí, en este borde, y cantaré todo el tiempo que quieran».

Al público le encantaba. No he oído de nadie más que haya sido capaz de hacer eso en un escenario teatral de Broadway.

Hubo un período en la vida de Jolson en el que cayó en el olvido. Había dicho que iba a jubilarse, lo que quizá fuera cierto en aquel momento, pero al cabo de unos años, cuando quiso volver, ya nadie parecía quererlo.

Entonces Columbia Pictures decidió hacer *The Jolson Story (El hombre inolvidable).* Se lo vendió un viejo amigo suyo, Sidney Skolsky, un columnista muy conocido de Nueva York y Hollywood. Larry Parks hacía de Jolson, pero Al cantaba las canciones. Si vivían a finales de los años cuarenta, lo recordarán. Si no, probablemente lo han visto muchas veces en la televisión.

La película tuvo un éxito tan tremendo que hicieron una secuela, *Jolson Sings Again (Canta el corazón),* y Al era más grande que nunca.

Cada vez que aparecía en persona ante el público, la reacción era increíble. Era una gran ovación cada vez y en todo lugar. Y no era un público simplemente aplaudiendo su canto o su actuación; era más que eso. Era como si le dijeran: «Te queremos, te echamos de menos, nos alegramos de que hayas vuelto». Había mucha emoción en esas ovaciones.

Cuando Al iba a ser nuestra siguiente estrella invitada, estábamos haciendo el programa de radio de Bob desde El Capitán Theatre de Hollywood, el mismo lugar en el que yo trabajaba cuando actuaba en los *Ken Murray's Blackouts* y donde me vio el señor Mayer.

Bob, que era una figura del mundo del espectáculo muy astuta, sabía que el público ovacionaría a Al en cuanto lo presentara y que la ovación duraría tanto como Al quisiera. Al no disponer de más de media hora, en realidad menos, teniendo en cuenta los anuncios, Bob quería contar con Jolson y la gran contribución que haría al programa esa semana; al mismo tiempo, no quería perder demasiado tiempo en la ovación o Bob se vería obligado a cortar muchos chistes.

Quería que Jolson empezara a cantar en cuanto lo presentara, y, mientras duraran los aplausos al final del número, quería salir, unirse al señor Jolson y hacer las bromas. Así que, mientras repasaba la música conmigo, me dijo:

—Oye, cubano, en cuanto termine mi introducción de Al con «¡Y aquí está, Al Jolson!», empieza la música enseguida.

—De acuerdo.

Poco después, y solo unos minutos antes de que saliéramos al aire, Jolson se me acercó y me dijo:

—¿Maestro?

—Sí, señor Jolson —dije.

—No pongas en marcha mi música antes de que me dé la vuelta y me incline ante ti.

La orquesta estaba detrás de los cantantes, que utilizaban micrófonos frontales y centrales.

—Señor Jolson —le dije— esas no son mis instrucciones.

—Eso es lo que me imaginaba —dijo— pero no empieces con la música porque no empezaré a cantar hasta que me vuelva hacia ti y te diga: «¿Maestro?».

Cuando Bob dijo: «Y aquí está: ¡Al Jolson!», Jolson subió al escenario en medio de una ovación ensordecedora.

El señor Jolson sabía cómo aprovechar una ovación así. Miraba el teatro y lo dividía en secciones: tres secciones en la planta principal, tres secciones en la planta superior. Cuando comenzaba la ovación, se inclinaba hacia la sección central del piso principal, luego se inclinaba hacia la sección central del piso superior, seguida de una inclinación hacia la sección izquierda del piso principal y de otra hacia la sección derecha del piso principal. Si la gente del piso superior empezaba a aflojar un poco, él miraba a la sección central de ese piso, a la derecha de él y a la izquierda de él, lo que hacía que todos volvieran a subir. En este momento, la planta principal podría estar apagándose. Entonces los miraba a la cara y volvían a subir.

Podría seguir así eternamente. Toda una técnica. Yo, con la batuta en alto, me quedé hipnotizado viéndolo. También pude ver a Bob de reojo, de pie entre bastidores y señalándome con el dedo, diciéndome toda clase de malas palabras. No hacía falta ser un gran lector de labios para entenderlos.

Al fin, Jolson se volvió hacia mí y me dijo: «¿Maestro?». Y di el golpe de compás.

Después del espectáculo, Bob se veía la hora de hablar conmigo.

—¡Hijo de puta, maldito bastardo cubano!

—¿Qué ocurre? —pregunté—. ¿Qué he hecho?

—Te dije que empezaras la música en cuanto dijera: «¡Y aquí está, Al Jolson!».

—Sí, señor Hope, pero si yo hubiera empezado la música, ¿no habrían cesado los aplausos que estaba recibiendo el señor Jolson?

Bob me miró con esa hermosa expresión suya, humorística y sarcástica, y dijo:

—¿No me digas?

Entonces empezó a salir del escenario y, al llegar a las alas, se volvió hacia mí y me dijo, muy dulcemente: «¡Eres un mierda!».

---

# 25

DURANTE LOS DOS ÚLTIMOS MESES DE ESA TEMPOrada con Bob Hope, hicimos sus programas de radio desde muchas ciudades distintas del país: Detroit, Toledo, Atlanta, Filadelfia, Nueva York, Washington y otras. En algunos lugares solo paramos para hacer un acto benéfico, como en el Boys Ranch de Amarillo, Texas. Terminamos la temporada con su emisión en Washington el 10 de junio de 1947.

El 12 de junio, la orquesta y yo empezamos nuestra propia gira en el Midwest Summer Music Festival en Omaha. Después fuimos al Chicago Theatre para volver a actuar. Después del Chicago Theatre nos alojaron en el Hotel Palace de San Francisco durante doce semanas, y desde allí teníamos una emisión de radio a distancia todas las noches. En aquella época era muy importante para una orquesta. Te mantenía ante el público y ayudaba a tus ventas de discos.

Después de uno de mis espectáculos en el Hotel Palace, el *maître* me trajo una nota que decía: «Al señor Maurice Chevalier le gustaría que lo acompañaras a su mesa». No sabía que el señor Chevalier estaba entre el público esa noche. Más tarde me enteré de que había estado haciendo una gira de conciertos por Estados Unidos y que en ese momento se presentaba en uno de los teatros de San Francisco.

Si Jolson era uno de mis héroes, Chevalier era sin duda el otro. Utilicé un sombrero de paja en muchos de mis números, «Cuban Pete», «Cuban Cabby» (El taxista cubano), «The Straw Hat Song» (La canción del sombrero de pajilla) y otros.

El sombrero de paja es el sombrero típico que usan los cubanos, como el sombrero de fieltro lo es para los neoyorquinos. Es fresco y protege del sol. Pueden ver un mar de sombreros de paja en casi cualquier pueblo de Cuba. Así pues, cuando usé el sombrero de paja en estos números cubanos, no pretendía parecerme a Chevalier. De todas formas, nadie podría. Era lo típico que usaría un latino.

«Cuban Cabby» es la historia de un tipo que maneja un coche de caballos en La Habana y que, mientras canta, le dice a la gente cuánto mejor es eso que un taxi, cuánto más romántico, así que por qué no te montas con él y te enseña la ciudad. Durante el número, me paseaba por las mesas, elegía a una muchacha cerca de la pista, me arrodillaba delante de ella, le cantaba una canción de amor, le besaba la mano y seguía entre la multitud hasta el final de la canción, sin dejar de mirarla mientras avanzaba.

La nota del señor Chevalier fue muy emocionante y apenas podía esperar a terminar el espectáculo y llegar a su mesa. Cuando llegué allí se presentó (como si tuviera que hacerlo) y luego dijo, hablando del sombrero de paja y a «Cuban Cabby»:

—Sabes, está muy bien lo que haces. Cómo tiras el sombrero hacia atrás, lo coges con una mano y luego lo empujas hacia abajo sobre los ojos. ¿Cómo lo haces?

—Un momento, Sr. Chevalier —le dije—, no bromee, por favor. Usa el sombrero de paja mejor que nadie en el mundo. Es el maestro, se identifica con él. ¿Cómo que cómo lo hago?

—No, no, no —dijo con ese encantador acento francés—, no estoy bromeando. Es que no sé cómo lo haces para que no se caiga.

Era la personificación del encanto. Luego dijo:

—Hay otra cosa que haces muy bien y no es fácil lograrla. ¿Sabes lo que es?

—¿Qué?

—Cuando vas por las mesas y eliges a una pareja en primera fila, cortejas a la muchacha, pero el hombre que está con ella no se enfurece contigo. Eso es bueno, muy bueno. Yo hago lo mismo.

Años más tarde, Lucy y yo fuimos a París y estuvimos invitados a su casa, a unos veinte minutos de París. Había una escalera circular que conducía a su estudio y dormitorio en el segundo piso. Al subir las escaleras había una serie de fotos en la pared que mostraban a Chevalier desde que era un niño hasta el presente. Al final de la escalera, el último cuadro de la pared era una foto de Lucy, él y yo. Estoy seguro de que el último cuadro de esa pared, en lo alto de esas escaleras, se cambiaba según quiénes fueran sus invitados en ese momento concreto.

Le encantaba su casa. No era grande, pero sí muy encantadora, y los terrenos que la rodeaban eran magníficos. Incluso hizo construir un escenario al aire libre en un extremo del césped, y allí ayudaba a los jóvenes intérpretes franceses a montar sus producciones de aficionados y luego invitaba a muchos de sus amigos, directores y productores a venir a ver a estos jóvenes intérpretes.

Por aquel entonces ya había hecho un programa con nosotros, en *The Lucy-Desi Comedy Hour* (*La hora de la comedia de Lucy-Desi*). Tenía entonces más de ochenta años.

Cuando cumplió ochenta años, un periodista le preguntó:

—¿Qué se siente al cumplir ochenta años, señor Chevalier?

—Bueno, teniendo en cuenta la alternativa, se siente bastante bien —contestó.

Maurice también tenía el maravilloso don de conservar la energía, como Bob. Cuando hizo el programa con nosotros me decía: «Avísame cuando esté todo listo y quieras que lo haga».

Entonces ensayaba sus números con la banda, preparaba por dónde debía caminar, colocaba las cámaras, etc. Yo actuaba como su suplente. Cuando creía que todo estaba bien, decía: «Está bien, Maurice, ahora lo necesito».

Entonces era como si alguien lo hubiera enchufado. Parecería treinta años más joven y haría el número con ese encanto inimitable, esa personalidad adorable y coqueta.

Cuando tenía lo que quería en la película, yo decía: «¡Corten! *¡Bien magnifique!*».

Después, al igual que Bob, se desconectaba, se iba a su camerino o simplemente se sentaba en una silla en un rincón del escenario y dormía.

Poder trabajar y observar a estas grandes figuras del espectáculo que he mencionado hasta ahora, y a los muchos otros con los que iba a tener la suerte de trabajar en el futuro, fue una experiencia inestimable. Una gran ayuda para mí.

Después del Hotel Palace de San Francisco, Lucy y yo pasamos dos de los peores años de nuestra vida. No porque quisiéramos que fueran así, sino porque las circunstancias los hicieron así. Parecía que cuanto mejor nos iba en nuestras carreras encontradas, más problemas creaba en nuestra vida personal.

Pudo venir al Palace un fin de semana, lo que fue maravilloso, pero de nuevo pasamos un tiempo tempestuoso. Hacíamos el amor como locos o nos peleábamos como locos.

En el Palace tenía como cantante estadounidense a Carole Richards, una muchacha nueva, joven, sexi y excitante. Dulcina seguía siendo mi muchacha latina.

—¿Qué demonios es esto? —dijo Lucy—. Cada vez que te veo, tienes una muchacha nueva. La única que parece gustarte lo suficiente como para quedarte con ella es Dulcina.

Es cierto que teníamos muchas diferentes.

—Espera un momento. Intentaré explicártelo.

—Sí, adelante, explícate.

—Es muy difícil encontrar el tipo de chica que necesito. Tiene que cantar canciones estadounidenses, además de canciones latinas, y tener sexo y excitación para el tipo de cosas que quiero hacer.

—Sí, bueno, todas las que has tenido tenían mucho sexo y excitación, para el tipo de cosas que quieres hacer.

Nunca sabré qué le hizo pensar que yo me enredaría con esas muchachas. Además, su hermano Fred solía abordarlas antes que nadie.

Después del Palace y durante los dos años siguientes, apenas nos vimos y AT&T siguió enriqueciéndose. La orquesta fue contratada en todos los teatros del país, con semanas partidas o una sola noche de por medio. Y Lucy hacía una película tras otra y también viajaba por todo el país con su primera obra de teatro, *Dream Girl* (Chica de mis sueños), en la que estaba magnífica y que hizo que algunos productores se dieran cuenta de que era una gran comediante.

Tocamos en Oakland después del Palace, luego en Indianápolis, Milwaukee, Omaha, Chicago otra vez y en el Paramount Theatre de Nueva York. En el Paramount fue donde empezó todo eso de gritar y desmayarse con Frank Sinatra. Entonces yo estaba en el Ejército, así que no estaba muy al tanto de lo que había pasado ni de cómo sonaba.

Cuando los jóvenes empezaron a gritar con Frank, se convirtió en un hábito, lo que había que hacer. Ya no tenía que ser Frank; cualquiera que les gustara que estuviera en el escenario provocaría los gritos.

La primera vez que lo oí, mientras hacía «Cuban Pete», pensé que a alguien le había dado un infarto. Dejé de cantar en ese mismo instante y pregunté: «¿Qué pasa? ¿Hay algún herido? ¿Llamamos a un médico?».

Bob Weitman, que era el director del teatro, se acercó a mí y me explicó que eso era normal. Los jóvenes lo hacían siempre y así se divertían.

Estos jóvenes hacían cola fuera del teatro a las siete de la mañana para conseguir asientos en las primeras filas y luego se sentaban allí durante tres o cuatro funciones. Los cines no tenían todas las concesiones de comida que tienen ahora para perros calientes, palomitas, caramelos, refrescos, etc., y los jóvenes llevaban allí desde muy temprano. Ni siquiera habían comido en todo el día. Así que solía hacer un trato con ellos.

—Les diré lo que haré. Si me prometen que se irán a casa después del próximo programa, enviaré a buscar rosquillas, caramelos y otras golosinas. Seguro que se han saltado las clases, y si no vuelven pronto a casa se van a meter en tremendo lío.

—Está bien, Desi, está bien. Lo haremos —me gritaban.

Enviábamos al chico de la banda y a un par de acomodadores a conseguir las cosas y lo distribuíamos entre las quince o veinte filas personales de los jóvenes. Recibían sus golosinas y veían el tercer espectáculo. Ya eran cerca de las cuatro de la tarde. Entonces, «Gracias, Desi, hasta pronto», y se iban.

Durante uno de los viajes de un teatro a otro sufrimos una terrible tragedia. Nuestro autobús, que transportaba a toda la orquesta y el espectáculo, chocó con un camión en la autopista US Highway 20, a las afueras de Rolling

Prairie, Indiana. Acabábamos de terminar de tocar una semana partida en Madison, Wisconsin, e íbamos a abrir en Akron, Ohio, al día siguiente.

Diez miembros de la orquesta resultaron gravemente heridos. Cinco de ellos fueron trasladados a un hospital de La Porte, Indiana, y otros cinco al Hospital de Michigan City. Entre los heridos estaban Bobby Jones, mi primer trompetista, que había sido el primer trompetista de Glenn Miller; Charlie Harris, violinista y concertino; Joe Miller, de la sección de saxofones y flautista principal; Ralph Felices, nuestro muchacho de la banda, que de vez en cuando doblaba con las maracas; y Roger Holler, otro de los saxofonistas.

En el Hospital Michigan City estaban Marco Rizo, nuestro pianista; Joe Gutiérrez, primer trombón, que le había robado a Cugat; Fred Dutierrez, otro saxofonista; Jack Pickering, uno de nuestros mejores arreglistas y segundo trombonista; y Jack Baker, otro de la sección de saxofones. Toda la sección de saxos estaba casi erradicada.

Nuestro conductor de autobús se quedó dormido mientras iba a más de ciento treinta y seis kilómetros por hora, y chocó contra un camión grande y pesado que tenía delante. La mitad delantera de nuestro autobús quedó completamente destrozada. Los muchachos tuvieron suerte de salir con vida de aquel autobús, porque poco después del choque se incendió todo. Si no hubiera sido por el conductor del camión con el que chocó nuestro autobús, y su rapidísima actuación y ayuda, habrían muerto quemados. En aquel autobús solo había una puerta de salida y había quedado atascada por el choque. El camionero, utilizando un hacha, abrió un agujero lo suficientemente grande para que pudieran escapar.

Siempre había viajado con la orquesta en ese autobús. Esta vez, sin embargo, Lucy estaba en Detroit, haciendo *Dream Girl*, que aún no había visto y que tenía muchas ganas de ver. Le dije a Charlie Harris, mi concertino, que me sustituyera en este viaje, que se asegurara de que hubiera suficiente cerveza fría y bocadillos en el autobús para todos, que supervisara el montaje del escenario en Akron, etc., para que yo pudiera volar a Detroit, ver el espectáculo, pasar la noche con Lucy y volar de vuelta a tiempo para nuestro primer espectáculo en Akron.

Charlie se ocupó de que tuvieran todo lo que necesitaban en el autobús antes de salir de Madison y luego se sentó donde yo siempre me sentaba, que era el peor asiento que podía haber elegido. Fue el herido más grave. Una pierna rota, un brazo roto, graves cortes en la cabeza y, lo peor de todo, perdió un ojo.

Si Lucy no hubiera estado en Detroit y yo no hubiera querido ir a verla, habría estado en ese asiento. *Que será, será.*

Demandamos a la empresa que nos alquiló el autobús y ganamos el pleito, y tuvieron que pagar a Charlie más de cien mil dólares en efectivo, además de todos sus gastos médicos y hospitalarios; aun así, no fue suficiente indemnización por la pérdida de un ojo.

El accidente ocurrió a la una de la madrugada del día en que íbamos a abrir en Akron.

Poco después recibí una llamada en el hotel de Detroit donde pasaba la noche con Lucy. Cuando sonó el teléfono, molestándonos, le grité a la operadora. Había dado instrucciones estrictas de que no nos molestaran hasta las siete de la mañana, lo que me daría tiempo suficiente para coger el avión a Akron.

Aquella era una velada preciada, después de todos los meses de separación, que había conseguido robarme, y no estaba de humor para que nadie la fastidiara. Durante mi diatriba, esta amable y paciente señora consiguió emitir una frase: «Toda su orquesta está en el hospital. ¿Quiere escuchar dónde y por qué o no?».

Estoy seguro de que fui incapaz de disculparme ante ella por mi carácter irascible. No obstante, me ayudó a encontrar un avión para fletarlo y volar al lugar del accidente en la hora siguiente.

Algunos de los chicos no estaban en condiciones de cumplir nuestro compromiso aquel día. Algunos de los demás, aunque no estaban en muy buen estado, con puntos en las heridas, vendas en la cabeza, yesos en piernas y brazos, aún querían seguir adelante y hacerlo.

No veía cómo podíamos montar nuestro espectáculo y tocar nuestros arreglos de forma medianamente decente con la ausencia de algunos de nuestros mejores hombres.

Estaba a punto de darme por vencido cuando recibí una llamada de la General Artists Corporation de Nueva York, diciéndome que Tommy se había enterado del accidente y me enviaba dos trombonistas de Dorsey, Duke Ellington enviaba un par de sus saxofonistas y Cugat enviaba un maraquero. Todos llegaron a tiempo y pudimos cumplir nuestro compromiso.

Que nadie me discuta que la gente del mundo del espectáculo es solidaria.

# 26

EN 1949, LE PREGUNTÉ A LUCY SI ACEPTARÍA casarse por la Iglesia católica. Solo nos había casado el juez de paz de Connecticut.

—Sabes —le dije—, es que no me siento casado todavía.

Quizá suene un poco cursi y *non sequitur* (ni siquiera creía conocer esa palabra hasta que la escribí). Pero pensé que tal vez, después de todos los problemas que habíamos tenido en el pasado, esto podría demostrarle que realmente la quería mucho y que deseaba fortalecer nuestro matrimonio en todos los sentidos.

Lucy no era católica y no tenía por qué serlo, pero siguió con gusto todas las instrucciones necesarias para comprender de qué se trataba y estuvo de acuerdo en que, si alguna vez teníamos hijos, se criarían en la Iglesia católica.

El 19 de junio, ante el altar de Nuestra Señora del Valle, una pequeña y encantadora iglesia de Chatsworth, el padre Michael Hurley volvió a casarnos. Esta vez con la bendición de Dios.

No era gran cosa, solo nuestras familias y amigos íntimos. Llevábamos nueve años casados, pero cuando la vi llegar al altar con su ramo, su vestido de novia y su sombrero, me emocioné tanto como la primera vez, quizá incluso más. La iglesia y todo hizo que pareciera mucho más real. Lucy estaba encantadora, con aquellos grandes ojos azules mirándome fijamente.

Uno de nuestros amigos más queridos, Ed Sedgwick, entregó a la novia. Ed era director en MGM y había sido como un padre para Lucy durante muchos años. Había dirigido películas de Buster Keaton, wésterns de Tom Mix y muchas de las divertidísimas persecuciones y rutinas bufonescas de los policías de Keystone mientras estaba contratado por Hal Roach.

El capitán Kenny Morgan, casado con Cleo, la prima de Lucy, voló desde su puesto en el Pentágono, en Washington, para ser mi padrino. Mi madre era la madrina de bodas. Groucho Marx nos envió un telegrama: «¿QUÉ HAY DE NUEVO?».

La razón por la que no habíamos tenido un hijo no era que no lo intentáramos. Hacíamos todo lo humanamente posible para tener uno. Nunca olvidaré el día que tuve una cita con un médico. Tal vez fuera culpa mía, pensé.

—Tengo que hacer un recuento de su semen —me dijo—, así que vaya al baño de ahí detrás, tome esta botellita y ponga su semen en ella.

—Espere un momento —dije—. ¿Cómo?

—Mastúrbese, y cuando llegue el orgasmo asegúrese de que fluya hacia esta botella.

—Me estoy poniendo un poco mayor para eso, Doc. ¿No podría ayudarme una de las enfermeras?

—Olvídelo —dijo—, lo tiene que resolver solo.

Fui al baño y me dije:

—Bueno, tienes que hacerlo, así que hazlo.

Los camiones de bomberos y las sirenas de policía que pasaban por la calle de abajo no ayudaban en nada a mi tarea. El resultado fue que no había ninguna razón física por la que no pudiera ser padre. Lucy ya había sido examinada y tampoco le pasaba nada.

Seis meses después de nuestra boda en la Iglesia católica, Lucy estaba embarazada. Estaba seguro de que Dios nos había recompensado.

Una noche, en el rancho, de repente empezó a gritar:

—¡Dios mío, Dios mío! Cariño, ¡estoy sangrando!

Estaba en su tercer mes.

La metí de inmediato en el carro y empecé a manejar desde Chatsworth hasta el hospital Cedars of Lebanon de Los Ángeles, a casi cincuenta kilómetros. Estaba rompiendo todos los límites de velocidad del estado cuando vi que nos perseguía un policía en moto. No le presté atención, así que aceleró y se puso a mi lado, agitando los brazos y señalando la orilla de la carretera.

—¡Cedars of Lebanon, *por favor!* —grité

No preguntó por qué ni nada. Se puso delante de nosotros y nos llevó hasta el hospital.

Red Krone, el médico responsable, y su personal lucharon durante tres días para salvar a nuestro bebé. No creo que sea posible vivir una época más desgraciada que la nuestra.

Lucy estaba completamente destrozada. Se sentía inepta, incapaz. Fue desgarrador.

A la mañana siguiente de haber perdido al bebé, el doctor Krone vino a su habitación y nos dijo:

—Sé cómo se sienten, pero esto es lo mejor que podía haber pasado.

Casi le pego.

—¿Cómo demonios puedes decirnos eso, Red?

—Espera un momento, Desi —dijo—. Deja que te lo explique. Cuando después de tantos años de matrimonio el primer embarazo acaba en aborto espontáneo, significa que el embarazo no iba bien. Esto es lo que hace la naturaleza para enderezar las cosas. Te apuesto una cena en Chasen's a que pronto volverá a estar embarazada y no tendrá ningún problema.

*My Favorite Husband* (Mi marido favorito) era un programa de radio de CBS que Lucy llevaba haciendo unos años. Richard Denning interpretaba al marido. Era una comedia de situación de media hora muy buena, patrocinada por Jell-O, y siempre cerca de los primeros puestos de las audiencias nacionales.

A principios de 1950, CBS había empezado a hablar con Lucy sobre la transferencia de *My Favorite Husband* a la televisión como serie. Lucy dijo que lo haría, pero «solo si Desi hace de marido». Su marido en el programa de radio era el típico americano, vicepresidente segundo de un banco y un rubio alto de ojos azules. No había forma de que me creyeran en ese papel.

Pero, fue entonces cuando se nos empezó a meter la idea de que quizá podríamos trabajar juntos en televisión. No haciendo *My Favorite Husband* sino una comedia de situación de marido y mujer, con el personaje del marido escrito de modo que yo pudiera interpretarlo y ser creíble en él. Pero la cadena, las agencias y todos los implicados dijeron que nadie se iba a creer que un director de orquesta latino con imagen de Pete el Cubano Babalú con tambor de conga pudiera casarse con una típica muchacha pelirroja estadounidense. (A estas alturas ya era pelirroja).

—No tiene sentido —dijeron todos.

Lucy no se rindió. Me dijo:

—¿Por qué no lo probamos?

—Mira, cariño, quizá tengan razón —dije—. Tal vez no tenga sentido que tú y yo hagamos de marido y mujer. De hecho, mucha gente decía que no tenía sentido que nos hubiéramos casado. Quizá no sea bueno para tu carrera, ni tampoco para la mía.

En aquella época, a ella le iba bastante bien con su carrera radiofónica y cinematográfica, y a mí tampoco me iba mal. A estas alturas, ya ganaba más de cien mil dólares al año, que no es poco.

Al entrar en televisión tendríamos que renunciar a lo que teníamos seguro, para arriesgarnos con algo que todo el mundo nos decía que no tenía ninguna posibilidad. Pero siempre he creído mucho en la sabiduría del público. El pueblo estadounidense es el que decide qué y quiénes tienen razón y qué y quiénes no. El gran George M. Cohan dijo algo así: «Lo más probable es que cada individuo del público no tenga el conocimiento para saber por qué le gusta algo o por qué no, pero como grupo son unos genios».

Y, si presentas algo en un sitio y a ese público en concreto le gusta, se ríe, llora o hace lo que intentes que haga, otro público, en otro lugar, el 99 % de las veces reaccionará de la misma manera.

Creyendo esto, por mis experiencias en el vodevil y el teatro, le dije:

—Bueno, probemos de esta manera: montemos un número y este verano vendrás conmigo a mi gira teatral y veremos qué piensa el pueblo estadounidense de que trabajemos en equipo.

Tenía un amigo muy querido llamado Pepito que solía ir a pescar conmigo. Ahora está retirado, pero fue uno de los mejores payasos del mundo. Su nombre de espectáculo era «Pepito, el payaso español». Fue cabeza de cartel en el Hippodrome durante años, en la época en que el teatro era *el* lugar en Nueva York. También había hecho actuaciones maestras para la reina de Inglaterra y el rey de España. Un payaso brillante.

Mientras pescábamos un día, le conté lo que Lucy y yo estábamos planeando y me dijo:

—Sí, es una buena idea. Tengo algunas partes de payaso que podrían ayudarte con tu número, y estoy seguro de que Lucy estaría genial haciéndolas.

—Gracias, Pepito, te lo agradeceríamos mucho.

Conseguimos una *suite* en el Hotel Coronado de San Diego y se pasó dos semanas trabajando de ocho a diez horas diarias con Lucy y conmigo. También convirtió un violonchelo y un xilófono en grandes accesorios cómicos, exactamente iguales a los que había utilizado como parte de su número de payaso. Los utilizamos ambos en nuestra gira teatral como más tarde en la cinta piloto de *Yo amo a Lucy*. Fueron dos de los mejores números que hizo Lucy.

Bob Carroll, Jr. y Madelyn Pugh, que estaban escribiendo su programa de radio con Jess Oppenheimer, escribieron un breve *sketch* para nosotros. Resultó que no era lo único que iban a escribir para nosotros. En 1959, ya habían escrito 180 episodios de *Yo amo a Lucy* de media hora, más doce horas de la *Lucy-Desi Comedy Hour* y después escribieron varios episodios de *The Lucy Show* (El *show* de Lucy) y muchos de los episodios de *Here's Lucy* (Aquí está Lucy). Les digo que lo próximo que escribirán para ella será *There Goes Lucy* (Ahí va Lucy) y luego, seguro, *Here Comes Lucy Back* (Aquí vuelve Lucy).

Escribí algunas letras para que las hiciera conmigo en el segundo estribillo de «Cuban Pete» y monté una rumba salvaje con la que terminar ese número. Ya estaba lista para unirse a nuestro espectáculo.

La gira se organizó de modo que nos viera una verdadera muestra representativa del país. Actuamos en el Roxy Theatre de Nueva York, seguido de teatros en Minneapolis, Omaha, San Francisco y otros.

Por supuesto que ella era sensacional.

En la parte del violonchelo, yo estaba en el escenario haciendo un número y ella, vestida con una corbata blanca mal ajustada y estropeada, frac y un viejo sombrero de fieltro, atravesaba el público llevando ese violonchelo por el pasillo central. Según el público la reconocía, se armaba un gran revuelo. Iba a fingir que no sabía a qué venía ese alboroto y quién estaba interrumpiendo mi programa.

—¿Qué está pasando ahí fuera? Por favor, enciendan las luces.

Entonces se la veía entre el público preguntando:

—¿Dónde está Dizzy Arnazy? —con voz ronca de hombre.

Luego subía al escenario, me miraba de arriba abajo y me decía:

—¿Usted es Dizzy Arnazy?

—Desi Arnaz —la corregía.

—Eso es lo que he dicho, Dizzy Arnazy.

Dándome por vencido, le decía:

—Mire, señor, ¿qué es lo que quiere?

—Quiero trabajar en su orquesta.

—Ah, ¿es músico? —pregunté.

—Sí, así es.

Luego se metía en la banda, empezaba a sacar el violonchelo de su estuche, trepaba por los atriles, golpeaba a algunos de los muchachos en la cabeza con el estuche mientras se daba la vuelta y buscaba un sitio para sentarse, hasta que tuve que ir hacia ella, diciéndole:

—¡Espere un momento! ¡Un momento! ¡Vuelva aquí! —Y volvía a llevarla delante.

—¿Qué pasa? —decía ella

—Tengo que ver sus credenciales —le respondía.

Entonces hacía un gran gesto, ponía cara de asombro y cruzaba los brazos sobre el pecho.

Es una de las mejores pantomimas del mundo y una payasa de corazón. Se sabía perfectamente las rutinas que Pepito le había dado. Cada

**DESDE ARRIBA:** Podría haberme quedado en casa y que mi mujer me mantuviera. • La orquesta fue contratada en todos los teatros del país.

**DESDE ARRIBA:** Mi madre Lolita, D. A., Lucy, Dede. • «Me llaman Sally Sweet. Soy la reina de la Delancey Street».

Episodio piloto de *Yo amo Lucy*: «¿Sabes tocar esa cosa?»

movimiento que hizo, cada cosa que hizo con el violonchelo de atrezo, mientras hacía una audición para mí, no obtuvo más que grandes carcajadas.

Después del violonchelo, tocó el xilófono, no como Lucy, sino como una foca, una foca tocando el xilófono. Más adelante en el espectáculo, durante el segundo estribillo de «Cuban Pete», salía con un traje de «Frankie y Johnny», balanceando un bolso y cantando: «Me llaman Sally Sweet/ Soy la reina de Delancey Street/Cuando empiezo a bailar, todo va/Chick, chicky boom/Chick, chicky boom/Chick, chicky boom», y con el último «boom», me daba un gran golpe y me tumbaba el sombrero de paja de la cabeza. Luego hacíamos el baile de la rumba salvaje para salir.

Todo este número, más el breve *sketch* que se escribió para nosotros, y el propio Pepito, acabaron convirtiéndose en el programa piloto de *Yo amo a Lucy*.

La gira fue un éxito tremendo y nos convenció a Lucy y a mí de que a la gente le gustábamos como equipo, lo que significaba más para nosotros que lo que pensaran los ejecutivos de una u otra cadena.

Después de la gira teatral volvimos a California. La orquesta y yo íbamos a abrir el primer gran club nocturno de Palm Springs, el Chi Chi. Lucy estaba negociando para protagonizar la película de Cecil B. DeMille *The Greatest Show on Earth (El espectáculo más grande del mundo).*

Abrimos en el Chi Chi en octubre. Lucy vino y pasó un par de semanas conmigo. Mientras estaba allí, Harry Ackerman, el jefe de CBS en la Costa Oeste, me habló de una idea que tenía Guy della Cioppa, su mano derecha en el departamento de radio, sobre un programa que se llamaría *Tropical Trip* (Viaje tropical). Iba a ser un concurso musical con tres concursantes y el premio gordo eran unas vacaciones de dos semanas, con todos los gastos pagos, a un país distinto de América Latina cada semana.

También me explicó que iba a ser un «espectáculo de inversión propia», lo que significaba que aún no tenían patrocinador, por lo que el presupuesto sería reducido. Los programas de inversión propia son programas que las cadenas pagan por sí mismas y que usan para rellenar determinadas franjas horarias de la programación cuando no pueden conseguir un patrocinador. También los utilizan para promocionar sus grandes espectáculos y para hacer anuncios de servicio público, como para The March of Dimes, Heart Fund y Christmas Seals.

El señor Ackerman me dijo que *Tropical Trip* estaba programado para los domingos por la tarde, precediendo a Edgar Bergen y Charlie McCarthy, Jack Benny y todos los demás pesos pesados el domingo por la noche. No me interesaba especialmente su idea. Sabía que para cuando pagara la banda, los arreglos y los copistas, no me quedaría mucho.

Sí me gustó el *tema* del programa. Iba de la mano de la Política del Buen Vecino del presidente Roosevelt de principios de los cuarenta, tan hábilmente asistida por la Fundación Rockefeller, pero yo no podía permitirme ser tan filantrópico como los Rockefeller. Afortunadamente, hasta ahora nos había ido bastante bien.

Poco después de terminar en el Chi Chi, a finales de noviembre de 1950, volvimos al Ciro's de Hollywood. Un par de semanas después descubrimos que Lucy estaba embarazada. Esto era, sin duda, lo más importante de nuestras vidas. Ninguno de los dos pensó que pudiera ser verdad, que estuviera realmente embarazada. Pero, el doctor Joe Harris (su socio, el doctor Krone, estaba fuera del país) dijo: «Sí, hay uno en camino y tú y Desi le deben a mi socio una cena en Chasen's».

Llamé al señor Ackerman de CBS y le pregunté si seguía interesado en que nuestra orquesta y yo hiciéramos el programa de radio que el señor della Cioppa tenía en mente; si era así, estaría encantado de ir y hablar con ellos. Me dijo que sí, y concertamos una cita.

Entré y cerré el trato para empezar a hacer *Tropical Trip* a principios de enero de 1951. El señor Ackerman tenía razón. El presupuesto era muy pequeño, pero mantenía a la banda unida y a mí en casa. También me dio la oportunidad de ampliar nuestra casa de Chatsworth con mi amigo Earl Leverich, constructor profesional. Estábamos construyendo una guardería, por supuesto, con dos cuartos, un gran baño, sala de juegos y patio… todo. Earl me hizo clavar cada maldita teja de ese tejado.

Al mismo tiempo, Lucy tenía problemas con Harry Cohn, de Columbia Pictures, donde estaba contratada, y aún le quedaba una película por hacer para ellos. Harry Cohn era uno de los magnates pioneros del cine de antaño y un buen cineasta. Pero siempre intentaba sacar ganancia.

Lucy intentaba que la dejara hacer *El espectáculo más grande del mundo* para el señor DeMille, pero no conseguía nada. Una y otra vez le preguntó: «¿Por qué no me dejas hacer esta película? Ya me habías prestado antes para hacer algunas pésimas, cuando no importaba».

Harry tuvo que pagarle ochenta y cinco mil dólares por esa última película de su contrato. Estoy seguro de que, si él le hubiera pedido a Lucy que lo liberara de ese compromiso, ella habría accedido para poder hacer la película de DeMille. Eso era demasiado simple para Harry. Quería ser más astuto que ella.

Así que le envió un guion titulado *The Magic Carpet (La alfombra mágica)*. Era un guion terrible. Era el tipo de cosas que querían que te negaras a hacer, para romper tu contrato. Era lo que llamaban un rompecontrato.

Me pidió que leyera esta cosa. Lo leí y dije:

—Hay que estar loco para hacer esto.

—Lo único que tengo que hacer para conseguir los ochenta y cinco mil dólares —dijo— es aparecer. Solo tiene una programación de seis días. (Incluso *Cuban Pete* tuvo una programación de doce días).

—Ya no puedo hacer la película de DeMille porque para cuando el señor DeMille esté listo para empezar con *El espectáculo más grande del mundo* estaré tan grande con tu hijo que no podré salirme con la mía.

—Lo que estás tratando de decirme —le dije— es que vas a entrar ahí, no le dirás a nadie que estás embarazada, harás esta miserable *La alfombra mágica*, conseguirás tus ochenta y cinco mil dólares y te liberarás de tu contrato con Columbia.

—¿Por qué no? —dijo ella.

—Sí, ¿por qué no? —dije—. La cosa es tan horrible que estoy seguro de que nadie la va a ver nunca, así que no puede hacerte mucho daño.

Iba a hacer el papel de una de esas muchachas del harén, tumbada en un diván con un traje escaso, mientras las esclavas le daban de comer uvas.

—Adelante, haz la maldita cosa.

Mandó decir a Columbia que estaría encantada de hacer esta película. Se supone que las muchachas del harén están un poco rellenitas, pero Lucy se estaba poniendo bastante más rellenita. La muchacha del departamento de vestuarios no entendía por qué tenían que ampliar los trajes todos los días.

—Diles que son las cenas cubanas que te preparo.

Terminó la película para Columbia. Sam Katzman era el productor, un hombre muy agradable que solía hacer películas de categoría «B» y seriales, pero desde entonces ha hecho algunas películas muy buenas. Trató por todos los medios que Lucy no hiciera esa película. El salario de Lucy, ochenta y cinco mil dólares, superaba todo su presupuesto.

—¿Por qué no nos dejas reescribirlo? —preguntó—. Seguro que si tuviéramos un poco más de tiempo podríamos hacerlo mucho mejor para ti.

Pero Lucy, sabiendo que tenía que acabar con aquello en muy poco tiempo, dijo:

—No cambies ni una palabra. Es sencillamente precioso. Me gusta como está.

Cuando terminó la última escena de la película, telefoneó a Harry Cohn desde el set y le dijo:

—¿Harry?

—Sí.

—Es Lucille Ball.

—¿Qué demonios quieres?

—Solo quiero que seas el primero en saber que Desi y yo vamos a tener un bebé.

A lo que el señor Cohn respondió:

—Vaya zorra. Me has jodido, ¿verdad? ¿Por qué no me lo dijiste antes de la película?

A estas alturas, Lucy ya no tenía ninguna posibilidad de hacer la película del señor DeMille, que iba a estrenar Paramount. La reacción de DeMille ante el hecho de que Lucy tuviera un hijo fue un poco diferente a la del señor Cohn. Lucy fue muy sincera con él y le contó toda la historia de por qué había hecho esa pésima película para Harry solo para conseguir sus ochenta y cinco mil dólares y librarse de su contrato allí.

Vi a DeMille un mes después en un acto en Hollywood. El señor DeMille se me acercó y me dijo: «Felicidades, señor Arnaz. Eres el único hombre que se ha tirado a su mujer, a Cecil B. DeMille, a Paramount Pictures y a Harry Cohn, todos a la vez».

# 27

POCO DESPUÉS DE EMPEZAR A HACER *TROPICAL TRIP*, William S. Paley, el jefe de CBS, aceptó hacer nuestro programa piloto de televisión. Dijo a su gente: «Creo que los espectadores podrían creer que esos dos podrían estar casados. Al público de todo el país le gustó mucho que trabajaran en equipo en la gira teatral que hicieron, y además llevan diez años casados».

El primer guion no se escribió sobre Lucy y Ricky Ricardo. Se escribió sobre Lucille Ball y Desi Arnaz. Era un guion divertido y estaba bien escrito, pero ella interpretaba a Lucille Ball, una actriz de cine de éxito, casada con un director de orquesta cubano que también tenía mucho éxito. Así que, en realidad, nos estábamos interpretando a nosotros mismos en ese guion.

Lo divertido del guion eran los problemas que tenía esta pareja al tratar de estar juntos. Yo estaba de gira la mayor parte del tiempo y ella trabajaba en el estudio; o si yo trabajaba en un club nocturno de Hollywood, nos encontrábamos a las cinco y media de la mañana en la cima de Coldwater Canyon, ella yendo al estudio y yo volviendo del club nocturno de camino a casa para acostarme. En otras palabras, igual que lo que pasaba en nuestras vidas.

Además, el primer guion tenía que ver con nuestro aniversario. Habíamos planeado con cuidado pasarlo juntos y tranquilos. Llevábamos mucho tiempo planeándolo antes de enterarnos de que *Life* iba a hacer un reportaje sobre nosotros en esa fecha. Nos avisaron a último momento de que un fotógrafo y un escritor vendrían a casa a pasar nuestro aniversario con nosotros, y esto estropeó un poco la celebración que habíamos planeado.

Como he dicho, era divertido y estaba bien escrito, pero me pareció que el público televisivo no se identificaría con este tipo de pareja. Pensarían: «Así que van a estropear su aniversario. ¿Y qué? Van a conseguir una portada en la revista *Life*. ¿Por qué demonios son tan infelices? Es un buen negocio».

Estoy seguro de que hay parejas en nuestra industria, ya sea en el cine o en el teatro, que se divertirían con esa situación y podrían identificarse con ella. Pero siempre he sido de la opinión de que no hay que hacer un espectáculo para la gente que puede permitirse ir al «21» de Nueva York o al Dave Chasen's de Beverly Hills, sino para la gente que no puede ir a esos sitios, y esa sería la mayoría de los estadounidenses.

Así que cambiamos el formato a una situación más realista. En lugar de que mi papel fuera el de Desi Arnaz, el exitoso director de orquesta, se convirtió en Ricky Ricardo, también director de orquesta, pero fajándose para salir adelante. Sacamos a Lucy completamente del mundo del espectáculo y la convertimos en una simple ama de casa a quien le hubiera gustado entrar al mundo del espectáculo, pero que no tenía ningún talento.

En el segundo programa (no están en el piloto) tendríamos vecinos, Fred y Ethel Mertz. El episodio incluiría todos los problemas que tendrían normalmente un marido y su mujer. Todo el mundo entiende esos problemas. También entenderían la relación con los vecinos y la batalla de sexos: Lucy y Ethel contra Ricky y Fred.

Así es como al fin llegamos al formato de *Yo amo a Lucy*.

Jess Oppenheimer, Bob Carroll, Jr. y Madelyn Pugh habían visto nuestro número teatral y escribieron el guion piloto en torno a él. Lo hicimos en vivo en la sede de CBS en Sunset y Gower, en su gran Estudio A. En aquella época, 1951, la mayoría de los programas se hacían así. Había muy poca televisión filmada, casi ninguna.

Un episodio piloto es una producción destinada a mostrar a una cadena, a posibles patrocinadores y a sus agencias de publicidad cuál es tu formato y qué pretendes hacer en el futuro con este tipo de material. Es como una audición. La cadena coge esta media hora y va a las distintas agencias de publicidad y les muestra el cinescopio, diciendo: «A CBS le gusta este programa y estamos planeando hacer una serie, protagonizada por Lucille Ball y Desi Arnaz en este tipo de comedia de situación».

También le habíamos dado a CBS seis u ocho esbozos más de historias que Jess, Bob y Madelyn habían escrito para que pudieran contar a los interesados lo que seguiría en otros episodios.

El piloto volvió a CBS de Nueva York y en cuarenta y ocho horas se vendió a Philip Morris. La Biow Company era la agencia de publicidad. El precio de cada episodio de la serie sería de $19 500, y haríamos treinta y nueve de ellos para esa primera temporada, 1951-1952, luego Philip Morris tendría la opción de continuar la serie un segundo año o no. Hoy, cada episodio costaría $100 000 o más, y solo harías veinte o veintidós y llenarías el resto de la serie con programas repetidos.

La venta de nuestro primer piloto fue la experiencia más emocionante. Una cadena, un patrocinador y un horario, el lunes a las nueve de la noche, todo en dos días. ¡Increíble!

Un mes después recibí una llamada del señor Milton Biow de Nueva York. Me preguntó: «¿Cuándo se mudan Lucy y tú a Nueva York para empezar la serie?». Era una pregunta muy estremecedora.

Todo lo que habíamos hecho, tratando de trabajar en equipo, lo habíamos hecho para ver si podíamos, por fin, estar juntos y quedarnos en casa. Y ahora en concreto, cuando esperábamos con ansias la llegada de nuestro primer hijo, este hombre nos preguntaba cuándo íbamos a estar en Nueva York.

Cuando recibí la llamada del señor Biow, Lucy estaba en los dos últimos meses de embarazo. Solía salir de casa contoneándose, grande como un elefante, nos miraba a mí y a Earl en el tejado y decía:

—Dense prisa, muchachos. Este bebé no va a esperar eternamente. Corten los descansos cerveceros.

—No te preocupes, cariño, lo lograremos.

Cuando le dije al señor Biow que no teníamos intención de mudarnos a Nueva York para hacer la serie, me contestó: «No pueden hacer la serie en California. Si lo hicieran, todo lo que obtendríamos en la Costa Este sería el cinescopio y la calidad sería terrible».

No había cable coaxial de la Costa Este a la Costa Oeste. Lo que recibíamos en la Costa Oeste era un cinescopio y la calidad era pésima. En la Costa Este, donde todos los grandes espectáculos se hacían en vivo, la calidad, por supuesto, era buena. Ahora, gracias al cable y a los satélites de comunicación, los telespectadores reciben la imagen en vivo desde cualquier parte del mundo, y la calidad es la misma en cualquier costa de Estados Unidos o en Londres, Japón o Argentina. Algo que nunca he podido entender es cómo puedes girar un botón en el televisor de casa y ver lo que pasa mientras pasa, dondequiera que pase. Está más allá de mi comprensión. Pero bueno, tampoco he creído que alguien llegara realmente a la Luna. El Centro Espacial de Houston lo arregló de alguna manera con el Departamento de Animación de Disney.

El señor Biow continuó: «Hay más gente viendo programas al este de Chicago que en todo el resto del país al oeste de Chicago. Seguro que comprendes que el patrocinador quiere que el espectáculo sea visto en su mejor calidad por la mayor audiencia posible. No aceptaremos que el programa se emita en vivo desde California y que solo llegue el cinescopio a la Costa Este».

Lo entendía perfectamente, pero no queríamos mudarnos a Nueva York. Pero, por otra parte, no queríamos perder a nuestro patrocinador.

«Tiene que haber una manera», pensé.

Entonces, alguien desde algún lugar me tocó el hombro y dijo en voz baja: «Filmar».

¡Ya está! ¡Por supuesto! ¡Lo haríamos en cinta cinematográfica! Podríamos hacer tantas impresiones como fueran necesarias y todo el país obtendría la misma calidad superior. El patrocinador enseguida compró la idea de la película. CBS no discutió mucho al respecto, pero sí dijo:

—Nos gusta que Lucy trabaje ante el público. Así es como hace su programa de radio y es mucho mejor con público que sin él. Si lo haces en una película, no podrá trabajar ante el público y no queremos eso.

No podía discutir con ellos. Tenían razón. Ella *es* mucho mejor delante del público.

—Bueno —les dije—, ¿por qué no filmamos delante de un público?

—¿Qué demonios es eso? —respondieron.

Yo tampoco sabía qué demonios era «eso», pero ya lo había dicho, así que lo repetí.

—Lo haremos filmando delante del público, eso es todo.

—¿Cómo harán eso? —me preguntaron.

Nadie había hecho una comedia de situación filmada ante un público. Yo tampoco tenía la menor idea de cómo lo haría. Pero, pensé, los espectáculos en vivo se hacen delante de un público, así que, ¿por qué no un espectáculo filmado?

Y querían respuesta a otra pregunta más:

—¿Cuánto va a costar filmarlo delante de un público?

De nuevo, no lo sabía. Me imaginé que tendríamos que ponerla en escena como una obra de teatro y, mientras lo hacíamos, fotografiarla simultáneamente con tres o cuatro cámaras de cine de treinta y cinco milímetros (había prometido la máxima calidad, así que el dieciséis estaba descartado) y grabarlo todo, al mismo tiempo, delante de un público. Así que, con la intención de parecer que sabía de lo que hablaba, saqué una cifra del aire y les dije:

—Al menos cinco mil dólares más, veinticuatro mil quinientos dólares por cada episodio.

Ese precio suena ridículamente barato hoy en día, pero era mucho, mucho dinero en aquellos tiempos. Las negociaciones fueron y vinieron hasta que Philip Morris aceptó subir dos mil dólares. CBS aceptó poner otros dos mil como contribución al presupuesto.

Nunca voy a olvidar lo que vino después. Como ya he mencionado, estaba haciendo *Tropical Trip* en la radio CBS, cuando Don Sharpe, que entonces era nuestro agente, vino a un ensayo y dijo:

—Estoy seguro de que los dejarán hacerlo como quieren, pero Lucy y tú tendrán que aceptar un recorte de sueldo.

—¿De cuánto es el recorte? —pregunté.

—Mil dólares a la semana. Eso compensará los cinco mil dólares de más por cada espectáculo.

En aquel momento, nuestro trato era de cinco mil dólares por episodio para los dos, más el 50 % de las ganancias, si es que al final las había. Como era un jugador de riesgo a largo plazo, le dije:

—De acuerdo, Don, aceptaremos el recorte de mil dólares por los primeros treinta y nueve episodios, si consigues que acepten que entonces seremos propietarios al cien por ciento de todos los espectáculos de este año y de todos los de los años futuros, si los hubiera.

Realmente no nos jugábamos demasiado dinero. En nuestra categoría impositiva, otros $39 000 de ingresos significarían que, después de impuestos, solo nos quedarían $4 000, o posiblemente $5 000 como máximo. En realidad, estaríamos comprando el otro 50 % de las filmaciones de *Yo amo a Lucy* por $5 000 o menos. CBS estuvo de acuerdo.

Unos años más tarde les volvimos a vender las películas por $4 500 000. Una de las veces en que tratar de sacar un triunfo de un revés (como hizo mi padre con las baldosas rotas) valió la pena, ¡y vaya si valió la pena! ¡El premio gordo más grande de nuestras vidas!

Creo que la razón por la que CBS permitió es que no creían que rodar los programas como queríamos hacerlo fuera a funcionar. Así que probablemente pensaron: «¿Qué demonios? Dejemos que luchen durante unos cuantos episodios y pronto estarán encantados de venir a Nueva York y hacerlos en vivo. Y, si les sale bien, ¿qué importa?».

En aquella época, nadie pensaba mucho en los ingresos residuales ni en lo que podría valer una filmoteca en el futuro. Por tanto, estoy seguro de que pensaron que ceder el 50 % de la propiedad no significaba nada de todos modos.

Para serte sincero, nosotros tampoco lo habíamos soñado. Simplemente sabíamos que podíamos hacer un mejor espectáculo filmándolo. Lucy estaría mejor fotografiada y los errores cometidos durante el rodaje podrían corregirse con nuevas tomas.

En aquella época, había visto tantos programas de televisión con errores tan ridículos que te arruinaban la historia, como un cadáver que se levantaba y se alejaba mientras la cámara seguía fotografiándolo. En una revista o espectáculo de variedades, ese tipo de errores a veces incluso añaden diversión. Pero no hacíamos ese tipo de programas, sino comedia de situación, que, para ser divertida y real, también tiene que ser creíble. Así que sabía que nuestro producto final en película tenía que ser mejor que hacerlo en vivo.

También me parecía que a una familia sentada en casa, viendo un espectáculo, le importaba un bledo cómo se hacía mecánicamente ese espectáculo, en vivo o en película. Solo les interesaría ver un buen espectáculo y entretenerse con él.

Al querer quedarme en casa para esperar la llegada de nuestro primer hijo, no perder a nuestro patrocinador y complacer los deseos de CBS de que Lucy trabajara ante el público, me había inventado «esa» forma de hacerlo. Y ahora estaba arriesgándola en grande. Les había hecho creer a todos que sabía de lo que hablaba, cuando en realidad no tenía ni la menor idea.

Le conté a Lucy mi dilema y luego añadí agregué:

—¿Qué te parece, Red, tienes alguna idea?

—Bueno —dijo—, se va a fotografiar en cinta, igual que una película de cine, ¿no?

—Sí, señora.

—Entonces, señor, será mejor que empieces por buscar a alguien que sepa filmarlo.

—Gracias, Red, acabas de darme mi primera pista.

# 28

HABÍA CONOCIDO A KARL FREUND CUANDO LUCY actuaba con Red Skelton en *La DuBarry era una dama* en MGM.

El señor Freund fue el director de fotografía de esa película y un gran artista. Ni Garbo ni Hepburn harían una película sin Karl. Era un hombre grande, gordo y alegre que se paseaba por todo el set llevando un termo lleno de martinis y dando órdenes con su fuerte acento alemán. Aun así, nunca lo vi borracho, y era un hombre amable y brillante. Todos lo llamaban Papa.

Había ganado el codiciado premio de la Academia por *The Good Earth (Madre tierra)* protagonizada por Luise Rainer y Paul Muni. También era un hombre muy innovador, que fue la razón por la que pensé en él primero.

Fue Karl el primero en explotar con éxito la cámara en movimiento. Utilizó plataformas rodantes —llamadas «*dolly*» en inglés— y grúas de grabación para la película *The Last Laugh* (*La última risa*) protagonizada por Emil Jannings, que Papa fotografió en Alemania en 1924.

Un *dolly* es una plataforma con cuatro ruedas que encajan sobre raíles, y la cámara va montada en la plataforma. Los raíles se colocan nivelados para evitar que la cámara tiemble.

Los suelos de los estudios de cine solían ser de madera y nada lisos. Incluso ahora, muchos de ellos son así. En el *dolly*, o la plataforma rodante, puedes mover la cámara hacia atrás o hacia delante según sea necesario. (Los lentes de acercamiento no aparecieron hasta finales de los años cincuenta).

Antes de la invención de las plataformas rodantes, la cámara se colocaba en un trípode y permanecía inmóvil dondequiera que la pusieras, y si necesitabas una toma más cercana o un ángulo diferente, levantabas la cámara y la movías al lugar necesario para ello.

Una *grúa de grabación* también es una plataforma, solo que más grande y sólida, con ruedas más grandes sobre raíles más pesados para poder soportar la cámara montada en la grúa, que puedes subir o bajar a tu antojo. Hay grúas pequeñas que solo pueden subir hasta tres metros, y hay otras que pueden subir entre siete y nueve metros o más, según el tipo de plano que quieras filmar. Busby Berkeley casi se puso en órbita por algunas tomas de grúa en aquellos grandes musicales que dirigió para Warner Brothers.

En 1942, Papa también introdujo su fotómetro, que indica si la iluminación que tienes es la adecuada para el tipo de película que estás usando. Su fotómetro es el que usaban y siguen usaban la mayoría de los directores de fotografía.

También se le da crédito por la invención de la *toma en proceso*. Una toma en proceso es una forma de mostrar a una persona conduciendo por las montañas o pilotando un avión, sin salir nunca del escenario del estudio. Esto se hace colocando una gran pantalla transparente en el escenario. Unos metros por detrás de esa pantalla hay un proyector de imágenes, que proyecta en la pantalla el fondo que necesites, ya sea fijo o en movimiento, para esa escena. Antes has filmado el fondo. Delante de esa pantalla pones el carro y las personas que van en él o el avión y su piloto y pasajeros. Luego lo fotografías todo con una cámara cinematográfica de treinta y cinco milímetros, que se coloca de cara a la gran pantalla e incluye todo lo que pongas delante, lo que te da el efecto de que el carro está viajando o el avión está volando, o tal vez simplemente de que un grupo de personas está de pie mirando la Torre Eiffel de París, las ruinas de Roma o la Gran Muralla China.

Freund era el tipo de fotógrafo que necesitaba para «esa» forma de hacer las filmaciones de *Yo amo a Lucy*. En ese momento se encontraba en Washington, D. C., trabajando para el Gobierno en el laboratorio de Investigación y Desarrollo Cinematográfico. Llamé a Karl y le dije lo que quería hacer.

—Quiero montar el espectáculo como una obra de teatro, filmarlo en continuidad ante un público de quizá trescientas personas, utilizando tres cámaras de treinta y cinco milímetros y grabando las risas y reacciones del público junto con nuestros diálogos, todas las cámaras sincronizadas en una misma banda sonora para que podamos cortar del plano principal a un plano medio o a un primer plano cuando posteriormente editemos la película.

—No puedes hacerlo —dijo. No era un hombre de muchas palabras.

—¿Por qué, Papa? —pregunté tranquilo.

—Es imposible. ¿Me estás pidiendo que utilice una cámara para fotografiar la toma maestra, el set completo con quien salga en él? ¿Correcto?

—Correcto.

—¿Al mismo tiempo que la segunda cámara está haciendo un plano medio, más cerca que la maestra y con solo dos, tres o cuatro personas?

—Así es.

—¿Mientras la tercera cámara hace un primer plano de Lucy, de ti o de quien sea? —preguntó.

—Sí, señor.

—No puedes hacerlo.

—¿Por qué no?

—Porque, querido muchacho, debes iluminar para el plano principal de una forma, iluminar para el plano medio de otra forma e iluminar para los primeros planos de otra forma. No se pueden fotografiar los tres ángulos al mismo tiempo y conseguir una buena calidad cinematográfica. Encima quieres hacerlo delante de un público.

—Bueno, sé que nadie lo ha hecho hasta ahora, pero pensé que, si había alguien en el mundo que pudiera hacerlo, sería Karl Freund.

—Eso es muy halagador.

—Dios mío, Papa —le dije—, usted nos enseñó a usar una cámara en movimiento, inventó el medidor de luz y la toma en proceso y tengo entendido que ahora está desarrollando una cámara bien chiquita para el Departamento Médico del Ejército, que una persona puede tragarse y que toma una fotografía en película en color a lo largo del proceso digestivo: el intestino delgado, el intestino grueso y el ano, según sale por ese otro extremo. Para ser tan genio, lo que quiero que haga debería ser pan comido.

—Bueno, gracias por pensar eso de mí —dijo—, pero ya sabes que Lucy no está para quinceañera. Quieres que se vea bien, ¿no?

—Por supuesto.

—Bueno, entonces, para sus primeros planos tendría que usar unas luces especiales, poner una pequeña gasa en la lente…

Lo interrumpí:

—No conozco esa parte del proceso, Papa. Usted es un maestro en eso.

Sentía que lo estaba convenciendo.

—Bueno, gracias —me dijo—, pero créeme, Desi, sería muy difícil. Tendríamos que tratar de diseñar una forma totalmente nueva de iluminación, y todavía no creo que…

Casi lo tenía.

—No me importa lo que tenga que hacer, Papa —le dije—, le conseguiré lo que necesite.

—¿Cuándo tenemos que hacer esto? —preguntó.

Ahora sabía que lo tenía.

—Para cumplir nuestra fecha de emisión y adelantarnos unos cuantos programas por si alguien se enferma o algo así, deberíamos hacerlo lo antes posible.

Al fin dijo que viajaría para discutirlo. Entonces me preguntó:

—¿Dónde vas a hacerlo?

—¿Qué quiere decir con eso?

—¿Dónde lo vas a rodar? No puedes llevar a trescientas personas al escenario de un estudio mientras están filmando. No te dejarán. Y dudo que puedas encontrar un teatro en el que puedas construir tres o cuatro decorados a lo largo del escenario, cosa que tendrías que hacer si quieres decorados buenos, sólidos y realistas, y no esas cosas que usan en la televisión en directo, en las que abres una puerta y tiembla toda la pared.

—Eso sí es un problema, ¿no? —dije—. Le diré una cosa: cuando venga acá miraremos diferentes lugares, discutiremos todos los problemas y luego, si sigue pensando que está por encima de sus capacidades, lo olvidaremos.

Eso era todo lo que necesitaba oír. Era un hombre orgulloso y con razón. Luego añadí:

—Por cierto, Papa, hay otra cosa que tengo que decirle. No tengo dinero.

Silencio. Por fin lo repitió planamente:

—¿No tienes dinero?

Sabía que había estado ganando mil quinientos dólares a la semana en MGM, garantizados durante cincuenta y dos semanas al año. En aquella época, diablos, incluso hoy, ese es un salario muy alto para un director de fotografía y él valía cada dólar.

—¿No tienes dinero para pagarme un sueldo? —preguntó.

—Bueno, tendré que pagarle la escala sindical básica, por supuesto.

—¿Escala sindical básica para Karl Freund?

—Mira, Papa, no tenemos por qué darle publicidad. Y si esto funciona, le doy mi palabra de que en un año o mucho menos estará ganando tanto o más que en MGM. Además, sé que, si va a tratar de hacer esto, no lo hará por dinero. Lo hará por el reto.

—Está bien, iré para allá, hablaremos y veremos.

Y vino. De todos modos, Papa estaba forrado. Podía comprarnos y vendernos a Lucy y a mí tres o cuatro veces. Solo el dinero que había ganado con el fotómetro, más un montón de hectáreas de naranjos que poseía en el valle de San Fernando, lo convertían en un hombre de medios considerables. El desafío fue lo que lo atrapó, y yo estaba contando con eso.

Karl y nosotros buscamos en clubes nocturnos, teatros, salones de baile, todo tipo de locales, pero no pudimos encontrar un lugar que satisficiera sus necesidades y las nuestras.

El restaurante y club nocturno de Earl Carroll era lo bastante grande para las cámaras y para el nuevo tipo de iluminación de Papa, que ya estaba diseñando y construyendo, pero el escenario no era lo bastante grande para colocar tres o cuatro decorados uno al lado del otro, cosa que yo sabía que necesitaríamos en algunos episodios. Los guionistas ya habían escrito varios. Además, el sitio de Earl Carroll tenía una forma tal que solo los espectadores de las primeras filas podían ver las expresiones de los artistas, y para nuestro tipo de comedia de situación íntima queríamos a ese público, a todos ellos, lo más cerca posible.

Los demás lugares presentaban el mismo problema u otros diferentes que no se podían superar. *El show de Groucho Marx* se hacía en un pequeño teatro y se filmaba con varias cámaras delante del público. Utilizaban cinco cámaras, colocadas en diferentes lugares estratégicos donde permanecían inmóviles durante todo el programa, y al usar diferentes lentes en cada cámara tenían una selección de cinco ángulos diferentes, pero Groucho solo usó un pequeño set, en el que se sentaba en un banquillo y hablaba con dos concursantes a la vez que estaban de pie junto a él, y ambos permanecían inmóviles también.

No podíamos hacer eso. Nuestras cámaras tenían que estar sobre plataformas rodantes y no solo moverse hacia delante y hacia atrás, sino también hacia los lados por todo el espacio entre nuestros decorados y el público. El único problema era que no existían esos carritos para cámaras. Las cámaras de televisión electrónicas se montaban sobre esas plataformas rodantes y podían ir en todas direcciones, pero no eran lo bastante grandes ni resistentes para soportar una cámara de cine de treinta y cinco milímetros con sonido, un operador de cámara y un ayudante de operador. Sabía que Papa había estado investigando el problema y confiaba en que se le ocurriría algo.

Una noche Lucy y yo estábamos en la cama en nuestro pequeño rancho de Northridge. Eran alrededor de las dos de la mañana. Me desperté de pronto, me senté, la sacudí y le pregunté:

—¿Dónde hacen películas?

Medio dormida, dijo:

—¿Qué… qué…?

—¿Dónde hacen películas?

—¿Qué es esto? —preguntó—. ¿Estás borracho o qué?

—No, no lo estoy. ¿Dónde hacen películas?

—En los estudios de cine, cubano tonto. ¿En qué otro sitio harían películas?

—Ahí es donde vamos a hacer nuestro espectáculo —le dije—. En un set de película.

—No puedes hacerlo —me dijo.

—¿Por qué no?

—No te dejarán meter a trescientas personas en un estudio insonorizado de cine.

—Eso es lo que dijo Karl, pero tiene que haber una manera.

Empecé a investigar. Karl y Lucy tenían razón. No nos permitían llevar a un público de trescientas personas, o incluso muchas menos, a un escenario de cine mientras filmábamos. Y tenían todo tipo de buenas razones y leyes para impedírtelo. El Departamento de Bomberos no te dejaría hacerlo, el Departamento de Salud y Bienestar no te dejaría hacerlo y, en algunos estudios, ni siquiera el Departamento de Zonificación te dejaría hacerlo.

Fui a ver al jefe de los bomberos y me dijo personalmente:

—Va contra nuestras normas de prevención de incendios meter a trescientas personas en el escenario de un estudio cinematográfico mientras se está rodando. No puede hacerlo.

—Ya lo sé —dije—. La razón por la que estoy aquí es para preguntar cómo puedo hacer lo que no puedo hacer.

—¿Cómo dice?

—¿Qué tendría que hacerle al set de sonido de un estudio de cine para poder filmar nuestro espectáculo delante de un público? Las cadenas hacen algunos de sus programas de televisión delante de un público. Hicimos el piloto de *Yo amo a Lucy* en el Estudio A de CBS en Hollywood.

—Los escenarios de las cadenas se ajustaron a nuestra normativa. Supongo que, si tuviera un escenario de estudio de cine con el sistema de aspersores por todo el techo y dos buenas puertas de salida, en dos extremos distintos de una pared, que dieran a la calle principal del estudio, además de una gran puerta de salida doble que diera a una calle de la ciudad, le permitiríamos hacerlo, pero el Departamento de Salud y Bienestar tendría que aprobar la disposición de los asientos del público y las instalaciones sanitarias. Y será mejor que se asegure de que el escenario de este estudio de cine esté junto a una calle de la ciudad, en una zona de la ciudad que no entraría en conflicto con el Departamento de Zonificación, antes de empezar a hacer todas las cosas que le dije que exigiría nuestro Departamento de Bomberos.

—Bueno, lo consultaré con los otros departamentos gubernamentales.

—Hay una cosa más —dijo—. Tendría que tener uno o posiblemente dos bomberos en el local cada vez que trajera al público.

—De acuerdo —dije—. ¿Le importaría poner todo eso por escrito?

Entonces me escribió una carta diciendo que, si hacíamos esto y aquello, y conseguíamos la aprobación de los demás departamentos gubernamentales, los bomberos lo aprobarían.

—Muchas gracias. Ha sido muy amable.

Miramos muchos estudios y podríamos haber alquilado espacio en cualquiera de ellos. A la industria cinematográfica no le iba demasiado bien, y la mayoría de los estudios insonorizados estaban medio o totalmente vacíos. Encontramos el lugar perfecto en el Escenario 2 de los General Service Studios.

Era lo bastante largo como para poder acomodar cuatro o cinco decorados, uno al lado del otro, si fuera necesario, y lo bastante ancho como para permitir una zona entre bastidores, la profundidad de los decorados, el espacio de piso para las cámaras, la disposición de los asientos del público tipo grada que habíamos acordado, y la cabina de sonido y los controles eléctricos encima. También estaba junto a una calle de la ciudad.

Los pisos eran horribles, pero eran horribles en todos los estudios de la ciudad: de madera y llenos de grietas y agujeros por los raíles, los decorados y los pesados soportes de luz que se habían clavado y levantado una y otra vez durante todos los años transcurridos desde que se construyeron los estudios. Así que sabíamos que teníamos que encontrar algún tipo de piso que sirviera a nuestro propósito. Tendríamos que deshacernos del piso viejo, fuera como fuera.

Un dato interesante es que en el Escenario 2 fue donde Shirley Temple rodó su primera película, un cortometraje de diez minutos.

La avenida a la que lindaba este escenario era estrecha (Selma Avenue, en Hollywood) y ahí tendría que estar nuestra salida de puerta doble. Había pequeñas casas de familia justo enfrente, así que pensé que sería mejor consultar con el Departamento de Zonificación antes de hacer un trato de alquiler y empezar a tirar paredes y poner aspersores, pisos nuevos y demás.

El jefe del Departamento de Zonificación me dijo:

—Ha hecho bien en consultarnos. Es una zona residencial, y cualquier tipo de edificio en el que se reúna público, como el escenario de teatro que propone, no se ajustaría a esa zonificación.

—¿Por qué?

—La gente que espera para entrar a ver el espectáculo estaría por toda esa cuadra y se oiría el ruido de la música, las risas y los aplausos durante la filmación del mismo, lo que molestaría a los propietarios, así que no puede hacerlo.

—Eso es lo que temía que dijera. La semana pasada fui a ver al jefe del cuerpo de bomberos y también me dijo lo mismo, «No puedo hacerlo», no por las mismas razones, sino por sus normas de prevención de incendios. Entonces, después de explicarle que era algo nuevo lo que intentábamos hacer y que, si tenía éxito, ayudaría a la industria cinematográfica de esta ciudad, me dio una lista de cosas que tendría que hacer para cumplir sus normas y reglamentos. También me dijo que debería consultar con ustedes sobre la zonificación y con el Departamento de Salud y Bienestar.

»¿Le parecería bien que fuera a hablar con las personas que poseen o alquilan viviendas en esa cuadra para ver si tal vez estarían de acuerdo con una excepción para este tipo de operación en su zona?

—Claro —dijo—, si consigue su aprobación, y lo consigue por escrito de todos los de esa cuadra, estaremos de acuerdo con usted.

Le di las gracias y fui a hablar con la gente. Creo que había seis u ocho casas en la cuadra. Les dije lo que Lucy y yo queríamos hacer y que estaba seguro de que, si hacíamos la pared adyacente a la calle a prueba de sonidos, no oirían nada en absoluto.

—Probablemente oigan menos que cuando hacen una película —les dije— porque ahora esa pared no está a prueba de sonido. —También les dije que tendríamos guardias de estudio que indicarían al público, que esperaba para entrar al escenario, que se colocara en fila contra la pared de nuestro estudio para eliminar la confusión en la calle; y que, si esta nueva técnica de rodar un programa de televisión tenía éxito, necesitaríamos más espacio para oficinas. Cuando eso ocurriera, Desilu Productions estaría más que dispuesta a comprar su propiedad a un precio bueno y justo, si deseaban vender. Mientras tanto, si quisieran ver los espectáculos, me aseguraría de que ellos y sus familias tuvieran buenos asientos reservados.

Todos me dieron su consentimiento por escrito y superamos el problema de la zonificación. Al año siguiente, Desilu compró todas las viviendas de esa cuadra, que convertimos en oficinas. La Federación Estadounidense de Músicos era propietaria de los otros dos lotes de esa cuadra, en los que construyó sus oficinas del Sindicato de Los Ángeles.

◇◆◇

Habíamos conseguido bastante hasta ahora, gracias a la comprensión y cooperación de los distintos departamentos gubernamentales de Los Ángeles, a los que siempre estaremos agradecidos, pero aún quedaban varios pequeños detalles que teníamos que resolver antes de poder empezar a hacer *Yo amo a Lucy* de «aquella» manera.

Lo primero que tuvimos que hacer fue tener un contrato con General Service Studios para poder empezar a remodelar el Escenario 2 y cumplir la normativa.

Fuimos allí y hablamos con Jimmy y George Nasser, que eran los dueños. Por desgracia para ellos, pero por suerte para nosotros, tenían muchos problemas. Estaban en quiebra o a punto de entrar en quiebra. El día que fui, un tipo del Departamento de Quiebras, o como se llame, estaba allí revisando sus activos.

Les dije a los Nasser que nos gustaría llegar a un acuerdo a largo plazo por ese escenario y tener opciones sobre otros escenarios, además de oficinas, camerinos, cualquier equipo de iluminación que tuvieran, salas de montaje, atrezo, etc. En otras palabras, todos y cada uno de los equipos que tuvieran y todas las instalaciones de su estudio tendrían que estar a nuestra disposición como primeros en la lista.

Se alegraron de vernos y nos dijeron:

—Claro, lo que quieran, pero no sabemos si podemos hacer un contrato porque estamos a punto de perder el local.

—¿Qué haría falta para que lo puedan mantener? —les pregunté—. ¿Cuánto dinero tendrían que pagarle a esta gente?

—Cincuenta mil dólares.

Volví a CBS, hablé con el señor Ackerman y le conté la situación.

—Bueno, no tienes mucho tiempo —dijo el señor Ackerman.

Realmente no lo teníamos. Tendríamos que empezar a rodar a más tardar el 1 de septiembre para tener nuestro programa listo para ser televisado el 15 de octubre. El trabajo de reconstrucción del Escenario 2 no iba a ser cosa de un día para otro.

—Está bien, diles que tendrán los cincuenta mil dólares —dijo el señor Ackerman.

—¿Llamará a los Nasser? —pregunté—. Hay un hombre allí que está a punto de quitarles el estudio, pero estoy seguro de que si los llama y les dice que CBS les va a enviar un cheque mañana por la mañana, podremos firmar el contrato y ponernos en marcha.

Los cincuenta mil dólares serían un anticipo del costo de remodelación del escenario, que General Service Studios tendría que asumir, y también del alquiler del espacio, el equipo y las instalaciones. Adelantando el dinero conseguimos el mejor acuerdo de alquiler e instalaciones que podríamos haber conseguido en cualquier estudio de Hollywood, pero, qué demonios, también permitió a Jimmy y George Nasser conservar su propiedad.

CBS envió el cheque al día siguiente. Firmamos el contrato y empezamos a destrozar ese Escenario 2. Debo decir que Jimmy y George se quedaron un poco boquiabiertos cuando nos vieron levantar el viejo piso de madera y abrir un gran agujero en la pared de su estudio adyacente a la calle para que pudiéramos hacer la salida de puerta doble.

Habíamos encontrado el tipo de piso perfecto en la plataforma de carga de los grandes almacenes May Company, en el centro de Los Ángeles. No era cemento, sino una especie de composición nueva, muy lisa y nivelada, capaz de soportar grandes pesos; podías clavar clavos en ella sin que se resquebrajara; y si tenías que reparar una zona, podías cortar ese punto, levantarlo y verter allí más composición, y después de alisarla, no se notaba dónde había sido reparada.

Papa encontró a un hombre que había estado trabajando en el tipo de plataforma rodante que necesitábamos. Ayudamos al hombre a terminarla y, tras probarla, encargamos tres, que Desilu compró. Las llamábamos «*dolly* cangrejo», ya que podían moverse como los cangrejos, en todas direcciones.

La compañía Desilu progresaba; pero aún mucho más importante, nuestra vicepresidente dio a luz a nuestra preciosa hija, Lucie Desirée Arnaz, el 17 de julio de 1951.

¡Qué día tan maravilloso!

# 29

HABÍAMOS ESTADO TAN OCUPADOS HACIENDO TODAS estas cosas que aún no habíamos contratado al actor y a la actriz que iban a interpretar a nuestros vecinos.

El formato de la serie iba a ser bastante parecido al del programa piloto, pero Bob, Madelyn y Jess consideraron, y con razón, que debíamos tener a otra pareja como nuestros mejores amigos y vecinos. Resultó que también se convirtieron en nuestros caseros, lo que contribuyó aún más a la diversión.

Los guionistas dijeron: «Puede resultar aburrido tener a Lucy y Ricky semana tras semana. Además, el personaje de Lucy necesita a alguien que sea su aliado. El personaje de Ethel debería ser la persona a la que convencería para que la ayudara con sus planes y ardides descabellados, y aunque Ethel dijera muchas veces "Oh, no, no me vas a meter en ese lío", Lucy acabaría confabulándola o chantajeándola para que lo hiciera».

También pensaron que Ricky necesitaba la contrapartida de Ethel. Sería Fred, su marido, el aliado de Ricky en estas batallas de sexos.

Mientras intentábamos resolver todos los problemas físicos, mecánicos y burocráticos, los guionistas habían estado ocupados escribiendo los primeros segmentos de la serie, que tendríamos que empezar a hacer pronto para cumplir nuestro calendario de emisión. Así que tuvimos que encontrar a alguien [dos personas] que encajara con lo que se suponía que debían ser esos vecinos.

Debo decir que tuvimos bastante suerte (*lucky*, en inglés, y con el debido respeto a Philip Morris, que nunca nos permitió usar esa palabra mientras patrocinaba nuestro programa) al encontrar a las dos personas que al fin interpretaron a Fred y Ethel Mertz.

Poco después de esta conferencia de escritores y de esta decisión, recibí una llamada de William Frawley. No había pensado en él para el papel, pero de alguna manera conocía el formato de la serie y quería que lo tuvieran en cuenta para Fred. Había visto a Frawley en muchas películas con Bing Crosby, James Cagney, Pat O'Brien y otras estrellas. Había sido uno de los mejores actores de carácter durante años, pero últimamente no había hecho nada.

—Gracias por llamar, señor Frawley —le dije—. Creo que podría ser una posibilidad. Lo llamaré.

Después de colgar, seguí viéndole el rostro y recordando lo bueno que era interpretando el tipo de personaje rudo que solía interpretar. Cuanto más pensaba en ello, más me convencía de que era Fred Mertz.

Después lo consulté con la gente de CBS, el patrocinador y la agencia de publicidad. Todos dijeron: «Sí, sabemos lo que ha hecho en el pasado, pero ¿qué ha hecho últimamente? Además, es alcohólico. Estarías loco si lo contrataras. Hay muchos actores que son mucho más fiables y pueden interpretar ese papel».

Cuanto más acababan con este tipo, más me gustaba la idea de contratarlo y más pensaba que sería perfecto para Fred.

Según mi contrato como productor ejecutivo, tenía el control creativo total del programa. Sabía que podía caer de fondillo si me equivocaba, pero prefería reventarme haciendo esto a que alguien me convenciera de hacer algo que igual me haría fracasar.

Decidí contratar a Frawley, dijeran lo que dijeran. Quedé con él al día siguiente en Nickodell's, un restaurante y bar de Melrose Avenue, justo detrás de los estudios RKO. Tomamos una copa juntos y le dije que todo el mundo me decía que era alcohólico, que a lo mejor ni se presentaba al trabajo, etc.

—Bueno, esos cabrones, esos hijos de puta —dijo—. Siempre dicen eso de mí. ¿Cómo demonios lo saben, esos bastardos?

—Mire, me importa un bledo si bebe o no. A mí también me gusta beber y le gano a la bebida cuando quiera intentarlo, excepto en horas de trabajo. Pero Lucy y yo tenemos todo apostado a este proyecto. Ella ha renunciado a su carrera cinematográfica y yo he renunciado a mi negocio de bandas. Si fracasamos, no quiero que sea porque un personaje como usted nos ha perjudicado.

—Tráenos otra copa, ¿quieres? —le dijo al camarero.

—Ahora escuche, señor Frawley…

—Llámame Bill.

—Muy bien, Bill, quiero que sepas que he pensado mucho en este asunto. He considerado a muchos buenos actores de carácter para este papel, especialmente a Gale Gordon, que es muy apreciado por las agencias y las cadenas.

—¿Qué puede hacer él que no pueda hacer yo? —preguntó Bill.

—Nada, es lo que tú haces que él no hace lo que te fastidia. Pero estoy convencido de que no hay nadie mejor en todo el mundo para interpretar a Fred Mertz que William Frawley.

Llegaron las bebidas y le dijo al camarero que era a su cuenta.

Entonces se volvió hacia mí y me dijo:

—Muy bien, entonces ¿cuál es tu problema? William Frawley está ahora sentado a tu lado y dispuesto a escuchar el tipo de propuesta que estás dispuesto a ofrecerle para que tu espectáculo sea un éxito.

—De acuerdo, Bill, te diré lo que haré contigo. La primera vez que no puedas hacer tu trabajo, trataré de trabajar sin ti ese día. La segunda vez, trataré de arreglármelas de nuevo. Pero si lo haces tres veces, estás acabado, y quiero decir *acabado,* no solo en nuestro programa, sino que no volverás a trabajar en esta ciudad mientras estés vivo. ¿Te parece justo?

—De acuerdo, maldita sea, me parece justo.

—Después del trabajo, si te apetece venir a Nickodell's y compartir una botella de lo que quieras, estaré encantado de compartirla contigo.

—Eh, camarero, ¿qué demonios es esto, el desierto del Sahara? Tenemos sed. Está bien, cubano, tenemos un trato y les vamos a demostrar a todos esos cabrones lo equivocados que están.

Nunca faltó un día al trabajo ni llegó ni siquiera unos minutos tarde durante todos los años que estuvo con nosotros.

Cada vez que Lucy y yo íbamos a cualquier ciudad de Estados Unidos, lo primero que nos preguntaba la gente era: «¿Dónde está Fred?».

Sin embargo, él no soportaba a Ethel (Vivian Vance).

—¿Dónde demonios has encontrado a esta zorra? —preguntaba—. No sabe cantar ni de juego. ¿Vas a hacer que cante otra vez?

—Bill, es muy buena actriz y se supone que Ethel Mertz, el papel que hace, no canta bien.

—Pues, a mí me molesta —dijo—. ¿Sabes esa rutina de baile que ella y yo tenemos que hacer la semana que viene?

—Sí.

—Bueno, esta tonta le dice a la coreógrafa que no cree que podamos hacerla porque yo nunca voy a poder aprenderla. Como si fuera un número de Fred Astaire y Ginger Rogers o algo por el estilo. Solo se supone que hagamos una rutina anticuada de zapateado suave. Bueno, por el amor de Dios, yo estuve en el vodevil desde los cinco años y te garantizo que acabaré enseñándole a la vieja de trasero gordo a bailar esa puta danza.

Por suerte, esa misma cualidad ruda de Bill era perfecta para el papel de Fred. Otra cosa de Bill que me hacía mucha gracia era que no se llevaba un guion completo a casa después de la lectura del lunes y el primer ensayo. Solo tomaba las páginas donde encontrara a FRED: solo sus líneas. Por eso, a veces no entendía los chistes. Llegábamos a un chiste y me decía:

—Esto no tiene gracia.

—¿Qué quieres decir? —preguntaba yo—. ¿No tiene gracia? No has leído las otras cinco páginas en las que hemos ido preparando tu entrada.

—¿De qué estás hablando?

—Solo estás leyendo lo que se supone que *tú* tienes que decir, y nosotros hemos estado preparando el chiste para que entres y digas: «Hola, Ethel», y el público irrumpirá en carcajadas.

—¿Crees que «Hola, Ethel» es gracioso?

—No, «Hola, Ethel» no tiene gracia, pero hemos estado preparando esta situación en la que Ethel está dentro de un disfraz, representando la mitad trasera de un caballo, y cuando entras por la puerta, ella está agachada y de espaldas a ti. Todo lo que puedes ver es el trasero de este caballo, el trasero del caballo es todo lo que puedes ver, y dices: «Hola, Ethel» y *eso* es gracioso.

—Ah, sí, eso *sí es* divertido.

El agente de Bill era Walter Meyers, un viejo maravilloso que adoraba a su cliente. No manejaba a mucha gente, pero normalmente los mantenía a todos trabajando. Bill confiaba en él. El agente de Vivian Vance era otra cosa completamente. Representaba a muchos grandes nombres del negocio y se lo consideraba todo un poder en las negociaciones, en las que siempre parecíamos estar metidos con él.

Antes del comienzo de cada nueva temporada, venía y me decía que, a menos que Vivian consiguiera un nuevo contrato con un aumento considerable, no podía garantizar que siguiera en el mundo del espectáculo.

—Necesita este tipo de aprecio e incentivo para evitar que sufra un ataque de nervios.

Dijo que, algunos años antes, se había escondido en un rancho de Nuevo México durante bastante tiempo antes de que alguien pudiera convencerla de que volviera a trabajar.

Siempre lográbamos cumplir sus condiciones y Vivian valía todo lo que conseguía.

Meyers no venía a presionar para conseguir un nuevo contrato cada año, pero se enteraba de las negociaciones que se estaban llevando a cabo con el agente de Vivian, y creyendo, con razón, que Bill era tan importante para el programa como ella, me decía que, si Vivian iba a conseguir un nuevo contrato y un aumento de sueldo, le parecía justo que yo, en ese momento, pensara también en Bill.

Yo le decía:

—Tranquilo, Walter, no te preocupes por Bill. Yo me ocuparé de su acción por ti. Te prometo que todo lo que consiga Vivian, lo conseguirá Bill.

A veces él me paraba en el parqueo y me preguntaba

—¿Cómo le está yendo a ella en cuanto a la próxima temporada?

—¡Me están matando! —le diría.

—Así de bien, ¿eh?

—Sí, así de bien.

Cuando por fin dejamos de hacer *Yo amo a Lucy,* Fred MacMurray firmó con Bill para *My Three Sons (Mis tres hijos)* en la que interpretaba el mismo tipo de personaje cascarrabias.

El patrocinador de aquel espectáculo era una empresa automovilística y a Bill le dieron un carro para su uso personal. Pero eso era un problema. El historial de Bill incluía muchas multas de tráfico, y al final le quitaron el carné de manejar, por manejar bajo los efectos del alcohol, y nunca pudo conseguir otro. Se hizo amigo de un conductor de taxi amarillo.

Desilu estaba rodando la serie de MacMurray y siempre me encontraba con Bill en el parqueo. Un día me paró y me dijo:

—Ven conmigo, quiero enseñarte mi nuevo carro y mi chófer.

Fui con él y conocí a una joven muñeca muy guapa y sexy, su chófer.

Bill sufrió un ataque al corazón y murió el 3 de marzo de 1966. Sus servicios funerarios se celebraron en la Iglesia del Santísimo Sacramento de Sunset Boulevard, en Hollywood. Fred MacMurray y yo ayudamos a cargar el ataúd por delante. Era un ataúd muy pesado y un día muy caluroso. Los dos estábamos sudando y luchando de verdad.

Miré a MacMurray y le dije: «Sé que Bill está ahí arriba, mirándonos mientras luchamos con este maldito ataúd, sudando, partiéndonos la espalda, y te apuesto lo que quieras a que se está riendo a carcajadas».

Yo adoraba a Bill y sé que el pueblo estadounidense que veía nuestros programas también lo adoraba.

---

# 30

EL 15 DE OCTUBRE, DÍA DE NUESTRO DEBUT TELEVISIVO, se acercaba a pasos agigantados. Nuestros guionistas estaban produciendo unos guiones maravillosos y habíamos contratado a Fred. Pero aún nos quedaban algunas cosas por hacer antes de poder empezar a rodar y cumplir esa fecha.

Fui a CBS y le dije a Harry Ackerman que necesitaba ayuda. ¿Conocía a alguien que pudiera convertirse en mi jefe de producción o mi ayudante de producción o como quieras llamarlo?

Harry dijo:

—Creo que conozco a alguien que puede ser ideal para ti. Se llama Al Simon. Voy a organizar una cita para que lo conozcas.

Harry me contó que el señor Simon había participado en parte del rodaje de *El show de Groucho Marx* y en algunas otras pequeñas aventuras cinematográficas para la televisión. Conocí al señor Simon. Era un hombre brillante, joven, entusiasta, inventivo y concienzudo. También le gustaba lo que estábamos tratando de hacer.

Tras ese primer encuentro, supe que era el tipo de hombre al que no le iba a dar miedo de enfrentarse a nada. Se convirtió en nuestro jefe de Producción.

Teníamos que conseguir un director, un hombre que supiera mover esas múltiples cámaras y conseguir las tomas concretas que se necesitaban para cada escena.

Pensamos que nuestra mejor apuesta sería alguien que hubiera hecho televisión en directo delante de un público. La única dificultad que tendría el director de televisión en directo con nuestro sistema era que no podría ver lo que estaba captando mientras lo hacía. No podíamos tener monitores en la cabina como en la televisión en directo. Tenía que trabajar desde el piso, buscar a través del lente lo que quería para esa toma concreta, comprobarlo, marcarlo y dárselo a su coordinador de cámara.

Resultó que ese hombre era Marc Daniels, un joven que había hecho muchos buenos programas de televisión en directo en Nueva York. Su coordinadora de cámara era su mujer, una joven muy eficiente, y trabajaban bien juntos.

Para el sonido, no podíamos usar a nadie de los departamentos de sonido de los estudios cinematográficos, porque lo único que graban, mientras están rodando, son los diálogos; y después, en la sala de doblaje, añaden la música, los efectos de sonido y cualquier otra cosa que necesiten de fondo. Necesitábamos a alguien de la radio para mezclar el diálogo, la reacción del público, los efectos de sonido y la música simultáneamente mientras filmábamos delante del público. Al final acabamos con Cam McCullough, de Glen Glenn Sound.

Una cosa de la que no tuve que preocuparme fue de cómo se iba a fotografiar el espectáculo. Sabía que Papa había estado trabajando en ello durante bastante tiempo, diseñando distintos tipos de iluminación; y, para cuando estuviéramos listos, él ya lo estaría.

Necesitábamos un primer ayudante de dirección. De nuevo, teníamos que contar con un joven que no estuviera atado a las anticuadas ideas de Hollywood sobre cómo hacer películas y que pudiera adaptarse a nuestra técnica. Tuvimos la suerte de encontrar a James Paisley.

Teníamos que tener un editor cinematográfico, y este tenía que estar libre de cualquier idea preconcebida sobre cómo editar este programa.

Por supuesto, necesitábamos un escenógrafo, un decorador y un director musical. Sabía que no podía estar interpretando a Ricky y, en medio de una escena, dar un compás de ritmo para la entrada de la música. También necesitábamos un arreglista, un letrista, un compositor de música, un diseñador de vestuario, un experto en efectos especiales, un agente inmobiliario; gente de vestuario, de maquillaje, peluqueros y un conserje.

Esto último parece poca cosa, pero tal y como intentábamos hacer nuestro programa, el conserje era muy importante. Los nuevos pisos que íbamos a colocar en el Escenario 2 de General Services tenían que estar muy limpios y lisos para que nuestras cámaras se movieran bien, sin colillas, cerillas o lo que fuera. Es increíble el salto que se produce en la película cuando una cámara rueda sobre una pequeña cerilla. Conseguimos a un gran tipo, Lou Jacoby. Jacoby no solo se ocupó de eso, sino que se buscó muchos otros trabajos. Se aseguró de que las neveras de agua estuvieran llenas todos los días, de que tuviéramos rosquillas y café el primer día de ensayo, de que siempre hubiera sillas a mano para el reparto. Si llevaba un rato de pie, de repente miraba a mi alrededor y Lou estaba detrás de mí con una silla, diciendo: «Siéntese, jefe». ¡Tremendo tipo!

Todos los miembros del equipo llevaban auriculares para recibir las indicaciones de la cabina. Un día, Paisley, nuestro ayudante de dirección, le echó la bronca a Jacoby porque había una mancha en el escenario que no se había limpiado lo suficientemente bien. Jacoby se volvió hacia él y le dijo: «¿Cómo voy a saber qué hacer? No tengo auriculares». Nuestro conserje, Jacoby, demostró realmente que esto tenía que ser una operación de equipo. Cualquiera de estas personas que he mencionado tenía que hacer su trabajo y si alguna de ellas no lo hiciera, todo el espectáculo se venía abajo.

Unos años más tarde, cuando produje una película para MGM llamada *Forever, Darling (Mi pesadilla es un ángel),* Jacoby volvió a demostrar lo que valía.

Yo le había dicho a Metro que nuestra compañía de cine, Zanra, podría hacerla por un millón de dólares si podíamos hacerla en nuestro estudio y no en MGM. Eddie Mannix, que estaba a cargo de ese departamento en MGM, no creía que pudiera.

Empezamos *Forever, Darling* un lunes. Mannix me llamó a las once de la mañana.

—¿Cómo te va? —preguntó.

—Estoy bien, señor Mannix. Llevamos tres días de adelanto.

—¿De qué demonios estás hablando? ¿Cómo has podido adelantarte tres días? No has empezado a filmar sino esta mañana.

—Ya lo sé, pero llevamos tres días de adelanto.

El señor Mannix era un hombre muy sabio, así que tras una pausa dijo:

—Hijo de puta cubano, has filmado las pruebas.

—Sí, señor.

Lo que quería decir era que en todos los presupuestos de preproducción tenían dinero suficiente para tres días para probar la ropa, los decorados, las luces, el maquillaje y el peinado. Tenía a Harold «Lippy» Lipstein, ganador de un Óscar, como director de fotografía.

—¿Necesitas estos tres días de preproducción para averiguar cómo quedará la ropa de Lucy en los decorados, o qué luces tienes que utilizar en esta película?

—No los necesito —contestó Lipstein.

—Entonces, ¿para qué las hacemos?

—Así lo hacemos siempre.

—Mira, Lippy —le dije—¿por qué no traemos el sonido? Eso es todo lo que necesitamos. Tenemos a los actores, tenemos la ropa, tenemos los decorados, y tú tienes las cámaras y las luces. ¿Por qué no filmamos «película» en esos tres días, no solo pruebas? En caso de que algo no esté del todo bien y no estés satisfecho con ello, te prometo que lo filmamos de nuevo.

—Me parece bien —dijo.

Hicimos la película por menos de un millón de dólares. Cuando terminamos, el señor Mannix me preguntó si me importaría ir y tener una reunión con él y su gente de producción en MGM.

—Por supuesto que no, señor Mannix, cuando quiera.

J. J. Cohn, su mejor financiero de producción durante muchos años, estaba allí y algunos ayudantes más.

El señor Mannix dijo:

—Sé que te ahorraste mucho dinero al usar esos tres días de pruebas para obtener una buena parte de la película. No sé por qué demonios nunca se nos ocurrió. Pero hay algunas cosas más sobre las que me gustaría preguntarte. Son un poco específicas.

—Adelante.

—Cuando suena la campana y se supone que las puertas del escenario deben estar cerradas antes de empezar a rodar, ¿quién se encarga de eso?

—Lou Jacoby —le dije—, él es el encargado de eso.

—Lou Jacoby.

—Así es.

—De acuerdo. Cuando terminas de rodar en un set al final del día y tienes que volver a ese mismo set al día siguiente, pero a estas alturas ese set está polvoriento y digamos que hay algunas flores y parecen marchitas, ¿quién se encarga de que ese set esté igual de limpio y esas flores igual de frescas que el día anterior?

—Lou Jacoby, él se encarga de eso.

—Ya veo —dijo y miró a J. J. Cohn—. ¿Tienes fuentes de agua en tu escenario para que el reparto, los extras y el equipo puedan beber agua?

—Claro que sí.

—¿Quién se encarga de que estén llenas y en buenas condiciones de funcionamiento?

—Jacoby hace eso.

—Ajá. Digamos que estás filmando exteriores y que es un llamado muy temprano. ¿Tienes café, rosquillas, panecillos dulces y cosas así para el equipo y el reparto cuando llegan allí, antes de empezar a trabajar?

—Claro que sí, señor Mannix.

—¿Quién se encarga de que todo eso esté ahí?

—Jacoby.

El señor Mannix se dirigió entonces a J. J. Cohn y a sus ayudantes y les dijo:

—Toda esta reunión era para tratar de averiguar cómo podíamos mantener nuestros costos por debajo de la línea como hace la empresa de Desi, Zanra. La respuesta es muy sencilla. Solo tenemos que conseguir a Jacoby.

# 31

MIENTRAS TANTO, DE VUELTA EN EL RANCHO, LA señora A. se ponía en forma para el trabajo agotador que nos esperaba y, al mismo tiempo, se lo pasaba en grande cuidando de nuestra hijita, que se estaba convirtiendo en una niña alegre, abrazable y encantadora. Todo era tan feliz, pacífico y hermoso allí. Incluso las plantas y los árboles parecían prosperar. No había probado frutas y verduras tan deliciosas desde que era cubano.

Lo único que no funcionaba demasiado bien era mi programa ganadero. Todos aquellos pollos y gallinas que habíamos comprado andaban ahora con muletas. Lucy les había puesto nombre y los había convertido en mascotas y, cuando le sugerí que un par de aquellas gallinas, cocidas a fuego lento durante cuatro días, harían una buena sopa, se horrorizó y me llamó monstruo asesino.

En Nochebuena, en Cuba, comemos cerdo asado en lugar del tradicional pavo de aquí. Había comprado un cerdito unos meses antes de la Navidad anterior y lo había engordado muy bien, pero, al llegar la Navidad, se había convertido en el «pequeño Sancho». Así que comimos pavo.

La Duquesa de Devonshire seguía con nosotros, cada vez más grande y gorda. Si hubiera sugerido descuartizarla, Lucy me habría matado.

Intentaba llegar a casa tan pronto como podía cada tarde desde el estudio, solo para poder tener a mi pequeña en mi regazo en una mecedora que tenía en la habitación de la bebé. Lucy la mantenía despierta hasta que yo llegara a casa. No le parecía importante que la pequeña Lucie se acostara a las siete, a las ocho o a las nueve, con tal de que descansara.

La tenía toda limpia y bonita para mí en su ropa de cama. Sostenía a la pequeña Lucie sobre mi pecho, con su cachete junto a la mía y la mecía de un lado a otro. Cuando lo hacía, me arrullaba y se reía y jugaba con mis orejas, mi nariz y mis labios, me tiraba del pelo y me metía el dedo en el ojo.

Me habría encantado pasar más tiempo con ella y con Lucy en el rancho. Pero, a estas alturas, lo que más nos preocupaba era el paso del tiempo, sobre todo porque aún no habíamos encontrado a una Ethel.

Es difícil comprender por qué no lo habíamos logrado. El negocio del cine no iba muy bien y, ciertamente, había muchas actrices disponibles, pero por una razón u otra, ninguna de las que consideramos era aceptable. Algunas no eran adecuadas para interpretar a la mujer de Bill, otras no le gustaban nada a Lucy, otras no tenían experiencia escénica, lo que las eliminaba enseguida. Tenían que estar acostumbradas a trabajar ante un público.

Más o menos una semana antes de empezar a rodar, Marc Daniels, nuestro director, vino a verme y me dijo que creía tener una posibilidad muy buena para Ethel, Vivian Vance, a la que había conocido antes en la televisión en vivo y en el teatro, y que ahora actuaba en el La Jolla Playhouse.

El La Jolla Playhouse era un teatro de verano dirigido por Mel Ferrer, Gregory Peck y unos cuantos amigos suyos como un empeño artístico, no realmente una empresa comercial. Estaba ansioso por ver a la señorita Vance. Por una razón u otra no pude hacerlo hasta el sábado por la noche. Marc Daniels, Kenny Morgan, Don Sharpe y yo fuimos a La Jolla para ver a Miss Vance en *The Voice of the Turtle* (La voz de la tortuga).

Vivian hacía de una zorra muy sarcástica en esa obra. No era lo que pudiera decirse lo acostumbrado para Ethel. Sin embargo, nada más verla hacer la primera escena, supe que habíamos encontrado a Ethel.

Era una actriz maravillosa, tan honesta. Cada línea, cada reacción, cada movimiento que hacía era perfecto. Estaba impaciente por llegar tras bambalinas y hablar con ella. Estoy seguro de que Marc la había llamado antes y le había explicado lo que estábamos haciendo y cuál era el personaje. Pero yo nunca la había conocido en persona. Después del espectáculo, fui entre bastidores, hablé con ella y la contraté allí mismo para que interpretara a Ethel.

Mientras conducíamos de vuelta a Los Ángeles (era ya domingo por la mañana temprano e íbamos a empezar a ensayar para el primer episodio de *Yo amo a Lucy* el lunes siguiente por la mañana) me cayó un rayo.

—Dios mío, ¿qué he hecho? ¿Y si a Lucy no le gusta? ¿Qué demonios hago entonces?

Podría haber pedido a la señorita Vance que viniera al estudio, leyera con nosotros, conociera a Lucy para ver cómo se llevaban, pero estaba tan seguro de que era la adecuada para el papel de Ethel que no se me ocurrió otra cosa que contratarla al momento.

Llegué a casa el domingo por la madrugada y le dije a Lucy que habíamos encontrado a la actriz perfecta para Ethel.

—¿Quién? —preguntó ella.

—Vivian Vance —respondí.

—¿Quién demonios es?

—No la conoces. La he visto esta noche en el La Jolla Playhouse y es tan buena actriz, tan honesta en todo lo que hace, que estoy seguro de que le iría de maravilla contigo.

Por suerte, fue amor a primera vista. Cuando se conocieron el lunes por la mañana y todos nos sentamos a leer juntos, fue simplemente perfecto. Otra ocasión en la que tuve mucha suerte.

Nunca habríamos encontrado a nadie que interpretara a Ethel mejor o tan bien como lo hizo Vivian Vance. Estuvo genial en el papel. Ella *era* Ethel, o tal vez debería decirlo así: era tan buena actriz que se *transformó* en Ethel.

También era muy buena aguantando al viejo Bill. Nunca sintió animosidad hacia él. Se imaginó que era un viejo resabioso y tanto que sería imposible cambiar sus costumbres.

Leí en alguna parte en una de las entrevistas de Vivian sobre el *casting* de *Yo amo a Lucy:* «Teóricamente, nuestro programa constaba de tres protagonistas mal asignados y un caso de *casting* perfecto, Lucy. Yo siempre había interpretado papeles sofisticados de "la otra mujer" en comedias musicales, Bill Frawley era del vodevil y Desi un director de orquesta».

Realmente no puedo desmentir la opinión de Vivian. Sin duda, nuestro *casting* no se ajustaba a la norma, pero quizá por eso era bueno. Todo lo que sé es que la química que se logró entre esos cuatro personajes, Lucy, Ethel, Fred y Ricky, fue, estoy seguro, una de las razones del éxito de *Yo amo a Lucy.*

La televisión son personas y el público televisivo tiene que conocer a esas personas y tienen que caerles bien antes de invitarlas a sus casas semana tras semana.

---

# 32

HABÍAN PASADO MUCHAS COSAS DESDE QUE LUCY Y yo decidimos hacer la gira teatral para averiguar si al pueblo estadounidense le gustaría que trabajáramos en equipo, ¡pero ahora era el momento! ¡La campana de la puerta de salida estaba a punto de sonar! Era la noche en que íbamos a hacer nuestro primer espectáculo de «esa» manera. Habíamos hecho todo lo posible para que fuera un éxito.

Habíamos contratado a los mejores para que nos ayudaran. Papa estaba preparado, sus camarógrafos estaban preparados, Marc Daniels estaba preparado, mi orquesta estaba allí en el escenario tocando bajo la dirección de Wilbur Hatch, los decorados se veían muy bien, todo el mundo estaba maquillado, pero había mucha gente nerviosa alrededor.

Nadie sabía realmente si este sistema o técnica, «esa» forma de hacer nuestro programa, funcionaría de verdad, ni siquiera yo. Estábamos repletos de directivos de CBS, ejecutivos de agencias y miembros de la prensa. Había una cola que daba la vuelta a toda la manzana de gente esperando para entrar. Los acomodadores, que nos proporcionaba CBS cada semana, se aseguraban de que todo estuviera limpio y colocaban los cojines en las gradas que habíamos construido.

Entre bastidores, Lucy, Vivian, Bill y yo repasábamos los detalles de última hora con nuestro director. Recuerdo que los carpinteros seguían martilleando.

En ese momento, un señor de la sección de saneamiento del Departamento de Salud y Bienestar quiso hablar conmigo. Me excusé de la reunión, fui a verlo y le dije que me alegraba de que pudiera venir a nuestro espectáculo inaugural.

—No creo que pueda seguir con este espectáculo esta noche —me dijo.

—¿Qué quiere decir con eso?

—Bueno, según nuestro reglamento, tiene que tener dos baños, uno para señoras y otro para caballeros, a cierta distancia prescrita de donde esté sentado el público. Tiene uno para los hombres a esa distancia, pero ninguno para las mujeres. No puedo permitir la entrada de ese público a menos que tenga las dos cosas.

Llamé a Kenny Morgan.

—¿Podrías ir con este señor a ver si encuentras un baño aceptable para su departamento al que puedan ir las señoras?

Volví a la reunión con los guionistas, el reparto y el resto de nuestro grupo. Un rato después, este tipo y Kenny volvieron y dijeron que habían encontrado uno.

—Está bien —dije—. ¿Entonces todo está bien?

—No lo sabemos —dijo Kenny—. El único que está a la distancia adecuada del público es el baño del camerino de Lucy.

Jess se acercó a nosotros y preguntó:

—¿De qué demonios están hablando? Estamos a punto de salir al aire y hacer nuestro primer *show* y ¿están buscando un *baño*?

—Así es, Jess, se supone que debemos proporcionar un lugar en el que las damas de nuestro público puedan orinar, en caso de que sientan el impulso de hacerlo, y el único que está a la distancia adecuada de nuestro público, para cumplir las normas de la sección de saneamiento del Departamento de Salud y Bienestar, es el baño del camerino de Lucy.

Lucy tomó la palabra.

—No hay ningún problema. Díganles a las damas que son bienvenidas.

Entonces le pregunté al hombre si estaría bien *ahora* dejar entrar al público en nuestro pequeño teatro.

—Sí, adelante —dijo.

—Muchas gracias.

Jess me dijo entonces:

—Esa gente lleva ahí veinte o treinta minutos más de lo que se suponía que demorara, y estamos seguros de que no queremos un público gruñón e insatisfecho. No reaccionarán bien a nuestras bromas, así que ¿por qué no sales y los animas?

—¿Qué demonios significa eso de animarlos?

—Ay, por Dios —dijo—, sal ahí, dales la bienvenida, haz que se sientan como en casa, háblales de la técnica que utilizamos para filmar nuestros programas y luego cuéntales unos cuantos chistes para que tengan ganas de reír. Después, presenta al reparto y empezaremos a rodar.

—Está bien, lo intentaré.

Salí. La banda estaba tocando y el público estaba entrando. Vi a Kenny ocupándose de todos los ejecutivos (estábamos hasta el cuello de ejecutivos) y de la prensa. Fue emocionante. La noche del estreno siempre es emocionante y angustiante. Este, en lo que a mí respecta, superó incluso el estreno en Nueva York de *Demasiadas muchachas*. Al menos allí solo tenía que preocuparme de mi actuación. Abbott se había ocupado de todo lo demás.

Jacoby había limpiado, fregado y creo que incluso había lamido los suelos. Literalmente brillaban. Della Fox, que nunca era demasiado tranquila en ningún momento, estaba al borde del colapso intentando asegurarse de los cambios de vestuario adecuados para las personas adecuadas para la escena adecuada.

Di la bienvenida a la gente. Les expliqué lo que iban a ver, que estábamos haciendo una obra de teatro que se iba a fotografiar al mismo tiempo. Les dije que no se preocuparan por las cámaras del piso ni por las personas que tenían que manejarlas, que estaba seguro de que las cámaras, independientemente de los movimientos que tuvieran que hacer, nunca interrumpirían ni cubrirían su línea de visión. Entonces, pensé que podía hacer un chiste de ello, porque había veces en que la cámara se pondría un poco en su línea de visión.

—Les mostraré lo que quiero decir. Supongamos que estoy sentado en el decorado de este salón (y me senté en una silla baja) y el director dice a las cámaras que se muevan y hagan esta toma.

Mientras decía esto, hice una señal a los tres camarógrafos para que se acercaran, pero que se acercaran mucho y me rodearan. Cuando llegaron, el público no podía verme en absoluto.

—¿Ven lo que quiero decir? En ningún momento las cámaras interrumpirán su línea de visión.

Eso provocó una gran carcajada. Sabía que no ocurriría nada tan serio durante el espectáculo, pero quizá era mejor tocar el tema ahora que no mencionarlo en absoluto. Funcionó tan bien que desde entonces lo utilicé en todos los calentamientos de los espectáculos.

—Me han dicho que les cuente unos cuantos chistes para que tengan ganas de reír. No conozco muchas anécdotas divertidas, pero en nuestra primera gira teatral estuvo con nosotros un viejo actor de vodevil durante varias semanas. Esta la he oído tantas veces que creo que me la sé bastante bien. Era así: «Esta hermosa muchacha de diecisiete años estaba nadando en un lago, a última hora de la tarde, cuando oyó una voz que decía: "Muchachita, hermosa muchacha, ven aquí". La muchacha miró a su alrededor y no pudo ver a nadie. Dijo: "¿Quién me llama? No veo a nadie". La voz volvió a decir: "Estoy aquí, encima de esta roca". La joven nadó hasta la roca y allí había una tortuguita sentada.

»La muchacha, joven y hermosa, le dijo a la tortuga: "¿Eres tú la que me llamaba?". "Sí, era yo". "¿Por qué? Eres una tortuga y puedes hablar". "No siempre fui una tortuga. Yo era sargento del Ejército, pero una bruja me echó una maldición y me convirtió en tortuga. Te he hecho venir porque puedes ayudarme". La chica preguntó: "¿Cómo puedo ayudarte?". "Si me llevas a casa contigo y me dejas dormir en tu cama bajo tu almohada, mañana por la mañana volveré a ser sargento del Ejército". "No creo que pueda hacerlo". "Por favor, tienes que hacerlo. Estoy harto de ser una tortuga. Solo tengo que volver al Ejército". (Una tortuga loca, supongo.) "De acuerdo —dijo la joven y guapa chica—, te ayudaré". Se llevó la tortuguita a casa, la metió en la cama con ella y la dejó pasar allí la noche.

»A la mañana siguiente su madre entró a la habitación. La joven se levantó tarde para ir a la escuela. Y allí, en la cama, tumbado justo al lado de su hija, estaba este guapísimo sargento del Ejército de un metro ochenta.

»Y, ¿saben que, al día de hoy, la madre de esa chica no se cree la historia de la tortuga?

Tras la historia de la tortuga, presenté al reparto al público: Bill Frawley como Fred Mertz, Vivian Vance como Ethel y luego:

—Aquí está mi esposa favorita, la madre de mi hija, la vicepresidenta de Desilu Productions… (*Yo* soy el presidente), mi pelirroja favorita, la muchacha que interpreta a Lucy, ¡Lucille Ball!.

Y entró con su melena pelirroja volando, mientras la orquesta tocaba el tema de *Yo amo a Lucy* y, créeme, ella es tan buena como Hope, Jolson o Chevalier para conquistar al público. Se acercó y besó a Bill y Vivian, se acercó a mí y me dijo:

—¿Qué tal, cubano guapísimo? —y lanzó besos al público. Todo el ambiente tenía un aire alegre y carnavalesco.

Entonces la voz de la cabina: «Por favor, ocupen sus puestos para la primera escena… prepárense las cámaras… corran el sonido… rueden la película… ahora vayan y dennos un buen espectáculo esta noche. ¡Acción!».

Estábamos listos y actuando: *Yo amo a Lucy* estaba en marcha. Era difícil creer lo bien que había ido todo aquella noche, desde el punto de vista mecánico y de actuación. Todo parecía sin esfuerzo, lo que solo demuestra que hace falta mucho esfuerzo para que algo parezca sin esfuerzo.

Los ejecutivos de la cadena, el patrocinador, los publicistas y la prensa fueron muy elogiosos. Hicimos una fiesta en el escenario justo después y todo el mundo lo celebró, absorbiéndolo todo. Pero seguía sin tener ni idea de lo que habíamos captado en esas cámaras. Tuvimos que esperar a que la película fuera al laboratorio y se procesara para saber lo que teníamos.

Cuando vi la película al día siguiente, supe que Marc y todos los demás habían hecho un gran trabajo. Sabía que teníamos un espectáculo, tremendo espectáculo, y que «esa» forma funcionaba, y funcionaba mejor que cualquier otra forma que se hubiera utilizado antes para una comedia televisiva.

Tomé los dos primeros espectáculos que habíamos filmado y los proyecté en un teatro de Riverside, una ciudad de Orange County, a unos sesenta y cinco kilómetros de Los Ángeles. Me había asegurado de que la película que mostraban allí era buena. Quería una sala llena para la prueba. Quería ver si el público del teatro reaccionaría en los mismos puntos en que nuestro público había reaccionado cuando rodamos los espectáculos. Reaccionaron de forma tan parecida que no se oían las risas de nuestro público en el estudio; las risas del público en el teatro en los mismos lugares las tapaban.

Fue una buena prueba. Me convenció de que nuestro sistema, además de cumplir lo que CBS quería, que Lucy trabajara ante el público, también nos mostraba qué tipo de programa teníamos cada semana: divertido, muy divertido. O quizás, si no lo fuera, teníamos tiempo de arreglar los chistes o rutinas que no habían funcionado *antes* de que se transmitiera por la cadena.

No creo que nadie pueda saber realmente qué tipo de risa va a provocar una frase. Puedes sentarte en la sala de proyección y decir: «Pon una risita ahí, una buena carcajada aquí», pero había tantas escenas en *Yo amo a Lucy* que consiguieron grandes y largas carcajadas que yo no me habría atrevido a agregar por mi cuenta. Yo no habría tenido las agallas ni el ego para hacerlo. Otra ventaja de tener público en vivo era que los actores tenían que conocer sus papeles al dedillo y estar *listos* para ello, y representando la acción con continuidad, alcanzamos la espontaneidad, que entonces solo se encontraba en los espectáculos en vivo.

La postproducción de cada uno de estos programas requirió de cuatro a cinco semanas antes de que estuviera listo para su envío. Siempre estaba trabajando en ocho o nueve programas a la vez, cada uno en una fase distinta de pre o postproducción: las ideas de un nuevo programa que estaba surgiendo, el primer borrador de un guion, el borrador final de otro, el programa que estábamos ensayando y rodando esa semana, el montaje de otro programa, la integración de anuncios en uno o dos más, el doblaje de otro y la comprobación de la impresión compuesta de otros.

De todas estas etapas diferentes, el montaje llevaba demasiado tiempo. Para un programa de media hora, en aquellos días, editábamos la parte de entretenimiento, es decir, sin anuncios, créditos ni pausas en la emisora, a veinticuatro minutos y treinta segundos. Hoy, es incluso menos.

Las cadenas, las emisoras locales, los patrocinadores, los sindicatos que exigen créditos para mucha más gente, han reducido la parte de entretenimiento a veintidós minutos y pico. En general rodábamos al menos veintinueve o treinta minutos y muchas veces nos pasábamos, lo que significaba que, si solo utilizábamos tres cámaras, lo mínimo que podíamos usar, teníamos que ver entre noventa y cien minutos de película antes de empezar a editar el programa. Eso lleva bastante tiempo y para cuando pasamos la

Cámara A hasta el final, y luego las Cámaras B y C, habíamos olvidado qué ángulo teníamos en la Cámara A en el mismo lugar.

Me pasaba cinco, seis, siete horas al día o a la noche en la sala de proyección con nuestro editor, Danny Cahn. La gente de la televisión en vivo veía los tres ángulos simultáneamente a través de sus monitores. La industria cinematográfica tenía las mismas viejas máquinas Moviolas, capaces de proyectar una sola cinta a la vez.

Le pregunté a Al Simon:

—¿Por qué no podemos juntar tres de estas Moviola y sincronizarlas con una banda sonora para que podamos ver los tres ángulos, volver atrás con las tres o con solo una o dos o lo que tengamos que hacer? Nos ahorraría a Danny y a mí tres o cuatro horas al día en la sala de proyección.

Al encontró a un tipo que había trabajado para la gente que fabricaba Moviolas, le contó lo que queríamos y le preguntó si era posible.

—No veo por qué no —respondió el hombre.

Se puso a trabajar en ello y construyó esta «cosa», tres máquinas Moviola montadas sobre una plataforma de hierro fundido, con cuatro patas y ruedas. También tenía cuatro brazos, tres de los cuales se extendían hacia arriba desde el lateral de cada Moviola y podían sujetar un carrete de más de trescientos metros, el otro se extendía también hacia arriba y hacia el lado izquierdo de los tres y se anclaba a un trozo de tubo, unido a la plataforma con un codo, enganchando otro trozo de tubo para sujetar el carrete de la banda sonora.

Unos cuarenta y cinco centímetros por debajo de cada pantalla Moviola había tres brazos más para los carretes de toma de las cámaras A, B y C, y un cuarto brazo alineado con el carrete de sonido para su carrete de toma. Los tres carretes de película estaban sincronizados con la banda de sonido.

Justo debajo de la plataforma había pedales individuales para cada uno de los cuatro carretes, por si solo querías que una cámara retrocediera y/o se mantuviera, y un pedal maestro que controlaba los cuatro al mismo tiempo.

Este artilugio llegó a ser conocido como «El monstruo de cuatro cabezas de Desilu». Fue sensacional.

El tipo que lo construyó quería alquilárnosla. Le dije:

—No, no quiero alquilarla. Quiero comprarla.

—Nos costará tres mil quinientos dólares —dijo Al.

—Está bien, cómprala.

Increíblemente, ese era el único monstruo de cuatro cabezas de la ciudad hasta que la demanda fue tanta que construimos el segundo. Es una de las cosas que cuesta entender de Hollywood. Siguen trabajando con el mismo equipo que D. W. Griffith utilizó en *The Birth of a Nation (El nacimiento de una nación)*.

Representar a Ricky al mismo tiempo era el menor de mis problemas. Al cabo de un rato podría haber hecho el papel de Ricky a larga distancia.

Tuve bastantes problemas con el presupuesto de $24 500, que le había prometido a CBS. En primer lugar, en aquella época no teníamos una gran operación con un departamento de contabilidad o un departamento jurídico. Aún no estábamos departamentalizados.

Llegaba a casa por la noche, sacaba las facturas, las revisaba y extendía cheques para pagarlas. Y si algunas eran para cosas que teníamos que usar todas las semanas, intentaba comprarlas en lugar de alquilarlas. No sabía que los gastos no recurrentes, como el sistema de aspersores, el gasto de reconstruir el escenario y poner las grandes puertas, los asientos del escenario, cambiar la superficie del piso, los *dolly* cangrejo, el monstruo de cuatro cabezas y muchos otros debían sumarse y dividirse entre los treinta y nueve episodios. Así es como debe hacerse, pero lo único que hacía era pagar cada factura sobre la marcha.

El resultado fue que el primer espectáculo costó unos $95 000; el segundo, $85 000; el tercero, $75 000; y el cuarto, $60 000. Entonces recibí una llamada de Harry Ackerman, el tipo que había aprobado el préstamo de $50 000 para iniciar todo el proyecto. Se había jugado el cuello al recomendar y aprobar este préstamo. El trato que teníamos era por $24 500 *más,* lo que significaba que si nos salíamos del presupuesto no teníamos que pagar, lo hacía CBS; y en ese momento se estaban poniendo un poco nerviosos. (Nunca me volvieron a dar ese tipo de trato).

Para el cuarto programa, nos habíamos pasado unos $220 000 del presupuesto. Harry dijo que el Doctor lo había llamado. Todo el mundo sabía que cuando decían «Doctor», se referían a Frank Stanton, presidente del Consejo de Administración de CBS.

Otro ejecutivo de CBS era Howard Meighan, cuyo gran proyecto en aquel momento era Television City, y había querido que hiciéramos el programa en vivo desde allí.

Harry me dijo:

—Howard Meighan quiere apostarle a Stanton cincuenta mil dólares a que CBS perderá más de medio millón de dólares en el primer año de *Yo amo a Lucy*. ¿Qué quieres que le diga al buen Doctor?

—Dile que aceptaré la mitad de la apuesta.

—Suenas muy engreído.

—Sí, bueno, creo que pronto verás que las cosas empezarán a bajar. Lo he ido cargando todo sobre la marcha y aquí hay muchos gastos no recurrentes que debería haber amortizado a lo largo de los treinta y nueve espectáculos. (Acababa de enterarme por nuestro representante personal, Andrew Hickox, lo que significaban esas dos palabras).

Habíamos estado comprando muchas cosas que podíamos usar una y otra vez, sin pagar a las empresas de alquiler. Al final hicimos algunos espectáculos por unos $15 000, otros por $18 000, algunos incluso por $12 000. Los treinta y nueve espectáculos superaron en unos $9 500 el presupuesto total. Así que, en vez de costar cada uno $24 500, costaron $24 750, que era bastante cerca. A todo el mundo le pareció bien. ¿Y por qué no? Era una ganga.

Un comunicado de prensa de la Oficina de Investigación Estadounidense de Washington, D. C., de principios de 1952, da la razón en términos mucho más oficiales y dramáticos de lo que yo soy capaz:

**«INFORMES DE ARB TELEVISION REVELAN QUE *YO AMO A LUCY* ES EL PRIMER PROGRAMA DE TELEVISIÓN EN LA HISTORIA QUE LLEGA A 10 MILLONES DE HOGARES**

Por primera vez en la historia de la televisión, un programa de televisión programado regularmente se ha visto en 10 millones de hogares estadounidenses. Los informes de abril de la Oficina de Investigación Estadounidense revelan que el programa cómico de los lunes por la noche *Yo amo a Lucy* alcanzó 10,6 millones de hogares el 7 de abril. Al anunciar la cifra, el director de la ARB, James W. Seiler, dijo que se trata de una «primicia» para el sector y un hito en teleaudiencia.

El programa, presentado en CBS los lunes por la noche de 9 a 9:30, está protagonizado por el matrimonio formado por Lucille Ball y Desi Arnaz. Además de superar la marca de los 10 millones, *Yo amo a Lucy* fue el mejor programa del país en abril, con un puntaje de 63,2, y el primero en prácticamente todas las grandes ciudades. El programa se trasmite en 62 de los 64 mercados televisivos, pero en realidad está al alcance de los telespectadores de las 64 zonas.

El director de la ARB, Seiler, señaló también que, aunque el programa llegó a 10,6 millones de hogares, hubo una media de 2,9 espectadores ante cada televisor. Esto significa, dijo, que el programa fue visto por 30 740 000 personas, casi una quinta parte de la población del país. De ellos, una recopilación de las cifras del diario ARB muestra que el 32 % o 9 836 800 eran hombres, el 44 % o 13 525 000 eran mujeres y el 24 % o 7 377 600 eran niños.

*Yo amo a Lucy* debutó en la televisión esta temporada y se clasificó por primera vez en noviembre. El informe de la ARB de ese mes muestra que llegó a 5 050 000 hogares, tuvo 50 puntos de trasmisión y un puntaje de 38,5: el 16.° programa más popular del país. En diciembre saltó al 7.° puesto de la lista de clasificación ARB; en enero y febrero fue 5.°, y en marzo se convirtió en el segundo programa del país.

Un resumen de las cifras de ARB de los seis informes que cubren los programas de *Yo amo a Lucy* muestra que el programa ha aumentado su puntaje en 24,7 puntos en el período, ha duplicado con creces el número de hogares a los que llega y ha añadido 17 millones de espectadores a su audiencia.

30/04/52

Siempre me he preguntado cómo era el espectador 0,9.

---

# 33

ESTÁBAMOS A PUNTO DE EMPEZAR A RODAR NUEStra segunda temporada, a principios de 1952, cuando Lucy vino a verme y me dijo:

—Oye, padre, tengo noticias para ti. Estoy embarazada otra vez.

Estábamos tan contentos que no nos lo podíamos creer. Durante diez años habíamos deseado tanto tener hijos y todo lo que conseguíamos eran gatos, perros, abejas, gallinas viejas y la Duquesa de Devonshire, y he aquí que nueve meses después de que naciera nuestra preciosa niña, Lucy estaba embarazada de nuevo.

Después de calmarnos, dije:

—Dios mío, será mejor que se lo diga a Jess Oppenheimer.

Arreglé una reunión con él y le dije que había una situación sobre la que teníamos que reflexionar.

—¿De qué se trata? —preguntó.

—Lucy está embarazada otra vez.

—Dios mío —dijo— ¿qué vamos a hacer?

Me reí y dije:

—¿Cómo que qué vamos a hacer? Va a tener un bebé. Lo que había que hacer al respecto, Lucy y yo ya lo hemos hecho.

—Sí, pero ¿y el programa? —preguntó—. Ya sabes lo grande que se pone. No hay forma de ocultarlo más de un par de meses como mucho.

—Lo sé. ¿Qué te parece si Lucy Ricardo tiene un bebé como parte de nuestros episodios de este año?

—Ellos nunca te dejarán hacerlo —respondió.

—¿Por qué no? ¿Y quiénes son «ellos»?

—Ya sabes: el patrocinador, la cadena, la agencia de publicidad.

—Bueno. No veo por qué no —dije—. ¿Qué hay de malo en que Lucy Ricardo tenga un bebé? Lucy y Ricky están casados. Está embarazada. No hay forma de ocultar este hecho al público. Ya hemos firmado los contratos. Este es el programa número uno en el aire. Solo hay una forma de hacerlo: Lucy Ricardo tendrá un bebé.

—Sería un gancho increíble —dijo Jess— si te dejaran hacerlo.

Llamé a la agencia Biow y les conté la situación. Me dijeron:

—Es imposible hacerlo. No se puede mostrar a una mujer embarazada en televisión.

Llamé a CBS. Tuvieron la misma respuesta, y también la gente de Philip Morris. Por mucho que argumentara que Lucy y Ricky estaban casados, que era algo natural que tuvieran un hijo: «¿Qué demonios puede haber de malo en ello?».

No me lo permitían. Querían que hiciéramos los episodios sin mostrar que estaba embarazada.

—¿Puedes esconderla detrás de sillas o algo así? —preguntaron.

—No hay forma de ocultar el embarazo de Lucy. Cuando llegue el otoño será tan grande como el dirigible de Goodyear. Y sigo sin ver qué tiene de malo que tenga un bebé en la serie como Lucy Ricardo.

No pude lograr nada.

Al final dijeron:

—¿Puedes hacer uno o dos programas sobre el asunto?

—No, no se puede hacer así. Necesitamos al menos ocho o diez programas para hacerlos honradamente y bien, y tener algún tipo de continuidad en la serie. Primero, tiene que decirle a Ricky que va a tener un bebé. Lucy y Ricky, en la vida de nuestra historia, llevan casados más de diez años sin tener un hijo, así que eso tiene que ser una gran noticia en casa de los Ricardo y no podríamos hacerle justicia sin hacer un programa entero solo sobre eso. Entonces, aunque cubriéramos los últimos seis meses de su embarazo en ocho o diez programas, desde luego no podríamos hacerlos divertidos y sentimentales y honestos y reales en mucho menos de ocho programas como mínimo.

El señor Alfred Lyons, presidente de la junta de Philip Morris, no se encontraba en Estados Unidos. Estaba en Inglaterra. Un anciano maravilloso y sabio, siempre había sido muy amable con nosotros y también muy comprensivo.

Había visitado el rancho de Chatsworth poco después de comprar nuestro programa. Cuando conoció a Lucy en nuestra casa, ella no se sentía demasiado bien. Cuando entró en el dormitorio, Lucy estaba recostada en la cama, con un precioso chaquetón, leyendo un libro y fumando un Chesterfield, hecho que no podía ocultar porque había un cartón entero de Chesterfields mirando al señor Lyons desde la mesa de noche, junto a ella. Se lo tomó con mucha gracia y, después de los «cómo está» y «cómo se siente» y «espero que pronto esté de pie», dijo:

—Ese es un chiste muy gracioso.

—¿Qué? —preguntó Lucy.

—Poner el cartón de Chesterfields en su mesa de noche.

—¡Dios mío! —dijo Lucy.

Mientras salíamos de la habitación, me dijo:

—Mira, si tiene que fumar Chesterfields, asegúrate de ponerlos dentro de un paquete de Philip Morris y dentro de un cartón de Philip Morris.

Hicimos esto durante algún tiempo, hasta que un día le dije a nuestro atrecista que no los cambiara y a ver si se daba cuenta. No se dio cuenta. Dejamos de cambiarlos.

Decidí escribir una carta al señor Lyons y explicarle toda la situación del embarazo de Lucy y cómo quería tratarlo en la serie, y cómo toda esa gente estaba en contra, incluida su propia gente de Philip Morris, su agencia de publicidad y la cadena.

*Señor Lyons, supongo que todo depende de usted. Usted es quien paga el dinero de este espectáculo y supongo que debo hacer lo que usted decida. Solo quiero asegurarme de que comprenda una cosa. Le hemos dado el programa número uno del país y, hasta ahora, las decisiones creativas han estado en nuestras manos. Su gente nos dice ahora que no podemos hacerlo, así que lo único que quiero de usted, si está de acuerdo con ellos, es que les informe de que no aceptaremos que nos digan lo que no debemos hacer a menos que, en el futuro, también nos digan lo que debemos hacer.*

*En ese momento, y si esa es su decisión, dejaremos de ser responsables ante usted de que el programa sea el número uno de la televisión, y tendrá que buscar esa responsabilidad en su gente, en la cadena y en la Agencia Biow.*

*Muchas gracias por todo lo que ha hecho por nosotros en el pasado.*

*Atentamente.*

Aproximadamente una semana después de mandaron la carta, pararon todas las discusiones sobre los programas de «embarazadas». Ya nadie se quejaba de si debía haber solo dos programas o ninguno u ocho o lo que fuera. Supuse que el señor Lyons debía de haber hecho algo, pero no iba a averiguar qué. Que la oposición se hubiera detenido era suficiente para mí.

Un par de años más tarde, me encontraba en Nueva York y, como de costumbre, fui al despacho del señor Lyons solo para saludarlo y agradecerle de nuevo toda su confianza y cooperación en el pasado. Cuando salía, me detuvo en la puerta su secretaria, una señora que llevaba treinta o cuarenta años con el anciano, y con la que yo tenía muy buena relación.

—¿No te has preguntado alguna vez por qué se acabaron todas las discusiones cuando querías hacer esos programas sobre el embarazo de Lucy y todo el mundo estaba en contra? —me preguntó.

—Sí, claro que sí. Supuse que el señor Lyons debía de haberle dicho algo a alguien, pero no quise hacer demasiadas preguntas y quizá crear otros problemas. Hay que dejar las cosas buenas como están.

—Tengo aquí un memorándum que quiero enseñarte —me dijo—, pero no le digas nunca a nadie que te lo he enseñado.

El memorándum, enviado desde Inglaterra, decía: «A quien corresponda: ¡No jodan con el cubano! Firmado, A.L.».

Casi me caigo al suelo. ¡Qué gran anciano era!

Cuando cesó la oposición a los programas «de bebés», nos reunimos con Jess, Bob y Madelyn y expusimos lo que todos pensábamos que había que hacer, cómo debíamos presentarlo y cuántos episodios debíamos hacer. Al final decidimos que en el primer programa Lucy descubriera que estaba embarazada y se lo contara a Ricky. En el octavo programa la llevaría al hospital y nacería el bebé.

Mientras tanto, podríamos hacer programas sobre Lucy teniendo antojos de extrañas combinaciones de comida, como helado de chocolate, sardinas y pepinillos, mezclados entre sí. Ricky desarrollaba dolores de parto por empatía y pedía la misma mezcla horrible, y otras cosas graciosas comunes a los embarazos, como que Lucy no pudiera levantarse de la butaca ni amarrarse los zapatos. Una obvia era que Ricky no debía hablarle al bebé, para que no se viera perjudicado por su acento.

Si necesitábamos un descanso o dos de los programas de embarazo, o si necesitábamos ampliar el período de tiempo para que el nacimiento del bebé de los Ricardo coincidiera lo más posible con el nacimiento real del bebé Arnaz, usaríamos repeticiones de programas anteriores como si estuviéramos recordando lo que había ocurrido. Una breve escena sería suficiente para introducir cada repetición.

Una cosa a nuestro favor para la programación fue que Lucie, nuestra primera hija, nació por cesárea. Se suponía que no debía ser así, pero a último momento, el doctor Joe Harris descubrió que la bebé se había girado hacia el lado equivocado, y no quiso arriesgarse.

Era una bebé bien grande y él se alegró mucho de haber decidido operarla, porque Lucy llevaba unas dos semanas de retraso. Si hubiéramos perdido a ese segundo bebé después de perder al primero, habría sido una tragedia tan grande que no creo que hubiéramos podido soportarla.

Todos los días de mi vida, cuando pienso en esta preciosa hija nuestra, bendigo al doctor Harris y doy gracias a Dios.

Al haber tenido una cesárea, Lucy también tendría que tener a su siguiente hijo por cesárea. Sabiendo esto, le preguntamos al doctor Harris cuándo creía que nacería el bebé. Dijo que sería en algún momento de enero de 1953. Estábamos en algún momento de agosto. Empezamos a contar en retroceso desde mediados de enero y decidimos que en un programa de octubre de 1952 Lucy le diría a Ricky que estaba embarazada.

No teníamos que ir semana a semana. En el guion podíamos decir que era al día siguiente o al mes siguiente.

Pensamos que, con ocho programas sobre el bebé y quizá una, dos o tres repeticiones, podríamos cubrir el resto del embarazo hasta el nacimiento del bebé de los Ricardo y acercarnos bastante al nacimiento de nuestro propio hijo.

Y así se dispuso todo.

Otra cosa de la que queríamos asegurarnos era de no hacer ni decir nada que pudiera ofender de algún modo a nuestro público televisivo.

Así que llamé al cardenal James McIntyre, que era nuestro mejor hombre aquí. También llamé al rabino Edgar Magnin y al líder protestante relacionado con la televisión, el reverendo Clifton Moore, de la Iglesia Presbiteriana de Hollywood. Les expliqué a cada uno de ellos lo que estábamos haciendo y les pedí que asignaran a alguien para que estuviera con nosotros durante todo este período para leer los guiones, venir a los ensayos y ver el rodaje.

Accedieron amablemente. Contamos con un sacerdote católico, monseñor Joseph Devlin, de la Iglesia católica de San Vicente y jefe de la Legión Católica de la Decencia; el rabino Alfred Wolf, del Templo Wilshire, en representación de la fe judía; y el propio señor Moore. Estaban con nosotros cuatro días a la semana para ver los ensayos y el rodaje. Solíamos comer y cenar juntos y se hicieron muy buenos amigos.

Nunca se opusieron a nada. De hecho, teníamos la palabra «embarazada» en uno de los programas y el censor de CBS no nos dejaba decirla, pero el rabino, el ministro y el cura dijeron: «Bueno, ¿qué tiene de malo "embarazada"? Eso es lo que es».

Me reuní con ellos y les dije:

—Miren, ¿cuál es la diferencia? ¿Qué más podemos decir?

—*Expecting* (En la dulce espera) —aconsejaron los tres.

—De acuerdo, usaremos *expecting*. Seguramente causará risas porque no sé pronunciar bien *expecting* en inglés. Probablemente saldrá «*specting*» y entonces Lucy podrá imitar mi forma de decirlo. «Sí, como dice él, estoy *specting*».

Resulta difícil creer en estos tiempos que CBS o cualquier otra persona pudiera haber sido mojigata con la palabra «embarazada». Hoy no solo utilizan la palabra, sino que te muestran cómo llegar a esa condición.

No quería que Lucy trabajara más allá del quinto mes de embarazo, que sería en octubre, más de tres meses antes del nacimiento de nuestro bebé.

Sabíamos que el bebé iba a nacer en algún momento de enero. Eso significaba que el último espectáculo tenía que hacerse al menos tres o cuatro meses antes.

Para entonces, ya lo había consultado de nuevo con el doctor Harris y me había dicho que la segunda semana de enero.

Así pues, teníamos que rodar el programa sobre Lucy Ricardo teniendo el bebé a más tardar el 1 de octubre, y entonces Lucy Arnaz podría irse a casa y esperar el nacimiento de nuestro bebé.

La siguiente pregunta fue: ¿va a ser niño o niña? En cuanto al programa, tuvimos que decidirlo tres meses y medio antes de que naciera realmente el bebé.

Le pregunté al Dr. Harris:

—¿Puede decirme qué va a ser?

—Puedo decirle que va a ser niño o niña.

—Sí, pero tengo que filmar el programa en las próximas semanas.

—Eres un jugador —me dijo—. Es una posibilidad de cincuenta a cincuenta.

—Bueno, Joe, ya lo he hablado con Lucy y hemos acordado que los Ricardo deben tener un niño, independientemente de lo que tengan los Arnaz. Estamos pensando en nuestra hija, que nunca ha participado en el programa. Ni siquiera había nacido cuando empezamos. Así, si los Ricardo tienen un niño y conseguimos un actor que lo represente, nuestra hija comprenderá que solo es un miembro de la familia imaginaria de los Ricardo y que ella y el recién nacido son los únicos miembros reales de la familia Arnaz. Ya está decidido. El hijo de Lucy Ricardo va a ser varón, independientemente de lo que dé a luz Lucy Ball Arnaz.

Un par de semanas después, empezamos a ensayar el octavo espectáculo en el que nacería el pequeño Ricky. Los guionistas realmente se habían esmerado en esa ocasión. La rutina de ensayar y cronometrar cómo actuarían Ethel, Fred y Ricky cuando Lucy nos dijera que era hora de llevarla al hospital, y cómo nuestro procedimiento tan bien planeado y cronometrado se vino abajo cuando llegó el momento real, siempre ha sido uno de mis favoritos.

En la escena del hospital, cuando a Ricky le enseñaron el bebé y le dijeron, «Es un niño», se desmayó de una forma hermosa. Espero que Ricky aprecie que me diera un buen golpe en la cabeza haciendo esa caída hacia atrás en toda regla para representar su desmayo.

Quizá no pudieron ver mis lágrimas a través de aquel maquillaje loco y el tocado de jefe tribal indio que llevaba, pero tenía los ojos húmedos. Pensaba que dentro de diez o doce semanas estaría en una maternidad de verdad esperando oír que nuestro bebé había nacido y estaba sano. Por supuesto, rezaba mucho para que nuestro bebé fuera un niño, pero no por causa del espectáculo.

Yo era el único varón de la familia Arnaz de mi generación. Los dos hermanos de mi padre tuvieron hijas y, como ya he dicho, la familia era muy antigua. Si no tenía un hijo, sería el fin del apellido Arnaz. Así que, por supuesto, estaba muy interesado en tener un hijo, y esta era mi última oportunidad porque, después de este, Lucy no iba a poder tener otro hijo. El médico ya había dicho: «Ya no es tan joven y dos cesáreas son suficientes. Otra sería peligrosa».

Seré el primero en admitir que el hecho de que Lucy Arnaz tuviera un niño a las ocho y media de la mañana del lunes 19 de enero de 1953 y Lucy Ricardo tuviera un niño esa misma noche en CBS fue la sincronización más increíble que conozco. Pero, como dijo el doctor Harris, «era una posibilidad de cincuenta a cincuenta».

Una de las razones por las que ocurrió el mismo día fue que el doctor Harris siempre realizaba sus cesáreas los lunes, a menos que hubiera algún tipo de urgencia. Me había dicho que, si el bebé cooperaba y seguía progresando como lo estaba haciendo, el lunes 19 de enero debería estar listo para debutar y unirse al mundo.

Todo lo que tuvimos que hacer, para que el octavo programa se televisara el mismo lunes, fue usar dos repeticiones de programas anteriores, de Nochebuena y Nochevieja sin bebés.

Una enorme cantidad de golpes de suerte y un montón de gente trabajadora y dedicada nos ayudaron a conseguirlo. Cuando empezaron a emitirse por televisión los programas sobre los Ricardo que iban a tener un bebé, crearon el interés más increíble en todo el mundo, y fue en aumento. Cuando se anunció que, con toda probabilidad, el bebé Arnaz nacería ese mismo día, periodistas de todo el mundo y todos los servicios de noticias de Estados Unidos y América Latina me cayeron encima. Todos querían estar conmigo en la sala de espera para padres del hospital. Por supuesto, era imposible acomodarlos a todos. Les pedí que eligieran a un tipo para representar a los servicios de noticias y a los periódicos y que solo él estaría conmigo en la sala de espera de los padres.

Lucy fue al quirófano a las ocho de la mañana. James Bacon, de Associated Press, que ahora escribe una columna sindicada que aparece en el *Los Angeles Herald Examiner,* fue el elegido para estar conmigo en la sala de espera de los padres. Era una sala pequeña, justo al lado de la sala de partos, donde se estaba haciendo la operación. Solo había una puerta batiente entre Lucy y yo, pero no me dejaban entrar para estar con ella.

Todos los médicos, las enfermeras, todos los demás que estaban en aquella habitación con Lucy habían estado viendo los programas y sabían que el bebé de los Ricardos iba a nacer aquella misma noche en la televisión, y que sería un niño.

Al mismo tiempo, Jim y yo oímos un fuerte llanto de bebé y un alegre coro de voces clamar: «¡Es un niño!».

Bacon despegó como un cohete y me gritó: «¡Felicidades!». Más tarde me dijo que en menos de noventa segundos la noticia estaba en la radio japonesa. Los servicios de noticias de todo el mundo estaban a la espera durante la operación.

«¡Es un niño!». Me gustaría tener una grabación de eso, pero realmente no la necesito; puedo oírlo hoy.

El índice nacional de audiencias de *Yo amo a Lucy* la noche en que nació el bebé fue el más alto jamás visto en televisión. Las portadas publicaron la noticia de que dos millones de personas más vieron nuestro espectáculo aquella noche que la toma de posesión del General Eisenhower como presidente de los Estados Unidos al día siguiente. Nunca voy a olvidar cuando Desi tenía nueve o diez años y pasaba un fin de semana conmigo en Palm Springs. Casualmente nos encontramos con el general Eisenhower, que estaba a punto de comenzar su ronda de golf en El Dorado Country Club. El general levantó la vista mientras lo observábamos y esperábamos para jugar después de él, y me preguntó:

—¿Es este el pequeñín que me eliminó de las portadas el día antes de mi investidura?

—Sí, señor, general, es él.

Al general Eisenhower pareció gustarle conocer a Desi, y después, en la sede del club, lo invitó a un helado. Desi nunca ha olvidado aquel día.

El año 1953 parecía solo traernos bendiciones, éxito, honores y riqueza.

Menos de un mes después de que naciera Desi, Lucy y yo firmamos con MGM para protagonizar *The Long, Long Trailer (Después de la boda)* por $250 000. Un portavoz del estudio dijo que era el contrato más caro en la historia de MGM.

Fue un placer volver a tratar con Benny Thau y conseguir ese billete. Me acusó de haberles pedido tanto porque yo todavía estaba enfadado con el estudio por haber contratado a Montalbán.

Así que le hice un trato.

—Te diré una cosa, Benny. Si la película no produce tanto como *Father of the Bride* en Estados Unidos, te devolveremos veinticinco mil dólares, pero si recauda más, nos pagarás cincuenta mil dólares más.

Enseguida aceptó.

*Father of the Bride (El padre de la novia)* recaudó más que ninguna otra comedia de MGM hasta entonces.

—Ponlo en el contrato —le dije.

Aproximadamente un año y medio después, cuando ya se había recaudado la mayor parte de los ingresos de taquilla, recibimos un cheque por los $50 000 adicionales, lo que hacía un total de $300 000, que triplicaba los salarios combinados que habíamos recibido durante todo un año cuando estábamos contratados por MGM anteriormente.

Esa misma semana firmamos un acuerdo para seguir produciendo *Yo amo a Lucy* durante dos años más. Fue el mayor contrato de televisión jamás negociado. Preveía un costo para Philip Morris de ocho millones de dólares, de los que CBS obtendría tres millones por su horario de nueve a nueve y media de los lunes por la noche, y Desilu cinco millones por la producción.

En ese mismo mes de febrero, mi disco de Columbia *Yo amo a Lucy*, con el reverso de «There's a Brand New Baby at Our House» (Hay un nuevo bebé en casa), que escribí con Eddie Maxwell, estaba entre los cinco primeros discos más vendidos del país. También entré en la lista de los Diez Hombres Mejor Vestidos de Estados Unidos, con dandis como el presidente Eisenhower, el expresidente Harry S. Truman, Rex Harrison, Ezio Pinza y Danny Kaye.

La Academia Nacional de Artes y Ciencias de la Televisión concedió a Lucy un Emmy a la Mejor Comediante de 1952, y a nosotros dos un Emmy a la Mejor Comedia de Situación.

El *New York Times* comentó el 5 de febrero: «Con la entrada del bebé de Lucille Ball, al igual que Ike, en la fecha prevista, puede decirse que la situación estadounidense está bien controlada».

Por supuesto, lo más importante de todo era que ahora teníamos a nuestra hija, a nuestro hijo y dos personas que no podían estar más enamoradas ni ser más felices que nosotros.

Entonces se armó tremendo lío.

# 34

ESTABA JUGANDO AL PÓQUER EN CASA DE IRVING Briskin, en Del Mar, cuando recibí una llamada de Ken Morgan, diciéndome que Walter Winchell acababa de hacer un comentario en su programa de radio en uno de sus artículos «a ciegas»: «¡La mejor cómica de la televisión ha sido increpada por su membresía en el Partido Comunista!».

Era el domingo 6 de septiembre.

Para mí eso no era un artículo «a ciegas». Por lo que a mí respecta, tenía una visión 20-20. De inmediato supe que se refería a Lucy. Conocía toda la historia del abuelo y de cómo Lucy, su madre y su hermano, Fred, habían sido investigados y, tras responder a un montón de preguntas, cómo habían sido exculpados. Sin embargo, Fred había perdido su trabajo en una fábrica de aviones de Kansas a causa de unos rumores sobre su investigación y había tenido que acudir al FBI para obtener una autorización de seguridad antes de poder conseguir otro trabajo en cualquier planta de defensa.

Y solo dos días antes de la emisión de Winchell, Lucy se había reunido de nuevo con William Wheeler, investigador del Comité de Actividades Antiestadounidenses de la Cámara de Representantes. Donald Jackson, el representante de Santa Mónica, California, encabezaba ese comité.

Yo conocía muy bien la transcripción de ese interrogatorio, que el comité tuvo la amabilidad de permitirme leer. Por tanto, yo sabía que ella no era culpable de nada, pero en aquellos días, el clima era malo hasta para las más pequeñas insinuaciones. Joe McCarthy y sus audiencias en el Senado eran como una caza de brujas. Incluso acusó al general George C. Marshall de tener inclinaciones comunistas.

Larry Parks, que hizo un gran trabajo representando el personaje de Jolson en la película *The Jolson Story* y de nuevo en *Jolson Sings Again* perdió su carrera cinematográfica en Estados Unidos porque se asustó y al principio dijo que nunca había sido miembro del Partido, pero más tarde admitió que sí lo había sido. Y, aunque ser miembro no era un delito, y no fue condenado por nada más, nadie le daría trabajo después de eso.

Así que, cuando Kenny me puso al corriente de la emisión de Winchell, le dije:

—Ahora mismo voy a la ciudad. Reúnete conmigo en la casa de Chatsworth y trae a Howard Strickling.

Estaba conduciendo los más de doscientos kilómetros que separan Del Mar del rancho cuando me di cuenta de que la historia se repetía de un modo irónico. Veinte años antes estaba jugando al póquer en casa de Jack Cendoya, en Santiago, cuando recibí una llamada telefónica de mi tío, diciéndome que un grupo de comunistas (bolcheviques en aquella época) estaban de camino para saquear nuestra casa y pidiéndome que sacara a mi madre de allí. Se me ocurrió que o debía dejar de jugar al póquer o desconectar el teléfono mientras lo hacía.

Howard Strickling era el vicepresidente encargado de las relaciones públicas de los estudios MGM, para los que acabábamos de terminar de rodar *The Long, Long Trailer,* que aún no se había estrenado.

Llegué a casa como a las dos de la madrugada y Kenny, Howard y Lucy me estaban esperando.

Tras una pequeña discusión, Howard, que tartamudeaba bastante y que ya había sido informado por Kenny, dijo:

—Bueno, tal vez W-W-Winchell no se refería a L-L-Lucy. P-P-Puede que sea Imogene C-C-Coca.

Lucy dijo con atrevimiento:

—Eso me ofende, Howard. Todo el mundo sabe que *yo soy* la mejor comediante.

—Preferiría que no alardearas en este momento —le dije.

Entonces me volví hacia Howard y le dije:

—Mira, Lucy ha sido investigada y ha sido absuelta. Tenía una tarjeta de registro que firmó en mil novecientos treinta y seis, pero caducó en mil novecientos treinta y ocho. No sabía qué demonios había firmado. Toma, lee la transcripción de la última reunión con el investigador del Comité, hace dos días.

## TESTIMONIO DEL 4 DE SEPTIEMBRE DE 1953

Después de que la señorita Ball declarara que comparecía voluntariamente y de que contara cómo se inició como actriz de cine a cincuenta o setenta y cinco dólares semanales en Hollywood, el testimonio, en parte, fue el siguiente:

SR. WHEELER: ¿Cuándo se inscribió por primera vez para votar?
SRTA. BALL: Supongo que la primera vez que lo hice fue en el treinta y seis.
SR. WHEELER: Me gustaría enseñarle una copia fotostática de un censo electoral y preguntarle si esa es su firma.
SRTA. BALL: Parece mi letra.
SR. WHEELER: Observará que el partido al que pretendía afiliarse en aquel momento era el Partido Comunista.
SRTA. BALL: ¿En el treinta y seis?
SR. WHEELER: Sí.
SRTA. BALL: Supongo que sí.
SR. WHEELER: Entonces, ¿se inscribió para votar en aquel momento como comunista o con intención de votar la candidatura comunista?
SRTA. BALL: Sí.

SR. WHEELER: ¿Podría entrar en detalles y explicar los antecedentes, la razón por la que votó o se registró para votar como comunista o persona que pretendía afiliarse al Partido Comunista?

SRTA. BALL: Era nuestro abuelo, Fred C. Hunt. Él quería que lo hiciéramos, y nosotros solo lo hicimos por complacerlo. No tenía intención de votar así. Si mal no recuerdo, no lo hice. Mi abuelo empezó hace años: era socialista desde que tengo uso de razón. Es el único padre que hemos conocido, mi abuelo. Mi padre murió cuando yo era pequeña, antes de que naciera mi hermano. Era el único padre que mi hermano conoció. Durante toda su vida había sido socialista, desde Eugene V. Debs, y simpatizaba con el hombre trabajador desde que lo conozco y recibía el *Daily Worker*. Nunca significó mucho para nosotros, porque era tan radical en el tema que insistió demasiado en su punto de vista, en realidad, probablemente, durante nuestra infancia, porque al final se pasaba y no hicimos más que considerarlo una molestia, pero como padre, y ya con setenta años, se volvió tan vital para él que el mundo debía estar bien las veinticuatro horas del día, en todas partes, y se esforzaba al máximo por hacer lo mejor que podía por todo el mundo y especialmente por el trabajador; es decir, desde el basurero, a la criada en la cocina, al obrero del estudio, hasta el obrero de la fábrica. Nunca perdía una oportunidad de hacer lo que consideraba que mejoraba sus condiciones. A veces era un poco ridículo porque *mi* posición en el llamado mundo capitalista era bastante buena y resultaba un poco difícil conciliar ambas cosas. No discutíamos mucho con él porque había tenido un par de embolias y si se excitaba demasiado, pues, tendría otra. Así que al final llegó el momento en que mi hermano tenía veintiún años, y se iba a encargar de que Freddie se inscribiera para ayudar al hombre trabajador, que era, en su idea de entonces, el Partido Comunista. En aquella época no era cosa de esconder bajo la alfombra, ser miembro del Partido.

SR. WHEELER: ¿Consideraba al Partido Comunista un partido de los trabajadores?

SRTA. BALL: Eso es todo lo que he oído. Nunca oí a mi abuelo usar la palabra «comunista». Siempre hablaba del hombre trabajador y leía el *Daily Worker*. Se confundió mucho en sus últimos años, cuando Rusia y —¿quién se juntó?— ¿Rusia y Alemania?

SR. WHEELER: Así es.

◇◆◇

Recuerdo bien ese período y me alegro de que Lucy por fin hubiera acertado quién se juntó con quién. Pero es un hecho que el abuelo estaba muy confundido. Cuando Kenny se alistó voluntario en el Ejército en 1942, y yo no pude alistarme en la Armada y me llamaron a filas en 1943, se enfadó mucho y no paraba de interrogarnos sobre quién demonios era aliado de quién. ¿Estábamos con Alemania y Rusia y, en caso afirmativo, contra quién? Le explicamos que Alemania y Rusia ya no eran amigos y que nuestros aliados eran Rusia, Inglaterra y Francia, y nuestros enemigos Alemania, Italia y Japón. Ya era bastante mayor y sé que todos sentimos pena por él.

SR. WHEELER: ¿Ha sido alguna vez miembro del Partido Comunista?
SRTA. BALL: Que yo sepa, no.
SR. WHEELER: ¿Le han pedido alguna vez que se afilies al Partido Comunista?
SRTA. BALL: No.
SR. WHEELER: ¿Asistió alguna vez a reuniones que luego descubrió que eran del Partido Comunista?
SRTA. BALL: No.
SR. WHEELER: ¿Sabe si alguna vez se celebraron reuniones en su casa de 1344 North Ogden Drive?
SRTA. BALL: No, no sé nada de eso. No creo que sea cierto.
SR. WHEELER: ¿Qué edad tenía en 1936?
SRTA. BALL: Ahora tengo cuarenta y dos años; veinticuatro.

Esto fue en 1953, así que tenía cuarenta y dos años, pero eso significa que tenía veinticinco en 1936, no veinticuatro. Las matemáticas no eran su fuerte.

SR. WHEELER: Me gustaría presentar la declaración jurada del registro n.° 847584. Esta declaración jurada de registro está firmada por Lucille Ball y fechada el diecinueve de marzo de mil novecientos treinta y seis. ¿Ha conocido alguna vez a una persona llamada Emil Freed?
SRTA. BALL: Que yo sepa, nunca he oído ese nombre.
SR. WHEELER: ¿Sabe que fue usted miembro del Comité Central del Partido Comunista durante el año 1936?
SRTA. BALL: ¿Quiere decir si lo sabía antes de que me lo dijera?

SR. WHEELER: Sí.

SRTA. BALL: No.

SR. WHEELER: Bien, me gustaría entregarle un documento titulado «Nombramiento de los miembros del Comité Central Estatal reunido en Sacramento en el año 1936». Lleva el sello «Partido Comunista», y este documento revela que Emil Freed fue delegado por designación en el Comité Central Estatal del Partido Comunista para ese año. Y nombró a tres personas como delegados. Esos nombramientos, según el documento, son Jacob Berger, 822 North Orange Drive; Fred Hunt, 1344 North Ogden Drive; y Lucille Ball, 1344 North Ogden Drive.

SRTA. BALL: No conozco a Emil Freed. Nunca oí hablar de Emil Freed, y si Emil Freed me nombró delegada en el Comité Central Estatal fue sin mi conocimiento ni consentimiento.

SR. WHEELER: ¿Sabe quién puede ser el responsable de que su nombre aparezca en este documento?

SRTA. BALL: Posiblemente mi abuelo, Fred C. Hunt.

Lucy llamaba Fred C. Hunt a su abuelo desde el año en que recibió de él una tarjeta de Navidad firmada «Fred C. Hunt».

SR. WHEELER: Supongo que no asistió a la reunión del Comité Central Estatal en Sacramento.

SRTA. BALL: Ni siquiera sabía que existía. Sigo sin saber lo que significa.

SR. WHEELER: Quisiera referirme al informe de las actividades antiestadounidenses en California correspondiente al año 1943, y remitirme a la página 127 de ese documento, que es una parte de una declaración jurada de Rena M. Vale. En esta declaración jurada ha admitido que una vez fue miembro del Partido Comunista y habla de cómo se afilió:

«Que, a los pocos días de presentar mi tercera solicitud de afiliación al Partido Comunista, recibí un aviso para asistir a una reunión en North Ogden Drive, Hollywood; aunque era una nota mecanografiada, sin firma, que se limitaba a solicitar mi presencia en la dirección a las ocho de la noche de un día determinado, yo sabía que era el tan esperado aviso para asistir a las clases de nuevos miembros del Partido Comunista.

»Que al llegar a esta dirección encontré a varias personas más presentes; un anciano nos informó de que éramos los invitados de la actriz de cine Lucille Ball, y nos mostró varios objetos para establecer ese hecho, y declaró que estaba encantada de prestar su casa para una clase de nuevos miembros del Partido Comunista».

¿Tiene conocimiento de que se hayan celebrado reuniones en su casa, señorita Ball?

SRTA. BALL: Ninguna en absoluto.

SR. WHEELER: ¿Conoce a Rena Vale?

SRTA. BALL: No había oído ese nombre en mi vida.

SR. WHEELER: ¿Sabe si su abuelo, Fred Hunt, celebró o no reuniones en la casa?

SRTA. BALL: Que sepamos, nunca.

O Rena Vale mentía para hacerse la importante, o el abuelo sí celebraba esas reuniones y su madre y Fred tenían miedo de decírselo a Lucy.

SR. WHEELER: También tengo una copia fotostática de una Declaración Jurada de Inscripción para el año mil nueve treinta y seis de la señora Desiree E. Ball, y en ella consta que también se inscribió para votar como persona que pretendía afiliarse al Partido Comunista el doce de junio de mil nueve treinta y seis. ¿Qué relación tiene Desiree Ball con usted?

SRTA. BALL: Es mi madre.

SR. WHEELER: ¿Sabe si alguna vez fue miembro del Partido Comunista?

SRTA. BALL: Que yo sepa, no.

SR. WHEELER: Tengo aquí una segunda fotocopia, un censo electoral, firmado por Fred E. Hunt, que también pretendía afiliarse al Partido Comunista.

SRTA. BALL: Fred C. Hunt.

SR. WHEELER: Fred C. Hunt, más bien. Este documento está fechado el doce de junio de mil nueve treinta y seis, y también muestra que cambió el voto a Demócrata el 18 de noviembre de mil nueve cuarenta.

Fue cuando se enfadó con los rusos por convertirse en aliados de los nazis.

SR. WHEELER: La declaración jurada de inscripción revela que usted votó en las primarias del año 1938... la Declaración Jurada de Registro del reverso revela que firmó dos peticiones para el año 1936, la petición de candidatura de Freed para el 57.° Distrito de la Asamblea, o, mejor dicho, es un certificado de patrocinio. Este documento también se obtuvo de los archivos del Secretario de Estado y lo introduciré en el acta como Prueba de Ball n.° 3. Quisiera referirme a la segunda página de este documento, en la línea 23, y allí aparece la firma de Lucille Ball, 1344 Ogden Drive, y ocupación, artista. Está fechado el 16 de junio de 1936. ¿Es esa su firma [indicando]?

SRTA. BALL: Yo diría que sí.

SR. WHEELER: ¿Recuerda haber firmado el documento?

SRTA. BALL: Es algo que firmé sin mirarlo, o si lo miré, no me pareció gran cosa en ese momento.

Típicamente Lucy. Firmó cientos de documentos que le di sin mirar más allá de mi firma. Si yo los hubiera firmado, ella firmaría automáticamente debajo de mí. Entre ellos estaban el contrato de ocho millones con Philip Morris y la factura de $989 642,69 del impuesto sobre la renta del tío Sam en 1957.

SR. WHEELER: ¿Conoce las palabras o la frase «sindicalismo criminal»?

SRTA. BALL: No, pero es bonito. ¿Qué significa?

No puedes evitar quererla por ese comentario. Sé que yo lo hice. Estoy seguro de que estaba asustada, pero aún podía mantener su sentido del humor.

SR. WHEELER: Los comunistas fueron llevados ante los tribunales y juzgados por sindicalismo criminal, y...

SRTA. BALL: ¿Y firmé algo más?

SR. WHEELER:... firmó esta petición para eliminar la Ley de Sindicalismo Criminal de los estatutos del Estado de California.

SRTA. BALL: ¿Lo firmé? ¿Puedo ver la firma?

SR. WHEELER: Desgraciadamente han sido destruidas, esas peticiones en concreto.

SRTA. BALL: ¿Por quién?

SR. WHEELER: Se conservan durante unos años, según la ley, y se pueden destruir.

SRTA. BALL: ¿Era la misma época en que nos portábamos bien con papá?

Qué pregunta más bonita y sincera.

SR. WHEELER: Fue en el año mil nueve treinta y seis.
SRTA. BALL: Imagino que esa petición está relacionada con el asunto del Comité de Actividades Antiestadounidenses, los derechos constitucionales que todos defienden ahora. ¿Es eso lo que significa?
SR. WHEELER: Significa más o menos lo siguiente: «Ley por la que se definen el sindicalismo criminal y el sabotaje, se proscriben determinados actos y métodos en relación con los mismos y, en consecuencia, y se establecen penas y castigos por ello».

No me extraña que no supiera de qué demonios estaban hablando.

SRTA. BALL: De todos modos, no sé lo que significa.
SR. WHEELER: Yo mismo me puse en contacto con usted como investigador del Comité de Actividades Antiestadounidenses de la Cámara de Representantes...
SRTA. BALL: Sí.
SR. WHEELER: ¿Recuerda que la fecha fue el tres de abril de mil nueve cincuenta y dos?
SRTA. BALL: Sí.

Y cómo recordaba ella aquella fecha, y yo también. Por eso nos sorprendió tanto a los dos cuando la llamaron de nuevo ahora, además del artículo de Winchell y el *Herald Express* circulándolo. Había algo falso e intencionadamente malicioso en toda la segunda entrevista. El Comité conoció toda la historia en 1952.

SR. WHEELER: Pues bien, su nombre se menciona en el *Daily People's World*, edición del veintiséis de octubre de mil nueve cuarenta y siete, página uno, columnas cinco y seis, como una de las altas personalidades patrocinadoras o miembros del Comité de la Primera Enmienda. Ese comité se formó aquí, en Hollywood, para oponerse a las audiencias del Congreso en mil nueve cuarenta y siete.
SRTA. BALL: Bien. Entonces no tengo conocimiento de haberlo firmado.

Esto tenía que ver con los Diez Inamistosos (Unfriendly Ten) de Hollywood. Nunca hizo nada a sabiendas, ni a favor ni en contra, al respecto. El tema se discutió en nuestra casa muchas veces y su interés por el caso era nulo. Por supuesto, yo había visto lo que una campaña de propaganda bien organizada y distorsionada podía hacer, como ocurrió en Cuba. Sin embargo, tuve la sensación de que la mayoría de los Diez Inamistosos no eran más que peones de los profesionales.

SR. WHEELER: ¿Tiene algo más que quiera añadir para que conste en acta?

SRTA. BALL: Nunca he hecho nada por los comunistas, que yo sepa, en ningún momento. Nunca he aportado dinero ni he asistido a ninguna reunión, ni siquiera he tenido nada que ver con personas relacionadas con él, si es que, que yo sepa, lo estaban. No soy comunista ahora. Nunca lo he sido. Nunca quise serlo. Nada en el mundo podría hacerme cambiar de opinión. En ningún momento de mi vida he simpatizado con nada que se le pareciera lo más mínimo. Siempre se opuso [indicándome] a lo que pensaba mi abuelo sobre cualquier otra forma de dirigir este país. Yo pensaba que las cosas estaban bien como estaban.

Ahora suena un poco débil, tonto y cursi, pero en aquel momento era muy importante porque sabíamos que no íbamos a tener a papá mucho tiempo con nosotros. Si lo hacía feliz, era importante en ese momento. Pero siempre estuve consciente de que solo podía llegar hasta cierto punto para hacerlo feliz. Intenté no pasarme de ahí. En aquella época, eso no era nada del otro mundo. Era casi tan terrible como ser republicano en aquellos días.

Bueno, cariño, hoy es aún peor.

SRTA. BALL: Nunca he tenido mucha actitud cívica y, desde luego, nunca he tenido mentalidad política en mi vida.

¡No es verdad! También podría haber dicho que si no hubiera sido por su ayuda nunca habríamos conseguido que las pocas personas que conseguimos cenaran con el presidente Truman y la primera dama en 1948. También podría haber dicho que la primera vez en su vida que votó en unas elecciones generales, y sabiendo exactamente lo que hacía, fue cuando ambos votamos por el general Eisenhower en 1952.

SR. WHEELER: No tengo más preguntas. Gracias por su colaboración.

# 35

MIENTRAS LEÍA PARTES DE LA TRANSCRIPCIÓN AQUElla noche, después de la emisión de Winchell, Howard Strickling se rio de algunas de las respuestas de Lucy y de sus historias sobre el abuelo. También nos aconsejó que ignoráramos la emisión de Winchell y que guardáramos silencio sobre todo el asunto. Estaba seguro de que se calmaría.

Cuando lo miras en retrospectiva y con conocimiento de los hechos (como dicen en Washington), te das cuenta de que Howard no era el único que había pensado así.

El presidente Nixon, refiriéndose al Watergate, le dijo por teléfono a John Mitchell, según las transcripciones de la cinta: «Este asunto es solo una de esas cuestiones secundarias y dentro de un mes todo el mundo mirará atrás y se preguntará a qué venía tanto griterío».

Yo, sinceramente, no estaba tan seguro como Howard de que esta fuera la mejor forma de manejar la situación. Quería que todo saliera a la luz, y lo antes posible. Sabía que los miembros del Comité de Actividades Antiestadounidenses no podían acusar a Lucy de ningún delito intencionado, y hasta le habían dado las gracias por sus respuestas sinceras y su cooperación para aclarar todo este asunto. Pero uno de ellos seguro le avisó a Winchell sobre el segundo interrogatorio con la esperanza de que la Comisión de la Cámara de Representantes saliera en primera plana que, hasta ahora, había dominado el grupo McCarthy del Senado.

Para evitar que Lucy y su familia pasaran más vergüenza, seguí el consejo de Strickling. Y empezó a parecer que tenía razón. No salió nada en los periódicos ni el lunes, ni el martes, ni el miércoles, ni el jueves. Ensayamos nuestro programa como siempre. Howard me llamó el jueves por la noche, muy contento de que nadie hubiera recogido el artículo «a ciegas» de Winchell, y ya estaba convencido de que nadie lo haría y todo el asunto tendría una muerte natural. Le di las gracias por la llamada y le dije que esperaba que tuviera razón.

Esa esperanza no duró mucho.

A la mañana siguiente, acababa de amanecer y Lucy y yo estábamos en la cama, durmiendo, cuando me desperté y vi a un tipo con una cámara, justo al otro lado de la gran ventana de nuestro cuarto. Salí y agarré al fotógrafo por el cuello.

—¿Qué demonios crees que haces con esa cámara ahí fuera? —le grité.

Había un periodista con él que me dijo:

—Lo siento, señor, pero tenemos órdenes del periódico de entrevistar a Lucy.

—¿Qué periódico y quién te lo ordenó? —pregunté.

—El *Herald Express* y la editora para la ciudad, Agness M. Underwood.

Me mostró sus credenciales y me dijo:

—El periódico tiene una copia fotostática de una declaración jurada que demuestra que la señorita Ball se registró en mil novecientos treinta y seis como votante, con la intención de afiliarse al Partido Comunista.

Les dije que entraran. Llamé a Aggie Underwood y le dije que Lucy no hablaría con nadie. Entonces le dije que les dijera a esos personajes que se largaran del rancho. Le pasé el teléfono al periodista y le ordenaron a irse. Habían estado cubriendo un incendio cerca de nosotros y habían llamado al periódico, momento en el que recibieron órdenes de ver a Lucy.

A diferencia de la de Larry Parks, mi reacción fue todo lo contrario a asustarme. Me enojé muchísimo pensando en lo irónico que era. Una de las razones por las que nuestra familia perdió todo lo que tenía en la Revolución de 1933 fue porque *mi padre* había sido el primer hombre *en encarcelar a un bolchevique*. Ahora aquí estábamos, veinte años después, y parecía que íbamos a volar todo el maldito imperio Desilu y todo lo que teníamos, porque *llamaban comunista a mi mujer*.

No pude conseguir que Aggie retuviera la historia hasta que pudiera hablar con el congresista Donald Jackson. Antes del mediodía, salieron con un extra. En la portada los hijos de puta habían impreso un titular de diez centímetros, en tinta roja además, LUCILLE BALL UNA ROJA.

La tarjeta que Lucy había firmado, y de la que habían obtenido una copia fotostática, decía en el lateral: «CANCELADO», y debajo la fecha 30-12-38. El *Herald Express* lo imprimió en primera página con la palabra CANCELADO totalmente recortada del documento. Su despiadada distorsión de esa tarjeta fue un buen ejemplo de pésima prensa amarilla.

Me alegra decir que la mayoría de los periódicos que publicaron la noticia no solo no recortaron CANCELADO, sino que incluyeron un pie de foto debajo que decía: «Fíjense en la cancelación a la izquierda».

Y para ser justos con la gente de Hearst, un par de días después nos llamó uno de los muchachos de Hearst y pidió muchas disculpas. Me dijo que había establecido nuevas normas bastante estrictas y que había despedido a un par de personas por esa distorsión.

Cuando llegamos al estudio y vimos el extra, cogí el teléfono y llamé a J. Edgar Hoover a Washington, D. C. Conocía al señor Hoover porque venía a Del Mar todos los veranos para hacerse un chequeo en la Clínica Scripps y luego iba a las carreras por la tarde. Contestó el teléfono enseguida y le conté lo que había pasado y lo que decía el titular del *Herald Express*. Entonces pregunté:

—Quiero saber, señor Hoover, ¿tiene algo contra Lucy, tiene el FBI algún caso contra ella, alguna prueba de delito? Porque, por lo que tengo entendido, lo único que sé es que su abuelo, hace unos diecisiete años, le hizo firmar esta maldita tarjeta, y quiero saber qué más tiene, si es que tiene algo.

—¡Absolutamente nada! Por nuestra parte, está libre de sospecha al cien por cien —dijo.

—Muchas gracias, señor Hoover.

Entonces llamé al doctor Frank Stanton de CBS de Nueva York.

—Doctor, hay un titular horrible en la portada del *Los Angeles Herald Express* de esta mañana.

Le dije lo que decía y que, por supuesto, probablemente ya estaría en los periódicos de todo el país. También le dije que acababa de hablar con J. Edgar Hoover y lo que Hoover había dicho.

—¿Qué piensas de todo este asunto? —preguntó Frank.

—Frank, estoy tan malditamente molesto que voy a luchar como nunca he luchado antes. Esto es ridículo. Es terrible que alguien diga eso de Lucy. A ella le importa un bledo la política. Ni siquiera ha sido capaz de comprender la Revolución de mil novecientos treinta y tres en Cuba y lo que le pasó a nuestra familia. Se lo he explicado cien veces y me dice: «Explícamelo otra vez». Me gustaría que alguien me «explicara» cómo este senador McCarthy y este otro grupo, el Comité de Actividades Antiestadounidenses, pueden salirse con la suya con toda esta mierda. Pero no vamos a asustarnos. Lo que le pasó a Larry Parks no le va a pasar a ella. Te lo aseguro.

También le dije que aún no había hablado con Philip Morris, así que no sabía cuál sería su reacción, pero que, si se asustaban y querían suspender el programa el próximo lunes, quería ese espacio al aire.

—Quiero de nueve a nueve y media de la noche el próximo lunes en las mismas emisoras que emiten *Yo amo a Lucy* y en cualquier otra que pueda conseguir, si hay alguna que no lo haga. Cueste lo que cueste, Desilu lo pagará. Lucy y yo saldremos al aire y contaremos la historia del abuelo y todas las malditas cosas por las que tuvo que pasar Lucy. Tenemos que hacer saber al pueblo estadounidense de qué se trata. No va a ser crucificada por insinuaciones malintencionadas, hechos distorcionados y/o acusaciones falsas. Además, Lucy y yo contando todas las historias sobre el abuelo podría ser nuestro programa más divertido.

—Está bien, está bien, cubano. Si Philip Morris se retira, ¿quieres de nueve a nueve y media el próximo lunes por la noche?

—¡Sí, señor!

—¿Sabes cuánto cuesta?

—Unos treinta mil. ¿Verdad?

—Sí, más o menos.

—Si lo necesitamos, ¿podemos tenerlo?

—Espero que no lo necesites, pero, si es así, lo tienes, y te garantizo que lo estaré viendo. Será muy interesante ver lo que haces con él. Dile a Lucy que los apoyamos a ambos al cien por cien. Se lo contaré a Paley. Cualquier otra cosa que quieras, coge el teléfono y llámanos a Bill o a mí.

Entonces, llamé a Alfred Lyons, presidente de la junta de Philip Morris, y le dije que había hablado con Hoover, que había hablado con Stanton y que, si Philip Morris se ponía nervioso, íbamos a hacernos cargo de la media hora.

—Señor Lyons, tengo que saber si va a transmitir *Yo amo a Lucy* el próximo lunes por la noche o si no va a trasmitirlo el próximo lunes por la noche, ¡y tengo que saberlo ya! Debo advertirle que se prepare para unos titulares pésimos hoy, pero quizá mañana o pasado mañana cuenten nuestra versión de la historia.

—Es una decisión difícil —dijo— con el clima como está en todo el país y todo lo demás.

—Sí, señor, soy muy consciente del clima, y si quiere retirarse no puedo culparlo demasiado y estoy seguro de que Lucy tampoco lo hará.

—No, joven, no me voy a retirar —dijo el viejo y simpático cabrón—. Vamos, ¡a conseguir unos buenos titulares!

Esas fueron las tres primeras llamadas que hice aquel día. Había intentado hablar con Winchell la noche en que Kenny me contó lo que había dicho en su programa sobre la mejor cómica, pero no lo conseguí por teléfono. Hablé con Sherman Billingsley en el Stork Club de Nueva York y le dije:

—Sherman, Walter presentó este maldito artículo en el aire y puede que él no lo sepa, pero nos ha creado un montón de problemas a Lucy y a mí, y debería haber pensado en eso. Estoy seguro de que conoce la verdadera historia. Es amigo de J. Edgar Hoover, así que lo único que tiene que hacer es descolgar el teléfono y llamar al señor Hoover.

Lucy no podía dejar de llorar. No podía creer el pésimo titular y se avergonzaba de que la gente pudiera pensar que era una «espía comunista».

—Ahora mira, Red —le dije, lo que la hizo soltar un gran gemido—. Ay, Dios, ahora escúchame. El pueblo estadounidense no te juzgará hasta que escuche tu historia. Ahora mismo estoy tratando de que Jackson se ponga al teléfono para dar una conferencia de prensa.

—¿Y ese quién es? —preguntó ella.

—Él es el hijo de la madre del cabrón del comité y estoy seguro de que uno de sus miembros filtró la historia del interrogatorio. Así que ahora, maldita sea, más le vale que dé una conferencia de prensa y cuente toda la historia. Que explique al público cómo te han exculpado ellos y el FBI y todos los demás. Estoy seguro de que lo hará. Sabe que todas las agencias de noticias, todas las cadenas de televisión y todas las cámaras de los noticiarios estarán allí para cubrir esa conferencia de prensa. No dejará pasar la oportunidad de convertirse en un gran personaje exculpándote públicamente. ¿Qué más puede hacer? No eres culpable de nada. *You ain't guilty of nothing.*

—*You are not guilty of anything* —me dijo, corrigiendo mi inglés.

—No importa mi maldito inglés. Acabo de recibir una llamada de Hedda Hopper. Le dije que lo único rojo que tienes es el pelo, y ni siquiera eso es legítimo.

—¡No lo hiciste! —dijo ella.

Cuando empezó a burlarse de mi acento, supe que se sentía mejor.

—¿Y el espectáculo de esta noche? ¿Y si el público empieza a abuchear o algo así?

—No te preocupes por eso, cariño. Vamos a hacer el espectáculo esta noche y vamos a hacerlo delante del público y nadie va a abuchearte.

No era la única que se preocupaba por eso. La gente de CBS, incluso alguna de mi propia gente de Desilu, tenía la misma preocupación. Pero sentí que cancelar repentinamente el público sería una muestra de debilidad, quizá incluso de culpabilidad.

Lucy estuvo de acuerdo y decidimos no solo contar con público, sino también con representantes de la prensa para que informaran sobre la reacción del público.

Jackson me llamó sobre la una de la tarde y me dijo:

—Tengo entendido que estás muy disgustado.

—Tienes toda la razón, estoy bastante disgustado —dije—. ¿Te ha informado tu secretaria de la conferencia de prensa para ti y tu comité?

—¿Hotel Statler, seis de la tarde?

—Así es. Quiero una declaración tuya y de tu comité de que no tienen absolutamente nada contra Lucille Ball, que es exactamente la verdad.

—No sé si podré reunir al comité a tiempo para la conferencia de las seis.

—Pues será mejor que los reúnas, porque o vas a estar tú, o voy a estar yo.

—Te llamaré dentro de un rato. Mira, no sé cómo ha ocurrido esto. No tenemos nada contra Lucy.

—Sí. Pero tienes que decirlo.

—Déjame ver a cuántos de estos tipos puedo juntar.

A las tres y media o cuatro, volvió a llamar y dijo:

—Está bien, ya tengo los suficientes.

—¿Nos quieres en la conferencia de prensa? —pregunté.

—No. Yo estaré allí.

No le pregunté qué iba a decir. Me limité a decir:

—Muchas gracias.

Entonces llamé a Jim Bacon de Associated Press, el tipo que estaba conmigo cuando nació Desi, y le dije:

—Jim, Jackson va a dar una conferencia de prensa.

—Sí. Nos hemos enterado —dijo.

—Quiero que estés allí y que me llames en cuanto esto termine. Tengo que saber qué ha dicho, cuál ha sido el resultado de la conferencia de prensa, porque será justo antes de ponerme delante del público para hacer el calentamiento del espectáculo.

Sé que este fue uno de los días más desgraciados que Lucy pasó en su vida. Pero vino, ensayó, siguió adelante y mantuvo el espectáculo en buena forma.

Justo antes de salir al frente para hacer el calentamiento, ante un público lleno y unos cincuenta periodistas, Ken Morgan me llamó al teléfono de bastidores. Era Jim Bacon, quien dijo:

—Bueno, la conferencia de prensa ha terminado. Mañana por la mañana no tendrás más que hermosos titulares.

—¿Qué ha dicho? —pregunté, e hice que Lucy escuchara.

—La exculpó al ciento por ciento —respondió Jim— sin ninguna duda. En la onda de todos amamos a Lucy.

—¡Precioso!

Aún teníamos que enfrentarnos al público. Solo sabían lo que habían leído durante el día, y lo que habían leído durante el día era bastante malo.

Le di un gran beso a Lucy y le dije:

—¡Sal peleando!

Salí al frente y dije:

—Señoras y señores, sé que hoy han leído muchos titulares malos sobre mi mujer. Vengo de Cuba, pero durante mis años en el Ejército de Estados Unidos me convertí en ciudadano estadounidense, y una de las cosas que admiro de este país es que se te considera inocente hasta que se demuestre tu culpabilidad.

»Hasta ahora, solo han leído lo que la gente ha dicho de Lucy, pero no han tenido ocasión de leer nuestra respuesta a esas acusaciones. Así pues, solo les pediré una cosa esta noche, y es que no enjuicien hasta que lean los periódicos mañana, donde estará nuestra historia. Mientras tanto, espero que puedan disfrutar del espectáculo en estas difíciles circunstancias.

Luego presenté a Fred y Ethel.

—Y ahora la muchacha con la que llevo casado trece años y que, lo sé, es tan estadounidense como J. Edgar Hoover, el presidente Eisenhower o Barney Baruch, mi esposa favorita, la madre de mis hijos, la vicepresidenta de Desilu Productions, yo soy el presidente, mi pelirroja favorita, que incluso *ni* eso es estrictamente exacto. La muchacha que interpreta a Lucy: ¡Lucille Ball!

Fue un momento increíblemente emotivo para todos los que estábamos en ese escenario. El público se levantó, aplaudió y gritó: «Te amamos, Lucy». Bill y Vivian lloraban, la orquesta tocaba la canción temática de *Yo amo a Lucy,* los camarógrafos, los electricistas y todo el equipo gritaban, aplaudían, lloraban y reían.

Eché un vistazo a donde estaban sentados los periodistas y todos estaban tomando notas como locos sobre el alegre pandemonio que se estaba produciendo. Su fotógrafo y el nuestro, Buddy Graybill, tenían bombillas parpadeando en todas direcciones.

Lucy se quedó allí sollozando y riendo y dando las gracias a todo el mundo. Abrazó a Vivian, a Bill y a mí, y luego subió al público, abrazó y besó a su madre, y a su hermano, y a mi madre, y a los escritores, y a la gente del periódico, y a Kenny y a Cleo, y a la mayoría de la gente del público a la que pudo llegar o que llegó a ella.

Cómo demonios se controló y llegó a hacer una de las mejores interpretaciones de su vida, después de todo esto, solo demuestra lo tremenda actriz que es esta muchacha.

Al día siguiente, los titulares hablaban de que el Comité la absolvía al 100 %, y Jackson dijo: «Nosotros también amamos a Lucy». E historias sobre la reacción de nuestro público la noche anterior. Hedda Hopper, también en la portada del *Times,* me citó: «Lo único rojo que tiene es el pelo, y ni siquiera eso es legítimo». Incluso el *Herald Express* fue bastante preciso.

El domingo al mediodía tuvimos una conferencia de prensa en nuestro rancho en Northridge. Los del periódico querían oír nuestro lado de la historia, en persona.

Le pedí a nuestro vecino Bill Henry del *Los Angeles Times* que dirigiera la conferencia de prensa. Teníamos un bonito despliegue alrededor de la piscina con comida, bebida y refrescos.

Todos tenían la transcripción completa, que habíamos insistido en que Jackson hiciera pública, y también la declaración de Emil Freed a la prensa que había aparecido aquel sábado por la mañana, confirmando el testimonio de Lucy de que nunca lo había conocido. (Llevaba intentando localizar al señor Freed desde que leí la transcripción por primera vez).

Decía: «Nunca he conocido a la señorita Ball».

También declaró que su recuerdo de los nombramientos para el Comité Central, hace diecisiete años, era que procedían de personas que recogían firmas para él.

A estas alturas, toda la gente de la prensa había llegado a la conclusión de que todo aquello no había sido más que un montón de publicidad injustificada e injusta para Lucy. Hicieron muchas preguntas, la mayoría sobre el abuelo, y les contamos muchas de las historias.

Al final, Dan Jenkins, que era editor occidental de *TV Guide* y también había sido editor de televisión del *Hollywood Reporter* se levantó y dijo: «Señoras y señores de la prensa. Creo que quizá estén de acuerdo conmigo en que todos le debemos una disculpa a Lucy».

Todos aplaudieron y ella volvió a llorar.

Cuando pasas por algo así descubres quiénes son tus amigos. Lo descubrimos en la Revolución cubana. Los primeros que vinieron a casa, incluso antes de los buenos titulares del sábado, fueron nuestros vecinos del valle: Lou Costello, Lionel Barrymore y Jack Oakie. El señor Barrymore vino en su silla de ruedas.

Durante la conferencia de prensa del domingo, Larry Parks llamó a la puerta principal y pidió a la asistenta que lo recibiéramos. Nunca había estado en nuestra casa. Fui a la puerta y tenía un gran ramo de rosas rojas para Lucy.

Le agradecí mucho su considerado gesto y le mencioné que estábamos en medio de una gran conferencia de prensa y, tan diplomáticamente como pude, le dije que se largara. Le expliqué que no le haría ningún bien, ni a él ni a Lucy, tener una historia sobre Larry Parks trayendo rosas rojas a Lucy en ese «preciso momento». Algún hijo de puta los acusaría de pertenecer a la misma célula.

Larry, que ya había sufrido bastante esa misma mala publicidad y que siempre ha sido un perfecto caballero, lo comprendió. Realmente me sentí como un sinvergüenza, pero no me atreví a correr el riesgo.

Ese mismo domingo por la noche, Walter Winchell comenzó su emisión semanal de radio con: «Señor y señora América, y todos los barcos en el mar: Durante esta última semana, Donald Jackson, presidente del Comité de Actividades Antiestadounidenses de la Cámara de Representantes, y todos sus miembros exculparon a Lucy al 100 %, y lo mismo hicieron J. Edgar Hoover y el FBI, además de todos los periódicos de Estados Unidos y, esta noche, el señor Lincoln se está secando las lágrimas por haberla hecho pasar por esto».

«Esto» lo empezaron él y su artículo «a ciegas» hace solo una semana.

El lunes catorce, la mayoría de los periódicos del país publicaron la transcripción del testimonio de Lucy, la declaración de Emil Freed e historias muy favorables sobre la conferencia de prensa en nuestro rancho.

También había una noticia en la mayoría de ellas sobre el hecho de que habría muchos presidentes de muchas empresas multimillonarias esperando con ansias los índices de audiencia locales y nacionales de Neilsen [sic], Trendex y otros sobre nuestro programa de esa noche.

Sentados cerca de sus televisores, con un teléfono en el regazo esperando los resultados de esas diferentes encuestas de audiencia, estarían William S. Paley, presidente de CBS, Alfred Lyons de Philip Morris, Milton Biow de Biow Company y Louis B. Mayer de MGM. L.B. no era el presidente, pero de todas formas nadie prestó nunca atención a quién era el presidente de esa junta, al menos mientras L.B. viviera.

Ni qué decir que el presidente y jefe de la junta de administración de Desilu Productions se pelearía por el teléfono con su guapísima vicepresidenta pelirroja en cuanto sonara.

Y sonó, alto y claro, poco después de medianoche. Cómo demonios consiguen esos «resultados nocturnos» tan rápido nunca lo sabré. Nuestro horario era las nueve de la noche en todo el país. Los resultados fueron realmente muy satisfactorios. *Yo amo a Lucy* seguía siendo el número uno, con un cómodo margen.

**DESDE ARRIBA:** Hay un bebé recién nacido en nuestra casa: Lucie, de dos semanas.
• El primer cumpleaños de Lucie.

DESDE ARRIBA: Sesión de notas postensayo con el elenco. • Un vistazo raro detrás de escena al set del programa «*Yo amo a Lucy*», 1957.

**DESDE ARRIBA:** Undécimo aniversario de boda, entre bastidores. • Buster Keaton quería que nos dedicáramos a la comedia seria.

Todos los titulares del martes 15 comentaban este hecho. El *Los Angeles Times,* por ejemplo, decía: «Todo el mundo sigue amando a Lucy».

Dos semanas después, recibimos una invitación del presidente y la señora Eisenhower para ser sus invitados en la Casa Blanca el 26 de noviembre. Posteriormente, el doctor Stanton nos informó de que el 26 de noviembre era el cumpleaños del presidente y que él, el presidente, había expresado su deseo de que actuáramos en su fiesta esa noche, y que por favor trajéramos a Fred y Ethel con nosotros.

El día antes de ir a Washington, Lucy recibió el premio B'nai B'rith a la «Mujer del Año». Era la primera vez que ese premio se concedía a una actriz.

El presidente y Mamie y sus invitados VIP nos dieron una maravillosa bienvenida, se rieron con gusto de nuestras payasadas y, al final, nos dedicaron la ovación más sonora y calurosa que jamás habíamos recibido.

Después del espectáculo, dos impresionantes mensajeros de la Casa Blanca vinieron entre bastidores y nos pidieron que los siguiéramos.

—El presidente y la primera dama solicitan el placer de su compañía a su mesa.

¡Dios bendiga a los Estados Unidos!

# 36

## ¿POR QUÉ *YO AMO A LUCY* TUVO ÉXITO?

Todo el mundo quería que diseccionáramos esa pregunta y encontráramos una respuesta, una fórmula infalible. Bueno, por desgracia, hacer un programa de televisión, o cualquier programa, no es como hacer Coca-Cola o ron Bacardí. No es que esas empresas no merezcan crédito por encontrar fórmulas estupendas, pero una vez que encontraron los ingredientes nunca los cambiaron. No hacían más que repetirlos y siempre salía el mismo producto. El elemento humano de nuestro negocio nos impide encontrar siempre una fórmula de éxito. Pero de vez en cuando tropezamos con una.

La forma en que rodábamos nuestros programas, la técnica Desilu, como llegó a conocerse, resultó ser la mejor manera de hacer comedias televisivas. La química que se encendió en el primer encuentro de Lucy y Vivian, y la compenetración y entendimiento que teníamos Bill y yo, se transfirió de algún modo natural a los personajes de Lucy y Ethel, y Ricky y Fred. Nadie, ni siquiera yo, podría haber imaginado que saldría tan perfectamente.

Seguro que ha habido ocasiones en las que lo has pasado muy bien en una fiesta sin ninguna razón especialmente obvia. ¿Por qué fue? La química, la mezcla de la gente presente hizo que fuera divertido.

Los elementos básicos de nuestro formato, que tratan de la institución del matrimonio con sus pruebas y tribulaciones cotidianas de marido y mujer, y su relación con vecinos y amigos, tienen un tema universal que entienden jóvenes y mayores, sobre todo en la televisión, donde lo ve toda la familia sentada en casa.

No éramos los únicos que dominábamos el humor en ese formato. Es tan antiguo como el teatro mismo, pero la forma en que nuestros escritores trataron esos elementos básicos, con su don divino de una magnífica comprensión de la farsa, fue lo que marcó la diferencia.

Empezaban cada guion con una premisa lógica y creíble, sentando las bases, la motivación para las travesuras locas que vendrían después. La interacción de los Ricardo y los Mertz siempre trató de emociones humanas básicas y reales, como el amor, los celos, la avaricia, el odio o el miedo. Las mismas que otros vecinos, en todas partes, habían vivido en algún momento.

Por tanto, a nuestros espectadores les resultó fácil identificarse con los personajes de nuestro programa, porque eran creíbles. Las situaciones en las que se metían eran creíbles y, esperábamos, divertidas. Si no lo eran, teníamos problemas.

Esto me recuerda una historia sobre Greer Garson y Jimmy Durante. La señorita Garson estaba en la cima de su brillante y distinguida carrera en el cine, pues acababa de terminar *Mrs. Miniver (Rosa de abolengo)* en Metro Goldwyn Mayer, e iba a aparecer como invitada especial en el exitoso programa de radio de Durante en NBC. Insistió amablemente en ir a casa de Jimmy para la primera lectura del guion.

Cuando ella llegó, Durante bajó las escaleras desde su dormitorio del segundo piso, vestido inmaculadamente y, por supuesto, con su viejo sombrero de fieltro estropeado en la cabeza. Jimmy no siente que está bien vestido sin su sombrero. También le permitía quitárselo y saludar a la señorita Garson de la forma más caballerosa.

Leyeron el guion y, cuando terminó de leer el *sketch* que debía hacer con Jimmy, la señorita Garson preguntó:

—¿Estos son los chistes?

DURANTE: Sí, señora, esos son.
GARSON: Ya veo, ¿y con ellos se supone que logremos las risas?
DURANTE: Así es, señora.
GARSON: ¿Y si nadie se ríe?
DURANTE: Bueno, entonces estaremos todos en el *´scusado*.

En general, Jim habría dicho: «Estaremos todos en el cagadero», pero estaba haciendo todo lo posible por ser lo más educado posible delante de la señora Miniver.

A veces nos criticaban por hacer demasiadas payasadas. No creo en la comedia *suave* y Lucy tampoco. Ese es el tipo del que se supone que el público solo debe sonreír. Nos gusta que se rían a carcajadas. Nada hace sentirse mejor que una buena carcajada. Es una buena terapia, espiritual y física.

Nuestro tipo de comedia se volvía bastante loca a veces. Por eso, establecer las razones para llegar a esas payasadas tenía que ser fundamentalmente sólido. Hay una línea muy fina entre las rutinas de comedia física honestas y creíbles y las rutinas de «solo intento ser gracioso». Pero más te vale saber dónde está esa línea y pisarla con cuidado.

Ninguno de los que trabajamos en la planificación y producción de *Yo amo a Lucy* afirmaría que éramos genios que sabíamos desde el principio lo que necesitábamos para que el programa fuera un éxito. Pero al mirar atrás y retrospectivamente, como dijera alguien, me parece que ciertos ingredientes eran esenciales.

Tuvimos algunas reglas desde el principio: buen gusto básico, valores morales, no hacer nunca un chiste si ese chiste, por muy gracioso que fuera y la gran carcajada que pudiera provocar, ofendiera de algún modo incluso a unos cuantos de nuestros espectadores. Esto eliminó los chistes sobre defectos físicos, como el labio leporino, el tic nervioso y los chistes sobre locos, así como los chistes sobre polacos, judíos, negros, mexicanos, japoneses, chinos y otros chistes étnicos.

Los únicos que se acercaban a un chiste étnico eran los del acento de Ricky, y claro, esos entraban en la categoría de reírse de uno mismo, lo que era aceptable. Pero ni siquiera esos funcionaban demasiado bien si los usaban alguien que no fuera Lucy. Cuando Fred y Ethel se burlaban del acento de Ricky, no lograban que se riera el público. Interesante, ¿verdad?

Ricky podía angustiarse por las travesuras de Lucy, que a veces parecían traer resultados catastróficos. Eso era natural, y el público sabía que tenía una razón. Pero, y era un gran *pero,* nunca debería enfadarse *realmente* con ella o ponerse *bravo,* bravo como decían los guionistas. Solo debía enojarse *cómicamente,* desesperarse, como con un niño travieso. Por otra parte, no quería que Ricky perdiera credibilidad en esos casos y pareciera tonto; pero, si mostraba cualquier mezquindad, el público se resentiría y perderíamos el humor de la pelea.

Fue el problema más difícil al que me enfrenté mientras representaba a Ricky. Me ayudó exagerar la costumbre latina aceptable del uso de las manos y los brazos cuando estaba emocionado. También era práctico que se me salieran los ojos de las órbitas. Sobre todo, expresar el rat-tat-tat-tat de palabras en español me ayudaba a atravesar esa delgada línea entre enfadado *cómico* y *bravo* bravo.

Hoy, veinticuatro años después, los muchachos se me acercan.

—Oye, Ricky, di «Mira que tene..» ¿cómo se dice?

—*Miraquetienecosalamujeresta.*

—¡Eso mismo! ¡Eso mismo!

Hacer que el espectáculo pareciera lo más real posible era obligatorio y un aspecto en el que no haría concesiones. Un jarrón de flores que se supone que debe parecer fresco, fragante y vivo en una escena, debe estar fresco, fragante y vivo, no de mentira y marchito. Un accesorio, un aparato, cualquier cosa con la que Lucy o Ricky, Fred o Ethel tuvieran que trabajar, tenía que ser real y funcional. Nuestras cocinas, refrigeradores, fregaderos, lavadoras, hornos, cafeteras, tostadoras, radios y televisores eran prácticos. Cuando el guion pedía que Lucy y Ethel hicieran su primera barra de pan, esa barra tenía que salir gigantesca y parecer un monstruo que intentaba alcanzarlas cuando empezaba a salir del horno.

Le dije a James Paisley, nuestro primer ayudante de dirección, que quería que fuera pan de verdad, no hecho de cartón-piedra o de goma y pintado para que pareciera un pan de verdad. Jim tuvo que hacer cientos de llamadas para encontrar una panadería que intentara este trabajo. Algunos no tenían un horno lo bastante grande y otros temían que el peso de un pan de dos metros rompiera el horno. Por fin encontró uno dispuesto a probar. Necesitábamos dos panes, uno como suplente, cada uno debía pesar unos ciento treinta kilos.

Después de nuestro espectáculo, cerca de trescientas personas de nuestro público bajaron de sus asientos al set del Tropicana, donde trabajaba Ricky. Habíamos colocado mesas con unos cuantos galones de mermelada, jaleas y mantequilla, y todo el mundo disfrutó de un trozo de nuestro buen pan y se llevó el resto de su rebanada a casa. Cada rebanada tenía cinco centímetros de grosor y medio metro cuadrado.

Un simple atrezo que no parezca real para el público puede fastidiarte. Lo mismo puede decirse de la más mínima falla a la hora de establecer la motivación en una línea argumental. El público estará pensando en el atrezo o en el defecto y se perderá el chiste que se avecina.

La mejor forma de arreglar un error, un punto débil, en la línea argumental es que uno de los personajes del espectáculo lo saque a la luz. Fred podría decirle a Ricky: «Eso no tiene ningún sentido». Ricky explicaría entonces a Fred cómo y por qué tiene sentido, y mientras Fred decía: «Ah, ya veo», el público también diría: «Ah, ya veo».

La historia de los dos atunes es un buen ejemplo de lo mucho que nos esforzamos por la realidad. Parte de este episodio tenía que ver con una apuesta de setenta y cinco dólares que Lucy y Ethel hicieron con Fred y Ricky sobre quién pescaría el pez más grande al día siguiente. Las muchachas debían usar una barca y los chicos otra. Lo establecimos en la primera escena.

La segunda escena comienza cuando se abre la puerta del apartamento de los Ricardo y entran Lucy y Ethel, cargadas con un atún de veintisiete kilos. Ethel se queja de lo ridículo que es gastarse tanto dinero en un atún. Lucy trata de justificarlo diciéndole a Ethel que el hombre les ha dicho que tal vez no corran mañana. «¿Quieres perder setenta y cinco dólares? Ven, vamos a esconderlo». Lo pusieron en la bañera de nuestro cuarto de baño.

La escena continúa cuando se abre la puerta del apartamento de los Mertz y entran Ricky y Fred, cargados con otro atún de veintisiete kilos. El intercambio de diálogos es casi el mismo: Fred dice lo mismo que Ethel y Ricky usa la misma justificación que Lucy. Cuando Ricky termina con «¿Quieres perder setenta y cinco dólares?», Fred enseguida dice: «¿Dónde lo podemos esconder?» Y, por supuesto, lo esconden en la bañera del baño de los Mertz.

Ricky vuelve a su apartamento y Ethel al suyo.

Mientras Ricky se dispone a darse un baño, Lucy llama a Ethel y le dice que se apure, que tienen que mover el atún, y que ella va a entretener a Ricky hasta que lo hagan.

—Pero si iba a darme un baño —dice Ethel.

—No importa —dice Lucy—, puedes hacerlo más tarde. Apúrate.

Mientras ellas están hablando por teléfono, Fred entra por la cocina de los Ricardo y le dice a Ricky que Ethel está a punto de darse un baño, y los dos se apuran a bajar las escaleras de la puerta trasera.

Las muchachas llevan entonces el atún al apartamento de los Mertz y lo esconden en su bañera. Fred y Ricky cogen el atún y lo esconden en la bañera de los Ricardo.

Este tipo de casi encuentro es muy al estilo de la farsa francesa, solo que en la farsa francesa los «casi» encuentros son entre maridos y amantes, no entre atunes.

La misma rutina con variaciones se repitió varias veces, y todos se volvían locos intentando averiguar cómo los malditos atunes seguían apareciendo en el mismo lugar del que acababan de sacarlos. Fred le dice a Ricky: «Quizá naden río arriba como hacen los salmones».

Al final, mientras intentábamos esconder nuestros atunes en un lugar diferente y las mujeres tratan de hacer lo mismo, los hombres, que llevaban un atún de veintisiete kilos, chocaron contra las mujeres en el pasillo y, por supuesto, ellas también llevaban su atún.

Teníamos un gran departamento de atrezo y habían fabricado dos atunes de goma de veintisiete kilos de aspecto perfecto, y estoy seguro de que nuestros telespectadores habrían pensado que eran atunes de verdad.

Los utilizamos durante los tres primeros días de ensayo, y mientras los llevábamos de un sitio a otro, logramos bastante bien fingir que eran verdaderos atunes de veintisiete kilos. Pero nosotros *sabíamos* que no lo eran, y estaba seguro de que nuestro público del estudio también lo sabría. Por muy bien que los hubiera hecho nuestro departamento de utilería, no iban a funcionar lo suficientemente bien.

Por haber pescado desde no recuerdo cuándo, sabía que nuestras acciones y reacciones en esta rutina en particular serían mil veces mejores si manipuláramos *verdaderos* atunes viscosos, resbaladizos, sin escamar y malolientes, de veintisiete kilos.

Al final de nuestro último día de ensayo siempre teníamos un ensayo general. Después habría una reunión en mi despacho. En esa reunión participarían los guionistas, Bob y Madelyn y Jess; nuestro director de entonces, Bill Asher; Karl Freund, nuestro director asistente. Jack Aldworth (habíamos ascendido a Paisley a jefe de Producción); Lucy, Fred y Ethel; la encargada del vestuario, Della Fox; el utilero, Jerry Miggins; nuestra apuntadora, Dorothy; el encargado de los efectos especiales. Cualquiera que tuviera algo que ver con la escritura, la interpretación, el sonido, la acción y la fotografía del espectáculo tenía que estar allí.

Cada uno de nosotros planteaba los problemas que pudiera tener en su departamento, por insignificantes que fueran, mientras revisábamos el guion página por página.

Cuando llegamos a los atunes, le hablé a Jack Aldworth.

—Jack, quiero que me consigas dos atunes de veintisiete kilos exactamente iguales (de la misma especie, sin limpiar y sin escamar) y los quiero aquí a tiempo para los ensayos de cámara de mañana a la una de la tarde. —Luego me volví hacia Lucy con mi siguiente nota—. ¿Crees que el vestido que llevas en… —En ese momento oí a Jack aclararse la garganta y lo vi levantar la mano.

—¿Qué pasa, Jack?

—Solo quería asegurarme de que le había entendido bien, señor. ¿Dijo que quería que trajera dos atunes de verdad de veintisiete kilos, sin limpiar y sin sellar, y que los quiere aquí mañana por la tarde a la una?

—Así es, Jack.

Me volví hacia Lucy.

—Bueno, ¿qué te parece…?

Jack volvió a levantar la mano.

—¿Qué pasa ahora, Jack? ¿Tienes que ir al baño?

—No, señor —respondió. Siempre se dirigía a todo el mundo como «señor», ya fuera yo o el conserje—. Señor, si voy a tener que encontrar esos atunes, creo que debería excusarme del resto de esta reunión y ponerme en marcha.

—Tienes razón, ponte en marcha.

Terminamos nuestra reunión. Esas reuniones solían durar de una hora y media a tres o tres horas y media.

Al día siguiente, poco antes del mediodía, Jack entró en mi despacho y me preguntó:

—¿Quiere venir a nuestro escenario a ver si están bien?

Que me maten si no tenía dos atunes, de la misma especie, el mismo tamaño, el mismo peso de veintisiete kilos y pescados el día anterior. Todavía estaban frescos. Cada uno estaba envuelto en toallas dentro de lo que parecían pequeños ataúdes con hielo seco dentro. Se lo agradecí mucho y le pregunté de dónde los había sacado.

—Bueno —dijo—, llamé a todas los negocios de pesca deportiva y conserveras, pero ninguna tenía atunes de ese tamaño por aquí. Un tipo me dijo que quizá en las conserveras de la zona de la bahía de San Francisco, o al norte de allí, podría tener más suerte. Localicé al dueño de una de esas conserveras y le dije lo que quería. El hombre me dijo dónde estaba y cómo llegar, y que tendría cincuenta y cuatro kilos de atún empaquetados y listos. Le dije que eso no era lo que yo quería. «Quiero dos atunes, de veintisiete kilos cada uno, recién pescados, sin limpiar ni sellar, y tienen que parecerse». El hombre empezó a colgarme. Lo paré. Me preguntó si estaba loco. Entonces le expliqué por qué los quería y para quién eran.

»Me dijo que era fan de *Lucy* y que solo un grupo de locos como el nuestro buscaría atunes gemelos a las dos de la mañana. Entonces me dijo que conseguiría los atunes, que trajera algún tipo de contenedor o caja lo bastante grande para llevarlos de vuelta a Los Ángeles, y que me daría hielo seco para mantenerlos frescos.

»A las tres de la mañana volé a San Francisco. Allí todo estaba cerrado. No pude encontrar ninguna caja ni recipiente ni nada donde meter los atunes. Mientras caminaba tratando de pensar qué hacer, vi una luz delante de una funeraria, con un cartel en la fachada que decía ABIERTO. Fue entonces cuando pensé en los pequeños ataúdes para bebés. Entré y pregunté al encargado si tenía a la venta dos ataúdes baratos para bebés. También pensaba que yo era una especie de chiflado o bromista. Le pregunté si podía usar el teléfono, que tenía que llamar a una conservera y que le pagaría la llamada. Me dijo: «Adelante», pero se quedó pisándome los talones.

»Llamé por teléfono al dueño de la fábrica de conservas. El tipo de la funeraria no acababa de creerse la conversación que estaba oyendo sobre dos atunes y sobre si aquellos ataúdes serían lo bastante largos y anchos para ellos. El conservero dijo que estarían perfectos.

»Fleté una avioneta, metí en ella los dos ataúdes pequeños y volé a la conservera. Pusimos hielo seco en los ataúdes, envolvimos los atunes en toallas, los pusimos encima del hielo, y luego los tres volamos de vuelta a San Francisco, cogimos el siguiente avión a Los Ángeles, ¡y aquí estamos!

Me reía tanto que estaba llorando. Eso es lo que yo llamo un auténtico director asistente con una gran dosis de ingenio. Por eso Jack se convirtió también en jefe de Producción de varios programas de Desilu y, en años posteriores, en jefe de Producción de algunas de las películas de mayor presupuesto de la industria.

Por cierto, nuestra apuntadora, Dorothy, una de las mejores, era la esposa de Jack, con la misma dedicación a su trabajo que él.

Tener esos atunes de verdad hizo que el espectáculo fuera mucho más divertido de lo que habría sido con los de goma. Eran casi imposibles de manejar, y cuando hicimos el espectáculo ya no teníamos que fingir que olían: y olían mucho. Valió la pena tanto esfuerzo y gasto.

Utilizamos muchas de nuestras experiencias vitales personales como base para algunos de nuestros guiones: la eterna lucha, por ejemplo, sobre el frío y el calor entre Lucy y yo en casa. Ella abría todas las ventanas de casa porque le gusta el frío, y yo las cerraba todas unos minutos después porque me gusta el calor.

Las gallinas de nuestro rancho Desilu en Chatsworth, que Lucy nunca me permitiría matar y comer, ponían huevos que nos costaban unos $4,50 cada uno. Nuestros guionistas lo usaron en uno de los programas. Cuando Lucy y Ricky y los Mertz se mudaron al campo, Lucy y Ethel decidieron que ahorrarían dinero en la factura de la compra comprando unos cuantos pollos y gallinas, y ocurrió lo mismo. Fred y Ricky dijeron a las mujeres que se deshicieran de ellos, como yo le había dicho a Lucy en Chatsworth.

Para desarrollar más la historia, los guionistas hicieron que Lucy urdiera un plan para poder quedarse con ellos. Ella y Ethel comprarían cuatro docenas de huevos en la tienda y los pondrían debajo de las gallinas, y al día siguiente llevarían a Fred y a Ricky a los gallineros y les dirían: «¡Miren qué huevos! Son gallinas muy buenas y trabajadoras. Les dijimos que valdría la pena».

En el programa aparecía un número que Lucy y Ricky iban a hacer en un acto benéfico de la Asociación de Padres y Maestros para la escuela del pequeño Ricky. Fue un tango con un final extravagante en el que Ricky arrojó a Lucy lejos de él, luego la cogió de la mano, la hizo girar hacia atrás, aplastándola contra su pecho, y después, agarrándola de un puñado de pelo, le echó la cabeza hacia atrás y la besó. Una de las primeras escenas del espectáculo fue el primer ensayo de este número.

La trama se complicó y el plan de Lucy se acercaba al desastre cuando Ricky, que no estaba muy contento con cómo había ido el ensayo, llegó a casa mucho antes de lo habitual y casi pilla a Lucy *in fraganti* con las dos docenas de huevos aún dentro de su caja de cartón. Mientras se quitaba el sombrero y el abrigo, llamó:

—¿Lucy?

—Sí, querido —respondió ella desde la cocina, tratando frenéticamente de ver dónde esconder los huevos. Al oír que Ricky se acercaba a la cocina, los escondió dentro de la blusa y se abrochó un abrigo de calle que llevaba puesto.

Ricky entró y dijo:

—Vamos, tenemos que ensayar.

—¿Ensayar? ¿Ensayar qué, querido?

—El tango: no estoy muy contento con ese final.

—¿Ahora? —preguntó ella—. ¿Tenemos que ensayar el final del tango ahora?

—Sí, ahora mismo. Solo el final, eso es todo. Cuando te hago girar hacia atrás y te aplasto contra mi pecho, tengo que hacerlo con más fuerza, como hacen los apaches argentinos.

Este es un caso en el que telegrafiar un chiste es bueno. El público ya anticipa el desastre. No los defraudamos.

Cuando llegamos al final del tango, la lancé lo más lejos que pude y luego la agarré y la hice girar hacia atrás, aplastándola fuertemente contra mi pecho. No seguí agarrándola del pelo y besándola para terminar. Solo me quedé allí de pie, mirándola y preguntándome qué había oído y sentido que ocurría dentro de su abrigo.

Este es el tipo de situación que se le da tan bien a Lucy. No hay ninguna cómica en el negocio que se compare con ella. Sabe que el público sabe lo que le pasa, y puede aprovechar su reacción hasta que quiera.

Primero miró a Ricky con una sonrisita tonta en aquel rostro de aspecto lastimero, los grandes ojos azules bailando de Ricky al público y de nuevo a Ricky, como reclamando inocencia. Luego se miró retorcidamente el pecho y se apartó con cuidado la blusa, volvió a mirar a Ricky con la misma sonrisa tonta, sacudió un poco el torso y la cintura, haciendo saber al público que los huevos rotos se abrían paso por su cuerpo.

Cuando pensó que las carcajadas del público podrían estar amainando un poco, sacudió la pierna y el pie izquierdos, lo que les indicó que los huevos habían terminado de caer y ahora la cubrían completamente, provocando carcajadas más fuertes y más grandes que antes.

Nuestro editor y nuestro cortador de sonido cronometraron esa risa y la registraron como la más larga que habíamos conseguido nunca. Este es un ejemplo perfecto de por qué el público es tan importante. Yo nunca habría tenido el valor de introducir esa risa artificialmente. Algunos otros espectáculos se rodaban sin público y las risas se introducían más tarde. Siempre me han parecido falsas. Por eso todos nuestros espectáculos de comedia se hacían delante de un público.

Es un poco divertido cuando, al final de *All in the Family* (*Todo en familia*) que me encanta, y algunos otros programas de humor, te muestran con orgullo un gran cartel: GRABADO ANTE UN PÚBLICO.

Lucy es tan perfeccionista que insistió en no usar nunca los huevos dentro de la blusa durante los ensayos. No quería saber ni anticipar la sensación de dos docenas de huevos rompiéndose contra su cuerpo. Solo los usó cuando rodamos la escena.

En los programas en los que Lucy tenía que ridiculizar algo que nunca había hecho antes, como el de conseguir trabajo en una pizzería, los efectos cómicos dependían de lo bien que se burlara la forma en que le daban vueltas a la masa y la volteaban en el aire mientras la moldeaban.

Pasó muchas horas en una pizzería después de nuestros ensayos hasta que pudo manejar esa masa tan bien como la pizzería. Esa, por supuesto, es la única manera. Hay que saber hacerlo bien antes de poder satirizarlo.

Cuando hicimos *The Long, Long Trailer,* tuve que manejar el tráiler por todo el país, subir y bajar montañas, tumbar un garaje abierto en la casa de su familia en la historia. Tuve que aprender a manejar bien esa gran cosa antes de poder hacer que hiciera todas las cosas que no debía hacer.

Cuando Lucy hizo el papel de foca en el escenario y en nuestro episodio piloto, aprendió a tocar el xilófono como lo tocaría una foca, apretando con la boca diferentes tamaños de bocinas de automóvil anticuadas.

Nada era demasiado difícil para ella, y nunca se quejaba del trabajo extra ni de las horas más largas. Cuando los guionistas le preguntaron si creía que podía tocar «Glowworm, Glow» con un saxofón, les dijo: «Dame una semana». Al final de la semana lo hizo. Podríamos haber tenido a Lucy *fingiendo* tocar el xilófono y el saxo, mientras alguien fuera de cámara lo hacía, pero no habría tenido tanta gracia como Lucy esforzándose por hacerlo bien ella misma.

Otra cosa que ayudó en la planificación, producción y ejecución de nuestro espectáculo fue que todos los implicados en la parte creativa tenían el mismo objetivo: puro entretenimiento, sin mensajes. Algunos lo calificaron de superficial, sin valores literarios ni intelectuales, solo evasión. De acuerdo, pero no veo nada malo en que un programa sea solo eso.

Siempre teníamos en cuenta al tipo que ha trabajado ocho o diez horas al día conduciendo un camión o un taxi, o poniendo ladrillos y mortero, o arreglando grifos, o clavando clavos, o sentado en un escritorio, o cualquiera que fuera su trabajo. Cuando llega a casa por la noche, se quita los zapatos, apoya los pies en un sillón, abre una lata de cerveza fría y, prendido el televisor, se pasa media hora riéndose y relajándose; me parece muy bien.

Creo que es muy importante permitirle escapar, al menos durante un rato, de todas las malditas preocupaciones y luchas de nuestra vida cotidiana. La televisión no debería avergonzarse, sino sentirse orgullosa de ayudarlo a hacerlo. A los verdaderos intelectuales también les gusta escapar de vez en cuando de su mundo de intelecto.

Charles Young, un joven brillante que ha hecho un gran trabajo como rector de la UCLA, cuando le preguntaron sobre el entretenimiento en general, dijo: «Me gusta el entretenimiento, sobre todo la televisión. No me interesa ver películas profundas e involucradas ni programas de televisión que me golpeen en la cabeza con educación e información. Me gusta el entretenimiento ligero. Mi actitud respecto al entretenimiento es: "abajo los mensajes"».

Ahora bien, si se te ocurre un programa de televisión, una obra de teatro o una película que sea un buen entretenimiento y que, al mismo tiempo, transmita un mensaje sin golpear a la gente en la cabeza con él, eso sería muy bueno. Uno de nuestros fans y amigos más fieles, que nos escribía a menudo sobre lo mucho que disfrutaba relajándose y viendo nuestro programa, que decía que no se lo perdería por nada del mundo, era nuestro brillante estadista sénior Barney Baruch. Otro era el editor del *Chicago Tribune,* el coronel Robert R. McCormick. Hedda Hopper nos contó que toda conversación cesaba en casa del coronel a las nueve de la noche del lunes y no se reanudaba hasta que hubiera visto *Yo amo a Lucy.*

En cuanto a los mensajes, aunque nunca intentábamos entregar ninguno, de vez en cuando se colaba alguno para alguien. Un hombre escribió: «Querido Ricky, quiero que sepas que pensaba que mi mujer estaba loca de remate y estaba a punto de divorciarme de ella. Pero después de ver tus programas, empezó a parecer bastante normal. Gracias por salvar nuestro matrimonio».

Una de las creencias filosóficas de papá, «Tiene que haber una manera», me ayudó en algunos casos en los que tuve algún problema con el espectáculo de *Lucy.* Por alguna razón inexplicable, uno de los programas duró dos minutos y medio menos de lo necesario. La mayoría de las veces eran demasiado largos y nos costaba muchísimo reducir el programa a los veinticuatro minutos y treinta segundos que teníamos que entregar a la cadena. No recuerdo ningún otro caso en el que nos quedáramos cortos.

Era otro de esos programas en los que Lucy y Ethel habían convencido a Ricky para que apareciera en un acto benéfico a favor de algún club de mujeres o algo así. Habría sido muy fácil rellenar los dos minutos y medio haciendo que Ricky cantara otra canción en esa función, pero me pareció que Ricky ya había cantado bastante en ese programa y quería ver si no había otra forma mejor de arreglarlo. La forma obvia sería conseguir cualquier grupo para que hiciera dos minutos y medio como parte del espectáculo que Lucy y Ethel estaban montando, que en nuestra historia no se suponía que fuera un gran éxito teatral profesional.

Decidí tratar de conseguir los dos malditos minutos y medio mejores del negocio. Le dije a Lucy lo que tenía en mente.

—De ninguna manera conseguirás que Sam Goldwyn te dé un fragmento de película de dos minutos y medio de Frank Sinatra cantando una de las mejores canciones de *Guys and Dolls» (Ellos y ellas)*. La película todavía no se ha estrenado —me dijo.

—No lo sé —le dije—. Podría ser una publicidad muy buena para la película. Además, el señor Goldwyn es quien te trajo por primera vez a Hollywood como chica Goldwyn, y siempre ha seguido siendo un buen amigo tuyo. De hecho, cada vez que me ve, habla muy bien de nuestra decisión de hacer nuestros espectáculos en película. Además, solo puede decir que no. Voy a tratar.

Llamé al señor Goldwyn por teléfono y le dije:

—Señor Goldwyn, es Desi Arnaz.

—Ah, sí, sí, eres el tipo casado con Lucille Ball.

—Así es, Sr. Goldwyn. Lo he visto un par de veces.

—Sí, sí, tú eres el que compró ese estudio donde haces cine para televisión. Me gusta mucho tu programa. Lo veo todas las semanas.

—Muchas gracias, señor Goldwyn.

—¿Qué puedo hacer por ti?

—Bueno, me faltan dos minutos y medio en este episodio particular de *Lucy* que ya hemos hecho, y pensando en que era una chica Goldwyn cuando llegó a Hollywood...

—Sí, la traje aquí. Lo recuerdo.

—Bueno, señor Goldwyn, he pensado que quizá podría conseguir de usted una parte de alguna película para rellenar estos dos minutos y medio.

—Oh, claro, pero te voy a decir una cosa —dijo—, haré algo mejor que eso. Iré a tu estudio y hablaré en tu programa de televisión con Lucy sobre cuando vino aquí como chica Goldwyn.

—Ya veo. Bueno, señor Goldwyn, muchas gracias, pero no podemos hacerlo.

—¿Por qué no podemos hacerlo? —preguntó.

—Bueno, Lucy no es Lucille.

—¿Lucy no es Lucille?

—No, señor, Lucille era la muchacha que vino acá como chica Goldwyn, pero esa no es la Lucy de nuestro espectáculo.

—Es la misma chica, ¿no? ¿Me refiero a la chica que está contigo en *Yo amo a Lucy?* Es la chica que traje aquí como chica Goldwyn. ¿Verdad?

—Sí, señor, es la misma muchacha. Pero no tendría sentido que el señor Goldwyn hablara con la chica de *Yo amo a Lucy* sobre la época en que era una chica Goldwyn, porque esa no era Lucy, era Lucille.

—No era Lucy, era Lucille. Pero es la misma muchacha.

—Me temo que no me estoy explicando muy bien. Veamos, la chica que trajo a Hollywood como chica Goldwyn fue Lucille. La chica en nuestro espectáculo finge…

Me interrumpió:

—Ser Lucille. *Ahora* entiendo.

—No, no, señor Goldwyn, Lucille finge ser Lucy.

Debería haber previsto que mi intento de explicarle algo al señor Goldwyn por teléfono no iba a ser fácil. Incluso cara a cara no nos entendíamos muy bien.

Entonces el señor Goldwyn dijo:

—Realmente no sé qué es lo que quieres y tengo que colgar, pero sea lo que sea, lo tienes.

Quince minutos después, la secretaria del señor Goldwyn llamó a Johnny Aitchison, mi secretario, y le dijo:

—Señor Aitchison, mi jefe acaba de darle algo a tu jefe. Nos gustaría saber qué es para poder enviarlo.

Más o menos un año después vi a Frank y me dijo:

—¿Cómo demonios vine a caer en *Yo amo a Lucy* cantando una canción de *Guys and Dolls?*

—Es una larga historia, Frank. ¿Por qué no se lo preguntas al señor Goldwyn?

*The New York Times Magazine* hizo un artículo entero sobre la misma cuestión: ¿Por qué *Yo amo a Lucy* tuvo éxito?

Me preguntaron:

—Si tuviera que dividir el mérito entre los guionistas, los directores y el reparto, ¿cómo lo haría?

—Le daría a Lucy el noventa por ciento y dividiría el otro diez por ciento entre el resto de nosotros.

El espectáculo era televisado en muchos países por todo el mundo, así que la *New York Times Magazine* entrevistó y citó a personas de distintos países. Fue interesante ver lo que algunos opinaban.

Un antropólogo británico que estaba haciendo un estudio sobre lo que «atrae» al pueblo estadounidense, había venido a ver cómo ensayábamos y filmábamos el espectáculo. Su opinión sobre lo que hizo que el programa fuera un éxito: «Lucy y Ricky y sus amigos, Ethel y Fred, son la típica clase media estadounidense en un típico entorno de clase media estadounidense, pero con una diferencia significativa: en lugar de sentarse a esperar a que pasen cosas, ellos *hacen* que pasen las cosas. Ellos y su público son tan parecidos, que el público llega a creer que es «él» quien hace que las cosas sucedan: pura hipnosis de masas o, si me permiten decirlo, tonterías, pero terriblemente astutas, ¿mmmm?».

Un actor francés de visita explicó así su adicción al programa: «Tiene la realidad del l'amour, o como ustedes le dicen, del sexo. Aunque es posible creer que otros equipos cómicos de marido y mujer comparten el mismo dormitorio, no es posible creer que lo hagan con gusto. Lucy y Ricky pelean de día para poder "reconciliarse" de noche».

Estoy de acuerdo con el francés. La falta de romance y sexo no ayuda a ningún espectáculo. Creo que nuestro público podría visualizar a Lucy y Ricky yéndose juntos a la cama y disfrutándolo.

Recibí una carta de un admirador dirigida a Ricky que decía: «Lucy debe de ser muy buena en la cama para que aguantes todas las locuras que hace».

El *Times Magazine* también entrevistó a un sociopsicólogo estadounidense era de los que piensa que la mujer estadounidense domina al hombre estadounidense y lo desprecia por permitirlo. Dijo: «El extraordinario atractivo del programa *Lucy* se basa en su capacidad para asumir dos factores de culpabilidad, muy arraigados en el subconsciente estadounidense:

A) La mujer estadounidense está desesperada por el estado al que ha reducido al hombre. Por lo tanto, da gracias al cielo porque, al menos en casa de los Ricardo, Ricky es el jefe y Lucy lo sabe y la mujer estadounidense lo sabe y eso hace que todos ellos, juntos, se alegren, al menos mientras dure el programa. [Y en este caso, ¡no sabe cuánta razón tenía!] B) En algún lugar del pasado de la mayoría de los estadounidenses hay un pariente nacido en el extranjero cuyo acento foráneo los avergonzó y ahora lo lamentan. Pero, Ricky habla con acento extranjero y, sin embargo, todo el mundo lo respeta. Al compartir su respeto por Ricky, el público apacigua su conciencia».

¡Quién lo diría!

La revista continuaba: «Una matrona por lo demás elocuente, orgullosa de su esclavitud al programa de *Lucy,* aclara así el poder que ejerce sobre ella: "No sé. Yo solo amo a Lucy, yo amo a Lucy; mi marido no"».

El entrevistador del *Times* me dijo:

—Solo una pregunta más. ¿Cree que *Yo amo a Lucy* tiene tanto éxito porque usted ha hecho continuamente el mejor programa de televisión?

—No, no lo creo. Creo que es porque continuamente nunca hemos hecho uno malo.

# 37

CUANDO *YO AMO A LUCY* SE CONVIRTIÓ EN EL PROgrama de televisión número uno del país durante la temporada 1951-1952, empecé a recibir preguntas de estrellas y productores sobre si nuestra empresa estaría dispuesta a filmar sus programas, en caso de que se emitieran por televisión, de la misma manera que filmamos *Yo amo a Lucy.* La primera que vino a hablarme de esa posibilidad fue Eve Arden, a quien conocía del negocio del cine y era una buena amiga de Lucy.

Era la estrella de un programa de radio para CBS, de gran éxito y popularidad, *Our Miss Brooks* (Nuestra Srta. Brooks). Eve dijo que CBS se había puesto en contacto con ella para adaptar el programa a la televisión, como pretendían hacer con Lucy y *My Favorite Husband* y que ella les había dicho que lo haría si aceptaban que se hiciera de la forma en que nosotros estábamos haciendo *Yo amo a Lucy.*

Entonces Eva me preguntó si podíamos y queríamos y yo le dije: «No veo por qué no. Tenemos el equipo, las cámaras, equipos de sonido y eléctricos que utilizamos solo dos días a la semana, jueves y viernes, y filmamos los viernes por la noche. Martes y miércoles ensayamos sin ellos. Podrías usarlos esos días y rodar los miércoles por la noche. Tendríamos que construir otro escenario para el público, pero eso no es un gran problema ahora».

Nunca había pensado en la producción y filmación de programas de otras estrellas, pero no veía por qué no debíamos hacerlo. Sabía que las cuadrillas estarían contentas con el trabajo extra. Lo que no sabía era el gran avispero que estaba agitando.

Las cadenas no estaban especialmente contentas de ver esta tendencia de filmar los programas de televisión y seguían promoviendo la idea de que en vivo era mejor que filmado. Pero no había forma de que CBS pudiera decírselo a Eva cuando su programa número uno era filmado.

La razón por la que estaban en contra de la filmación era que sabían que cuantos más espectáculos se filmaran en lugar de hacerse solo en vivo, más poder y control perderían. Si un programa era en vivo, las estaciones de televisión locales independientes que querían ese programa tenían que convertirse en afiliadas de la cadena que lo televisaba. La red se lo transmitiría por cable, si el cable llegaba hasta ellos, o les enviaría un cinescopio del mismo. Pero con la filmación, las estaciones locales independientes podían llegar a acuerdos directos con los productores. Así empezó la sindicación.

Filmar era mucho mejor para el artista y el talento creativo, porque, si su programa era un éxito en unos años, aunque hubieran tenido que llegar a un acuerdo con las cadenas, o sea, ser socios de ellas, seguirían poseyendo una buena parte de esa valiosa filmoteca, que es la única forma en que las estrellas y «los creadores» ganarían dinero de verdad con la televisión. Un programa en vivo, una vez transmitido, desaparecía para siempre, y nadie volvía a sacar un centavo de él.

Empezamos a producir y filmar *Our Miss Brooks* para la compañía de Eve Arden y CBS en 1952. También hacíamos anuncios para General Foods y Philip Morris.

Antes de empezar esa temporada 1952-1953, CBS negoció un nuevo acuerdo con Desilu. Supongo que, aunque no habían perdido nada en la temporada 1951-1952, se asustaron un poco cuando los primeros programas costaron tanto, pero, como ya he explicado, había una razón para ello. Sin embargo, decidieron que nunca más nos darían un contrato de costo más gastos. El nuevo acuerdo consistía en que recibiríamos una cantidad fija. Creo que fueron $28 500 o $30 000 por cada uno de los treinta episodios nuevos, y la mitad de esa cantidad por cada una de las nueve repeticiones, lo cual era una suma bastante elevada en aquella época.

CBS también compró el 25 % de Desilu Productions por un millón de dólares. Más o menos al mismo tiempo organicé otra empresa, donde produciríamos películas y alquilaríamos equipos. La llamamos Zanra. Lucy y yo poseíamos el 80 % de las acciones, y el otro 20 % se repartía entre nuestras personas clave, que entonces no eran más de cinco o seis, nuestros hijos y nuestras madres.

Desilu vendió todo el equipo que habíamos estado comprando durante la temporada original de *Yo amo a Lucy* como las luces que Karl había diseñado y construido, los *dolly* cangrejo, el monstruo de cuatro cabezas, el atrezo, los camerinos portátiles y las gradas, a costo a Zanra. Era una forma de que nuestra gente clave pudiera ganar algo de dinero extra. Algún día podrían vender sus acciones de Zanra con plusvalía, y cuanto más trabajaran para hacer de Zanra una empresa exitosa y financieramente sólida, más valdrían sus acciones.

Zanra, a su vez, alquiló ese equipo a Desilu Productions, no solo para *Yo amo a Lucy* sino también para *Our Miss Brooks* y para los anuncios que filmábamos. Esto causó un poco de controversia.

Estaba almorzando con Paley y Spencer Harrison, abogado y jefe de asuntos comerciales de CBS, en Nueva York, mientras ultimábamos el nuevo contrato de los programas de *Lucy,* la venta del 25 % de nuestras acciones y el contrato de *Our Miss Brooks*. Spencer le dijo al señor Paley que los estaba exprimiendo. Dijo que les estábamos alquilando el equipo que habíamos comprado con el presupuesto de *Yo amo a Lucy.* Paley me preguntó si eso era verdad y yo le contesté:

—Sí, es verdad hasta cierto punto. Cuando CBS negoció nuestro nuevo contrato, que ya no se basaba en el costo incrementado sino en una cantidad fija, yo afirmé que todo el equipo que habíamos comprado durante el primer año de producción de *Yo amo a Lucy* debía pertenecer por derecho a Desilu porque formaba parte del presupuesto de *Yo amo a Lucy.* Eso se discutió largo y tendido y, al final, fue aceptado por CBS. Insertamos una cláusula en el contrato a tal efecto.

—Es cierto —dijo Spencer—, pero ese contrato se firmó antes de que te diéramos un acuerdo para producir y filmar *Brooks,* que es propiedad de

CBS, en la que Arden recibe un porcentaje de los beneficios, y en la que Desilu no tiene ningún porcentaje ni propiedad.

—No veo qué tiene que ver eso con el negocio de alquiler de Zanra, señor Harrison. Zanra es dueña del equipo y lo alquila a Desilu para *Lucy, Brooks* o lo que sea. Supongo que *Brooks* podría alquilarlo a alguna otra empresa de arriendo de Hollywood si Desilu no la estaba produciendo y filmando. Y, si hubiera otra empresa de alquiler que tuviera el mismo tipo de equipo necesario para hacerlo como *Lucy,* que según entiendo, es lo que quiere la señorita Arden.

—¿Cuánto le estás cobrando a *Brooks* por el alquiler de las distintas cosas que compraste? —preguntó el señor Paley.

—Yo no estoy cobrando nada. Zanra le cobra a Desilu y Desilu cobra sus producciones lo mismo, si no menos, que lo que tendrían que pagar si pudieran alquilarlo a otra empresa de alquiler, lo que no pueden hacer, porque no…

Paley terminó la frase:

—No hay ninguna otra empresa de alquiler que tenga ese equipo.

—Así es —dije.

Paley me preguntó entonces:

—¿Cuánto de Arnaz deletreado al revés poseen los Arnazes?

—Ochenta por ciento.

—¿A quién pertenece el resto?

—Dimos el diez por ciento a nuestros jefes de departamento como incentivo, y el diez por ciento a nuestros hijos y a nuestras madres. ¿Por qué? ¿Quiere comprar acciones de Zanra?

—No, no, por el momento, ya tengo bastantes tratos contigo.

Luego se volvió hacia Spencer y le dijo:

—No veo que Chico haya hecho nada malo. Es el equipo de Zanra y pueden alquilarlo a quien quieran. Si chivó a alguien fue a la gente que negoció todos los detalles del nuevo contrato de *Lucy,* pero me parece que lo hizo limpiamente.

—Gracias, señor Paley.

Estoy seguro de que Spencer sabía que tenía razón. Siempre ha sido un hombre muy honesto y, mientras intentaba conseguir el mejor trato posible para CBS, era un negociador muy justo. Solo intentaba ver si había margen para renegociar delante del jefe, y Paley lo estaba fastidiando por haber sido superado.

El resultado final de todo esto fue que comprar ese equipo sobre la marcha durante el primer año, en lugar de alquilarlo, resultó ser un buen negocio. El monstruo de cuatro cabezas recaudó por sí solo más de $300 000 en alquileres para Zanra antes de que envejeciera demasiado y tuviéramos que descartarlo.

En 1953, nos trasladamos al Motion Picture Center. General Service no disponía de suficientes escenarios que pudieran convertirse para acoger a un público. En el Motion Picture Center tenían seis, todos adyacentes a una calle de la ciudad, y con el tiempo, Desilu los remodeló y los convirtió todos en escenarios para actuación y público.

Además de *Lucy* y *Brooks,* que seguiríamos haciendo, nos habían contratado para rodar treinta y seis episodios de la serie de Loretta Young *Letter to Loretta* (Carta a Loretta), treinta del *Danny Thomas Show,* treinta del *Ray Bolger Show* y cuatro del *Jack Benny Show* que querían probar en nuestro sistema.

También fue el año en que filmamos *The Long, Long Trailer* en MGM. Durante el rodaje de la película, pude reclutar para nuestra empresa a dos jóvenes trabajadores, avispados y muy capaces. Uno de ellos fue el primer ayudante de Dirección de Vincente Minnelli, Jerry Thorpe. Yo lo había estado observando cuando trabajó como primer ayudante de Minnelli, y me había impresionado mucho la forma en que dirigía a todos los extras, el cuidado y la atención que prestaba incluso a los detalles más insignificantes para que cada escena estuviera preparada y lista para el señor Minnelli, en general incluso antes de que Vincente estuviera listo para filmarla. Supuse que sería el tipo de joven que buscábamos para entrenar en esta nueva técnica Desilu. A los directores más veteranos y establecidos les daba pánico.

Le dije a Jerry:

—Empezarás como primer ayudante de Dirección en *Yo amo a Lucy* y me seguirás de cerca mientras ensayemos, mientras preparemos las cámaras, mientras yo vaya a la sala de montaje, dondequiera que vaya, y cuando *tú* creas que estás preparado para dirigir uno de estos programas, dímelo.

—Me parece justo —dijo Jerry—, pero me gustaría llevarme a mi segundo ayudante, me es de gran ayuda.

—¿Es Aldworth?

—Sí.

—Bien, empezará en su mismo puesto contigo.

Era Jack Aldworth, a quien ya conocieron en el incidente del atún.

Otro joven que llegó a Desilu ese mismo año fue Martin Leeds, que había sido jefe de Asuntos Comerciales de CBS en la Costa Oeste. Este hijo de puta me había dado tantos problemas, discutiendo sobre el dinero de CBS que gastábamos en *Yo amo a Lucy* durante el año que estuvimos en régimen de costo incrementado, que cualquiera diría que era suyo. Este personaje se quejaba hasta por una factura de limpieza de $3,50. Pensé que sería mejor tenerlo luchando de mi lado.

A principios de 1953, Frank Sinatra aceptó hacer un episodio piloto para nosotros llamado *Downbeat* que, con suerte, venderíamos como serie para el otoño. Era la historia de un cantante que tenía un pequeño combo en Nueva York y que siempre se enredaba con mujerzuelas y gánsteres y todo tipo de intrigas en su lucha por el éxito y, a menudo, por la simple supervivencia. Era una especie de melodrama con generosas raciones de música y humor. A Frank le gustó mucho. Eso fue mucho antes de *Guys and Dolls* y en aquel momento su carrera no iba demasiado bien. Incluso sus agentes le habían dicho que ya no querían representarlo y habían roto su contrato, lo cual era una cosa pésima e ingrata de hacer a un tipo que había ganado millones para ellos. Olvidaron que una vez campeón, siempre campeón.

Sinatra, que había tenido un éxito tan tremendo, una locura nacional, de repente no lograba ni un peso. Siempre había pensado que Frank era muy buen actor. En su canto lo demostró. No solo canta una canción, sino que representa un poema con música, y su fraseo da a las palabras de cada frase el significado adecuado, ya sea el de una tierna caricia o el de un descarado reproche.

Estábamos a punto de ponernos en marcha con el episodio piloto cuando Frank vino a mi despacho de General Service y me dijo que había conseguido este papel en *From Here to Eternity (De aquí a la eternidad)* que realmente deseaba y por el que había trabajado mucho. Estaba ansioso por hacerlo y pensó que sería una gran oportunidad para él. Pero, siendo la clase de tipo que es, quiso saber cuánto habíamos invertido en el desarrollo del episodio piloto y si podía reembolsárnoslo o tal vez hacerlo más adelante.

—Olvídalo, Frank —le dije—. Qué más da, podemos hacer una serie de televisión en otro momento. Dejaremos que esta cosa duerma un rato en los archivos y veremos qué pasa.

Me alegró mucho ver lo que pasó.

# 38

EL AÑO 1953 HABÍA SIDO BASTANTE AJETREADO. LO mejor que ocurrió fue que nació Desi y lo peor fue aquel maldito episodio, ridículo pero aterrador, con el Comité de Actividades Antiestadounidenses de la Cámara de Representantes.

Para la temporada televisiva 1954-1955 también produjimos y rodamos otras dos comedias de propiedad exclusiva de Desilu. Una fue el episodio piloto que salió en la siguiente temporada de *Those Whiting Girls* (Esas chicas de Whiting), protagonizado por Margaret y su hermana, Barbara, y Mabel Albertson, con Jerry Paris, a quien más tarde dimos la oportunidad de dirigir. Lo hizo tan bien que dirigió muchos programas de éxito para Desilu y hoy es uno de los mejores directores del negocio, con más ofertas de las que puede aceptar.

El otro lo protagonizó June Havoc, como abogada en *Willy*. Un chico joven, delgado, tímido y de aspecto extraño empezó su carrera televisiva interpretando algunos papeles en ese programa. Hoy ya no es tan flaco y tímido, y su aspecto, que yo consideraba extraño, ahora se considera de moda. Es uno de los mejores y más exitosos productores de cine para televisión, no solo de series, sino de películas de la semana: Aaron Spelling.

Durante esa misma temporada, en colaboración con Parke Levy, y al final también con CBS, produjimos y filmamos *December Bride* (*La novia de diciembre*), protagonizada por Spring Byington. No tuve nada que ver con el inicio de las negociaciones para esa asociación. Afortunadamente, me cayó encima.

Parke Levy, creador y escritor de *December Bride* que había sido un programa de gran éxito en la radio durante años, poseía el 50 % del programa. CBS poseía el otro 50 %. La cadena quería trasladarlo a la televisión, como había hecho con *Our Miss Brooks,* pero no querían a Spring Byington en el papel que había interpretado en la radio.

Parke, brillante escritor y creador de programas radiofónicos, no quería hacerlo sin Spring Byington. La opción que tenía CBS, de hacerlo por televisión, estaba llegando a su fin y la polémica seguía. Me enteré de todo esto cuando Parke vino a verme y me explicó la situación.

Entonces me preguntó:

—¿Lo harías con Spring Byington?

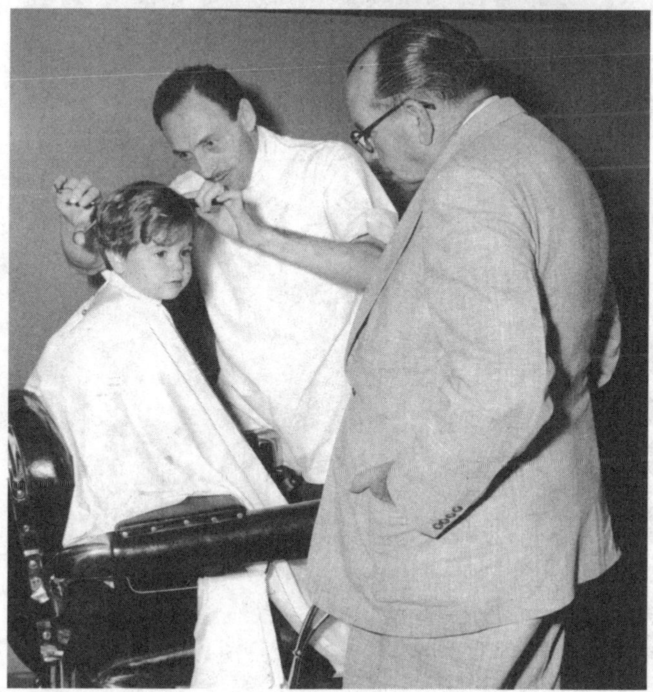

**DESDE ARRIBA:** Con nuestro vecino en Chatsworth, Bill Henry del *Los Angeles Times*. • El abuelo supervisa el primer corte de pelo de Desi.

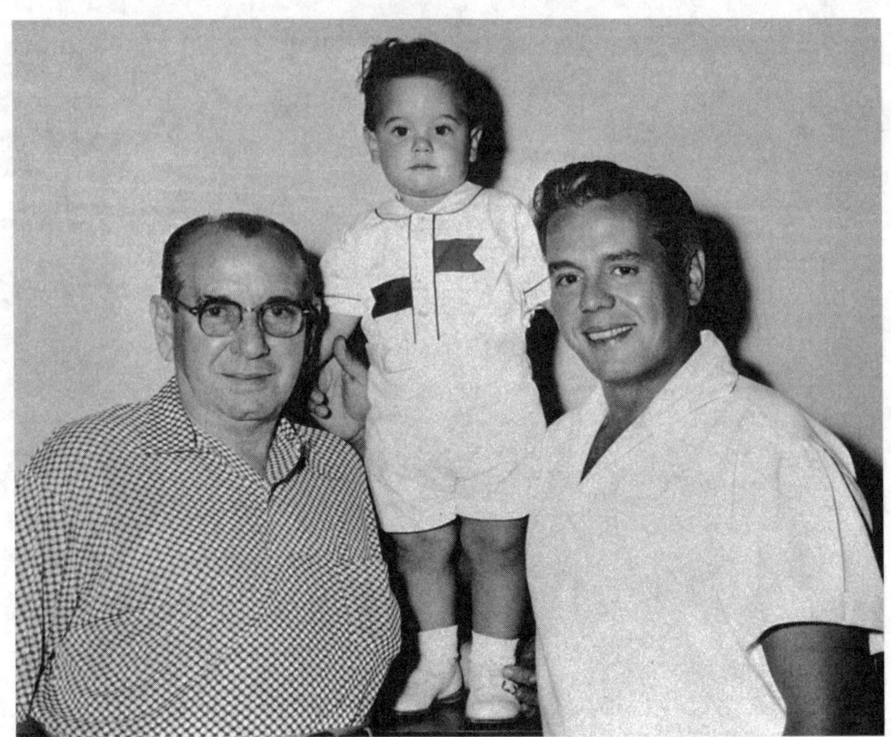

**DESDE ARRIBA:** Desiderio II con Desi IV y Desi II. • Lucie, Desi y Keith Thibodeaux (Pequeño Ricky).

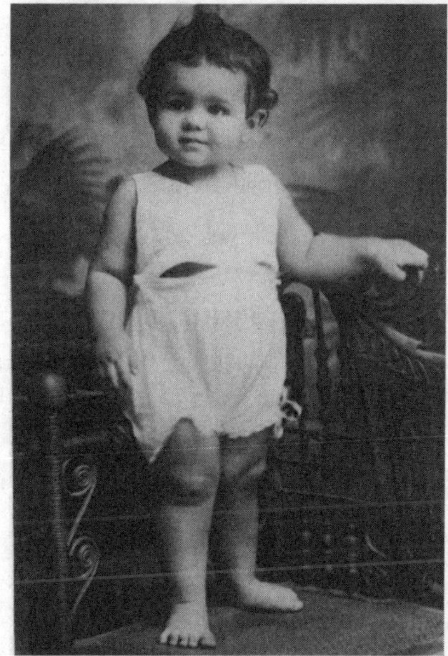

**DESDE ARRIBA:** El picnic de la empresa Desilu, que empezó con quince parejas y una docena de niños en 1952. En la última a la que asistí, en 1962, tuvimos aproximadamente 250 parejas y quizá mil niños. Tuvimos que reservar todo un parque. • Las fotografías del presidente y la vicepresidente de Desilu que tenía en mi despacho de RKO Gower.

—Claro, creo que lo haría muy bien —le dije—. No sé por qué CBS no quiere hacerlo con ella.

—Bien —dijo Parke—. Te mantendré al tanto.

Casi un mes después volvió a mi oficina en el Motion Picture Center y me dijo que CBS no había ejercido su opción y que ahora era el propietario de *December Bride* al 100 %.

—¿Cuál sería la posición de Desilu si financiáramos el piloto? —le pregunté.

—La misma posición que tenía CBS. Tú tendrás el cincuenta por ciento del espectáculo y yo tendré el otro cincuenta por ciento.

Durante ese mes, entre las visitas de Parke, leí todos los guiones de radio que habían hecho y escuché muchas de las cintas. Hicieron el programa de radio delante de un público, igual que Lucy había hecho *My Favorite Husband* y esa fue otra gran razón por la que Parke había venido a verme. Quería que se hiciera de la misma manera que *Yo amo a Lucy* y nuestras otras comedias. Desilu seguía siendo la única empresa que filmaba programas con varias cámaras, delante del público.

El material que leí y/o escuché era muy bueno y arrancó grandes carcajadas del público del estudio. Estaba convencido de que si conseguíamos encontrar actores para representar a la joven hija y al yerno de Spring, y a sus vecinos, el espectáculo sería un éxito. Aun si Parke no escribiera nuevos episodios para la televisión (cosa que, por supuesto, poseyendo el 50 %, haría), el material de la radio podría adaptarse fácilmente.

—Está bien —le dije a Parke—, trato hecho.

Era la primera vez que ponía nuestro propio dinero para un programa piloto. Desilu aún no era una empresa pública. Le conté a Lucy el trato que había hecho con Parke y le pregunté qué le parecía.

—Tú te encargas de los acuerdos. Yo hago de Lucy —dijo—. Además, ya lo has hecho, ¿no?

—Sí… pero ¿por qué crees que CBS no quiso hacerlo con Spring? —le pregunté.

—No lo sé, pero creo que tú y Parke tienen razón. Estará genial en el papel. La filmación no es nada nuevo para ella. ¿Y desde cuándo te importa lo que una cadena haya querido o no hacer?

—Estamos poniendo nuestro propio dinero para producir y filmar el piloto. CBS abandonó su opción y renunció al cincuenta por ciento de la propiedad porque no quería hacerlo con Spring, y ABC aún no tiene suficientes puntos de distribución, así que, si no se la vendemos a NBC, podríamos perder mucho dinero.

—Mira, cubano, no me molestes con tus horripilantes problemas de negocios. Solo asegúrate de conseguir un éxito.

—Gracias.

Adaptamos el programa de radio a la televisión y conseguimos el reparto adecuado: Frances Rafferty, una bella pelirroja que había hecho algunas películas en MGM, como la hija; Dean Miller, un tipo joven y guapo que sabía hacer comedia sofisticada (a lo Cary Grant) como el yerno; Verna Felton, una gran actriz de radio y cine, como la confidente de al lado; y uno de los mejores actores de carácter y cómicos del negocio, Harry Morgan, como el vecino.

Jerry Thorpe había hecho un buen trabajo como primer ayudante de Dirección en *Lucy,* al tiempo que miraba con atención cada ángulo de nuestra técnica. Me costaba incluso ir al baño sin que Jerry me atisbara por encima del hombro. Fue casi un año después de comenzar con nosotros cuando me dijo: «Jefe, creo que estoy preparado para dirigir cuando me necesite».

Esto demostró lo concienzudo que era. La mayoría de los jóvenes que intentan ascender en su carrera habrían observado cómo lo hacíamos durante unas semanas y luego habrían dicho que estaban preparados. Le di a Jerry su primer encargo como director en el piloto de *December Bride*. Hizo un buen trabajo técnico y, lo que es aún más importante, Parke, el reparto y el equipo respetaron su capacidad y disfrutaron trabajando con él. Los hacía trabajar muy duro, pero todos se divertían en el set, lo cual, créeme, se nota en la pantalla, sobre todo cuando se hace comedia.

La reacción del público del estudio fue estupenda y todos sentimos que teníamos un éxito. Spring no entendía por qué no estaba la gente de CBS. Me contó que el señor Paley nunca dejaba de enviarle flores al principio de cada temporada de radio y regalos para Navidad con una nota que decía que su programa de radio era uno de sus favoritos y lo contento que estaba de tenerlo en la cadena.

No quería decirle a Spring por qué no estaban, pero aprendí un dato muy importante. Como ocurre tantas veces en esas grandes empresas, puede que el señor Paley no supiera que habían abandonado su opción. Sus subordinados quizás lo consideraron algo demasiado insignificante como para molestarlo con eso.

General Foods vio el piloto, le gustó y lo quiso como serie en CBS. Les dije que no sabía si con CBS, pero que si querían enseñárselo, que se aseguraran de que el señor Paley estuviera en la proyección. Lo hicieron. Paley lo vio y, todavía en la sala de proyección, felicitó a toda su gente.

—Me alegro mucho de que lo hayamos hecho como programa de televisión. Siempre ha sido una de mis propiedades parciales de CBS favoritas.

Entre sus ejecutivos hubo mucho arrastrar de pies, toses nerviosas y miradas asustadas, pero tenían que decírselo.

—Bueno… eh… eh… señor Paley, no poseemos ninguna parte del programa de televisión —dijo alguien por fin.

—¿Qué quieres decir? Éramos propietarios del cincuenta por ciento de ese programa desde su creación, y siempre ha sido uno de nuestros programas de radio mejor valorados.

—Sí, señor, pero CBS no lo convirtió en un programa de televisión.

—¿Por qué no lo hicimos y quién lo hizo?

—Desi lo hizo.

—¿Desi? Spencer tenía razón. ¿Cómo nos ha chivado esta vez?

—Bueno, es una larga historia —le dijeron.

No esperó a oírla. Se levantó, fue a su despacho y me llamó de inmediato.

—Chico, eres un delincuente.

—Un momento, jefe. ¿De qué está hablando?

—Me robaste *December Bride*.

—No hice nada de eso. Le diré exactamente lo que ocurrió. Parke Levy vino a mi despacho y me dijo que CBS había dejado caducar la opción porque alguien allí no quería que Spring Byington interpretara el papel que hacía en la radio.

—¿Quién demonios es ese estúpido hijo de puta? —preguntó—. Spring está genial en el piloto.

—Eso pensé yo, así que seguimos adelante y lo hicimos con nuestro propio dinero. A cambio, Parke le dio a Desilu el cincuenta por ciento de la propiedad, que, según tenía entendido, era lo que CBS tenía originalmente.

—Has entendido bien. Perdóname por haberte llamado delincuente. Es un programa buenísimo, Chico. Me gustaría verlo en CBS.

—¿Quiere volver a entrar? —pregunté.

—¿Cómo?

—Deme las nueve y media de la noche del lunes, después de *Yo amo a Lucy* y tiene el veinticinco por ciento. Quizá podamos convencer a Parke de que nos dé algunos puntos porcentuales más, pero ya ha dado algunos a un par de escritores más y creo que algunos a Spring. Aun así, lo peor que puede pasar es que tenga la mitad de lo que yo tengo.

—¿Crees que el resto de los episodios de la serie serán tan buenos como el piloto?

—Tan buenos o mejores, jefe, y esto puede durar tanto como usted quiera. Tenemos un millón de opciones.

—Está bien —dijo—, tú tienes las nueve y media de la noche del lunes y yo tengo la mitad de lo que tenía. Perdí veinticinco por ciento cuando un ignorante descartó la opción sin decírmelo.

—Quizá este ignorante no lo hubiera hecho tan bien como nosotros.

—Es posible que tengas razón, Chico. ¿Sabe Spring que abandonamos la opción y por qué?

—No, jefe, ni Parke ni yo le hemos dicho nunca nada.

—Bien, le enviaré unas flores enseguida y le diré que me ha encantado el piloto y lo contentos que estamos todos de que vaya a estar en nuestra cadena en un horario tan bueno.

*December Bride* permaneció cinco años en CBS, siempre entre los diez mejores. Fue nuestra segunda serie cómica de mayor éxito.

Además de las ya mencionadas, seguíamos rodando *Our Miss Brooks, Danny Thomas, Ray Bolger, The Lineup,* un nuevo programa de CBS, y tres especiales de Jimmy Durante para NBC.

En total, Desilu haría 229 programas de media hora ese año, el equivalente a unas ochenta películas.

En aquella época, aún alquilábamos espacio en el Motion Picture Center. Joe Justman y sus socios eran los propietarios. Todos se dedicaban al negocio de las verduras. Parece que sigo encontrándome con estos verduleros. Joe me había dicho cuando hicimos el primer trato de alquiler que, si Desilu quería ser propietaria de Motion Picture Center o simplemente comprar su control, estaba seguro de que la mayoría de sus socios estarían dispuestos a vendernos las acciones.

Era un estudio pequeño y agradable, y con la planificación y el trabajo adecuados, podía funcionar sin grandes gastos generales. Pero en 1953, no pensaba en comprar un estudio.

Hacia finales de 1954, Joe me dijo que tenían un comprador para el Motion Picture Center, pero no podía decirme quién era.

En una hermosa mañana de sábado, durante la primera semana de 1955, estaba jugando al golf en el Thunderbird Country Club de Palm Springs cuando recibí una llamada de Kenny Morgan, que me dijo: «Irving Briskin está tratando de ponerse en contacto contigo. Me ha dicho que Harry Cohn está a punto de cerrar un acuerdo para que Columbia compre el Motion Picture Center y que no debes preocuparte por ello. El señor Cohn promete que Desilu seguirá disponiendo de los escenarios que has estado usando durante todo el tiempo que quieras».

¡Qué susto me dio! Harry Cohn era un hombre al que a veces admiraba, pero sabía que era absolutamente despiadado en los negocios. Si la vida de Desilu dependía de él, podía ser corta. Estaba seguro de que si en algún momento necesitaba nuestros escenarios estaríamos en la calle buscando otro lugar.

Llamé enseguida a Joe Justman y concerté una cita para almorzar el domingo en nuestro rancho. Entonces llamé a Art Manella, nuestro abogado fiscal, un joven brillante que había trabajado para el Internal Revenue Service (Servicio de Impuestos Internos, o IRS por sus siglas en inglés).

—Art —le dije—, tenemos una situación muy grave. Acabo de enterarme de que Harry Cohn está a punto de comprar el Motion Picture Center. No puedo confiar en el señor Cohn y en lo que Columbia podría hacernos. Joe Justman vendrá mañana a comer a Chatsworth y quiero que vengas y estés preparado para quedarte hasta que poseamos el cincuenta y uno por ciento del Motion Picture Center.

Hablamos desde el mediodía hasta las ocho de la noche, antes de concretar todos los detalles.

Entonces Joe se levantó y dijo:

—Tengo que ir a ver a un tipo que representa a mis socios y en cuanto me dé el visto bueno volveré.

Se marchó.

—¿Cómo te va con el trato? —me preguntó Lucy.

—Bueno, hemos concretado los detalles —le dije— pero tiene que comprobarlo con otro compañero.

—¡Ajá! Te deseo suerte, pero seguro que el señor Cohn ya tiene a Justman en el bolsillo.

—No lo sé, cariño. Joe parece un hombre decente y prometió que volvería. Cree que puede solucionarlo.

Pasó una hora, pasaron dos horas, pasaron tres horas y seguíamos sin tener noticias de Joe.

—Te lo dije —dijo Lucy—, no hay forma de que pelees con Harry Cohn sin que te joda.

Art y yo empezábamos a pensar que tenía razón cuando vi las luces de un carro que subía por la carretera hacia nuestro rancho.

¡Teníamos el control del Motion Picture Center!

# 39

EN MAYO DE 1955, LUCY Y YO TUVIMOS QUE DESPEdirnos de nuestro rancho de Chatsworth. No fue un momento feliz. El tremendo crecimiento del valle de San Fernando y la congestión de tráfico que creaba hacían difícil ir de un lado a otro. Toda una nueva era comenzó cuando vendimos el Ranchito Desilu. A partir de ahora teníamos que ser prácticos.

prac' ti.co; de *prossein* hacer, trabajar, diseñado para el uso, utilitario, como un vestido *práctico,* exhibido en, u obtenido a través de una forma de vida *práctica,* y a diferencia de *ideal.*

Odio la palabra y su significado.

Un par de meses antes de mudarnos al 1000 North Roxbury, en Beverly Hills, Lucy y yo tuvimos una larga conversación sobre nuestro futuro. Le dije:

—Tenemos dos alternativas. Podemos vender cuatro años de *Yo amo a Lucy* que hemos hecho para Philip Morris por al menos tres millones de dólares, estoy seguro. Después de darle al tío Sam su parte, invertiremos el resto de forma segura y conservadora, lo que debería reportarnos al menos ciento cincuenta mil dólares anuales de ingresos, sin tocar el capital.

»Cuando acabemos *Forever, Darling (Mi pesadilla es un ángel)* [que estábamos a punto de empezar] y quisieras hacer un especial u otra película de vez en cuando, podrías hacerlo. Si no te apeteciera, no tendrías que hacer nada. Seguiría teniendo que dirigir Desilu, producir nuestros otros programas y supervisar los que rodáramos para otros, pero sin tener que dedicar también cincuenta horas a la semana solo a *Yo amo a Lucy.* Sería pan comido.

»Y ahora que tenemos dos hijos maravillosos, después de esperar todos estos años, sería una pena no poder pasar más tiempo con ellos, disfrutar viéndolos crecer. Desi cumplirá dos años y medio y Lucie cuatro este verano. Podríamos enseñarles a pescar, a montar a caballo, y podría llevarlos a todos a Cuba para que conocieran a sus miles de parientes. ¿Qué te parece?

—Dijiste que teníamos dos opiciones. ¿Cuál es la otra? —preguntó.

—Odio siquiera considerarla. Tenemos que llegar a ser tan grandes como MGM, Twentieth Century Fox, Warner Brothers, Paramount, Columbia o cualquiera de los otros grandes estudios. Eso significa contratar a mucha más gente, a los mejores creativos, si puedo conseguirlos, para que me ayuden a llevar la carga, y alquilar o comprar un estudio más grande. El Motion Picture Center ni siquiera tiene un terreno trasero ni las instalaciones que necesitaríamos para competir, en igualdad de condiciones, con los grandes gigantes. Ahora todos están entrando en la televisión y empiezo a sentir la presión cuando voy a avenida Madison a tratar de vender un programa.

Las agencias de publicidad y los patrocinadores, incluso las cadenas, estaban ansiosos por conseguir que estos gigantes del negocio del cine les dieran mayores valores de producción, como si eso tuviera algo que ver con el éxito de un programa de televisión. Las grandes escenas panorámicas y los grandes y fabulosos decorados con mucha gente no significan nada en televisión, que es un medio muy íntimo. El formato, las personas que lo componen y su implicación humana son lo que hacen o destruyen un espectáculo.

*Yo amo a Lucy; The Honeymooners; Dick Van Dyke y Mary Tyler Moore; Private Secretary* de Ann Sothern; *Make Room for Daddy* de Danny Thomas; *December Bride* con Spring Byington, de Eve Arden, Gale Gordon y Richard Crenna; *The Real McCoys* de Walter Brennan; y otros grandes éxitos solo tenían dos o tres pequeños decorados y cuatro o cinco personas. Y lo mismo ocurre con los grandes éxitos de hoy en día: *All in the Family, Maude, The Carol Burnett Show, Sanford and Son, Chico and the Man, The Mary Tyler Moore Show, Rhoda* y otros.

Incluso los que televisan acontecimientos deportivos han aprendido que cuando hacen retroceder las cámaras para mostrar todo el terreno de juego o incluso solo a los dos equipos alineados uno contra otro, como en el fútbol, esos planos solo sirven durante unos segundos para establecer dónde están y cuál es la formación, pero a partir de ahí se quedan más o menos con los medios y primeros planos.

En el béisbol, esa cámara del centro del campo con un objetivo zoom graba solo la espalda del lanzador, el bateador, el receptor y el árbitro, y el reverso de esa toma desde la espalda del árbitro al lanzador, y esas dos tomas son las que más se utilizan, además de muchos primeros planos individuales. Hasta que la pantalla del televisor no mida dos metros por un metro y medio y ocupe una gran parte de una de las paredes de tu casa (ocurrirá en el futuro), esto será cierto.

Pero en aquella época, algunas de las personas con las que tenía que tratar en avenida Madison pensaban que cuanto más grande fuera el estudio, cuantos más valores de producción pudieran conseguir, mejor sería su programa. Así que, aunque no me entusiasmaba la idea de hacernos más grandes (ya éramos demasiado grandes), sabía que, en comparación con MGM, Twentieth Century Fox, etc., no éramos más que una pequeña y agradable empresa y, por desgracia, ya no existen las pequeñas y agradables empresas que puedan sobrevivir. No se ven muchas tiendas de comestibles de propiedad individual ni la pequeña farmacia de la esquina que solía tener Joe. Todas han desaparecido. Los Peces Gordos se lo comen todo.

Lucy me preguntó:

—Si nos retiramos después de vender nuestros espectáculos, ¿qué pasa con la gente que ha estado trabajando con nosotros?

—Bueno, déjame que te cuente una historia. Durante nuestros tres primeros años, robé a algunas personas de CBS, como Ed Holly, Martin Leeds, Bernie Weitzman y otros. A Paley no le gustó nada y me obligó a darle mi palabra de que no asaltaría CBS en busca de más personal suyo. Mantuve mi palabra con el señor Paley, pero, no mucho después, algunos de los suyos empezaron a flirtear con algunos de nuestro personal. Así que, cuando firmamos el contrato para hacer al menos dos años más de *Yo amo a Lucy* para Philip Morris, introduje una cláusula que prohibía a CBS robar personal de Desilu. Así que no te preocupes por ellos. Nuestra gente es la mejor gente del negocio. Antes de que cerremos el local, tendrán trabajos tan buenos o mejores, ya sea en CBS o en otro sitio.

—No quiero dejarlo —dijo.

—Está bien, entonces tendremos que hacernos más grandes o perder toda la apuesta.

Sabía que Paley no quería que dejáramos de hacer *Yo amo a Lucy* y tenía a General Foods entre bastidores para pagar la cuenta del patrocinador.

Lucy ya me había dicho su elección entre las dos alternativas que teníamos. Entonces, Desilu llegó a un nuevo acuerdo con CBS. Haríamos veintiséis programas más de *Lucy* para la temporada 1955-1956 y veintiséis más para el año siguiente. Al mismo tiempo, CBS aceptó comprar nuestra propiedad de 179 programas de *Yo amo a Lucy*, que sería el total al final de la temporada 1956-1957, por $4 500 000 en efectivo, más una garantía mínima de tres programas de CBS que serían rodados y producidos por Desilu en cada uno de los dos años siguientes. También les vendimos nuestra parte de *December Bride* por $500 000.

Al mismo tiempo, Lucy y yo obtuvimos $1 000 000 por nuestra exclusividad como artistas para CBS durante los diez años siguientes. Necesitábamos el dinero para crecer.

Durante las temporadas 1955-1956 y 1956-1957, la producción de Desilu de programas filmados para televisión ascendió a 691 medias horas, sin contar nuestros pilotos. Esta cifra incluía a los cincuenta y dos episodios nuevos de *Lucy;* treinta más de *Brooks;* sesenta de *Danny Thomas;* setenta y cuatro de *Lineup;* sesenta y uno de *December Bride;* trece especiales de *Durante*; veintiséis de *Those Whiting Girls;* veintiséis de un nuevo programa de Desilu, *It's Always Jan,* protagonizado por Janis Paige; treinta y nueve de *Whirlybirds;* treinta y nueve de *Sheriff of Cochise,* también programas de Desilu; más trece de *My Favorite Husband* para CBS (que fue la tercera vez para esta propiedad: primero, Lucy en la radio; segundo, CBS lo hizo en directo con Joan Caulfield, que no funcionó; tercero, rodado con nuestra técnica con Vanessa Brown, que se vendió, pero solo duró trece semanas. Supongo que la propiedad necesitaba a Lucy).

Además de esos, filmamos veinticinco programas de *Red Skelton,* treinta y ocho de *Jim Bowie,* veintiséis de *The Brothers,* treinta y nueve de *Wire Service,* quince de *Du Pont Cavalcade,* tres de *The Betty White Show* y el piloto de CBS de *The Real McCoys* con Walter Brennan.

«El pequeño Ricky», cuando era un joven de tres años, debutó en el primer programa de otoño de 1956. Mucha gente sigue pensando que Desi era el Pequeño Ricky, pero Desi nunca estuvo en el programa. La razón de ello, como ya he mencionado, era que no queríamos que su hermana viera a su hermano en el programa y se preguntara por qué ella no estaba en él.

En 1953 tuvimos que trabajar con gemelos. A esa temprana edad, los bebés no pueden ser fotografiados más de treinta segundos seguidos.

Jim Paisley revisó diez mil certificados de nacimiento para encontrar la pareja de gemelos adecuada. Para esta temporada de 1956 queríamos que el pequeño Ricky fuera un poco mayor para poder hacer más cosas con él, en lugar de tenerlo tumbado en una cuna.

Horace Heidt, el director de orquesta, tenía un programa de televisión en el que aparecían talentos aficionados. Una noche, Lucy y yo vimos a un chiquillo que tocaba los tambores en ese espectáculo. Casi al mismo tiempo dijimos: «¡Por Dios, ese es el pequeño Ricky!»; Keith Thibodeaux, de Lafayette, Luisiana, era genial en el tambor y no podía tener más de tres años. Hablé con su padre esa misma noche, trajo a su hijo a Hollywood, le hicimos una prueba, probé un par de números de tambores con él, parecía que podía ser mi hijo, y el hecho de que Ricky tocara los tambores y este muchachito también nos dio una configuración perfecta.

A efectos de presentación le cambiamos el nombre a Richard Keith y se convirtió en el Pequeño Ricky. Richard era casi dos años mayor que Desi, pero no lo parecía. Una de las razones por las que Desi se interesó por la música y por tocar el tambor fue que quería hacer todo lo que hacía el Pequeño Ricky en el programa, y se hicieron muy buenos amigos.

Keith, como siempre lo llama Desi, se quedaba en nuestra casa todo el tiempo. Durante los fines de semana y nuestro paréntesis veraniego venía a Palm Springs o Del Mar con nosotros. Desi y Keith llegaron a ser como hermanos. Crecieron juntos. Enseñé a Lucie, Keith y Desi a nadar, montar a caballo, manejar barcos y pescar con pericia. Los tres habían pescado marlín y pez vela antes de cumplir los siete años.

Lucy se convirtió en la profesora de actuación de Keith y se ocupó de su aspecto, vestuario, escolarización, etc. Era como si tuviéramos tres hijos en vez de dos.

El padre de Keith, un joven muy agradable, venía con él y se quedaba parte de cada año para trabajar en nuestro departamento de relaciones públicas a las órdenes de Ken Morgan. De ese modo podía estar siempre cerca de Keith en el estudio; y siempre que quería y podía, se unía a nosotros los fines de semana y las vacaciones.

Me complace decir que hasta el día de hoy Desi, Lucie y Keith siguen siendo los mejores amigos.

Al final de esa temporada 1956-1957 fui a Nueva York, me reuní con Paley y le dije que quería dejar de hacer los programas de media hora de *Lucy* y hacer solo algunas horas como especiales.

—¿De qué estás hablando? —preguntó—. Eres el programa número uno de la televisión. No puedes abandonarlo ahora.

—Mire, jefe, llevamos seis años. Creo que ahora es el momento de pasar a algunos especiales de una hora, y luego, dentro de un año o dos, estoy seguro de que Lucy volverá y hará otra serie de media hora, quizá con Vivian. Podemos llamarlo *The Lucy Show (El show de Lucy)* o algo así. Le prometo que empezaré a trabajar con los guionistas de inmediato y desarrollaré un buen formato para ella. De hecho, ya tengo una opción sobre un libro de Irene Kampen, *Life Without George* (La vida sin George), que creo que sería una buena serie para ella. Será bueno que Lucy deje de hacer series de media hora mientras *Yo amo a Lucy* sigue siendo el número uno, y luego, cuando vuelva y haga una nueva serie de media hora, estoy seguro de que volverá a la cima. Así será una propiedad tremendamente valiosa para usted, durante todos los años que quiera, pero yo no puedo seguir haciendo todo lo que hago dirigiendo Desilu y estar delante de las cámaras en una serie semanal, interpretando a Ricky y produciendo los programas.

Se estaba poniendo muy duro. Tenía que supervisar todos nuestros programas, nuestros acuerdos comerciales con docenas de fabricantes, el negocio de Desilu, nuestras inversiones personales y la creación, desarrollo y venta de nuevos episodios pilotos. Para vender nuestros pilotos, tenía que garantizar que serían realizados con la misma calidad de Desilu por productores, guionistas y directores de primera fila, pero independientemente de a quién contratara para hacerlos, y siempre teníamos a los mejores que podíamos conseguir, avenida Madison seguiría considerándome personalmente responsable de su éxito o fracaso. El fracaso es lo más terrible en nuestro negocio. Cuando fracasamos, el mundo entero lo sabe. Cuando un hombre de Fuller Brush fracasa, ¿lo sabe todo el mundo? Por eso seguimos rompiéndonos el trasero para no fracasar.

Trabajaba demasiado. Mi salud empezaba a deteriorarse. Sabía que algo tendría que ceder.

Aproximadamente un año antes había ido a ver al doctor Marcus Rabwin, un médico brillante, cirujano jefe del Hospital Cedars of Lebanon y un amigo muy querido. Había conocido al doctor Rabwin y a su mujer, Marcella, a través de Lucy, que era amiga suya desde hacía muchos años. Marcella y Marc forman parte de ese pequeñísimo grupo al que puedes llamar amigos de verdad. Marcella había sido asistente ejecutiva de David O. Selznick durante muchos años y aprendí mucho de ella sobre cómo David se encargó de la preproducción, la escritura, el *casting*, la planificación, la ejecución y la posproducción no solo de *Gone With The Wind (Lo que el viento se llevó)* sino de todas sus demás películas.

Lucy y yo habíamos sido sus invitados en Del Mar. Cuando fui a ver a Marc, le dije que temía no poder mantener el ritmo.

—Estoy en el estudio a las siete o siete y media de la mañana, no llego a casa hasta después de la cena, luego tengo mucho papeleo del que ocuparme.

Casi nunca veo a mis hijos, a menos que sea justo antes de que vayan al colegio y, si tengo suerte, durante algunos fines de semana. La mayor parte del tiempo estoy hecho un nudo y, para desatarlo y seguir adelante, a veces empiezo a beber demasiado.

Me hizo un chequeo completo. Me dijo que debía reducir la carga de trabajo, que mi colon estaba lleno de divertículos y que la presión y la tensión continuas lo empeorarían.

Unos años más tarde tuvo que operarme de diverticulitis. Para entonces, era tan grave que tuve que soportar una colostomía durante más de un año.

Marc sabía cuánto me gustaba el mar y me recomendó que alquilara una casa en la playa de Del Mar.

—Aléjate del estudio en cuanto termines de rodar el programa de *Lucy* de esa semana. Haz que alguien te lleve a la playa y quédate allí hasta el lunes por la mañana. Haz que Lucy y los niños te acompañen allí el sábado y el domingo y ni siquiera pienses en el negocio. Durante el verano tómate seis u ocho semanas libres, y aunque te ofrezcan toda la cadena CBS para volver a trabajar durante esas semanas, diles que se aguanten.

Fue un consejo maravilloso y me ayudó mucho, al menos durante un tiempo.

Paley al fin acordó que, para la temporada 1957-1958, solo haríamos cinco especiales, manteniendo el mismo formato, el mismo reparto de Lucy y Ricky, Fred y Ethel y el pequeño Ricky, y conseguiríamos que estrellas de primera fila fueran nuestros invitados. Tuvimos a Ann Sothern, César Romero, Rudy Vallee y Hedda Hopper para la primera y, para las otras cuatro, a Betty Grable y Harry James, Fred MacMurray y su esposa, June Haver, Fernando Lamas y Tallulah Bankhead. La Ford Motor Company aceptó patrocinar los especiales.

A Bob y Madelyn se les ocurrió lo que pensamos que sería un gran primer episodio de *The Lucy-Desi Comedy Hour.* Bob Schiller y Bob Weiskopf, que ahora escriben muchos de los episodios de *Maude,* trabajaron con ellos en el guion. Habíamos conseguido a los dos Bob unos años antes, cuando Jess Oppenheimer nos dejó para irse a NBC.

Este primer episodio de *The Lucy-Desi Comedy Hour* fue un *flashback* sobre cómo Lucy conoció a Ricky. Ann Sothern y Lucy interpretaron a dos secretarias que iban a La Habana de vacaciones. Rudy Vallee iba en el mismo barco y, cuando llegaron a La Habana, las esperaban dos cubanos que tenían un coche de caballos y se ganaban la vida trajinando a los turistas. Los dos cubanos éramos César Romero y yo.

Hedda Hopper estaba en la primera escena, entrevistando a Lucy sobre nuestros dieciséis años de casados, y cuando le preguntó a Lucy cómo conoció a Ricky, ella empezó a contárselo e hicimos un *flashback* a aquella época. «Lucy Goes to Havana» (Lucy va a La Habana) era el título.

Teníamos mucha música y baile en el espectáculo. Barrie Chase, la muchacha que más tarde bailó con Fred Astaire, y otras dos muchachas hicieron un número con César y conmigo en el espectáculo.

El guion estaba muy bien escrito y se interpretó muy bien. Aunque fuera una hora, igual lo hicimos delante de un público. Tuvimos que usar dos escenarios porque teníamos muchos decorados. Durante el intermedio teníamos café, rosquillas y tarta para el público. Lo convertimos en una gran fiesta, todo el mundo lo disfrutó y todo salió a la perfección, excepto que era demasiado largo. Cuando terminamos el montaje, acabamos con una hora y quince minutos.

Recibí una llamada de Paley. Sabía que habíamos hecho el programa y quería saber cómo había salido la primera hora. Recuerden que de entrada estaba en contra de los programas de una hora.

—Jefe —le dije—, es lo mejor que hemos hecho nunca.

—Me alegra oírlo, porque vamos a tener anuncios a toda página en muchos periódicos para anunciar la próxima temporada.

—Bueno, es simplemente genial. Solo hay un pequeño problema.

—¿Cuál es?

—Tenemos una hora y quince minutos.

—No hay problema —dijo Paley—. Córtalo a una hora.

—He tratado de hacerlo; no funciona.

—¿Qué quieres decir?

—Lo voy a arruinar si lo corto a una hora.

—De acuerdo, haremos que tu programa de apertura sea de hora y media, y el resto será de una hora.

—Eso también lo he intentado, pero también lo echa a perder. Lo hace lento aquí y allá. Lo que tenemos es una gran hora y quince minutos.

—Ahora, Chico, deja que te explique algo. La televisión tiene programas de quince minutos, de media hora, de una hora, a veces incluso de hora y media o de dos horas, pero no existe el programa de hora y quince minutos.

—Bueno, eso es lo que tenemos. ¿Por qué no podemos conseguir quince minutos más de quien nos sigue?

—¿Sabes quién te seguirá esta temporada?

—No, no sé cuál es el esquema para el año que viene.

—Justo después de tu hora especial viene *The United States Steel Hour.*

—Pues diles que nos donen quince minutos de su tiempo.

—¡Quieres que llame a United States Steel y les diga que te den quince minutos de su tiempo! Estás mal de la cabeza. Es uno de nuestros mayores clientes.

—Lo sé, pero si tienen el mismo espectáculo que el año pasado, no es un espectáculo muy bueno. No los perjudicaría tener solo un programa de cuarenta y cinco minutos esa semana.

—Ya veo. Quieres que llame a United States Steel, que les diga que tienen un programa tan pésimo que no les vendría nada mal que te dieran quince minutos de su tiempo. No hay forma de que el tipo que les está haciendo pagar tanto dinero (yo) por ese espacio de tiempo concreto pueda decirles eso.

—¿Le importaría que los llame yo?

—No, haz lo que quieras, pero asegúrate de no meterme en eso.

Averigüé quién era el responsable de televisión en United States Steel y le conté mi problema. En realidad, tenía una idea bastante buena en mente. Sabía que no habían conseguido ningún *rating* con su programa, que no era un buen programa. Así que le dije al hombre:

—Mire, este programa que estamos haciendo es el primer especial que Lucy y yo hemos hecho. Hemos sido número uno durante seis años, haciendo el programa de *Lucy* de media hora. Este será el estreno de los especiales. El único problema es que tengo una hora y quince minutos en lugar de una hora. Paley cree que estoy mal de la cabeza por molestarlo, pero he pensado que, tal vez, también sería muy bueno para usted y resolvería mi problema.

—¿Cómo es eso?

—Pues a su programa no le va muy bien.

—¿No lo sabré yo?

—No le vendría mal si el programa de esa semana en concreto solo durara cuarenta y cinco minutos. Puede que incluso lo haga un poco mejor, o quince minutos menos malo.

Se reía a carcajadas. Supongo que de todas formas estaban hartos del maldito programa.

—Sí, bueno, sigue —dijo.

—Me da quince minutos del principio de su programa. En vez de salir al aire a las diez, sale a las diez y cuarto. Al final de nuestro programa, a las diez y cuarto exactamente, apareceré, en persona, como Desi Arnaz, no como Ricky, y daré las gracias a *The United States Steel Hour* por permitirnos a Lucy y a mí asumir una parte de tiempo, le diré al público que hemos visto su programa y que es uno de los mejores programas dramáticos que hemos visto y que se aseguren de seguir sintonizados. Sé que vamos a tener mucho público. Incluso por curiosidad querrán ver lo que Lucy, yo y el resto de nuestro grupo vamos a hacer durante una hora y quince minutos. Además, cuando acabemos, todos los demás programas tendrán ya quince minutos de trasmisión. Por tanto, a los espectadores más les vale quedarse donde están. Estoy seguro de que doblará su *rating* esa noche.

—¿Quién paga esos quince minutos a los que vamos a renunciar?

—Nuestro patrocinador, la Ford Motor Company.

—Trato hecho.

Entonces le pregunté:

—¿Podría llamar al señor Paley y decírselo? Porque si lo llamo yo no me creerá.

—Lo llamaré ahora mismo —dijo.

Una hora más tarde, Paley volvió a llamarme.

—Voy a rendirme contigo, Chico. Vas a salir al aire con un programa de una hora y quince minutos.

Fue el único programa de una hora y quince minutos que ha habido nunca en televisión, ni antes ni después. Y *The United States Steel Hour* duplicó su índice de audiencia.

La clasificación de la temporada anunció que nuestros cinco especiales estaban en la lista de los diez primeros, tres de ellos ocupando el primer, segundo y tercer puesto. Pero, lo más importante de todo, conseguí un Thunderbird nuevo, el original, ahora un clásico, por presentarlo en uno de esos especiales.

# 40

EN SEPTIEMBRE DE 1957, RECIBÍ UNA LLAMADA DE Dan O'Shea, que había sido jefe de la distribuidora de David Selznick y una de sus manos derechas. Había llegado a conocer muy bien a Dan durante el tiempo que estuvo en CBS, tras la muerte de David. Ahora supervisaba los intereses de General Tires en sus propiedades de RKO.

—Desi, General Tires quiere vender los Estudios RKO —me dijo.

General Tires le había comprado RKO a Howard Hughes. Cuando la compraron, buscaban diversificación. Tom O'Neal, joven hijo del fundador de la empresa de neumáticos, pensó que una buena forma de diversificarse era entrar en el negocio del cine. Así que le compraron RKO a Howard Hughes y pusieron a Bill Dozier al frente del estudio.

Pero calcularon mal el momento de hacerlo. El negocio cinematográfico atravesaba un momento muy malo. El resultado neto fue que hicieron diez películas y perdieron diez millones de dólares. Así que el O'Neal padre llamó a su hijo y le dijo: «Mira, yo creo en la diversificación tanto como tú, pero esto es ridículo. Deshazte de esos estudios de cine y hazlo YA».

Dan también me dijo que tenían que finalizar la venta en este año fiscal debido a una situación de impuestos: tenían que asumir una pérdida de capital para compensar una ganancia de capital.

—No creo que tengamos ninguna posibilidad de hacer ese trato, Dan —le dije—. Aún debemos dinero por Motion Picture Center, el pequeño estudio que compramos.

—Bueno, pensé que debía avisarte primero —dijo—. Creo que es un buen negocio.

—¿Cuánto están pidiendo por los estudios? —pregunté.

—Por RKO Gower y RKO Culver y todo lo que hay dentro de ellos (todo el equipo, las cámaras, los decorados, el atrezo, el mobiliario de oficina, todos los activos físicos), todo, excepto los guiones y las historias sin producir y las películas terminadas, quieren $6 500 000. Y *ESO* es una ganga, Desi. Solo los bienes inmuebles valen más que eso.

Llamé a Howard Hughes, a quien había conocido cuando solía venir a Ciro's, y le conté que General Tires quería vender los estudios.

—¿Cuánto quieren por ellos? —preguntó.

—Seis millones quinientos mil dólares —le dije.

—¡Cógelo! Aunque los tumbes y los conviertas en parqueos, tienes que ganar dinero.

Los inmuebles que poseían en Melrose y Gower y la propiedad de Culver City sumaban unas veintiséis hectáreas de terreno de primera en el corazón de Hollywood y en el centro de Culver City. El terreno de Gower abarcaba más de cinco hectáreas, justo al lado del cementerio al que una vez entré al carro con Richard. El terreno de RKO Culver estaba a unas cuadras de Metro, frente a Washington Boulevard, la calle principal de Culver City, y donde estaban los estudios Selznick cuando David hizo *Lo que el viento se llevó*. El terreno trasero de Culver era de unas dieciséis hectáreas y tenía todo lo que podíamos necesitar en nuestro plan de crecimiento.

Pero, por muy ganga que fuera, si no tienes dinero para cerrar el trato, no tienes dinero para cerrar el trato. Por eso el dicho: «Hace falta dinero para hacer dinero». Cuando surge una buena oportunidad y tienes el dinero, puedes aprovecharla. Teníamos algo de dinero, pero después de pagar al tío Sam los impuestos por la venta de *Lucy* y pagar el pagaré de las acciones del Motion Picture Center, no teníamos suficiente.

De todos modos, después de que Hughes dijera que era bueno, llamé a Argyle Nelson a mi despacho. Llevaba cinco años con nosotros y ahora era vicepresidente de Desilu a cargo de la producción, y antes había sido vicepresidente de RKO, también a cargo de la producción, durante trece años. Así que conocía esos estudios. Sabía lo que había dentro de ellos y lo que había en esos lotes traseros, como conocía la palma de su mano.

Le hablé del trato y Argy me dijo:

—¡Chico, si puedes conseguirlo, sería estupendo!

Llamé a O'Shea y le dije:

—Danny, ¿podrías darme veinticuatro horas antes de poner este acuerdo en el mercado? ¿Se lo has contado a alguien más?

—No, te lo dije a ti primero y a nadie más.

—¿No se lo has contado a Paley? —pregunté.

—No, porque no creo que quiera participar en la compra de ningún estudio.

—Está bien, dame veinticuatro horas. Si lo pones en el mercado ahora, estaré compitiendo con Jules Stein [MCA aún no había comprado Universal, así que no tenían estudio], Harry Cohn y todos los peces gordos, y no tendría ni un suspiro de chance, pero te prometo que dentro de veinticuatro horas voy a decir: sí o no.

—Está bien, tienes veinticuatro horas.

Dan también dijo que querían dos millones de dólares de entrada y daban diez años para pagar el resto, y que General Tires cargaría su propia hipoteca al 5,5 o 6 %.

Cogí el teléfono, llamé a la oficina principal del Bank of America y pregunté por el mismo hombre que había gestionado el préstamo que nos había permitido comprar el control del Motion Picture Center.

—Hola, soy Desi Arnaz. Quiero preguntar si pueden prestarme dos millones de dólares, y necesito el dinero a más tardar mañana al mediodía.

Se hizo el silencio absoluto al otro lado de la línea. No sabía si el tipo había colgado o había salido de la oficina o qué.

—Hola, hola —dije—. ¿Sigue ahí?

—Sí, sí, sigo aquí. ¿Le importaría decirme por qué quiere dos millones para mañana al mediodía, y qué va a hacer con ellos?

Le conté el trato y me dijo:

—Tiene los dos millones. ¿A quién enviamos el cheque?

—Espere un momento… espere un momento.

Había sido demasiado fácil. Acababa de coger el teléfono y llamé al tipo por una corazonada. Lo peor que podía haberme dicho era que no, pero en cuanto terminé de decirle por qué quería los dos millones de dólares, y sin más discusión ni nada, me dijo, «Ya los tiene», empecé a preocuparme.

—No empiece a escribir nada hasta que lo llame —le dije.

Entonces llamé a O'Shea.

—Dan, creo que tal vez tenga la oportunidad de cerrar este trato, pero no va a ser fácil. ¿Qué les parece que sean seis millones, en vez de seis y medio?

—Desi, te he dado veinticuatro horas sin ponerlo en el mercado. Ahora vas a empezar a negociar conmigo y lo vas a echar todo a perder.

—Debe de haber algún espacio para negociar, lo estoy pasando mal con el banco. Acaban de prestarme dinero para el Motion Picture Center y creen que estoy loco, comprando otros dos estudios.

Por cierto, ya había llamado a Paley y le había preguntado si quería la mitad de este trato.

—No quiero saber nada de ladrillos y cemento —dijo—. Tú los compras y nosotros te alquilamos el espacio.

Podría haber tenido la mitad de la propiedad de los dos estudios RKO por poco más de tres millones de dólares. Unos años más tarde compró los

Republic Studios por once millones de dólares, que no eran tan buenos como ninguno de los Estudios RKO. Pero, así es la vida.

—Está bien —dijo Dan—, esto es lo definitivo, seis millones trescientos cincuenta mil dólares, y tu plazo vence a medianoche.

Volví a llamar al banco.

—Puedo conseguir el acuerdo por seis millones trescientos cincuenta mil dólares y creo que podría rebajarlo aún más.

El banco me advirtió:

—No presione demasiado. Ya era tremendo negocio a seis coma cinco.

En aquella época hacíamos programas de una hora. Nuestra estrella invitada esa semana fue Tallulah Bankhead. Durante el intermedio, fui a mi despacho, que estaba justo enfrente del escenario donde hacíamos nuestros espectáculos. Eran alrededor de las nueve de la noche.

Dan y yo habíamos estado hablando todo el día. Le había pedido que incluyera todo el material de archivo en el trato. Sabía que había cerca de unos 304 800 metros de película que Orson Welles había rodado en Brasil y que nunca se habían visto. Por supuesto, había muchos más millones de material de archivo que RKO había acumulado a lo largo de los años.

El episodio de *Lucy-Desi* que estábamos haciendo era un espectáculo dentro de un espectáculo de una antigua obra de Shakespeare. Iba vestido de lord inglés, con sombrero emplumado, calzones y demás. A las nueve llamé a O'Shea y le dije que les daría $6 150 000.

—Creo que lo acabas de echar a perder —dijo—, pero presentaré tu oferta y te llamaré enseguida.

Esperé con mi tonto disfraz de Shakespeare y mi sombrero emplumado; aún teníamos que hacer el segundo acto. Lucy entró y dijo:

—Vamos, ¿qué haces? Te estamos esperando.

Justo entonces sonó el teléfono. Era Dan, que dijo:

—Lo lograste.

—Mañana recibirás un cheque certificado de dos millones del Bank of America —le dije.

—¿Qué demonios ha sido todo eso? —preguntó Lucy.

—Acabamos de comprar los Estudios RKO.

—Hicimos *¿qué?*

—Compramos los Estudios RKO.

No le había dicho nada de las negociaciones; ya tenía bastantes problemas con la señorita Bankhead en el programa. Tallulah estuvo medio borracha durante toda aquella semana de ensayos y nunca nos daba un buen ensayo. Lucy, como perfeccionista que es, odia eso. Así que no quería darle más problemas con los negocios.

Cuando por fin digirió lo que le había dicho, repitió:

—*¿Compramos RKO?*

—Sí, compramos RKO Gower, donde solíamos trabajar, y RKO Culver, donde Selznick hizo *Lo que el viento se llevó.*

—Sé dónde Selznick hizo *Lo que el viento se llevó* —dijo—, pero ¿tenemos dinero suficiente para comprarlos?

—No, pero los compramos. Creo que es un trato estupendo y Bank of America piensa que es un trato estupendo y enviará a General Tires dos millones mañana por la mañana, como anticipo. Así que no te preocupes. Dale, vamos a hacer el segundo acto.

Después del espectáculo nos pasamos toda la noche despiertos y hablando. Quería que la pusiera al corriente de todos los detalles. Le conté todo lo que había hecho, que había hablado con Howard Hughes y con el banco, e incluí todos los detalles de las negociaciones de ida y vuelta con Dan O'Shea.

También le dije:

—Mira, cariño, sé que el cementerio se muere de ganas de comprar RKO Gower porque se están quedando sin espacio para meter a los muertos, así que, en el peor de los casos, sacaremos nuestro dinero vendiéndoles el terreno. Además, no olvides nuestra conversación de hace un par de años. O renunciamos o crecemos. Optaste por más grande. Pues bien, esta era la oportunidad de hacerlo.

Aproximadamente un mes y medio después, recibí una llamada de Dan O'Shea.

—Desi, no podemos aceptar el cheque de dos millones.

—¿Qué quieres decir?

—Aún no lo hemos cobrado. No podemos.

—No es bueno... ¿Bank of America?

—No, no, el cheque es válido, pero por motivos fiscales, no podemos dar entrada a tanto dinero este año. Lo máximo que podemos aceptar son quinientos mil dólares.

—Bueno, rompe el cheque de dos millones y diré al banco que te envíe un cheque de quinientos mil dólares.

—Pero, si solo son quinientos mil dólares de entrada, Desi, tenemos que volver a los seis millones quinientos mil, el precio de venta original.

—Ni lo sueñes. Hicimos un trato por seis-uno-cinco-cero. Querías dos millones de entrada y ya los tienes en el bolsillo. Me importa un bledo lo que el señor General Tires pueda o no hacer con su cheque de dos millones. Puede cobrarlo, romperlo o limpiarse el fondillo con él, pero el precio de venta no va a cambiar.

—Eso es exactamente lo que les dije que ibas a decir.

—Buen intento, Danny.

Eso, por supuesto, fue una oportunidad increíble. Un millón y medio a diez años al 6 % son $900 000. De hecho, compramos el local por casi un millón de dólares menos.

Al adquirir RKO Gower y RKO Culver, más el control de Motion Picture Center, ahora teníamos treinta y cinco escenarios, más un terreno trasero de más de dieciséis hectáreas: las mayores instalaciones de cine y televisión del mundo. Los llamamos Desilu Gower y Desilu Culver, y el Motion Picture Center se convirtió en Desilu Cahuenga. MGM, Twentieth Century Fox o cualquiera de los otros «gigantes» ni siquiera podían acercarse a nosotros. No solo nos hicimos grandes como ellos… nos hicimos los más grandes.

Ahora podíamos hacer espectáculos al aire libre en nuestro gran terreno trasero. *Whirlybirds, Sheriff of Cochise, Walter Winchell File, Official Detective, The Texan, U.S. Marshal, Grand Jury, The Man Nobody Knows* (la base de *Misión imposible*), *Kraft Myster Theatre* entre otros. También teníamos suficientes escenarios y otras instalaciones para añadir algunas comedias más a nuestra filmoteca Desilu. *This Is Alice, The Ann Sothern Show, Guestward Ho, Harrigan and Son* y *Fair Exchange* (la primera hora de comedia semanal) fueron algunas de ellas.

A principios de 1958, preparé una presentación del *Desilu Playhouse*, un programa semanal de una hora que yo presentaría. No hicimos un piloto, solo un resumen del tipo de historias que haríamos. Algunas serían de drama, otras de aventuras y algunas de misterio, todas pensadas para ver en familia, y una de *The Lucy-Desi Comedy Hour* cada tercera o cuarta semana de la serie, pensada para la temporada 1958-1959.

En aquella época, Westinghouse tenía un programa llamado *Studio One* que no iba demasiado bien. Decidí que esta era nuestra mejor posibilidad de patrocinio, fui a Pittsburgh y presenté nuestro programa a Mark Cresap, Jr., presidente de Westinghouse. Era todo un tipo, me recordaba mucho a Mike Todd. Yo había apreciado mucho a Mike y siempre recordaba que me decía:

«Sabes, cubano, tú y yo hemos estado arruinados muchas veces, pero nunca hemos sido pobres».

Tras mi presentación, el señor Cresap dijo:

—¿Cuál es el presupuesto?

—Doce millones de dólares —respondí.

—Es el doble de nuestro presupuesto.

—Sí, lo sé, pero ¿qué consigue con *Studio One*?

En aquella época solo obtenían un *rating* de once o doce, lo cual era muy malo.

—Esto es demasiado grande para que lo apruebe yo solo. Es un gran salto de seis a doce. Tendré que llevarlo a la junta de directores.

—¿Quiere vendérselo a la junta de directores? —le pregunté.

—Sí, me parece una gran idea. ¿Qué le diría a la junta si fuera yo y quisiera que esto se aprobara?

—Bueno, yo les diría que doblaríamos su índice de audiencia.

No tenía ninguna duda de que doblaríamos el índice de audiencia. No había mucho que duplicar.

—¿Qué les diría sobre nuestras ventas? —me preguntó.

—Diga que duplicaremos sus ventas.

—Tiene muchas más agallas que yo —me dijo—. ¿Qué pasa si consigo la aprobación de este contrato y no hace lo que promete?

—Muy sencillo. Simplemente me regreso a Cuba.

—No se vaya sin llamarme —me dijo—. Tendré que irme con usted.

Al final se lo presentó a la junta y lo aprobaron. Al día siguiente, el señor Cresap me llevó a un almacén, tan grande como el mayor escenario de sonido de RKO, que estaba lleno de suelo a techo y de pared a pared de aparatos de radio y televisión, y con solo un pasillo muy pequeño y estrecho para recorrer el lugar.

Mientras me lo enseñaba, le dije:

—Tiene muchos decorados de televisión y radio.

—Así es, y me gustaría dar un baile aquí en Nochevieja para nuestros empleados.

Esto ocurría en abril. En aquella época no se trabajaba con tanta antelación para la siguiente temporada televisiva, así que yo vendía lo que saldría al aire en octubre, y él quería todos esos decorados vendidos y fuera de allí antes de fin de año.

—Mensaje recibido —dije.

Volví a California con el mayor contrato jamás negociado para la televisión. Pidió cuarenta y un *Desilu Playhouses,* un *Lucy Special,* dos *Desi Specials* y ocho más de *The Lucy-Desi Comedy Hour* durante los próximos dos años.

Se lo conté a Lucy y estaba eufórica. Cuanto más tiene que actuar, más le gusta. Entonces me moría de ganas de contárselo a los guionistas. Pero para mi sorpresa, Bob y Madelyn dijeron que no iban a escribir más para *The Lucy-Desi Comedy Hour.*

—No quiero tener en la mente de lo que acaban de decir —les dije—. Voy a prepararme un trago fuerte, luego volveré y me dirán que he oído mal.

Volví y les pregunté:

—Ahora, ¿qué es lo que querían decirme?

—Estamos secos —me dijeron—. No podemos escribir más para el personaje de Lucy.

Fue todo un *shock*. Los teníamos contratados por cinco años, pero ¿qué podía hacer? No podía coger un látigo y decirle a un par de guionistas de comedia: «Qué pena que estén secos para el personaje de Lucy, tienen un contrato, así que siéntense a escribir y escriban divertido, maldita sea».

Lo único que tenían que decir es que no se sentían chistosos, así que no había forma real de obligarlos a hacerlo. Esos contratos de guionistas solo sirven para los guionistas. No son buenos para la productora.

Sentía, y sigo sintiendo, un gran afecto por Bob y Madelyn, y podía entender que llevaban siete años escribiendo el personaje de Lucy con Jess y luego con Schiller y Weiskopf. Madelyn se había casado con Quinn Martin, uno de nuestros cortadores de sonido, y acababan de tener su primer hijo, así que supuse que quería quedarse en casa y cuidar del bebé. Bob, que era soltero, llevaba tiempo sin viajar y yo sabía que le encantaba ir a Italia cada tantos meses más o menos. Además, no podía obligarlos.

—Está bien, Madelyn, tú quieres irte a casa y cuidar de tu bebé, y Bob, supongo que tú quieres ir a Italia y acostarte con algunas tipas italianas. Así que no puedo hacer nada. Y, por mucho que odie no tenerlos aquí para los nuevos programas de una hora, sé que los dos se merecen unas vacaciones. La empresa te pagará el viaje a Italia, Bob, y te brindará un cuarto completa para el bebé en tu casa, Madelyn. Es lo menos que podemos hacer para agradecerles el gran trabajo que han hecho para nosotros. Cuando les apetezca volver al trabajo, me avisan.

Los dos dijeron:

—Un momento, cubano. Te conocemos. Nos estás enganchando, comprando el viaje y armando cuarto para el bebé. Quieres que nos sintamos obligados contigo.

—¿Cómo pueden decir algo así? —pregunté—. Solo estoy tratando de mostrarles nuestro agradecimiento.

—¡Mentiroso! —dijeron—. Queremos que sepas que es posible que no volvamos a trabajar hasta dentro de cinco años.

—Que será, será. Lo que quieran.

Se fueron, y ahora me enfrentaba a la tarea de hacer la primera hora de *The Lucy-Desi Comedy Hour,* que abriría la temporada de nuestro nuevo *Westinghouse-Desilu Playhouse,* sin ninguno de los guionistas originales.

Me acordé de Everett Freeman de mis viejos tiempos en MGM, un guionista de comedias de primer nivel. Lo llamé y me dijo que vendría a verme y a barajar algunas ideas. Creo que sugirió hacer un programa sobre Lucy yendo a México con problemas para cruzar la frontera y, para colmo, viéndose envuelta en una corrida de toros.

—Me parece una idea buenísima, Everett —dije.

Los dos Bob, Schiller y Weiskopf, y Everett se pusieron manos a la obra y escribieron «Lucy Goes to Mexico» (Lucy se va a México), que inauguró la primera temporada de la *Westinghouse-Desilu Playhouse.* Nuestra estrella invitada, y qué estrella invitada, era Maurice Chevalier. Resultó muy bueno.

Bob y Madelyn volvieron a sus escritorios antes de que se filmara el guion de «Lucy Goes to Mexico» y se quedaron para escribir los *Lucy Specials* y los otros siete episodios de *The Lucy-Desi Comedy Hour* con los dos Bobs. La habitación del bebé de Madelyn se construyó justo al lado de su despacho. Quería poder llevarlo al estudio mientras ella trabajaba.

En aquellos programas tuvimos estrellas como Milton Berle, Red Skelton, Danny Thomas, Ida Lupino y Howard Duff, Paul Douglas y Bob Cummings. El último fue con el difunto Ernie Kovacs y su mujer, Edie Adams.

Durante los años que hicimos las medias horas, también tuvimos la suerte de conseguir estrellas del cine que nunca habían aparecido en televisión, como John Wayne, Bill Holden, Rock Hudson, Richard Widmark, Harpo Marx y Cornel Wilde.

No habríamos podido pagar los sueldos normales de ninguna de las estrellas mencionadas. Los hacían porque les gustaban los programas, y estoy seguro de que casi todos ellos donaban sus sueldos (lo que hubiera en nuestro presupuesto para un invitado, que era mucho menos de lo que cobrarían normalmente) a su organización benéfica favorita. Les di las gracias a todos una vez más.

También le agradecí muchísimo a Everett Freeman por tomarse una licencia de sus tareas en MGM y ayudarnos a desarrollar un espectáculo tan estupendo.

Después de eso, mi principal preocupación era hacer un buen programa de una hora cada semana para Westinghouse, independientemente de que alguno de ellos tuviera posibilidades de ser un piloto (un *spinoff*, como se los llama en inglés) para una serie semanal. Hicimos algunos que eran a la vez un buen espectáculo de una hora para *Playhouse* y una posibilidad para una serie. *The Twilight Zone (La dimensión desconocida)* y *The Untouchables (Los intocables)* de Rod Serling fueron los dos más destacados.

Ray Stark y su socio, Eliot Hyman, poseían todas las propiedades de Warner Brothers, incluidas las películas terminadas. La suegra de Ray era Fanny Brice, a quien Barbra Streisand interpretó en *Funny Girl* y en *Funny Lady*. Ray y Eliot estaban a punto de dividir su sociedad y Ray me preguntó:

—¿Te gustaría comprar todas estas propiedades de Warner Brothers?

No había forma de que pudiéramos manejar *todo* ese trato, pero había algunas propiedades en ese paquete que me hubiera gustado tener para los programas de *Desilu Playhouse*.

Uno de ellos era *Los intocables*, un libro que Eliot Ness escribió con Oscar Fraley, un conocido escritor deportivo, pero que Warners nunca desarrolló.

—Me gustaría comprar un par de cosas de ese paquete —le dije a Ray—, pero no tenemos dinero suficiente para comprarlo todo.

Ya estábamos bastante empeñados con RKO.

—No queremos vender nada fuera del paquete porque eso lo debilitaría —me dijo.

Eso era comprensible.

Le dije a Bernie Weitzman, de nuestro departamento legal, que averiguara cuál era la situación del libro de *Los intocables*. Bernie me informó que Ray Stark y Eliot Hyman tenían una opción sobre la propiedad por unos seis meses más.

—Mantente alerta del asunto. Si lo sueltan, lo quiero.

Bernie llamó al agente literario en Nueva York y en el momento en que expiró la opción de seis meses, era nuestro.

Era un libro emocionante. Se lo pasé a Bert Granet, que entonces era mi mano derecha a cargo de desarrollar los temas dramáticos para el *Playhouse*.

Le dije a Bert que quería hacer el libreto en dos partes. La primera hora sería cuando Eliot Ness asaltaba el imperio Capone en Chicago mientras Capone estaba en la cárcel. La segunda empezaría cuando Capone saliera de la cárcel, y se basaría en lo que le iba a ocurrir entonces al señor Ness.

Todo estaba en el libro, escrito maravillosamente por el señor Ness y el señor Fraley. Bert consiguió a Paul Monash, un guionista brillante que ahora está en Twentieth Century Fox haciendo un montón de películas y programas de televisión de éxito. Cuando recibí el primer borrador de Monash, *Los intocables* se había convertido en un estudio psicológico de lo que hacía que los gánsteres fueran gánsteres, que no era lo que yo quería. Quería policías y ladrones a secas.

Nunca olvidaré el primer encuentro que tuve con el señor Monash.

—Paul, ¿qué demonios haces con esta cosa? Esperé bastante tiempo para conseguir este libro, por fin lo conseguí, y ahora me das un estudio psicológico del gansterismo.

—Bueno, eso es lo que tu hombre me dijo que hiciera —contestó.

Sabía que el señor Monash era muy buen escritor, así que le dije:

—Bueno, lo siento, Paul, supongo que Bert me ha entendido mal. Quiero policías y ladrones.

—Estoy de acuerdo contigo al cien por cien —dijo Monash—. Así es como debe ser, y te lo devolveré en dos semanas, tal como lo quieres.

Si no hubiera sido así, iba a usar el libro como guion para la película. Era lo suficientemente bueno como para filmar directamente. Pero el señor Monash volvió un par de semanas después y era exactamente lo que yo quería. Granet se fue a Europa, se tomó sus vacaciones; no quería saber nada de eso.

El vicepresidente ejecutivo de Desilu en aquel momento, Martin Leeds, pensó que yo estaba intentando quebrar nuestra empresa. En aquella época, no te gastabas doscientos mil dólares por una hora, eso era muchísimo dinero; y por dos horas de *Los intocables* sobre Capone, iba a gastarme cerca de medio millón de dólares, más del doble del presupuesto para las dos horas.

Después de haber ido al instituto y haber sido tan buen amigo de Sonny Capone, sabía muy bien, aunque hacía muchos años que no veía ni sabía nada de Sonny, que iba a recibir una llamada suya.

Le dije a mi secretario, Johnny Aitchison:

—Vas a recibir una llamada de Sonny Capone. Quiero hablar con él.

El día que salió la noticia en los periódicos de que habíamos comprado el libro e íbamos a hacer dos horas para el *Desilu Playhouse* sobre Capone, recibí una llamada de Sonny.

—¿Por qué tú? ¿Por qué *tú* tuviste que hacerlo? —preguntó.

¿Por qué tuve que hacerlo? Desilu estaba a punto de convertirse en una empresa pública el 3 de diciembre de 1958, lo que significaba que tenía que pensar en la mejor manera de servir a nuestros accionistas. Era un libro que sabía que alguien iba a hacer. Tenían que ser dos horas estupendas, con la posibilidad de convertirse en una serie extraordinaria. También lo estábamos produciendo y filmando, para que, un año después de la exposición televisiva, pudiéramos juntar las dos horas y lanzarlas como *The Scarface Mob* (La mafia de Caracortada) en los cines de todo el mundo.

—Sonny, si no lo hago yo —le dije— lo hará otro, y quizá sea mejor que lo haga yo.

No tratamos a Capone con demasiada rudeza. Hubo ciertas cosas que omitimos por completo. Una era la historia de la cena en la que Capone supuestamente mató a alguien con un bate de béisbol. Nunca lo mostramos en *Los intocables*.

Pero no pude ni empezar a convencer a Sonny. No me habló durante cinco o seis años después de aquello. Él y su familia incluso iniciaron una demanda contra Desilu Productions y Desi Arnaz, personalmente, que perdieron.

Mi primera opción para interpretar a Eliot Ness fue Van Heflin, que lo rechazó. Mi segunda opción era Van Johnson, quizá por razones sentimentales. Para interpretar el papel de Eliot Ness no quería el tipo obvio de policía. Yo quería más un tipo como Alan Ladd.

Van no estaba haciendo absolutamente nada en ese momento y estaba súper feliz que le dieran el trabajo.

Yo estaba en Palm Springs un sábado por la noche. Ken Morgan estaba conmigo cuando recibí una llamada de Evie Johnson. Había estado casada con Keenan Wynn y ahora lo estaba con Van.

Van iba a cobrar diez mil dólares, un buen precio para la televisión incluso en el mercado actual, pero Evie, que se ocupaba de toda su carrera en aquel momento, dijo:

—Tengo entendido que vas a emitir una hora una semana y otra la siguiente, así que Van debería cobrar veinte mil dólares.

Debíamos empezar a rodar el lunes por la mañana. Era sábado por la noche, y la primera escena que íbamos a rodar el lunes por la mañana era en la que Eliot Ness cogía un camión, irrumpía en una fábrica de cerveza con sus hombres y procedía a destrozarla. Teníamos cinco cámaras y cinco equipos preparados, además de electricistas, extras, etc., unas ciento cincuenta personas del sindicato, y no se puede cancelar una jornada de filmación en fin de semana.

Evie lo sabía, por eso me apuntaba por la espalda.

—O le das veinte mil dólares —dijo—, o no estará allí el lunes por la mañana.

Una movida equivocada conmigo. De ninguna manera voy a aceptar el chantaje.

—Evie —le dije—, sabes lo que puedes hacer con Van, ¿verdad?

—¿Qué vas a hacer el lunes por la mañana? —preguntó.

—Ese problema es mío, ¿no? Adiós.

Llamé a Argyle Nelson, nuestro vicepresidente encargado de la producción, y le conté lo que había pasado.

—Estás mal de la cabeza —dijo—. Págale los veinte mil dólares. Te va a costar ciento cincuenta mil dólares si no filmas el lunes.

—Puede que sí, Argy, pero no voy a besarle el trasero a esta señora.

Entonces empecé a buscar en *El directorio de la Academia*, un libro con nombres y fotos de todos los actores. Tras tomar muchas notas, eliminar a algunos, considerar a otros, finalmente me decidí por Bob Stack. Hasta ese momento, se lo conocía sobre todo como el tipo que besó por primera vez a Deanna Durbin. Pero sabía que tenía el aspecto y la calidad que yo buscaba, el tipo de calidad de Alan Ladd y la misma interpretación uniforme.

No conocía muy bien a Bob. Yo no me relacionaba socialmente con el grupo que él y su mujer frecuentaban. Empecé a tratar de localizarlo por teléfono. A las dos de la mañana, ya era domingo, lo encontré en Chasen's y le hablé de la serie de dos capítulos que estábamos haciendo para la *Westinghouse Desilu Playhouse*.

También le dije:

—Van Heflin fue mi primera opción para interpretar a Ness, pero lo rechazó. Entonces Van Johnson, que lo tenía todo preparado, ahora está fuera. Te lo digo porque los periódicos, sobre todo los del negocio, pueden crear ruido con que seas una tercera opción, pero no dejes que eso te haga rechazarlo, porque creo que puede ser el mejor *Desilu Playhouse*. Por las dos horas recibirás diez mil dólares, y si se convierte en serie, siete mil quinientos dólares por episodio, más el quince por ciento de los beneficios, que te daré en acciones de Desilu.

Bob no necesitaba realmente el dinero. Procede de una familia muy rica. Escuchó todo esto, probablemente pensando: «¿Por qué demonios me llama este tipo a Chasen's a las dos de la mañana con este trato?».

—Hazme un favor y vete a casa ahora —le dije—. Cuando llegues, te estarán esperando los guiones de las dos horas; léelos y llámame a este número. Estaré despierto hasta que tenga noticias tuyas.

Volvió a llamar unas dos horas y media o tres después y dijo:

—He leído los dos. Son geniales. ¿Cuándo piensas empezar a rodarla?

—Mañana por la mañana.

—*¿Mañana por la mañana?*

—Mañana a las nueve de la mañana.

—Estás bromeando.

—Espera un momento. Te gustan los programas, ¿verdad?

—Sí, me gustan.

—¿Aceptas mi palabra sobre los acuerdos financieros?

—Sí, te tomo la palabra.

No teníamos tiempo para abogados ni contratos ni nada.

—Gracias —le dije—. Ahora vuelve a la cama. Esta noche, a las seis, haré que el encargado de vestuario vaya a tu casa para que te lo ajuste todo a tu gusto, y mañana, lunes, preséntate en el departamento de maquillaje de Desilu Culver a las ocho de la mañana. —Lo cual hizo sin firmar contrato ni nada.

Debido a nuestra larga asociación, yo seguía informando a Paley de los nuevos programas que Desilu presentaba como series para la cadena en otoño. Este año en particular, le dije que teníamos *The Texan* con Rory Calhoun, *The Ann Sothern Show* y *Los intocables.*

—*The Ann Sothern Show* y *The Texan* suenan como algo que podemos utilizar, pero tendré que dejar pasar *Los intocables.*

—Creo que cometes un error, jefe. Creo que *Los intocables* puede resultar la mejor de las tres. Haremos dos horas de esa propiedad en el *Westinghouse Desilu Playhouse* en tu cadena.

—Sí —dijo— ¿pero qué demonios vas a hacer después de acabar con Capone?

—¿No sabes cuántos malhechores hay en este país? Podemos estar eternamente contando las historias de todos los gánsteres.

—Bueno, Chico, hay otro problema. Paramount nos está haciendo un piloto sobre gánsteres.

El señor Paley tenía una política. Si Desilu estuviera haciendo un programa sobre gansterismo u otro tema para CBS, no trataría con otro productor independiente sobre ese mismo tipo de programa. Su política nos había beneficiado antes.

—No sabía que Paramount estuviera haciendo un piloto así —dije— y es una pena, porque creo que el nuestro va a ser muchísimo mejor que el suyo.

—Bueno, tengo que pasar —dijo el señor Paley.

La primera *Westinghouse Desilu Playhouse,* «Lucy Goes to Mexico» con Maurice Chevalier, se emitió en CBS el 13 de octubre de 1958.

La semana siguiente comencé mis tareas como anfitrión de nuestros otros *Playhouse* presentando a Pier Angeli en *Bernadette,* basado en el libro de Margaret Blanton. Ese programa obtuvo grandes índices de audiencia y un maravilloso éxito de crítica.

Cuando se emitió la primera hora sobre Capone, recibí una llamada de ABC, que me preguntó:

—¿Qué tal el programa de la semana que viene?

—El programa de la semana que viene es mejor que el de esta semana y superará los índices de audiencia de la primera hora. —Y así fue.

A la mañana siguiente de la segunda hora, ABC volvió a llamar y teníamos un trato para la serie *Intocables,* treinta y dos horas garantizadas, algo inaudito en aquella época.

Algunos afirman que esos maravillosos carros antiguos de los años veinte fueron las grandes estrellas del programa, pero no debemos olvidar que Quinn Martin, a quien habíamos ascendido de cortador de sonido a productor, y Phil Carlson, que dirigió el episodio doble, hicieron un trabajo de maravilla. El reparto (Neville Brand como Capone, Bruce Gordon como Frank Nitti, Bill Williams, Jerry Paris, Paul Picerni, Nick Georgiadi y Abel Fernández como el grupo de Intocables de Eliot, Pat Crowley como la mujer de Eliot y Barbara Nichols como la *stripper*) era estupendo y continuaría con sus papeles en la serie. El único que no conseguimos que se quedara en la serie fue Keenan Wynn. Así que lo matamos en la segunda hora.

Me costó mucho conseguir que ABC *y* Lucy aceptaran a Winchell como narrador. Walter estaba implicado en una demanda multimillonaria contra ABC y Lucy nunca le había perdonado el artículo «a ciegas» que le revolvió todo el lamentable incidente comunista. Pero yo tenía el control creativo y estaba seguro de que la narración de Walter aportaría una autenticidad que era sumamente importante para el programa.

—Mira, cariño —le dije a Lucy—, esto son negocios, así que deja que lo pasado, pasado esté. —Y ABC no podía decirme cómo, quién ni por qué.

*Los intocables* pronto se situó entre las cinco mejores series, y se convirtió en el programa dramático de mayor éxito que Desilu haya desarrollado, producido y rodado para televisión. *The Scarface Mob* obtuvo tremenda ganancia cuando se estrenó en los cines de todo el mundo.

Bob Stack acabó ganando $750 000, plusvalía, con su trato y también recibió un premio Emmy. Se merecía las dos cosas. Trabajaba mucho, era el mejor trabajador que teníamos, y *Los intocables* no era un espectáculo fácil de hacer.

Bert Granet volvió de Europa después de que la hubiéramos vendido como serie, e hizo un buen trabajo en el resto de nuestros episodios de *Playhouse*. Y Martin Leeds se calló por un rato.

Volví a Pittsburgh en marzo del año siguiente. El señor Cresap estaba en el aeropuerto y, cuando bajé por la rampa, me saludó diciendo: «Dimos el baile».

*Los intocables* se sigue emitiendo en televisión en este año de 1975, como programa sindicado diario. Don Freeman, editor de radio y televisión del *San Diego Union,* escribió: «La mejor fuente para detectar a desconocidos que más tarde alcanzaron una reputación considerable son las repeticiones de *Los intocables* en la que Eliot Ness acechaba a los mafiosos en el Chicago de la época de la Prohibición».

La serie se emitió originalmente de 1959 a 1963, con la chispeante voz de Walter Winchell como narrador. Puedes ver en papeles de villano a actores como Peter Falk de *Columbo,* Mike Connors de *Mannix,* Jack Klugman de *The Odd Couple* y Telly Savalas, ahora el inigualable *Kojak,* gruñendo al más puro estilo rufián. Interpretando a gánsteres o a agentes del Gobierno están personajes como Lee Marvin, Robert Redford, Charles Bronson, Cliff Robertson, Ricardo Montalbán y Frank Gorshin.

De hecho, ahora se ha convertido en un juego para los seguidores avispados de *Los intocables* identificar caras conocidas que entonces aparecían en algún lugar del reparto secundario.

# 41

UN AÑO DESPUÉS, LEONARD GOLDENSON, PRESIdente de ABC, y sus dos principales ejecutivos, Tom Moore y Jim Aubrey, vinieron a nuestra casa de Beverly Hills. Les mostramos *The Fountain of Youth* (La fuente de la juventud) que Orson Welles había hecho con Desilu unos años antes, pero que no se había vendido como serie.

—Es una pena que esto no se haya vendido —les dije—. Me pareció un formato estupendo. Puedes contar una historia de hora y media en media hora.

Cuando llegué a un acuerdo con Orson para el piloto, intentaba desarrollar una serie antológica que incluyera *The Fountain of Youth* (sobre Ponce de León descubriendo la eterna juventud) y el tipo de relatos que hicieron famoso a Edgar Allan Poe, como «The Pit and the Pendulum» (El pozo y el péndulo).

La mayoría de las antologías televisivas abrían con el presentador sentado en su biblioteca y cogiendo un libro de la estantería. Todos parecían usar el mismo tipo de configuración. Hitchcock hizo su presentación de forma diferente y mejor que nadie, pero eso fue unos años más tarde.

Le hablé a Orson de esto y de cómo me gustaría usar el rol de anfitrión.

—Si pudiéramos conseguir el efecto de que tú, como presentador, estuvieras delante del televisor en el salón del espectador, contándole lo que está pasando o a punto de pasar detrás de ti, sería mucho más íntimo y no tendrías que estar todo el tiempo en el mismo set. ¿Qué te parece?

Orson es uno de los hombres más brillantes que he conocido en nuestro negocio, y me alegré mucho cuando dijo:

—Eso es genial y estoy seguro de que podemos hacerlo. —Luego dijo—: ¿A quién tienes en tu departamento de arte?

—Claudio Guzmán es un joven chileno muy listo —respondí—, y prueba de todo.

Claudio se convirtió más tarde en uno de nuestros mejores directores.

Usábamos fotos fijas y «marcos de sujeción», y muchas de las cosas que hoy les parecen tan nuevas. Si queríamos mostrar a un muchacho haciendo una jugada exitosa por una muchacha, utilizábamos cuatro imágenes fijas: él mirando, ella mirando, él guiñando, ella guiñando, mantener encuadre. Era casi una técnica de cómic y no se había usado en televisión.

Hubbell Robinson era entonces jefe de programación de CBS en Nueva York. Vio el episodio piloto y me llamó.

—Es el mejor piloto que he visto nunca. Es la única innovación que he visto en televisión en años. Dile a Orson que es brillante…

Conocía a Hubbell lo suficiente como para saber que tenía que haber un «pero». Así que escuché todas las cosas bonitas y agradables que decía esperándolo.

Por fin llegó:

—*Pero*… ¿lo entenderá el espectador medio?

—Lo has entendido tú, ¿verdad, Hubbell?

Tras una larga pausa, dijo:

—¿Eso se suponía que era un chiste desagradable?

—No, no es un chiste desagradable. ¿Quién eres tú para ser tan diferente del público estadounidense medio? ¿Quién soy yo? ¿El heredero del trono español? ¿Por qué no lo entendería el espectador medio?

El programa obtuvo un horario en CBS. General Foods quería comprarlo, pero entonces empezaron a tener problemas con Orson sobre si iba a hacer treinta y ocho semanas, treinta semanas o qué. Es difícil lograr un compromiso firme con Orson. Todo el mundo se asustó y el programa nunca llegó a emitirse como serie.

Cuando los directivos de ABC nos habían visitado en nuestra casa de Beverly Hills, Lucy les había ofrecido una cena encantadora, tras la cual vieron el piloto. Unos meses más tarde, leí que ABC había fichado a Orson Welles para desarrollar un proyecto para ellos, y que Orson iba a hacerlo en Italia. ABC ni siquiera tuvo la cortesía de llamarme. Desilu había quedado fuera de este nuevo acuerdo.

Llamé a Jim Aubrey.

—Espero que vayas a perder un dineral con Orson. De hecho, sé que lo harás, porque a él no le importa cuánto dinero del «establecimiento» se gasta.

Antes de firmar nuestro acuerdo con él para *The Fountain of Youth,* le dije: «Orson, sé que eres en parte responsable de la quiebra de los Estudios RKO. Fuiste a Brasil a hacer una película, rodaste casi 305 000 metros de película y nunca hiciste la película, y te importó un bledo. Pero yo no soy RKO. Este es mi dinero "Babalú", así que no me jodas».

Nunca tuve ningún problema con Orson y, como dijo Hubbell, hizo un trabajo brillante.

Algún tiempo después de haber hablado con Aubrey, se suponía que nos reuniríamos en Hollywood para tratar un problema de los *Intocables* con la Liga Italiana o algo así. En lugar de eso, me llamó y me dijo:

—No podré asistir a nuestra reunión.

—¿Oh? Bueno, está bien —dije—. ¿Qué ocurre?

—Tengo que ir a Italia.

—Tienes que ir a Italia, ¿eh? —Y me eché a reír—. Me preguntaba cuánto tardarías en tener que ir a Italia.

Sabía que Orson llevaba más de tres meses en Italia, rodando para el proyecto de ABC.

—Eres terrible, maldito cubano. Sabes por qué me voy a Italia, ¿verdad?

—Por supuesto, señor Aubrey. ¿Cuánto se ha gastado ya Orson?

—Más de doscientos mil dólares y aún no hemos visto ni un puñetero metro de película.

—Te lo mereces.

Jim se fue a Italia. Unas tres semanas después volvió y nos reunimos.

—¿Qué pasó en Italia? —le pregunté.

—¿Te lo puedes creer? —dijo Jim—. Ni siquiera quería verme.

*The Fountain of Youth* se presentó en el Colgate Theatre como uno de nuestros cuatro pilotos no vendidos para una exposición única y ganó el Premio Peabody. Fue el único piloto no vendido en ganar el premio más codiciado de la televisión en ese momento.

*Mr. Tutt,* otro piloto que no pudimos vender, también se pasó en Colgate. Se basaba en las historias de Arthur Train en el *Saturday Evening Post* y estaba protagonizada por Walter Brennan. La razón que me dieron los cerebros de Avenida Madison para no comprar el programa fue: «¿Quién quiere ver un programa sobre abogados?».

El tercero de ese grupo, *The Country Doctor* (El médico rural), estaba protagonizado por Charles Coburn. Los cerebros me dieron la misma razón que la que me dieron para *Mr. Tutt,* salvo que esta vez eligieron otra profesión: «¿Quién quiere ver un espectáculo sobre médicos?».

Las diferentes razones por las que no se vendieron algunos de estos pilotos no estarían completas sin la razón que nos dieron sobre *The Wildcatters,* protagonizada por Charles Bronson.

Estoy seguro de que casi todo el mundo sabe que Charlie es ahora uno de los tres o cuatro mejores actores principales del mundo, el único que conozco al que le han ofrecido dos millones de dólares por hacer una película.

Los cerebros rechazaron *The Wildcatters* ¡porque Charlie Bronson no era lo bastante guapo para ser el protagonista!

Hubo otros pilotos que no vendimos porque simplemente no eran buenos. Uno de ellos era tan malo que, después de pasar el montaje inicial, mi montador, Bud Molin, me preguntó:

—¿No tienes ninguna nota para mí?

—Sí, solo hay una —le dije—: quémalo.

No había dejado que esos fracasos me desanimaran. El hecho de que mi juicio hubiera estado equivocado al seleccionar el material o la ejecución del material o el *casting* o cualquier otra cosa que hubiera contribuido a que no salieran como yo pensaba, era algo que había aprendido a aceptar. Forma parte del juego. Pero cuando lográbamos ciertos productos y los considerábamos de los mejores, y no se vendían, no porque Avenida Madison nos dijera que no eran buenos, sino por algunas razones idiotas, entonces era muy frustrante.

En 1950, y durante los años siguientes, la televisión todavía estaba gateando, era una nueva forma de entretenimiento, y, por supuesto, teníamos nuestros problemas, pero también teníamos la maravillosa oportunidad de innovar, de probar nuevos enfoques y diferentes tipos de programas. Nadie pensaba que tuviera todas las respuestas.

No había partitura escrita; todos tocábamos de oído. Pero ahora «ellos» (los «cerebros») conocían todas las respuestas, o pensaban que las conocían. «Llenos de opiniones y vacíos de conocimiento», dijo Pascal hablando de algunas personas en el poder. La originalidad les daba mucho miedo y nadie ha triunfado nunca en el mundo del espectáculo por no ser original.

Después de *Yo amo a Lucy* salieron docenas de comedias de situación. Después de *Dragnet,* todos querían programas policiales. Después de la *Texaco Hour* de Uncle Miltie y los *Talent Scouts* de Arthur Godfrey, programas de variedades; y después de *Playhouse 90,* antologías dramáticas.

Pero aún peor que la situación de los pilotos, la economía del negocio de la televisión empezó a ponerse ridículamente mal. Culpo de ello directamente a todos los grandes estudios cinematográficos. Cuando por fin se decidieron a entrar en la televisión, vendían una serie por mucho menos de lo que sabían que les costaría, con tal de venderla.

Sus informes anuales de accionistas tendrían mejor aspecto si podían decir que tenían dos o tres series en televisión. Las pérdidas que sufría su empresa por ello se cubrían fácilmente manipulando los libros. Podrían cobrar más por una película y menos por una serie de televisión. Podían declarar un beneficio menor en la venta de sus viejas películas, su filmoteca, en la que no tenían que pagar residuales, y usar ese dinero para cubrir parte de las pérdidas de sus series de televisión.

Nosotros no podíamos hacer eso. No teníamos películas en reserva. Sabía que estábamos librando una batalla perdida cuando un piloto que vendíamos como serie tenía que tener éxito durante al menos tres años antes de que pudiéramos conseguir un acuerdo de sindicación decente, y entonces, tal vez, podríamos llegar a equilibrar costos y ganancias. ¿Por qué hacer todo ese trabajo, correr todos esos riesgos y tener todo ese dinero inmovilizado durante tres, cuatro o cinco años, solo con la esperanza de cubrir gastos? Apenas cubríamos gastos antes de hacer el piloto.

A los grandes estudios no les importaba. Perdían el trasero, pero eso mantenía el precio de sus acciones en el mercado con una cifra decente, que era su principal preocupación. Lo hicieron durante bastante tiempo, hasta que empezaron a agotar su reserva de películas y no tuvieron espacio para manipular. Cuando eso pasó, la mayoría de esas empresas quebraron y sus acciones no valían ni el papel en el que estaban impresas. Los grandes ayudaron a mantener el precio de mercado, y los funcionarios y directores sabían lo que hacían y cuándo escapar. No conozco a ninguno que haya perdido un centavo. Tenían el control para asegurar su propio futuro, y les importaba un bledo el tipo pequeño, el pequeño accionista.

En julio de 1959, como presidente de Desilu, en mi informe anual, anuncié el bruto de nuestro año fiscal que acababa de terminar, $20 400 000, a diferencia de un valor bruto de $4 600 000 en 1954. No obstante, la empresa había obtenido una ganancia de solo $250 000 en el año. Es decir, aproximadamente el 1,25 % del bruto. Podríamos haber ganado más si hubiéramos depositado nuestro dinero en una cuenta de ahorros. Y a veces la gente se pregunta por qué me harté de todo este negocio.

Quería vender. En ese momento quería vender más que nunca. Y podríamos haber vendido. MGM nos hizo una buena oferta. Clint Murchison, uno de los hombres más ricos del mundo, nos hizo una aún mejor. Quería crear algo así como la General Motors de la televisión. Esos muchachos de Texas piensan a lo grande. La razón por la que nos hicieron las ofertas fue porque sabían que nuestro valor contable era un valor contable verdadero y nuestro informe de pérdidas y ganancias era un informe verdadero. Nuestro valor contable estaba respaldado por efectivo, bienes inmuebles, cientos de miles de dólares de los mejores y más nuevos equipos, muchos otros activos físicos sólidos y una biblioteca de películas de televisión realmente buena para el futuro. No se trataba de un valor al que se llegaba por ingresos falsos o posibles o por supuestos créditos que nunca se recibirían.

Nuestro valor contable era incluso mejor de lo que indicaba entonces el precio de nuestras acciones. Si hubiéramos vendido a catorce o quince, que es lo que podríamos haber conseguido, todos los que hubieran querido salir habrían salido bien parados. La mayoría de nuestros accionistas habían comprado a diez, el precio al que nuestras acciones salieron al mercado. Pero, de nuevo, siento decirlo, mi socia no quería vender.

Tal vez su actitud habría sido diferente si nuestras vidas personales hubieran sido distintas. Cuando ahora recuerdo nuestro matrimonio y me pregunto qué fue lo que falló, pienso que uno de los problemas fue que ambos trabajábamos demasiado y estábamos juntos demasiado tiempo, todo el día y toda la noche. Las pequeñas discusiones se convirtieron en grandes discusiones. Realmente no había oportunidad de estar lejos el uno del otro y dejar que las cosas se calmaran. Fue realmente irónico. Durante los diez primeros años de nuestra vida matrimonial, los dos trabajamos como locos tratando de resolver el problema de estar demasiado alejados.

Yo seguía muy enamorado de Lucy y sentía que ella estaba enamorada de mí. Pero de una forma un poco diferente. Se había enamorado de mí tal como era, por lo que yo era, por lo bueno que hubiera en mí o por lo malo, por lo que fuera, y me aceptaba así. La combinación de lo bueno y lo malo, la fuerza y la debilidad. Pero para entonces, debido al protagonismo que habíamos alcanzado al estar siempre delante del público, ella quería que yo fuera un poco mejor, que no mostrara ningún defecto. No creo que un hombre pueda cambiar tan tarde en la vida.

Desde muy joven siempre he trabajado duro en todo lo que he tenido que hacer. Las horas y la energía necesarias para hacer un buen trabajo, fuera cual fuera ese trabajo, no significaban absolutamente nada para mí, y también he jugado duro a lo que fuera, haciendo caso omiso de lo que la gente pensara o dijera.

Es cierto que esto es mucho más fácil de hacer cuando no te conoce todo el mundo. Pero cuando llegué a ser conocido, seguía sin importarme lo que la gente pensara o dijera. Lo único que nunca he podido hacer es trabajar y jugar al mismo tiempo y con moderación, signifique eso lo que signifique. Pero supongo que tengo mucha compañía: Alcohólicos Anónimos para los bebedores, Weight Watchers para los gordos, Cigarrillos Anónimos para los fumadores. Y teniendo en cuenta toda la acción, puede que Sexo Anónimos sea el siguiente. Si todas esas organizaciones tienen éxito, podríamos convertirnos en un grupo bastante aburrido de vírgenes flacos, sobrios y que se chupan el dedo. Supongo que, si hubiera aprendido el significado de la moderación y hubiera sido capaz de practicarla, el monstruo de Desilu que habíamos creado y nuestro matrimonio no habrían sido tan difíciles de sobrellevar.

Como productora de programas de televisión, Desilu tenía dos grandes problemas. Uno: hacíamos demasiados. Dos: no había suficientes horas en el día. Para la calidad, y eso era lo único que me interesaba vender, necesitábamos tiempo y gente a la que le importara lo suficiente como para usarlo bien. A mí me importaba lo suficiente, pero no me alcanzaba el tiempo. Creo que se puede decir lo mismo de toda la televisión estadounidense. Hay demasiadas cosas y no hay tiempo suficiente para hacerlas.

Siempre había sido un bebedor. Lucy lo sabía. La primera noche que salimos después de aquel ensayo de *Demasiadas muchachas* en RKO, nos emborrachamos los dos y nos lo pasamos en grande. Pero ahora, lo resentía. Como presidente de tres estudios y toda esa mierda, debía ser más distinguido.

Una noche nos invitaron a una fiesta en casa de Dean Martin. Iba a ser una gran fiesta de Hollywood con carpa, espectáculo y orquesta, y era de etiqueta, por supuesto. Había trabajado duro y rápido todo el día para llegar pronto a casa y no tener que ir al estudio al día siguiente. Me di una ducha, me afeité y me puse el esmoquin. Lucy estaba preciosa con un vestido de noche nuevo. Mientras subíamos a nuestra limusina con chófer, le dije:

—Lucy, pareces una muñeca. Voy a tener la cita más guapa de la fiesta.

Se volvió hacia mí y me dijo:

—¿Volveremos a ser los últimos en irnos de la fiesta?

Bueno, eso fue como un aguacero que arruinó esa noche.

—Por el amor de Dios, Lucy, ni siquiera hemos salido aún de la dichosa entrada y ya te estás preocupando por si vamos a ser los últimos en irnos de la fiesta. Tengo que ser el último en abandonar la fiesta. No hay forma de que falle. Sabes, en Cuba, cuando hacemos una fiesta y no termina con todo el mundo desayunando a la mañana siguiente, la consideramos una pésima fiesta. Y ahora, si me divierto y quiero quedarme un poco más que los demás, me consideras un «patán».

Cuanto más frustrante y poco práctico se volvía todo este asunto, más difícil se volvía mi trabajo. Cuanto más se deterioraba nuestra vida amorosa, cuanto más nos peleábamos, menos sexo teníamos. Cuanto más infelices éramos, más trabajaba y más bebía.

El problema es que la bebida hace más fuertes todas tus presiones y todas tus necesidades. En ese momento, hacía casi un año que no dormía en el cuarto principal. Dormía en una cama que tenía en mi camerino. Así que empecé a cubrir mis necesidades en otra parte. Y ella también.

El círculo vicioso continuó. Cuanto más nos peleábamos, menos intimidad teníamos, más buscábamos a otros, más celos, más separaciones, más bebida, lo que llevaba de nuevo a más peleas, menos sexo y más buscar a otros, etc., etc., etc. El ciclo se completó pronto. Si a esto añadimos el esfuerzo hercúleo que teníamos que hacer para mantener la dicha imaginaria de Lucy y Ricky, nuestras vidas se convirtieron en una pesadilla.

---

# 42

JUSTO DESPUÉS DE LA JUNTA DE ACCIONISTAS DE JULIO, fui a Miami. Quería hablar con mi padre. Al llegar a casa de papá, en Coral Gables, me llevé una bonita sorpresa al ver a Alfonso Menencier, nuestro viejo amigo conguero de Santiago, que ya se iba.

Después de saludarlo con cariño, le pregunté:

—¿Cómo te va aquí?

El señor Menencier respondió:

—Es un país precioso, pero antes de venir a Florida, la única vez que me daba cuenta de que era negro era cuando me bañaba.

—No lo olvides —le dijo mi padre—, te esperamos para cenar esta noche. —Entonces nos sentamos mi padre y yo tranquilos en su estudio y le expliqué todo lo que estaba pasando.

—Ay, Dios, creía que todo te iba de maravilla —me dijo, triste—. ¿Por qué no has dicho nada?

—No quería preocuparte. Pensé que tal vez podría manejar las cosas por mí mismo, pero, por desgracia, he llegado a un punto en que no sé qué demonios hacer.

—¿Recuerdas lo que siempre te he dicho, cuando no estás seguro?

—Lo sé, leí tu carta antes de volar hasta acá.

—¿La has guardado todo este tiempo? —preguntó.

—Ahora está colgada en el despacho del presidente de Desilu Gower, con el cristal roto y todo.

—¿Por qué no lo has arreglado?

—Quería conservarlo tal y como lo encontró Bombalé.

Esta es la carta, en su totalidad.

*marzo de 1933*

*Querido Desi:*

*Bueno, socio, ahora tienes dieciséis años, y en mi opinión eso significa que ya no eres un niño; eres un hombre.*

*Te sacarás el carné de conducir y conducirás tu propio coche. Una nota de advertencia sobre la conducción, en particular sobre la conducción en el camino que tienes ante ti, el que todos tenemos que recorrer: el camino de la vida.*

*Es muy parecido al camino de Santiago a El Cobre. Hay tramos que son tan suaves y hermosos que te dejan sin aliento, y luego hay otros que son tan feos y dificultosos que desearías no haberte subido nunca a la maldita cosa, y te preguntas si alguna vez lo conseguirás.*

*En algún momento del camino, te encontrarás en un punto especialmente malo que plantea un problema muy difícil, y puede que no sepas exactamente qué hacer. Cuando eso ocurra, te aconsejo que no hagas nada. Examina primero la situación. Dale la vuelta y ponla de lado tantas veces como haga falta. Pero, entonces, cuando por fin te hayas decidido, no dejes que nada ni nadie te detenga. Si hay una montaña en tu camino, atraviésala.*

*A veces lo conseguirás; otras, no. Pero, si eres honesto y concienzudo en tu decisión, aprenderás algo de cualquier manera. Debemos aprender tanto de nuestros errores como de nuestros éxitos.*

*Y cuando te ocurra un menos, intenta convertirlo en un más. Te sorprenderá cuántas veces funcionará. Utiliza un contratiempo como trampolín hacia tiempos mejores.*

*Y no tengas miedo de cometer errores; todos los cometemos. Nadie batea quinientos. Aunque lo hicieras, eso significa que te equivocaste la mitad de las veces. Pero no te preocupes. No te avergüences de ello. Porque así son las cosas. Así es la vida.*

*Recuerda que las cosas buenas no son fáciles, y que tendrás tu parte de aflicción: el camino está lleno de baches. Pero lo conseguirás, si cuando fracases lo intentas y lo vuelves a intentar. Persevera. Sigue bateando. Y no olvides que el Hombre de arriba siempre está ahí, y todos necesitamos Su ayuda. Y por muy indigno que te creas, no tengas miedo de pedírsela.*

*Buena suerte, hijo.*

*Cariños,*
*Papá*

Le envié esta misma carta casi palabra por palabra a mi hijo en su decimosexto cumpleaños. Y la tiene enmarcada y colgada en su cuarto.

—¿Y qué va a pasar con los niños? —preguntó papá.

—Sí, ese es el problema. ¿Y los niños? Los quiero más que a nada en el mundo. No hay nada que no haría por su felicidad. Lucie cumplió ocho años el pasado julio. Desi cumplirá siete años en enero. Y entienden muy bien lo que está pasando. Por lo tanto, no creo que esto les haga ningún bien tampoco. Pero Lucy y yo no podemos seguir viviendo juntos de esta manera, arruinando nuestras vidas solo para acumular más y más de esos valores que algunas personas consideran tan importantes: fama, poder y dinero.

—Una cosa es segura —dijo papá—: la fama, el poder y el dinero nunca curarán una vida amorosa lisiada.

—Está lisiada, sin duda. Hace casi un año que no dormimos juntos.

—Siento oír todo esto, sobre todo, por supuesto, acerca de tu vida privada. Y me sorprende mucho oírte decir que no te gusta tu negocio. Creía que te gustaba lo que haces.

—Yo también lo siento, papá, y no es que no me guste el negocio. Simplemente no me gusta la dirección que ha tomado el negocio y mi papel en él. Ha dejado de ser divertido. Las cosas que me gustaban, las cosas que hacía mejor, encontrar una idea para un nuevo programa, trabajar con los guionistas, producir y dirigir, las cosas que me llevaron a donde estoy, son las cosas que ya no puedo hacer, ahora que estoy allí.

—Eso suena a palabras ambiguas —dijo papá.

—No son palabras ambiguas. Al principio, conocer todas las facetas del negocio no fue fácil. Era un reto, pero prosperaba con las largas horas que dedicaba a superar ese reto, y cuando empezamos a crecer, fue muy gratificante. Traté de crecer hasta cierto punto y no más, pero las circunstancias lo impidieron. Ahora somos la mayor empresa de televisión del mundo y odio cada maldito minuto que tengo que pasar tratando de mantener ese nivel. Era más feliz limpiando jaulas de pájaros y persiguiendo ratas.

—Bueno, al menos tienes la mitad de tus problemas resueltos —dijo papá.

—¿Qué quieres decir con eso?

—Sabes lo que te hace infeliz: odias tu negocio y tu vida familiar es miserable. Leí en algún sitio que «no hay mayor deleite que estar consciente de la sinceridad y el autoexamen». ¿Qué te gustaría poder hacer realmente? —me preguntó.

—Me gustaría poder comprar un camión lleno de mierda si me apetece, sin preocuparme de lo que Lucy y avenida Madison vayan a decir al respecto.

Al menos eso le sacó una gran carcajada a papá antes de decir:

—Será mejor que te pierdas de la escena pública antes de que vayas por ahí comprando demasiados camiones llenos de mierda.

Le conté una historia sobre un mexicano con el que voy a pescar a Baja. Le decía a Argyle Nelson, nuestro jefe de Producción: «Argy, voy a estar fuera dos semanas. Me voy a perder. Solo quiero que me llames si les pasa algo a Lucy, a mis hijos, a mi madre o a mi padre. Así que, si se queman los tres estudios, no me llames a mí, llama a la compañía de seguros».

Me iba hasta allá, alquilaba un bote y me iba a pescar con este mexicano siempre que podía robarme un par de semanas, que no era muy a menudo. Llenábamos el barco de cebo, comida y bebida, y dondequiera que estuviéramos al final del día, nos quedábamos, ya fuera un pueblo o simplemente una playa vacía. Durante dos semanas pescábamos, comíamos y bebíamos, y si encontrábamos un par de muchachas dispuestas, follábamos, borrando todo lo demás de mi mente. Por supuesto, al final las dos semanas se acababan y tenía que volver al trabajo.

La primera vez que ocurrió, el mexicano dijo:

—¿Por qué tienes que volver?

—Tengo que volver al trabajo.

—¿Por qué? —me preguntó.

—¿Cómo que por qué? Tengo que volver al trabajo. Por eso.

—¿No te lo pasaste bien aquí?

—Claro que me lo he pasado bien aquí. Ya lo sabes. Nos lo pasamos en grande.

—Entonces, ¿por qué tienes que volver?

—Mexicano tonto y estúpido, ¿no entiendes que tengo que volver al trabajo?

—¿Por qué?

—Tengo que volver a trabajar para ganar el dinero suficiente para que el año que viene, o en cuanto pueda, pueda venir aquí otra vez y pasar otras dos semanas contigo.

—Yo siempre estoy aquí —me dijo.

—Sabes, papá, creo que ese mexicano tenía razón.

—Bueno, no estaba muy equivocado. Pero, por desgracia, no todos podemos hacerlo.

—Lo sé, pero tiene algo de razón La mayoría de nosotros nos rompemos la cabeza la mayor parte del año solo para poder disfrutar un par de semanas de vez en cuando.

—No serías feliz estando allí todo el tiempo —dijo mi padre.

—No lo creas.

—¿Qué te gustaría hacer realmente si pudieras? Digo, después de que compraras el camión lleno de mierda.

—Bueno, ahora mismo no puedo hacer mucho. Lucy y yo tenemos que seguir trabajando juntos, al menos hasta que cumplamos nuestra obligación con Westinghouse. Después de eso, me gustaría deshacerme de todos los estudios y, a partir de entonces, concentrarme sólo en un proyecto a la vez, ya sea un programa de televisión, una obra de teatro, una película o lo que sea. Y me gustaría mucho tener una vida hogareña feliz.

—¿Recuerdas lo que te dije? —me preguntó—. No hagas nada hasta que estés seguro de lo que quieres hacer.

—Lo sé, y cuando decida hacerlo, atravesaré la montaña.

—Correcto. El único problema contigo es que tiendes a atravesar demasiadas montañas al mismo tiempo.

—Tienes razón, papá.

Regresé a California. En algún momento de noviembre de aquel año, 1959, Lucy acababa de salir de mi despacho tras otra maldita discusión. Había una fuente de agua en la segunda planta del edificio administrativo, a la derecha de mi despacho, justo antes de bajar las escaleras. La seguí y, mientras se detenía para tomar sorbo, le dije:

—Lucy, quiero el divorcio.

Me miró, y esos grandes ojos azules pueden expresar muchas emociones, y el deseo de matar no es la menor de ellas.

—Ya no aguanto más —le dije—. Tal vez, si hubiéramos hecho *Yo amo a Lucy* y nos hubiéramos quedado en Chatsworth y yo no me hubiera involucrado en tantos proyectos, esto no habría ocurrido. Pero no puedo hacer todo lo que tengo que hacer aquí, y no veo cómo demonios puedes hacerlo tú tampoco mientras nuestras vidas personales sean tan miserables.

Ni siquiera contestó. Me dio la espalda y se fue.

Cuando llegué a casa aquella noche, me dijo:

—¿Lo que dijiste iba en serio?

—Sí, lo siento mucho, pero sí, es en serio. No puedo seguir viviendo así.

Su temperamento se apoderó de ella.

—¿Por qué no te mueres entonces? Sería una solución mejor, mejor para los niños, mejor para todos.

—Lo siento, pero morir no está en mi agenda inmediata.

—Te diré una cosa, cabrón... infiel... vago borracho... Tengo suficiente contra ti para ahorcarte. Cuando acabe contigo estarás tan arruinado como cuando llegaste. Maldito hispano de mierda... tú... espalda mojada.

Eso sería algo extraordinario para un cubano. El estrecho de la Florida es bastante más ancho que el río Grande.

Fui a mi vestidor, donde tenía una cajita de cartón en la cómoda en la que guardaba un montón de cosas, como gemelos viejos, cadenas, relojes rotos. Soy de los que nunca tiran nada.

Estaba a punto de encender un cigarrillo cuando se me acercó con una pistola de duelo, me apuntó a la cara y apretó el gatillo. Prendí mi cigarrillo en su llama y luego le mostré el fondo de la cajita de cartón. En ella estaban escritos el nombre de un hombre, un número de teléfono y una dirección de Nueva York. Su sonrojo debió de ser el más sonrojado desde que Fawn le dijo a Bambi que estaba embarazada.

—Mira —le dije—, sé que no querías decir todo lo que dijiste, pero por el bien de los niños, intentemos que esto sea lo más amigable posible. Te conseguiremos un buen abogado y serás tú quien demande el divorcio. No tendremos problemas para llegar a un acuerdo financiero justo y todo lo demás, pero por favor, no vuelvas a amenazarme.

Nunca volvimos a vivir juntos bajo el mismo techo después de aquella noche.

Antes de fin de año, teníamos que hacer la última hora de *The Lucy-Desi Comedy Hour* para el *Westinghouse Desilu Playhouse*. El difunto Ernie Kovacs y su mujer, Edie Adams, iban a ser nuestros invitados, y yo la dirigiría. No porque yo quisiera; hubiera preferido que lo hiciera otro de nuestros directores, pero todos estaban ocupados. Entre nuestras propias series y las que hacíamos para otros, Desilu sería responsable de veintiséis series de televisión distintas ese año.

Hacer esa última *Lucy-Desi Comedy Hour* no fue fácil. Sabíamos que era la última vez que seríamos Lucy y Ricky. El destino quiso que la última escena de esa historia requiriera un largo abrazo y un final de beso y reconciliación. Al llegar a la escena, nos miramos, nos abrazamos y nos besamos. No se trataba de un beso cualquiera para una escena de un espectáculo. Era un beso que envolvería veinte años de amor y amistad, triunfos y fracasos, éxtasis y sexo, celos y arrepentimientos, desamores y risas… y lágrimas. Lo único que no pudimos ocultar fueron las lágrimas.

Después del beso nos quedamos mirándonos y lamiendo la sal.

Entonces Lucy dijo:

—Se supone que tienes que decir «corten».

—Lo sé. Corten, ¡maldita sea!

*Yo amo a Lucy* nunca fue solo un título.

# Epílogo

CUANDO ME PIDIERON POR PRIMERA VEZ QUE ESCRIBIERA este libro, pensé: «¿Escribir un libro? Ni siquiera me gusta escribir cartas».

Lo pensé durante bastante tiempo y, entre más lo pensaba, más me convencía de que ni siquiera sabría cómo empezar. Solo había una cosa que me hizo intentarlo, y era el recuerdo de mi padre y su maravillosa actitud cada vez que se enfrentaba a un problema aparentemente insuperable: *¡Tiene que haber una manera!*

Quiero dar las gracias a todas las personas mencionadas en este libro que fueron amables, generosas y comprensivas y que me echaron una mano en el camino. Sé que hay muchas otras que, inadvertidamente o por falta de espacio o de memoria por mi parte, no fueron incluidas.

Quiero dar las gracias a los Estados Unidos de América y a su pueblo. No puedo pensar en otro país del mundo en el que un joven de dieciséis años, sin dinero y sin hablar el idioma, pudiera haber tenido las oportunidades de lograr lo que yo logré, o la bienvenida, cariño, elogios y honores que me brindaron.

Quiero dar las gracias a mi padre, porque sin sus consejos, honradez y sentido común con los pies en la tierra no lo habría logrado, y, por supuesto, a mi madre, que aún vive conmigo, por su comprensión, su clase, su confianza firme en la justicia y la compasión de Dios, y su infinita fuente de amor por mí y por mis amigos y mis hijos.

Quiero dar las gracias a mi mujer, Edie, que llegó a mi vida en un momento en que mi vida estaba en su punto más bajo y parecía no tener esperanza, y al darme su amor, me hizo volver a tener esperanza.

Quiero dar las gracias a Lucie y a Desi por su amistad y por ser quienes son hoy a pesar de todos mis errores, y por ser capaces de manejar y superar toda la confusión y pena que Lucy y yo les echamos encima.

En cuanto a la propia Lucy, todo lo que puedo decir es que la amé mucho y, a mi propia y quizá peculiar manera, siempre la amaré. Pasamos veinte años juntos; muchos momentos felices y muchos momentos infelices fueron y vinieron durante ese tiempo. Es un don divino y preciado que recuerdo sobre todo los felices. Espero que ella haya recibido el mismo don.

El éxito de *Yo amo a Lucy* es algo que solo pasa una vez en la vida, si es que tienes la suerte de que pase.

Si no hubiéramos hecho otra cosa que llevar esa media hora de diversión, placer y relajación a la mayor parte del mundo, un mundo tan necesitado incluso de ese breve descanso de sus problemas y penas, estaríamos satisfechos. Pero hicimos más. Con la ayuda de Dios también creamos a Lucie y Desi.

# Agradecimientos

Un diálogo entre los dos peces de Piscis sobre el título, uno nadando hacia el norte y el otro hacia el sur:

EN DIRECCIÓN NORTE: ¿Cómo lo vas a llamar?
EN DIRECCIÓN SUR: Voy a llamarlo *Un libro*.
EN DIRECCIÓN NORTE: [*con incredulidad*] *¿Un libro?* ¿Por qué?
EN DIRECCIÓN SUR: ¿Con qué escribo?
EN DIRECCIÓN NORTE: Un lápiz.
EN DIRECCIÓN SUR: ¿Por qué lo llamas un lápiz?
EN DIRECCIÓN NORTE: Porque eso es lo que es.
EN DIRECCIÓN SUR: De acuerdo. ¿Qué estoy escribiendo con este lápiz?
EN DIRECCIÓN NORTE: Estás escribiendo un libro.
EN DIRECCIÓN SUR: ¡Exacto! Entonces, ¿cómo debería llamarlo? *¿Un lápiz?*

A Howard Cady, editor jefe de William Morrow and Company, le gustó el título y se lo presentó a su jefe, Larry Hughes, presidente de Morrow, quien dijo: «Siempre me ha gustado la sencillez y nada puede ser más sencillo que llamar a un libro *Un libro*».

Al final, Howard me encaminó viniendo a Del Mar, donde vivo ahora cuando no estoy en Las Cruces, y al pasarse una semana, día y noche, escuchándome hablar en un magnetófono, recordando lo que había sucedido durante mi vida, a menudo agitada.

No quería un escritor fantasma. No es que pensara que podía hacerlo mejor, pero sabía que no podía usar un lenguaje florido ni palabras grandes de muchas sílabas porque no las conozco. Sabía que tendría que escribirlo a mi manera, con mis no demasiado buenos conocimientos de la lengua inglesa.

Ken Morgan, nuestro antiguo jefe de Relaciones Públicas en Desilu, dejó sus otros intereses y volvió para trabajar conmigo en el libro. Fue indispensable para ayudarme con la investigación, desenterrando todos los registros de Desilu, relatos de periódicos y fotografías. Quería asegurarme de que lo que había escrito era exacto.

Kenny resultó ser el único que podía descifrar mi acento en las cintas y entender mis notas garabateadas en las reescrituras, así que tuvo que mecanografiarlo todo antes de dárselo a Morrow en forma de libro. Durante los dos años que escribí y reescribí *Un libro,* Kenny se convirtió en el mecanógrafo de dos dedos más rápido del mundo. Al final, Louise Fisher volvió a mecanografiar todo el manuscrito para nosotros.

Marvin Moss, mi agente, fue quien puso en marcha la idea al ir a ver a Howard Cady y sugerirle el libro.

Madelyn y Bob, nuestros guionistas de *Lucy;* Ed Holly, uno de nuestros vicepresidentes y secretario y tesorero de Desilu; James Paisley, nuestro antiguo ayudante de Dirección; Jerry Thorpe y muchos otros del equipo de *Lucy* me ayudaron mucho a refrescar la memoria. Y la propia Lucy me hacía recordar cosas que yo había olvidado o quería olvidar.

No hace falta mencionar la gran ayuda que supuso Howard Cady en la edición. Es muy honesto y explícito en sus comentarios y críticas, a veces de forma brutal, y ese es exactamente el tipo de persona con la que me encanta trabajar.

A todos ellos, ¡muchas gracias!

# Posfacio

## *La versión del director*

### por Lucie Arnaz

Cuando nuestros amigos de Running Press, quienes aceptaron con entusiasmo volver a publicar *Un libro*, me preguntaron si había *otros* escritos que mi padre pudiera haber dejado y que pudieran usarse para complementar esta autobiografía «actualizada» (pensamientos sobre futuros libros, observaciones, información personal), recordé todos los papeles y notas que había encontrado tras su muerte en 1986 y los *muchísimos* archivos que habíamos heredado en los años posteriores de personas que habían trabajado para él y que ahora se habían convertido en *nuestra* responsabilidad. En aquel momento había hecho una rápida revisión de los escritos, planeando una

Uno de mis mejores recuerdos es estar en el barco de papá, pescando.

inmersión profunda algún día, pero ese algún día nunca llegó... hasta ahora, cuando acepté tratar de hacer lo que pidió nuestro editor.

Mi mano derecha, Elisabeth Edwards, y yo pasamos semanas revisando algunos de nuestros archivos más organizados, así como un montón de viejas cajas cubiertas de polvo que, durante años, había dejado para más tarde, y encontré algunos materiales bastante interesantes: desde garabatos ilegibles y minimemorandos hasta tratamientos originales escritos a mano, primeros borradores y «papeles confidenciales», que pensé que podrían ser adecuados.

Parte de la información más valiosa se extrajo de las notas que mi tío, Kenny Morgan, había mecanografiado para avivar los recuerdos de mi padre antes de que se dispusiera a escribir esta autobiografía. Sabía que el tío Kenny había trabajado como ayudante de papá durante este proceso, mecanografiando transcripciones de cintas de audio que papá había grabado de sus recuerdos y sirviendo de conducto entre papá y William Morrow, su editorial. Pero, al parecer, Kenny tenía una memoria asombrosa de los primeros tiempos de mi padre y de los años de Desilu.

Ken se casó con la prima de mi madre, Cleo, en 1936 y llegó a conocer a nuestra familia mejor que casi nadie, y con el tiempo se convirtió en jefe de Relaciones Públicas de Desilu Productions. Llevaba con nosotros desde antes de que mis padres tuvieran verdadero éxito, durante los años de los Desilu Studios hasta trabajar para papá en su casa de Del Mar, California, en los años setenta, preparando este libro. Sabía que Ken y mi padre podían tomar juntos una cantidad desmesurada de bebidas alcohólicas, pero no que tuviera una trampa de acero por memoria. Le agradezco las notas que dejó, ya que fueron la base de gran parte de mi información aquí.

He metido algunos comentarios en los escritos de papá para ayudar a rellenar los espacios en blanco en los que, de otro modo, sus pensamientos no tendrían ningún contexto. Espero que lo encuentren interesante y que ayude a explicar a mi padre de formas que quizá ni él mismo podría.

Escuchar cintas de casete de las primeras actuaciones de la orquesta de papá, que encontré en su gaveta de medias justo después de que falleciera en diciembre de 1986, fue lo que me inspiró para montar mi propio número de gran banda en un club nocturno. Ya llevaba casi veinte años ganándome la vida sólidamente en el teatro, en la televisión y en el cine, pero después de escuchar aquellas grabaciones, lo que más quería era

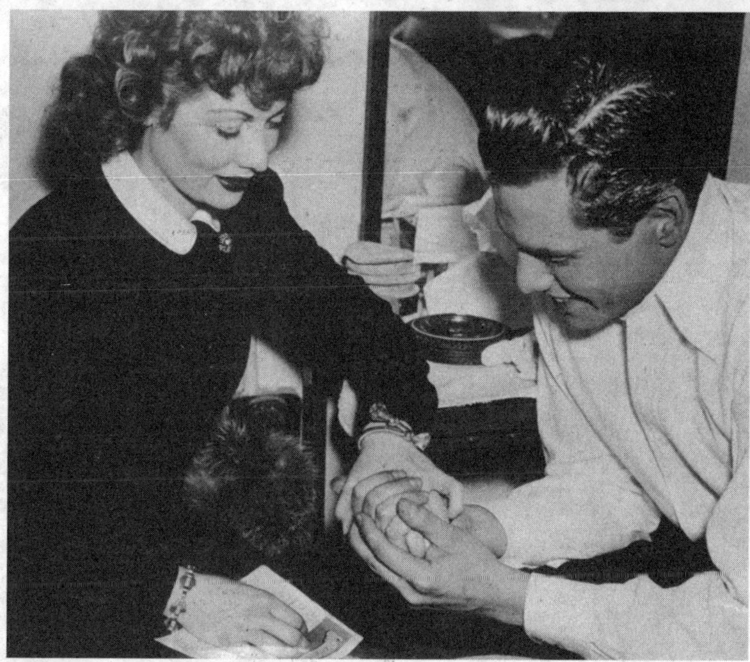

**EN SENTIDO HORARIO DESDE ARRIBA A LA IZQUIERDA:** Con su primer sueldo en EE. UU., papá pudo por fin sustituir su guitarra... y comprarse un traje demasiado pequeño de una tienda de segunda mano. • La gente recuerda a mi padre tocando la conga, pero su verdadero talento era la guitarra. • Entre bastidores en el Roxy, horas después de fugarse, mirando su anillo de boda de baratillo.

**DESDE ARRIBA:** Antes de que yo llegara, estos tres bebés peludos eran como sus hijos. • Papá construyó todo lo que ves en esta fotografía.

**DESDE ARRIBA:** Una foto publicitaria montada de Lucy y Desi en casa. Pero créeme, con sus apretadas agendas, esta escena de felicidad doméstica era poco común. • Chatsworth: sombreros de vaquero, puños y un *cocker spaniel*.

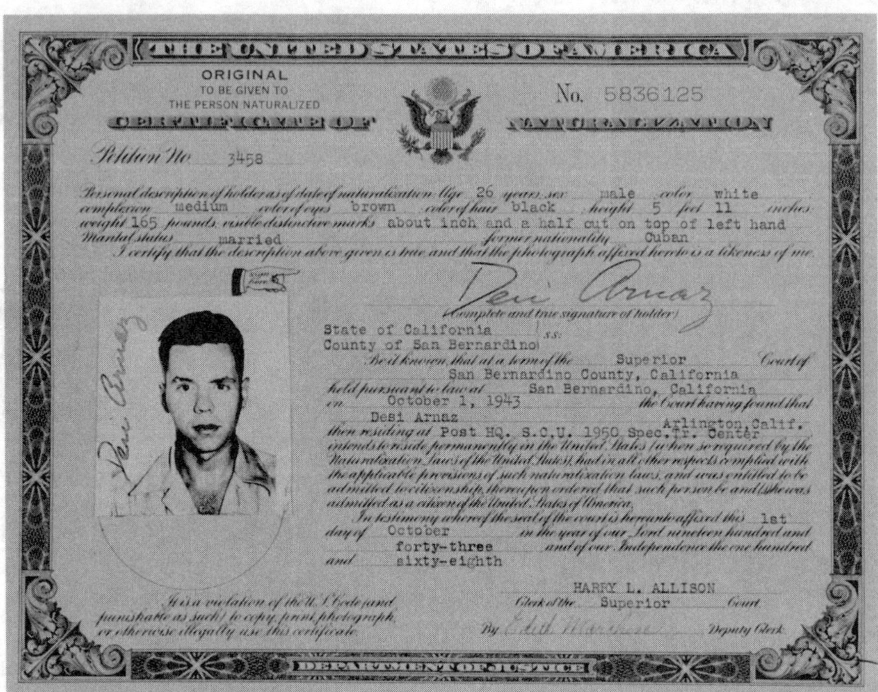

THE UNITED STATES OF AMERICA

ORIGINAL
TO BE GIVEN TO
THE PERSON NATURALIZED

No. 5836125

CERTIFICATE OF NATURALIZATION

Petition No. 3458

Personal description of holder as of date of naturalization Age 26 years; sex male color white complexion medium color of eyes brown color of hair black height 5 feet 11 inches weight 165 pounds; visible distinctive marks about inch and a half cut on top of left hand
Marital status married former nationality Cuban
I certify that the description above given is true, and that the photograph affixed hereto is a likeness of me.

Desi Arnaz
(Complete and true signature of holder)

State of California } ss:
County of San Bernardino

Be it known, that at a term of the Superior Court of San Bernardino County, California held pursuant to law at San Bernardino, California on October 1, 1943 the Court having found that Desi Arnaz then residing at Post HQ. S.C.U. 1950 Spec. Tr. Center Arlington, Calif. intends to reside permanently in the United States (when so required by the Naturalization Laws of the United States), had in all other respects complied with the applicable provisions of such naturalization laws, and was entitled to be admitted to citizenship, thereupon ordered that such person be and (s)he was admitted as a citizen of the United States of America.

In testimony whereof the seal of the court is hereunto affixed this 1st day of October in the year of our Lord nineteen hundred and forty-three and of our Independence the one hundred and sixty-eighth

HARRY L. ALLISON
Clerk of the Superior Court
By Edith Marchese Deputy Clerk

It is a violation of the U.S. Code (and punishable as such) to copy, print, photograph, or otherwise illegally use this certificate.

DEPARTMENT OF JUSTICE

**DESDE ARRIBA:** Mamá dijo que nunca había visto a papá tan feliz como el día que recibió esto. • Entre bastidores con la gira de la banda; solo quedan cuatro espectáculos más ese día.

**EN SENTIDO HORARIO DESDE ARRIBA A LA IZQUIERDA:** Imagen icónica de Desi. • Cuando papá iba a pescar en alta mar, le recordaba su níñez en Cuba y también lo ayudaba a olvidar otros. • Con Van Johnson, coprotagonista de *Too Many Girls*, que se convirtió en un viejo amigo de la familia.

**DESDE ARRIBA:** Papá, después de una actuación intensa. Lo daba todo en el escenario. • Verano de 1950, demostrando que CBS estaba equivocada.

Como Desi era el primer nombre en Desilu, tal vez papá debería haber estado sentado en la silla de la izquierda.

poder cantar delante de una gran banda con *ese* tipo de sonido y encontrar a alguien que creara arreglos tan emocionantes como los suyos. Eso es lo que hice, y ha sido la satisfacción más grande de mi vida profesional en los últimos treinta años.

Pues bien, mientras revisaba varios borradores del manuscrito para *Un libro* encontré un par de historias que habían sido eliminadas (por alguna razón) sobre cómo surgió ese sonido de *big band*. Como cantante que soy, esta explicación de la singularidad de la Orquesta Desi Arnaz y el intento de grabar ese sonido fue realmente fascinante. También pensé que, tal vez, a su nieto, mi hijo, Joe Luckinbill (músico como su abuelo e ingeniero de sonido), también le gustaría conocerlo.

## PAPÁ

Después de Ciro's, también empezamos a grabar para RCA Victor. El primero fue un álbum con muchas de las canciones latinas populares, como «Babalú», «Tabú», «Ojos verdes», «La comparsita», «Cuban Pete», «Brasil», «Tico Tico». Ampliamos nuestra banda habitual para la grabación. Para ello, contábamos con dos pianistas, ambos cubanos, dos de los mejores: René Touzet y Marco

Rizo. René ya para entonces tenía su propia orquesta, y Marco, que es de mi ciudad natal (hijo de un podólogo que venía a casa a arreglarle los pies a mi padre), trabaja ahora en el Carnegie Hall dirigiendo la Filarmónica de Nueva York. Teníamos a esos dos al piano, lo que nos daba un tremendo respaldo latino. Tenía un bajista latino muy bueno, Joe Carioca, que solía tocar para Carmen Miranda, y dos guitarristas. Teníamos bongós, congas, maracas y tambores normales. Una sección rítmica de diez hombres.

Para conseguir las cualidades melódicas que quería, teníamos tres trompetas, tres trombones, cinco saxofones (doblando a clarinetes y flautas) y una sección de cuerdas completa (seis violines, tres violas y dos violonchelos). En esa sección de cuerdas, teníamos al maestro de concierto de CBS, al maestro de concierto de NBC, al maestro de concierto de MGM (todos ellos de primera), y en la segunda fila de la sección de violín se sentaba *Jascha Heifetz*. Esa es la calidad de los músicos que teníamos en esa banda. Cuando combinamos los ritmos y ese precioso sonido melódico en temas como «Tico Tico», «Brasil» y «Amor», era realmente emocionante.

Se estimulaban de manera mutua y ciertamente me estimulaban *a mí*. Pero debía tener mucho cuidado al dirigir, porque si indicaba a esos músicos de cuerdas que quería que subieran, subían *tan alto* que tenía que parar y decir: «¡Un momento!». Había olvidado quiénes eran ahí dentro. Debía tener más cuidado con las manos. Era tan emocionante. Tengo que volver a hacerlo, porque cada vez que pienso en ello, me vuelve loco.

Pero, ya sabes, no podíamos captar ese mismo sonido en una grabación, porque no grababan en cinta. Grababan directamente en un disco. El máster era un disco redondo, la «impresión en negativo» del disco, del que harían las copias. Cuando metes todos esos sonidos, rebotan unos contra otros. No podías tener la plenitud de las cuerdas al mismo tiempo que tenías la plenitud del ritmo. Chocaban entre sí en el disco. Hoy, por supuesto, graban en cinta, en pistas verticales, y graban tantas pistas verticales como quieran. Las cuerdas en una pista, los metales en otra, los saxos en otra, la percusión en tantas como hiciera falta, y las voces podían estar separadas. Luego, las mezclas todas juntas en una «cinta maestra». Pueden hacer cualquier cosa. Puedes grabar solo la voz y el piano, si quieres, y luego añadir todo lo demás sobre la marcha. Esto lo hace ideal para mezclarlas bien para producir un efecto estéreo bueno. Pero en aquella época no podías hacerlo. Lástima, porque realmente teníamos un sonido estupendo. Nunca he vuelto a oírlo. Nunca he podido duplicarlo.

## YO

Uno de los momentos más interesantes mientras papá seguía produciendo en los estudios Motion Picture Center fue la contratación de Orson Welles (por supuesto, uno de los cineastas más influyentes de la historia) para producir y dirigir un piloto para televisión. Welles había venido a visitar a papá a nuestra casa de Palm Springs y dijo que le interesaba la idea, pero quería escojer su propio material, su propio guion y reparto, ser su propio jefe. Todos estuvieron de acuerdo. Welles se apuntó.

Después de que el anuncio de su contratación por Desilu apareciera en los periódicos especializados, todos los amigos y asesores de papá le dijeron que había perdido la cabeza, que pocos estudios hablaban con Orson en aquel momento. Prácticamente había quebrado RKO en una catástrofe sudamericana y era conocido por provocar un gran caos financiero. Papá procedió de todos modos y le dio una oficina; Welles eligió una historia de la revista *New Yorker*, escribió el guion y se lo presentó al director de producción, Argyle Nelson, para que lo presupuestara. Se construyeron decorados en tres escenarios; se asignó a Sid Hickox, un director de Fotografía de primera fila; Claudio Guzmán era el director artístico. Se terminó la audiencia, se fijó una fecha para empezar a rodar, los equipos se presentaron a las ocho de la mañana para preparar las luces, las cámaras y el atrezo para un rodaje a las nueve de la mañana, pero ni el reparto ni Orson aparecían por ninguna parte. Papá les pidió que buscaran al fotógrafo del set, Buddy Graybill, ya que siempre estaba allí. Tras llamar a casa de Buddy, al sindicato y a algunos de sus amigos, por fin contestó al teléfono en el pequeño estudio fotográfico de Western Avenue, donde a veces hacía retratos: «Por supuesto, Orson está aquí. ¿No lo sabía el estudio?».

Al parecer, Orson había llamado a Buddy el día anterior y le había pedido que encontrara un pequeño estudio «discreto» donde pudiera llevar a las estrellas de la serie y harían un día de fotogramas con atrezo sencillo y paredes en blanco. Papá suspendió la filmación y esperó a que Orson lo llamara. Resulta que Orson había cambiado todo su concepto sin decírselo a nadie. Al día siguiente, apareció con el reparto e hizo todo el espectáculo con los actores de pie delante de una imagen fija retroproyectada.

Durante la realización de los «diarios», nadie podía entrar a la sala de proyección, con excepción director artístico. Cuando se hizo el montaje final, papá lo proclamó una obra maestra y estaba ansioso por presentar este concepto totalmente diferente a las emisoras y a los posibles patrocinadores.

Se sentía cada vez más frustrado al recibir respuestas que parecían empezar todas por «Sí, es *muy* interesante, pero…», y ninguna de sus brillantes dotes de vendedor podía convencer a quienes podían decidir de que era una apuesta segura. Así que papá lo sacó del mercado.

En verano, las cadenas empezaron a vender tiempo de emisión a algunos valientes patrocinadores que compraban el producto sin verlo (pilotos, como este, que no se habían vendido), y la malograda película de Orson Welles fue comprada y emitida. Ese piloto, llamado *The Fountain of Youth* (La fuente de la juventud), ganó un premio Peabody.

Encontramos correspondencia entre papá y su editor, William Morrow, en la que se reseñaba el lanzamiento de la versión en rústica de *Un libro* y lo que parecía material de prueba para una secuela que él esperaba que se titulara *Otro libro*.

## PAPÁ

Por cierto, creo que harán un gran trabajo. Me cayó muy bien todo el mundo que conocí en esa organización y me encantó trabajar con Margaret en Chicago. Espero con impaciencia la gira.

La mayoría de las cartas que he recibido de personas que leyeron *Un libro* (más de cinco mil hasta la fecha, más de las que he recibido desde *Yo amo a Lucy*) mencionan lo mucho que esperan *Another Book* (Otro libro). Porque, después de leer lo diversa y plena que había sido mi vida durante el período cubierto en ese, no ven la hora de saber en qué otras empresas y aventuras podría haberme metido durante los años siguientes. Bueno, como decía Jolson: «Aún no han oído nada». Creo que van a encontrar aventuras igual de variadas y con tanto impacto cómico o dramático en estos años totalmente nuevos y diferentes. Pero también van a encontrar algo más. Descubrirán cómo un hombre, al menos este hombre de cuarenta y dos años, demasiado joven para jubilarse y demasiado viejo para empezar la universidad, se pone a buscar una nueva forma de vida. Esa será realmente la parte principal y más importante del libro, y te doy las gracias por destacarla.

A algunas personas les molestó parte del lenguaje del primer libro. A esos les respondí primero disculpándome si los había ofendido, y dije que me vigilaría con más cuidado en el futuro. Pero en realidad no era todo culpa mía, porque todo lo que había aprendido de la lengua inglesa (que la mayoría dice que no es muchísimo), lo había aprendido aquí y la parte más picante en el Ejército estadounidense. Al final, respondí a todas.

Algo que muchos escribieron en sus cartas fue lo difícil que era encontrar un ejemplar de *Un libro* en sus librerías locales, y muchos acabaron consiguiéndolo en su biblioteca pública. William Morrow, por favor, toma nota.

Cuando empecé la investigación, no sabía por dónde empezar. Lo único que sabía era que quería eliminar todas las cosas a las que antes había dado tanto valor y que, con el tiempo, casi me destruyeron.

**YO**

Lo que estaba considerando incluir en esta nueva retrospectiva eran evaluaciones sobre lo que el personaje de Lucy había hecho bien o mal en los programas.

**PAPÁ**

A Lucy le hacía falta un antagonista. En *Yo amo a Lucy* era Ricky. En *The Lucy Show* eran «mujeres sin hombres, tratando de salir adelante en el mundo». Al principio no funcionó. Ese mundo, aunque real, es demasiado grande para personificarlo. Así que metimos a Gale Gordon como antagonista y amenaza, como lo era Ricky. Pero, por supuesto, le faltaba el romance. Cuanto más piensas en ello, más te das cuenta de lo importantes y necesarios que eran todos los ingredientes de *Yo amo a Lucy.*

Adoramos a los Ricardo y los Mertz. Nos hizo más felices hacer los papeles Lucy y Ricky Ricardo que cualquier otra cosa que hayamos hecho en nuestra vida profesional. El hecho de que el primer gran éxito que tuvimos se basara en la comedia, haciendo que nuestro público se lo pasara bien y se riera a carcajadas, nos dio mucha más satisfacción que si hubiéramos tenido un éxito mayor basado en el drama, la tragedia y la tristeza.

**YO**

Había notas sobre los Desilu Studios, su expansión, su renuncia y a qué se dedicó después.

**PAPÁ**

Una piedra que se lanza al agua tranquila crea un círculo, y ese círculo crea otro, y ese otro, otro. Cada paso y cada acción van seguidos de otra acción, otro paso, otra reacción, y así sucesivamente. El dinero que hemos ganado no es nada comparado con las cosas que hemos aprendido. El dinero lo ampliaremos, lo perderemos o nos lo robarán. El conocimiento nos acompañará para siempre, y tenemos la gran satisfacción de poder transmitirlo a los demás.

¿Qué me hizo decidirme a dejar de dirigir Desilu, vender acciones del mayor y más exitoso imperio de la televisión independiente y renunciar, dejando atrás todo el poder, prestigio, dinero y aclamación que conllevaba la presidencia y ser productor ejecutivo de *Yo amo a Lucy*? No se trataba solo de mi divorcio de Lucy. (Diablos, ya nos habíamos divorciado y vuelto a juntar antes). Era mucho más que eso. Fue darme cuenta de que a lo que estaba renunciando no eran necesariamente los requisitos para una vida feliz.

Mi vida está llena ahora con mi mujer; mi madre (cuidando de *su* negocio y bienestar); mis hijos y sus carreras; el hijo de Edie, Greg, sus estudios y compañía; mi pequeño grupo de amigos y disfrutar de estar con ellos; y mis dos casas. Después de todo esto, he encontrado una verdad definitiva: la clave no es el dinero, sino la tranquilidad. Mantenerse sano es lo primero. Las cosas que nos dan gratis, que damos por sentadas, nunca las apreciamos hasta que ya no las tenemos. El sol sale para todos. Solo tienes que salir de la sombra. Ve al océano. Camina por la arena. Mira la luna. Escucha la serenata musical de los pájaros.

¿Qué he encontrado, si es que he encontrado algo, tras casi quince años buscando? Una cosa es segura: la buena salud y la tranquilidad valen más que todas las demás cosas juntas.

Había formado una segunda vida, lejos del mundo del espectáculo, pero era demasiado joven para jubilarme.

Nunca presumía como a otros les gusta hacer. Ni mucho menos. Cuando volví, no creé un espectáculo para mí, sino para los demás.

## YO

Su mayor decepción tras dejar el estudio fue que nunca consiguió lanzar la película *Without Consent* (Sin consentimiento). En 1963, su empresa, Desi Arnaz Productions, Inc., se creó solo para hacer esa película. No salió adelante porque el tema era la violación, la fornicación y la masturbación, y era tabú explorar esos temas o incluso usar esas palabras. Le recordó el hecho de que, en *Yo amo a Lucy* a principios de los años cincuenta, no podían usar la palabra *embarazada*.

**PAPÁ**

Volví al mundo del espectáculo con la intención de hacer *una* película, *Without Consent*. Era una historia encantadora, pero me adelanté a mi tiempo: No puedes decir *violación*.

**YO**

Luego, quiso escribir sobre cómo «limpió» *Without Consent* y revisó su contenido para que «pudiera emitirse hasta en *El maravilloso mundo de Disney*.

**PAPÁ**

Tenía un amigo, Benny Thau, un antiguo ejecutivo de Metro y amigo personal de Spencer Tracy y Katharine Hepburn, que afirmaba que Tracy no lo tocaría hasta que yo lo hiciera, solo para perderlo por irse a hacer *Guess Who's Coming to Dinner (¿Sabes quién viene a cenar?)* y para que Hepburn, tras leer mi versión «limpia», me dijera que debía hacerla como comedia. Una pérdida de $125 000, sin contar el tiempo y el esfuerzo del escritor, Ben Maddow, y el mío propio, además de otros implicados en el proyecto.

Una posdata irónica: exactamente dos años después, ¡me ofrecieron un contrato de financiación de producción si lo retomaba y lo ensuciaba! No regresar a la versión original (que aunque hablaba de violación y masturbación, nunca las mostraba), sino a una que lo mostraría TODO, con detalles pornográficos, a lo que por supuesto nos negamos.

Aún poseo la propiedad, y quizás antes de que termine de escribir *Otro libro* podré hacerlo como debería haberse hecho, como lo vimos Ben y yo: una violación accidental provocada por nuestras propias normas sociales y el comportamiento de unos padres equivocados.

A medida que se desarrolla el juicio, sus protagonistas, un muchacho de diecisiete años y una muchacha de dieciséis, se vuelven más sabios que sus padres y, por increíble que parezca, se enamoran el uno del otro, lo que deja al público con la sensación de que el fruto de la violación, el bebé que ella se negó a abortar, se criaría con mucho más amor y comprensión de los que les dieron a ellos y en una sociedad más honesta y no hipócrita.

**YO**

Ya había formado su empresa, contratado a algunos de los mejores productores del negocio y alquilado oficinas en Desilu Culver (incluido el famoso bungalow de Darryl Zanuck para él), así que tuvo que involucrarse en otros proyectos solo para poder pagar a la gente que ya había contratado y las instalaciones que originalmente estaban destinadas a *Without Consent*. En los años siguientes, desarrolló varias propiedades televisivas.

## PAPÁ

El episodio piloto de *The Carol Channing Show*. Cómo y por qué ese programa nunca llegó a emitirse es un libro en sí mismo. Fue contratado por un patrocinador, General Foods, y financiado con un cuarto de millón de dólares por ellos y CBS. Cuando vieron el producto final, todos afirmaron que era «la mejor comedia de situación desde *Yo amo a Lucy*» y luego lo rehusaron.

## YO

Vendió *The Mothers-in-Law (Suegras)*, una comedia de situación de media hora protagonizada por Eve Arden y Kaye Ballard. Fue escrito por los escritores originales de *Yo amo a Lucy*, Bob Carroll Jr. y Madelyn Pugh Davis, y el programa estuvo continuamente entre los veinte mejores programas de televisión de Nielsen durante dos temporadas consecutivas.

Sin embargo, no fue renovado para una tercera temporada.

Rodó un piloto en Baja California para una serie de aventuras llamada *Land's End* (Fin de la tierra) con Gilbert Roland, Martin Milner, Sonny Tufts y Rory Calhoun, y produjo algunos otros pilotos de comedias de situación, incluida una titulada *Gussie, My Girl* (Gussie, mi niña), y otra con Don Rickles llamada *Brother Bertram* (Hermano Bertram). Ninguno se vendió.

Como preparación para estos espectáculos, diseñó y construyó otro escenario para el público en los General Service Studios, donde se rodó *The Carol Channing Show* y *The Mothers-in-Law*.

## PAPÁ

Lo que ocurrió con cada uno de esos proyectos es un estudio interesante y revelador de lo que ocurría en la industria en aquella época.

¿*Land's End*? Las agencias y la interferencia del canal provocaron su fracaso.

¿*The Mothers-in-Law*? Se trasmitió, pero no funcionó realmente. ¿Por qué? Una estrella en el horizonte: Cosby.

## YO

Quería escribir sobre el trabajo con ejecutivos de los canales de televisión.

**PAPÁ**

Si algunos de los del Departamento de Programación no estaban trabajando, más rápido podías conseguir respuestas. Pero si todos estaban allí, todo se jodía. La incapacidad para tomar una decisión se convertía en parte del «pasar la papa caliente» hasta que te mareabas yendo de oficina en oficina. Los «no actuadores»: el tipo que siempre dice que no, porque ha aprendido que su porcentaje de lo que está en juego y sus problemas serán menores de ese modo.

En los viejos tiempos, algunos de nosotros teníamos nuestras propias opiniones individuales, y conseguíamos un *hit* o nos ponchábamos por nuestras propias decisiones individuales. Ahora ya no. Ahora todo el mundo es miembro de un maldito comité. Todo es un consenso que sale de las máquinas y los ordenadores. No más individuos. Se acabaron las decisiones individuales. Se acabaron las creaciones individuales. No creo que un comité hubiera podido crear la *Mona Lisa* o, para el caso, ni siquiera Mickey Mouse. Por eso las películas rara vez se convierten en arte. La mayoría salen de fábricas dirigidas por comités. Solo cuando el individuo tiene la fuerza suficiente para exigir que él, y solo él, haga la obra, es cuando esta se convierte en arte, como en la película de Orson Welles *Citizen Kane (Ciudadano Kane)*; *Gone With the Wind (Lo que el viento se llevó)*, de David Selznick; y algunas obras de George Cukor, Frank Capra, George Stephens, Hitchcock y muy pocos más.

**YO**

Tras varios años en sus nuevos negocios, deprimido y desilusionado y bebiendo más de la cuenta, se crearía un trabajo para mantenerse ocupado.

**PAPÁ**

Cuando empecé verme mal de nuevo, construí un hotel y una casa en Baja. Di clases en la universidad.

**YO**

Había notas sobre algunas de las cosas personales sobre las que podría escribir en esta secuela.

**PAPÁ**

Criar a los hijos. Desi, Lucie, Ricky Jr. [Sí, eso es lo que escribió, refiriéndose a Keith Thibodeaux, que interpretó al Pequeño Ricky en *Yo amo a Lucy*], y

Greg Hirsch [su hijastro] nadando, creciendo en el rancho de Corona, montando a caballo, viendo nacer potros.

El Ferrari. Lucy diciendo: «Me dijeron que te habías comprado un ataúd». Estuve a punto de hacerlo. El accidente de Del Mar, cuando lo estrellé contra un puente de camino a casa desde el hipódromo conduciendo a más de doscientos kilómetros por hora. Pero no fue culpa mía. Era del camión. Y, por cierto, tuve que pagar por el carro *y* el puente.

[También manejaba así de rápido en Palm Springs con mi hermano, Desi, y manejaba, pero solo por carreteras secundarias. Mi madre gritaba: «¿Qué? ¿Intentas matarlos?»].

**YO**

Pensaba hablar de todas sus enfermedades, accidentes, acusaciones penales y batallas judiciales. Tenía notas sobre la eliminación de drogas peligrosas de su organismo, como la bencedrina, que había empezado a tomar en el Copacabana de Nueva York para aguantar tres espectáculos por noche, o cinco en el Roxy. Admitió que tomaba somníferos y «medicamentos para los nervios» y, por supuesto, alcohol.

**PAPÁ**

Viví peligrosamente, pero de algún modo pude sobrevivir.

**YO**

El tío Kenny recordaba a papá hablando de la construcción del Desi Arnaz Indian Wells Hotel and Country Club en Palm Springs a mediados de los años cincuenta, y una historia en particular sobre Claudio Guzmán, que había venido de Chile con una beca de arte en el Chouinard Art Institute en California y era asistente de dirección artística en los Desilu Studios.

Al parecer, papá invitó a Claudio a Palm Springs para que viera el hotel casi terminado y expresó su deseo de que cada cuarto (unos cuarenta) tuviera mejor aspecto con arte original colgado en las paredes en lugar de las reproducciones habituales.

Claudio informó a papá de que podía arreglarlo haciendo que los estudiantes de arte sin dinero de su antigua escuela pintaran esos cuadros. Eran excelentes artesanos y costaría mucho menos. A papá le pareció una idea excelente y le dijo a Claudio que siguiera adelante.

Sin que nadie lo supiera, durante los meses siguientes, Claudio se cargó de pintura, carboncillo, acuarela, pinceles, lienzos y todo el material necesario. Vivía en una pequeña choza en Laurel Canyon, en Los Ángeles, y, después de trabajar en Desilu, se apresuraba a llegar a su casa, se tomaba un plato de sopa y se sentaba ante un lienzo. Pintaba toda la noche, todas las noches. Óleo, acuarela, caricatura, dibujo al carboncillo, cuadrado, ovalado, redondo, y firmado cada uno con un nombre diferente. Estuvo a punto de colapsar, pero completó la tarea.

Las obras fueron temas de conversación entre todos los huéspedes. Probablemente sigan siéndolo, porque poner cuadros a prueba de ladrones es algo muy difícil y realmente eran una tentación para los ladrones de arte. Ahora el 90 % de ellas cuelgan en las paredes de todo el mundo y Claudio no pudo reclamarlas, porque no había firmado con su nombre.

Otra viñeta interesante sobre el campo de golf de Indian Wells fue el diálogo de papá en la primera reunión de la junta directiva. Iba a ser un club privado y, como en la mayoría de los clubes privados, la afiliación se concedía por votación de la junta directiva. Pues bien, papá acababa de construirse una preciosa casa en la calle diecisiete del Thunderbird Country Club, solo para descubrir que, aunque podía jugar al golf y construirse una casa allí, Thunderbird no le permitiría hacerse socio debido a su «cubanismo». Así pues, papá insistió vehementemente en que no habría absolutamente ningún, y recalcó *ningún*, impedimento étnico en su club. Las creencias religiosas, el color, la nacionalidad y similares no debían ser un factor. Justo antes de la votación sobre esa cuestión, volvió a tomar la palabra y anunció: «Me gustaría hacer un pequeño cambio en mi declaración anterior. Hay un par de *cubanos* a los que no les apoyaría su admisión».

## YO

Papá, al parecer, tenía la intención de profundizar bastante en temas como el amor, el sexo y las relaciones en este próximo volumen.

## PAPÁ

Segundo matrimonio. No una segunda familia. Estaba demasiado contento con la primera para intentarlo de verdad, y había heredado a Greg [Hirsch].

Cuando le pedí el divorcio a Lucy a finales de 1959, lo hice porque estaba convencido de que no podía seguir con la farsa de un matrimonio feliz mientras cumplía concienzudamente mis obligaciones en Desilu. La comprensión de ese hecho no habría sido tan difícil de sobrellevar si hubiera dejado de amarla. Pero no lo había hecho... *no lo he hecho.* Este 30 de noviembre recibirá dos docenas de claveles rojos y blancos por lo que debería haber sido nuestro aniversario de boda número treinta y seis.

## YO

Mi padre enviaba claveles rojos y blancos a mi madre por cada cumpleaños y aniversario, incluso después de divorciarse. Encontré un mensaje en una tarjeta que papá pretendía enviarle (o le envió, no estoy segura):

*Según tu cumpleaños, puede que no sea el número adecuado de claveles, pero según tu aspecto, no podría haberte enviado ni uno más.*

*Cariños,*
*Un amigo cubano*

## PAPÁ

No será fácil escribir sobre esos dos años, pero también hubo algunos en *Un libro* sobre los que tampoco fue fácil escribir. Los voy a tratar con la misma franqueza y honestidad que a aquellos.

Cuando el amor no es completo y perfecto, espiritual y sensualmente, ¿qué queda? Solo existe cuando *tú* lo necesitas. Me necesitas como necesitas un vaso para beber. Cuando me necesites, cuando no me necesites, o cuando ya no te dé placer, entonces olvídate de mí y coge otro vaso. Lo único que quiero es el agua, el vaso no tiene importancia. (Inspirado, y adaptado a mi vida, por la columna del obispo Sheen en el *Los Angeles Herald Examiner* el 4 de octubre de 1975).

Cuando matas el misterio del amor, el sexo se convierte en un servicio aburrido y plano. Como dice el dicho: «Los que no se entretejan, mejor lo dejan».

Siempre he necesitado mucho sexo y he sido promiscuo. Hay un dicho yídish: «Cuando la verga se alza, el cerebro desconecta». A mí me ha pasado muchas veces.

Al confesárselo a un brillante y moderno cura amigo mío, me sugirió que tal vez realmente temía a las mujeres y era incapaz de relacionarme con ellas de forma continua y significativa, y que mi exploración sexual y promiscuidad eran para convencerme de mi machismo (masculinidad) y disimular mi miedo. Probablemente tenía razón, y no se lo recomendaría a todo el mundo, a no ser que quieran tener una fiesta [*ball*] y divorciarse de una [Ball] también. (¡Perdón! Fue un pésimo juego de palabras).

## YO

Parecía que papá tenía intención de «confesar» algunas de sus indiscreciones en los años que siguieron.

A finales de sus sesenta años (y mientras aún estaba casado con su segunda esposa, mi madrastra, Edie), mi padre se entregó a un *inexplicable* amorío con una joven mexicana, que era hija del hombre que cuidaba de nuestra casa en Baja.

## PAPÁ

Edie, Blanca y yo. Los dos mundos difíciles. ¿Cómo empecé a vivir en ellos? La indecisión es más fuerte que nunca. Dos tipos de amor. Dos mundos distintos. Dos situaciones económicas diferentes. Solo tengo dinero para uno. No puedo permitirme el otro, a menos que vuelva, a tiempo completo, a la industria del entretenimiento. Y eso, no puedo ni quiero hacerlo.

Mi elección parece bastante clara y, sin embargo, no tengo el valor para dar el paso. Los intentos de Edie por compensar lo que dijo e hizo tras enterarse de que existe otro mundo para mí son lamentables, y me da lástima. Pero sentir pena y no querer verla llorar no puede ser amor, no el tipo de amor que necesito ahora. Amor cien por cien desinteresado y sexualmente irresistible. He sentido hambre de eso.

## YO

Después de decir tantas veces que «nunca quiso volver, a tiempo completo, a la industria del entretenimiento», nunca dejó de tratar de encontrar formas de hacerlo.

Tuvo una idea para un espectáculo con motivo del trigésimo aniversario de *Yo amo a Lucy* (1981), en el que volverían a visitar el programa y a rememorarlo. También iba a ser una especie de recreación de su autobiografía, sobre todo de las partes que hablan de cómo surgió el programa. Tomó notas sobre sus primeros años de vida en Miami (el negocio de las baldosas rotas, etc.) y sobre cómo Desi Jr. haría de él y él de su padre. Salta a las escenas con los guionistas. Habló de mostrar todas las diferentes personalidades, las historias entre bastidores, la verdadera señora de la fábrica de chocolate, y el embarazo y todos los problemas relacionados.

Era un poco desordenado, pero la idea era recrear esas partes de su autobiografía con el mismo tipo de humor que sentía que tenía *Yo amo a Lucy.* Lo imaginó como una especie de documental mezclado con escenas divertidas.

## PAPÁ

Necesitaríamos a alguien como Cronkite [Walter] o, mejor, tal vez Dick Cavett, como alguien que nos reúna a Lucy y a mí para contarle la historia, y él involucre a todos los demás. Algunas partes deberían dramatizarse con Lucie y Desi haciendo de nosotros [Dios, ayúdame]; filmar fragmentos de programas seleccionados; intercalar a los guionistas, a algunos de los directores, a los invitados que tuvimos (Bob Hope, Danny Thomas, Bill Holden, Fred MacMurray, Barbara Eden, Milton Berle).

## YO

La idea era extraña y diferente. Algunas cosas parecía que podrían funcionar. Al encontrar las notas de papá fue la primera vez que oí hablar de ello. Como cualquier celebración de un programa treinta años después de su realización, iba a ser una forma de recordar a la gente lo que todos habían conseguido con *Yo amo a Lucy*, el éxito que tuvo el programa. CBS hizo algo parecido con su saludo del vigésimo quinto aniversario, y papá formó parte de ello. Nunca celebraron el trigésimo. Mi hermano Desi y yo coprodujimos un especial para el aniversario número cincuenta con CBS utilizando lo mejor de los clips, docenas de entrevistas homenaje de la cosecha actual de grandes de la comedia y actuaciones musicales en directo.

Otras ideas…

## PAPÁ

*La historia de Desi Arnaz: su orquesta y su música de 1937 a 1982:* Empezaría con la fantástica banda que teníamos cuando abrimos en Ciro's [en 1948], y luego empezaría a recordar mi primera banda, aquel espectáculo escénico, usar imágenes y las imágenes cobran vida, el mismo vestuario, la misma instrumentación, la apertura en La Conga, el Copacabana, los decorados, las muchachas y todos los números musicales. Mostrar fragmentos de los cortometrajes que realicé: *Cuban Pete* (Pete el cubano), *Holiday in Havana* (Vacaciones en La Habana). Básicamente, cómo empezó todo.

*Una coproducción con ASCAP (Sociedad Americana de Compositores, Autores y Editores):* Tomar la revista ASCAP, *ASCAP in Action*, y convertirla en un programa tipo Salón de la Fama de ASCAP. Encontrarás abundante material en cada uno de estos números. Presentan a un gran compositor y cuentan su historia a través de sus canciones y de las personas y artistas que participaron en ellas. En la mayoría de ellos, hay miles de metros de película, tanto en color como en blanco y negro, que mostrarían cómo se hicieron algunos de esos éxitos en el escenario o en el cine.

Por ejemplo, Irving Berlin, un resumen de su vida, cómo llegó a escribir su primera canción, su primera venta, su primer éxito, su primer musical de Broadway, su primera película. Un actor representaría a Berlin, otros harían de las personas y artistas que también participaron en todos estos esfuerzos. Gran material en las publicaciones ASCAP del pasado y del presente.

*Lulú y Darío:* Lulú, de quince años, en Nueva York, en la Escuela de Arte Dramático John Murray Anderson, en 1926. Es corista y luego modelo, y posa desnuda a los diecisiete años. Su prima es su compañera de piso. Es una muchacha de los cigarrillos y su foto está en una valla publicitaria. En 1933 sustituye a su prima como chica Goldwyn cuando esta se queda embarazada. El agente de Hollywood acepta encantado. Trabaja como extra en una película de George Raft.

## YO

En esa última parte, está tomando la historia de mamá, cambiando algunos nombres y añadiendo algunos toques inventados, y hablando de cómo sería como película. Hay una escena extraña en la que interviene un juego sexual pervertido de Hollywood.

## PAPÁ

Era un juego sencillo. Al sonar la primera campanada de la medianoche del precioso reloj de pie de la casa, la música pasa a un precioso arreglo de cuerda de «Ave María», que se mantiene magistralmente suave bajo las campanadas del reloj y crea una atmósfera catedralicia. Cuando suena el último golpe, se desata el infierno. Ven quién se mete antes desnudo en la piscina. Una bufanda olvidada o una media mal tirada pueden costarte el primer premio. El fondo musical cambia automáticamente del «Ave María» a la «Danza del Sable». El primer premio era para el primero en zambullirse, ¡y vaya premio! Podía elegir a cualquiera de los grandes invitados de George esa noche para que fuera su pareja sexual, cualquiera menos George.

Se reservaba para más tarde, como veremos. Elige a un recién llegado al que llamaban Rudy, que se convertiría en uno de los héroes románticos más famosos de la pantalla. La acompaña a un dormitorio en lo que se denominaba la *casa de baños*...

## YO

En sus últimos años, cuando papá se estaba quedando sin dinero, empezó a hacer una lista tras otra de formas de mantener la bola en juego, ideas que enviaba a su agente, Marvin Moss, para que se pusiera a trabajar en ellas.

## PAPÁ

Reúnete con Marvin. ¿Y ahora qué? ¿Canadá por el libro? ¿Grabar un álbum? ¿CBS? ¿Ir de gira con la banda? ¿Teatro de Chicago? ¿Gira europea? ¿Gira por América Latina? Consigue agente para anuncios. Nuevo *Tropical Trip* en todas las emisoras que ahora emiten *Yo amo a Lucy*, preferiblemente justo después de la repetición.

Tratamiento cinematográfico de *Un libro*: Desi Jr. haría de mí desde los años veintipico hasta los cincuenta, y luego yo protagonizo los cincuenta en adelante. Lucy podría ser Goldie Hawn, de finales de los veinte a principios de los cuarenta. Técnica de guion de *Matadero 5*.

El sábado 3 de abril hay un *Monsanto presenta Walt Disney's America on Parade* (Los Estados Unidos en desfile de Walt Disney) con Red Skelton. ¿Qué te parece *Monsanto presenta Desi Arnaz's Latin America on Parade* (la América Latina en desfile de Desi Arnaz) con artistas como Sergio Mendes, Vikki Carr, Tony Orlando, Charo, Freddie Prinze, Fernando Lamas y algún grupo argentino, con la Orquesta Desi Arnaz?

Programas en los que podría ser bueno, como invitado: *Carol Burnett*, *Donny & Marie*, *Chico and the Man*, *Tony Orlando y Dawn*, *Sonny y Cher*, *Laverne y Shirley*. Habla con Schiller y Weiskopf sobre *All in the Family* (Todo en familia), *Maude* y otras del grupo Norman Lear.

¿Grabar *Un libro* con música?

*Un saludo a América Latina con la Boston Pops de Arthur Fiedler*. Desi Arnaz, Vikki Carr, Marco Rizo, los Romeros, cantantes de primera, bailarines, guitarras, instrumentistas. Las canciones serían «Brasil», «Acapulco», «Down Mexico Way», «Panamá», «Nicaragua», «Tico Tico», «Down Argentina Way»,

«Cuban Pete», «Siboney», «The Peanut Vendor (El manisero)», «Green Eyes (Ojos verdes)», «Amor», «Babalú», etc.

Consigue una lista de la biblioteca de la Academia Jean Arthur para Lucie. También la película de Carole Lombard y William Powell, *My Man Godfrey (Mi hombre, Godfrey)*. ¡Muévete!

### YO

Como nada de esto ocurrió, escribió a Howard Sheppard, su contador.

### PAPÁ

¿Se puede usar Desi Arnaz Productions, Inc., para otra cosa que no sea el mundo del espectáculo? Por ejemplo, ¿empresas de ocio, barcos de alquiler, viajes turísticos a Baja? Si no, ¿cómo nos expandimos? ¿Quizá podamos poner la casa de Las Cruces en fideicomiso DAPI como base de operaciones para excursiones por Baja California, alquileres VIP. La empresa también puede encargarse de mis viajes latinos. Haría apariciones en teatros, en la televisión, en clubes, además de buscar talentos-estrellas latinas para la televisión por cable o de pago, después de proyectar una película en teatros latinos, en una o dos cadenas de Televisa para Sudamérica. Solo necesitaríamos una oficina, un teléfono, una secretaria y unos $5000 de capital para ponerlo en marcha. Mamá podría prestar dinero a la empresa al 12% (sus acciones de Bacardí). ¿Desi Arnaz Productions o podemos conseguir Desilu, que es, como me has informado, una corporación de 1968? ¿De quién es? ¿Dónde está registrado? Me gustaría ponerlo en DAPI o Desilu Punta Pescadero, la casa en Las Cruces, el bote *Mi Querida* y un bote más grande, un Bertram de once metros y medio. Tengo que hacer algo o me voy a volver loco.

¿Qué te parece hacer hamburguesas Babalú Desi Arnaz?

### YO

Encontré algunas cosas que no tenían mucha importancia histórica, pero que me dieron una mejor idea de lo que había pasado en su vida mientras yo no estaba, y me ayudaron a entender mejor al hombre maravilloso, con fallas y únicamente humano que era mi padre.

Una cita garabateada en un pedazo de papel:

Un borracho bebe para sentirse bien. Un alcohólico bebe para no sentirse mal.

Un plan de fiesta:

Cumpleaños de mamá, miércoles 2 de abril. Harrison-3, Rodríguez-3, Rosie y Jack-2, etc. Máximo 26, probablemente 18. ¿Greg y una muchacha, Linda y Desi, Lucie y Larry? Arroz con pollo, ensalada, frijoles negros, pan francés o panecillos, tarta de cumpleaños y helado, vinos blanco, tinto y champán. Contrata un trío latino de guitarra. (Llamar al Sindicato). Poner los frijoles en remojo la noche del primero, el martes, y compraría lo que necesitáramos antes de salir, si es posible.

Lista de compra:

frijoles, arroz amarillo, pimientos, petit pois, champiñones enteros, carne de puerco salada, codillos de jamón, pimientos verdes, cebollas, ajo, perejil, pechugas de pollo, muslos de pollo, piernas de pollo, hígado, consomé de pollo, mollejas.

Títulos que se consideraron antes de decidirse por *Un libro*: *No siempre fui una tortuga*, *Me llamaban Pete el cubano*, *Tropezando con la fama* y *Yo amo a Lucy nunca fue solo un título* (que se convirtió en la gran frase final).

Antes de que William Morrow publicara *Un libro* al parecer, papá había estado negociando con Doubleday para que escribiera una autobiografía para ellos y hablando de usar a Dan Jenkins (de la firma de relaciones públicas Rogers, Cowan y Brenner) como coautor. La conversación no floreció y Dan escribió a Desi:

*Dick Laugharn de Doubleday me dice que ya no están interesados en el libro. Lo que sí quieren son dos libros en uno, tu historia y la de Lucy, contadas por separado, pero encuadernadas en el mismo libro. No puedo hacer dos, y de todos modos dudo mucho que Lucy quisiera hacerlo así. Así que ahora quieren que Lucy haga uno y yo, aquí, atrapado en el medio.*

Estoy segura de que esto fue una gran decepción a mi padre.

Encontré dos notas para él mismo, pedazos de papel rayado en su maletín de mediados de 1986, antes de parar la quimioterapia para el cáncer de pulmón, negándose a regresar al hospital:

*Estoy enfermo, pero también infeliz. Solo. El hospital va a empeorar aún más esas condiciones. Al menos aquí, en mi casa, con Elsa y Enselmo, puedo vigilar a mamá, a mi perro, la piscina, que, creo, después de enterarnos de lo de mi caja torácica, podré empezar a usar con cierto esfuerzo. Estamos en agosto y el tiempo debería ser perfecto.*

*No quiero ir al hospital. Muy receloso de ponerme en manos de un médico que no conozco, y que no me conoce a mí ni a mi larguísimo historial médico pasado y más de veinte operaciones. El costo. Chequeo de la caja torácica izquierda. ¿Paciente ambulatorio? Los dientes deberían estar listos esta semana. Las rodillas, sabemos lo que son y podríamos volver a tomar radiografías para ver si el ejercicio ayudaría. Mi ojo, nuevo médico, segunda opinión. Llamar para ver si se pueden hacer en régimen ambulatorio.*

En papel de máquina de escribir, hay cinco líneas escritas de lado, con tinta negra, que no se entienden nada. La única palabra que puedes distinguir es *Kennedy*.

Cuando papá estaba muy enfermo y sin dinero, Howard Shepard, su contador (y única persona que se ocupaba de sus necesidades en aquel momento), escribió a su agente, Marvin Moss, con un enorme «CONFIDENCIAL» subrayado:

*Querido Marvin:*

*Te envío la carta adjunta a tu casa a petición de Desi. Pensó que te gustaría ver lo que dice Madelyn Davis [guionista original de* Yo amo a Lucy*]. Él* no quiere *que nadie más vea o conozca de la carta.*

*Le gustaría hacer alguna consultoría sobre guiones o programas. Tiene talento y teléfono. ¿Qué puedes hacer por él en ese sentido?*

*Atentamente,*
*Howard Shepard*

La cariñosa carta de agradecimiento de Madelyn a papá fue escrita el 30 de marzo de 1986, después de enterarse de lo enfermo que estaba. Puedes leerla, en su totalidad, en sus deliciosas memorias *Laughing with Lucy: My Life with America's Leading Lady of Comedy* (Riéndome con Lucy: mi vida con la primera dama de la comedia en Estados Unidos), escritas con su viejo colaborador, Bob Carroll Jr. (Emmis Books 2005).

Creo que Howard se refería a partes como estas:

Qué alegría trabajar con alguien con tu entusiasmo, tu talento para el espectáculo y tu instinto para lo bueno... Siempre me asombraba tu comprensión de la historia... Decías: «Creo que hace falta algo en el segundo acto», y tenías razón.

Encontrado en el maletín de papá tras su muerte el 2 de diciembre de 1986: $35 en efectivo, un paquete del Del Mar Turf Club, una billetera con tarjetas de crédito; tarjeta de miembro vitalicio del Sindicato de Músicos-Local 47; tarjeta de garantía del Bank of America (caducada); tarjeta US Air Force 100; tarjeta de socio del Indian Wells Country Club; tarjeta SAG; tarjeta AFI (caducada); dos calendarios de bolsillo Bacardí Rum de 1977; tarjetas de la Academia de Cine de 1982 y 1984; tarjeta del Gremio de Productores de EE. UU. de 1982; carné de AFTRA, caducado en 1978; carné de AFTRA, caducado en 1979; carné de AFTRA, caducado en 1982; carné de socio de la ASCAP; carné del Club de Embajadores de la TWA, fechado el 25 de octubre de 1955; carné de manejar, caducado en 1981; una tarjeta religiosa; tarjeta de crédito de Del Mar Thoroughbred de 1982; carné de Salud y Bienestar; carné de Blue Cross; carné de la Seguridad Social; carné de hospital y médico (caducado); un talonario de cheques de Desi Arnaz; un rosario antiguo; una minibiblia en un estuche de piel; una foto reciente de él y su madre.

Encontré este escrito, titulado «Avalancha» en uno de los blocs legales de papá, documentando todo lo que pasó en el Gobierno cubano de 1933 a 1959 y por qué tantos cubanos acabaron en Miami. Es históricamente fascinante y tiene más información de la que haya compartido conmigo en vida. También es bastante divertido en algunos momentos porque, por supuesto, nunca podía contar una historia sin un poco de humor.

## PAPÁ

La «Avalancha» se inició por la casi total desintegración política cubana tras la huida de Machado.

Entre 1933 y 1952 Cuba tuvo once presidentes. (Estados Unidos se las arregló con dos). El primero, después de Machado, fue Carlos Manuel de Céspedes, respaldado por el Ejército de oficiales. Duró menos de un mes.

El sargento Fulgencio Batista y los soldados rasos echaron a Céspedes y a los oficiales, y se unieron a nuestro grupo de exiliados del régimen de Machado en Miami.

**DESDE ARRIBA:** Un momento precioso, demasiado escaso y poco frecuente. • De seguro que mi madre no le puso el nombre a este barco.

**DESDE ARRIBA:** ¡Qué noche! Cinco de febrero de 1953. Primer premio Emmy a la Actriz Principal en una Serie de Comedia otorgado a mamá. Viv ganó el premio a la Actriz de Reparto Destacada, y *Yo amo a Lucy* ganó el premio a la Mejor Comedia de Situación. • Una ocasión poco frecuente, la visita del abuelo Arnaz.

**DESDE ARRIBA:** Sé que es una foto posada, pero mamá realmente confiaba en mi padre para todo lo que tenía que ver con los negocios. • Si hubiera podido ser…

**DESDE ARRIBA:** Little Ricky's Combo ensayando para su aparición en «*The Dinah Shore Chevy Show*», 1960. Mi hermano, Desi, está en la percusión mientras el verdadero «Pequeño Ricky» está en la escalera.
• En el sitio de filmación con la familia, para el episodio «Lucy Goes to Sun Valley» (Lucy va a Sun Valley).

**DESDE ARRIBA:** Mi padre en su lugar más feliz. • Mi padre, dirigiendo el negocio. Fíjense en el cubo con fotos, lo único que se llevó cuando se marchó.

DESDE ARRIBA: Graduación escolar de Desi, 1966. • La boda de papá con la bella Edie el 2 de marzo de 1963. (de izq. a der.) Jimmy Durante; la esposa de Durante, Marge; Edie; Jack Entratter del Sands Hotel y papá.

**DESDE ARRIBA:** La foto original de 1976 para la portada de *Un libro*. • Desi, el autor, a mediados de los años 70.

Ramón Grau San Martín, el jefe de una junta de cinco hombres, apoyado por Batista y los soldados rasos, que irónicamente habían sido los partidarios más cercanos y fuertes de Machado, fue el siguiente. Juró el cargo el 10 de septiembre de 1933, pero el 15 de septiembre de 1933, Grau ya quería dimitir por consejo de tres de los miembros más antiguos de su junta en favor de un Gobierno no partidista (vaya a saber lo que eso significaría en Cuba en aquellos días).

De hecho, Grau se levantó de la silla en esta reunión con los estudiantes en el ABC y empezó a hacerlo, pero uno de los estudiantes lo empujó de nuevo al asiento y le dijo que tenía que seguir siendo presidente mientras el Directorio Estudiantil Universitario quisiera, le gustara o no.

Otros estudiantes estaban tan enfadados con Grau y sus asesores de la generación anterior que rompieron algunos muebles de la oficina del presidente y luego acompañaron a los asesores al aeropuerto y los metieron en un avión a Miami, donde se unieron al resto de nosotros.

A principios de 1934, Batista decidió que Grau estaba listo y, el 15 de enero, nombró presidente al secretario de Agricultura, Carlos Hevia.

Como resultado de ello, tuvimos nuestro primer gran grupo en Miami.

Hevia prestó juramento el 16 de enero. Su primera medida fue confirmar a la mayoría de los ministros de Grau en el Gobierno. A Fulgencio Batista eso no le gustó demasiado. El ministro del Interior, Guiteras, lo sabía. Así que se dirigió a Hevia (que no parece haber sido muy brillante) y lo convenció para que desafiara a Batista organizando una huelga general. El 17 de enero, la huelga de Guiteras a todos los servicios públicos estaba en marcha.

No funcionó. Batista fue a la embajada estadounidense en la tarde de ese mismo día y le dijo a Caffery (sucesor de Sumner Welles) que la huelga era muy mala y peligrosa para el bienestar de las vidas y propiedades estadounidenses en Cuba. Así que, para protegerlos, iba a echar a Hevia y nombrar presidente al coronel Carlos Mendieta. Caffery estuvo de acuerdo. (¿Qué otra cosa podía hacer?).

Hevia dimitió esa misma noche. Salió del Palacio con su grupo a primera hora de la mañana siguiente, el día 18, fue al aeropuerto y todos volaron a... ya sabes dónde.

El coronel Mendieta prestó juramento como presidente antes del mediodía. Estados Unidos reconoció este régimen cinco días después. (Hevia había sido el presidente más rápido de todos. Entró y salió en setenta y dos horas).

A la Joven Cuba (un nuevo grupo de estudiantes aún más jóvenes) no le gustó nada de esta mierda y surgió con fuerza a principios de 1935. No les gustaban los comunistas, los anarquistas, los políticos de la vieja guardia ni los estudiantes de la vieja guardia del ABC, así que empezaron con las bombas, los asesinatos, etc., como habían hecho otros en 1933.

El miedo al caos trajo de nuevo a Batista el apoyo de Estados Unidos y de algunos de los grupos que antes habían estado en contra de Batista, algunos incluso sugirieron a Caffery que el único camino para Cuba era que Batista se convirtiera en dictador. (No sé cómo llamaban a lo que había estado haciendo hasta *este* punto).

El 4 de abril se suicidó el secretario de Justicia, coronel Roberto Méndez Peñate, un buen hombre movido por una completa frustración.

El 1 de mayo, las manifestaciones fueron sangrientas. Muchas más bombas, tiroteos, incendios y asesinatos. Y el 3 de mayo tuvimos otras manifestaciones igual de sangrientas, si no más, contra los que se habían manifestado el 1 de mayo.

Espero que sigas conmigo.

El coronel Mendieta intentó calmar a todos hablando de «elecciones». El propio Batista salió en la radio y dijo que Cuba no sería fascista, comunista ni socialista, sino que sería «lo que dictara la voluntad del pueblo». Una frase que repetiría una y otra vez el hombre que al final lo echó: Fidel Castro.

A medida que se acercaban las elecciones, se hizo evidente que ni al grupo de Grau, ni al viejo ABC, ni a ninguno de los otros grupos revolucionarios (ni siquiera a Joven Cuba) parecía importarles. Solo los viejos políticos, como el general Mario Menocal (expresidente anterior a Machado) y Miguel Mariano Gómez (hijo de uno de los grandes libertadores de Cuba, el general José Miguel Gómez) estaban interesados. Pero no se ponían de acuerdo entre ellos sobre a quién querían presentar. Así pues, el coronel Mendieta, a sugerencia de Batista, sin duda, aplazó las elecciones. Verás, Batista no estaba seguro en absoluto de poder controlar al general Menocal, si por casualidad Menocal salía elegido, como podía controlar a Mendieta.

Mendieta al final se hartó y dijo: «¡Chíngala!» y renunció a su cargo. El secretario de Estado José Agripino Barnet pasó a ser presidente *provisional*, y ¿a dónde crees que volaron Mendieta y su grupo? Así es.

Se celebraron elecciones y Miguel Mariano asumió la presidencia en 1936.

Le fue bien hasta unos meses más tarde; en junio, cuando trató de demostrarle al pueblo que no era un títere de Batista despidiendo a unos miles de reservistas militares y negándose a asignar más dinero al proyecto favorito de Fulgencio de escuelas militares por toda la isla. (Estoy seguro de que Batista pensó: «¿Cuándo aprenderán?»). Eso fue un error obvio, sobre todo porque Batista, a estas alturas, no solo controlaba las fuerzas armadas, sino también la Cámara de Representantes y el Senado. El juicio de impugnación de Miguel Mariano comenzó en el pleno del Senado el 22 de diciembre de ese mismo año, y salió del poder antes de Nochebuena. Comió pavo en Miami. (No perdemos tanto tiempo como *ustedes* en Estados Unidos).

El vicepresidente, Federico Laredo Brú, se convirtió en presidente y era lo suficientemente sensato como para mantener la boca cerrada.

En el verano de 1937, nuestro buen sargento se enfrentó a otro pequeño problema. Los comunistas habían decidido probar suerte de nuevo llamando a Batista «otro Hitler y Mussolini». Batista, ya mayor o deseoso de cambiar de táctica, o con otro plan tramposo en mente (lo más probable), se reunió con ellos y ofreció sus mejores esfuerzos para aprobar una ley que legalizara el Partido Comunista en Cuba, lo que, por supuesto, no le costó mucho conseguir antes del otoño, ganándose así (al menos durante unos años) el apoyo de los comunistas. Para equilibrar esa acción (y, de nuevo, con la vista puesta en las elecciones de 1940), concedió una amnistía general a todos los diferentes grupos políticos, incluido el propio Machado, si deseaba regresar. (Pero nadie movió un dedo para abandonar Miami).

En las elecciones de 1940, Grau San Martín fue nombrado candidato de la oposición para enfrentarse a Batista, candidato del partido gubernamental. (Supongo que su trasero estaba cansado de estar *detrás* del trono y quería apoyarlo *en* el trono).

No fue una sorpresa la victoria de Batista. Lo que *sí* fue una gran sorpresa fue el hecho de que todos los segmentos de la oposición y todos los observadores de la prensa proclamaran que las elecciones eran «las *únicas* elecciones cubanas honestas desde 1912».

A principios de 1941, Fulgencio volvió a olerse problemas. El jefe de policía de La Habana (un cargo poderoso en Cuba), García, se estaba haciendo demasiado amigo del general Pedraza, que era el jefe del Estado Mayor de Batista. Así que, siguiendo la misma línea directa de siempre para resolver un problema, botó al jefe de policía, sabiendo muy bien que a Pedraza no le gustaría, como demostró al día siguiente visitando por sorpresa el Palacio Presidencial acompañado como por cien de agentes armados con metralletas. (¿No tienen suerte de que de lo único *que tienen* que preocuparse es del Watergate?).

El general Pedraza se enfrentó cara a cara con su antiguo sargento y le dijo que, a partir de ahora, solo él (Pedraza) controlaría el Ejército, la Marina y la Fuerza Aérea. Batista se hizo el sorprendido y pidió veinticuatro horas para componerse. Pedraza, luciéndose, aceptó generosamente. «¡Tómate tu tiempo, colega!». *(Ay, ay, ay. ¡Qué estúpido!).*

Batista tuvo una recuperación increíble e instantánea en cuanto Pedraza y sus oficiales se marcharon. Llamó a su amigo el coronel Manuel Benítez (a quien había nombrado jefe de policía el día anterior), y juntos procedieron silenciosamente a levantar barricadas en el Palacio y sus alrededores con sacos de arena y ametralladoras manejadas por los guardias del Palacio.

Después, se vistieron con ropa muy informal (camisas deportivas y pantalones) y manejaron el propio carro de Batista hasta Campamento Columbia, en las afueras de La Habana. (Eso es lo que llaman machismo). Columbia era el puesto más grande y mejor armado de toda Cuba: si lo controlas, controlas la isla.

El presidente Batista, al llegar a la puerta, expresó su deseo de hablar con sus viejos amigos, los soldados rasos, ahora.

Se convocó una asamblea general.

«Descansen, amigos», empezó, y pronto los hizo reír a todos, recordando las cosas por las que habían pasado juntos en los últimos siete u ocho años. Luego les aseguró que todo iba bien y que, para asegurarse de que *seguiría siendo así* y debido a diferencias de opinión entre algunos de los oficiales, él mismo, su antiguo sargento, volvería a asumir el mando de Columbia. «La única razón por la que estoy dispuesto a llevar esta carga extrapesada sobre mis hombros es porque sé que puedo contar con su apoyo, el que todos ustedes, tan desinteresadamente, me han brindado. Y para mostrar mi gratitud por el pasado y en agradecimiento por los sacrificios que quizá tengan que hacer en el futuro, ¡mi primer acto como comandante es doblarles el salario!». (Bueno, mierda. ¡Se los metió en el bolsillo!).

Su jefe de Estado Mayor, Pedraza, y el exjefe de policía de La Habana, García, fueron detenidos por voluntarios de la asamblea, escoltados al aeropuerto y embarcados en un avión con destino a… ¿adivinan?

Batista, de nuevo, usó la radio para explicar al pueblo de Cuba que se había visto obligado a deshacerse de ellos, porque su jefe de Estado Mayor había querido convertirlo en un presidente títere, y ningún presidente suyo debía serlo jamás. (El muy cabrón tenía un sentido del humor del demonio, ¿verdad? Me pregunto qué podría haber hecho en televisión).

Octubre de 1941, su primer aniversario como presidente, encontró a Batista en plena forma. Los comunistas lo apoyaron aún con más fuerza después de que Alemania declarara la guerra a Rusia. Los capitalistas de la vieja guardia, la prensa e incluso los diferentes grupos revolucionarios lo habían elogiado por haber dirigido unas elecciones honestas y por su gesto de amnistía general para todos. Mientras tanto, había empezado a beneficiarse, inmensamente, de la Segunda Guerra Mundial. El 9 de diciembre, Cuba declaró la guerra a Japón y, el 11, a Alemania e Italia.

Batista fue a la radio y denunció a los japoneses por su ruin ataque a Pearl Harbor sin provocación alguna. Esto lo hizo popular en Estados Unidos y también le permitió confiscar todos los saldos monetarios alemanes, italianos y japoneses... millones.

Estados Unidos empezó a verter muchos millones más en Cuba para ampliar la base naval de la bahía de Guantánamo, más aeropuertos, mayores y mejores fuerzas armadas, mejor transporte y ayuda agrícola para la cosecha de azúcar. La *zafra* (la cosecha de caña de azúcar) en 1941 trajo de Estados Unidos más de ciento veinticinco millones de dólares, y en 1942, más del doble. En total, Cuba se benefició de más de mil millones de dólares.

Al final de su primer mandato como presidente, Batista decidió no volver a presentarse y se retiró a su finca: un hombre rico (más de treinta millones de dólares según una estimación conservadora), popular y feliz.

Grau San Martín volvió a postularse a la presidencia y esta vez fue elegido con facilidad. Su régimen se recuerda sobre todo por un incidente en el que se vio implicado uno de sus viejos amigos: José Manuel Alemán Casharo.

La revista *Time* publicó la historia de cómo Alemán había ido al Fort Knox cubano, ordenó a los guardias que abrieran la bóveda de seguridad, cogió veinte millones de dólares estadounidenses, los metió en sus maletas, que él y sus dos «ayudantes» habían traído con él, voló a Miami y pasó por Inmigración y Aduanas sin problema alguno. ¿Y por qué no? Tenía un pasaporte diplomático que le dio la administración de Grau, y no había leyes contra la introducción de dólares estadounidenses en Estados Unidos.

A la pregunta del *Time* cómo se las había arreglado para sacar el dinero de Cuba y traerlo aquí, el señor Alemán respondió: «Bueno, simplemente lo metí en maletas, y luego me traje las maletas conmigo». Sencillo.

Descubrieron un rasgo interesante en el carácter de este hombre cuando murió. En su testamento, dejó cinco millones de dólares del dinero que robó para destinarlos a un hospital infantil en La Habana.

Después de Grau, en 1948, fue elegido presidente Carlos Prío Socarrás, compañero de Grau y uno de los dirigentes del antiguo ABC. Un par de años después, acusó a su viejo amigo de robar ciento veinticinco millones de dólares; y Batista, que ahora era senador, acusó a ambos de gansterismo y al Tribunal Supremo de aceptar un soborno de medio millón de dólares de la Compañía Cubana de Teléfonos y Telégrafos.

Batista estaba sentando las bases de su golpe de estado más exitoso hasta el momento, y no podía permitir que el Tribunal Supremo llevara a cabo la investigación que intentaban realizar (y que afectaba a su hermano, Francisco «Panchín» Batista, de apropiarse indebidamente de más de cien millones de la provincia de La Habana, de la que ahora era gobernador), así que los desacreditó. Las elecciones de 1952 nunca se celebraron. Batista era candidato y también lo era el hombre al que permitió ser presidente durante setenta y dos horas, Hevia.

Se dijo, y quien lo dijo más alto fue el propio Batista, que la razón de este (su segundo golpe de estado) era que Prío planeaba dar de nuevo un golpe de estado con su propio Gobierno antes de las elecciones, y así poder nombrar a su propio títere y seguir siendo el poder tras el trono.

Las elecciones de 1952 debían celebrarse en mayo. Compitieron *ocho* diferentes partidos principales.

El 9 de marzo, a medianoche, Batista y once hombres se reunieron en la Finca Kuquine de Batista, en las afueras de La Habana. Era la primera vez que cada uno de los once hombres de la conspiración sabía quiénes eran los demás. Batista era el *único* que sabía quiénes eran todos ellos.

Tenían tres Buick grandes. Un carro con cuatro oficiales retirados del régimen de Fulgencio manejó primero alrededor del Palacio e informó: allí no había señales de preparación. Luego, un auto con Batista y dos oficiales se dirigió a Campamento Columbia y el oficial de guardia, el duodécimo hombre de Batista en la conspiración, los dejó entrar a la puerta del cuartel general. El segundo carro se apoderó de la central telefónica y el tercero, de las emisoras de televisión y radio.

A la una de la madrugada, Radio Habana anunció a la isla que «se suspenderían todas las garantías constitucionales durante cuarenta y cinco días». Al mismo tiempo, tanques y hombres de infantería del Campamento de Columbia habían rodeado el Palacio.

Prío se dirigía de su finca, La Chata, al Palacio, tras ser informado de lo que había dicho Radio Habana. Al llegar, los oficiales encargados del asedio lo saludaron: «Buenos días, señor Presidente. Su *avión* está listo y esperando para llevarlo a Miami. Batista le sugiere que se marche lo antes posible».

A las dos de la madrugada, Batista entró al Palacio con sus nuevos jefes de Estado Mayor y su ayuda de cámara personal, a quien dijo que preparara su habitación y «por favor, que no se olvide de cambiar las sábanas».

Los jefes de Estado Mayor estaban al teléfono informando a los diferentes comandantes del Ejército y la Marina de toda la isla de su exitosa toma del poder, mientras los aviones de la Fuerza Aérea sobrevolaban sus respectivos puestos de forma «admonitoria». A las tres de la madrugada, Batista dormía en su vieja cama y no se había disparado ni un tiro.

Tras una buena noche de sueño, duchado y afeitado, se presentó a la Radio y Televisión Nacional, a distancia, desde el Palacio. El escenario era un agradable jardín. El fondo: el Palacio. Su vestimenta: informal. El reparto secundario: solo uno, su ayuda de cámara. El atrezo: una mesa de desayuno, una silla y un plato con arroz blanco, frijoles negros cubanos y dos huevos. El diálogo, sencillo y paternal.

«*Queridos, compatriotas y buenos amigos. Buenos días...* Para asegurar que las elecciones del próximo mes de mayo se desarrollen con la misma honestidad que las de 1940, me vi obligado a portar una vez más la gigantesca carga de la presidencia. No quiero cargar con ello por más tiempo. Me alegra decir que no se ha derramado ni una gota de sangre. La preciosa sangre de demasiados cubanos ya ha sido malgastada por los actos imprudentes de unos pocos. Prometo que no se volverá a derramar ninguna, salvo la de los que se me oponen...».

No se celebraron elecciones en 1952 y no se han celebrado ningunas *hasta hoy*.

La Avalancha de Miami fue creciendo cada vez más, y cuando recibimos a los exiliados de Fidel, superó con creces el medio millón.

No es de extrañar que Liborio sea tan símbolo del pueblo cubano como el tío Sam lo es del estadounidense. Siempre se lo imagina mirándote tristemente, con una expresión interrogante en el rostro, preguntando: «*¿Qué* *pasa, hombre?»*. Recuerdo que la primera vez que vi un póster del tío Sam, pregunté: «¿Por qué siempre te está señalando con el dedo y, enfáticamente, diciendo: "Te queremos a *TI*!"?». Me dijeron: «El tío Sam siempre necesita a muchos de los suyos para llevar adelante sus preocupaciones de arreglar el mundo». Irían al paraíso si supieran dónde está, para poder arreglarlo.

## NOMBRES Y CRONOLOGÍAS ESPECÍFICOS

### 1933-1940

Fulgencio Batista (un líder militar) controlaba toda la política de Cuba.

Gerardo Machado y Morales fue presidente de Cuba, 1925-1933. El padre de Desi fue alcalde de Santiago de Cuba durante su Gobierno. Ambos fueron destituidos y obligados a exiliarse en Miami durante la revolución de 1933. La revuelta estudiantil de 1927 que derrocó a Machado se llamó Directorio Estudiantil Universitario. Su líder era Eduardo Chibás.

Carlos Manuel de Céspedes y Quesada se convirtió en presidente provisional.

Fue derrocado por Fulgencio Batista (durante la «Revuelta de los Sargentos»).

Se formó la Pentarquía de 1933 (un comité de cinco miembros) para dirigir un Gobierno provisional. Duró cinco días. Fueron destituidos por el «Directorio Estudiantil», dando lugar a cien días de gobierno de Ramón Grau San Martín como presidente.

### 1934

Grau dura esos cien días, luego Batista hace caer su Gobierno e instala a Carlos Mendieta como presidente.

Estados Unidos deroga la Enmienda PLATT, que había dado a Estados Unidos una influencia significativa en los asuntos cubanos.

### 1934 1940

Batista sigue siendo el poder de facto en Cuba, influyendo en una serie de presidentes, desde José Agripino Barnet y Vinageras (brevemente), Miguel Mariano Gómez y Arias (mayo a diciembre de 1936), hasta que Federico Laredo Brú asume la presidencia en 1936. Bajo el Gobierno de Laredo Brú se redacta una nueva Constitución, que se pone en práctica en 1940.

## 1940

Batista vuelve a conseguir su propia elección, que dura hasta 1959.

## YO

El otro día, cuando estaba terminando de rebuscar en las últimas carpetas amarillas polvorientas, me encontré con esta última pieza. Parecía como si papá nos hubiera tendido la mano y nos hubiera dado un plan de juego cuando más lo necesitábamos.

## PAPÁ

El mundo no es el cielo en la tierra. Nunca lo ha sido y dudo que alguna vez lo sea. De hecho, para la mayoría de sus habitantes, está mucho más cerca del infierno en la tierra. Hombres de todas las nacionalidades y razas, durante siglos y siglos, han tratado y siguen tratado de mejorar su pequeño rincón particular de este mundo. Y lo han tratado de muchas formas distintas: monarquías, dictaduras, comunismo, nazismo, juntas, democracias, lo que se te ocurra. Todos los conocemos y también sabemos que ninguno de los diferentes sistemas o gobiernos es perfecto. Algunos son terribles. Algunas pueden funcionar y otros dan asco. Los únicos que parecen salir adelante y causar el menor perjuicio a su pueblo son la monarquía democrática, como en Inglaterra, y la democracia, como en Estados Unidos. Por eso, no me gusta y no puedo aprobar a nadie que abogue por el derrocamiento de nuestro sistema para poder sustituirlo por uno de los otros.

El comunismo no funciona. ¿Nazismo? ¿Juntas? ¿Dictaduras? No. He vivido bajo todos ellos. Mil veces no. Una monarquía, incluso la versión inglesa, aquí no. No funcionaría aquí, ¿verdad? Así pues, no nos queda más que nuestra democracia. No porque sea perfecta, sino porque de todos los sistemas que se han probado, es la menos mala.

¿Dices que es una salida fácil? ¿No es suficiente? De acuerdo. Entonces, ¿qué se puede hacer? Podemos tratar de mejorar lo que tenemos. Y no desesperes si nunca puedes sentir que es perfecto, pero sigue tratando. Todos tenemos que intentarlo entre nosotros. Los rusos no lo van a hacer mejor que nosotros, ni los chinos, ni los ingleses, ni los alemanes, ni los latinoamericanos, ni los franceses, ni quien sea.

Podemos no estar de acuerdo nuestro sistema, vamos a criticarlo, tener diferencias con él, digamos lo que no nos gusta de él, pero no lo tumbemos. Escuchemos todos los problemas de los demás y tratemos de corregir nuestras fallas, nuestras injusticias, nuestros errores. No tiene nada de malo que alguien de los que están al mando diga: «Nos equivocamos al hacer eso. Cometimos un error. Vamos a ver cómo demonios podemos arreglarlo y acordarnos de no volver a hacerlo».

Cualquiera que no esté de acuerdo o no quiera tratar de mejorar nuestro sistema en lugar de acabar con él debe tener motivos ocultos. Un objetivo egoísta. Y no se les puede permitir que lo logren, porque todos sabemos que, sea lo que sea lo que tratan de lograr tumbando nuestra forma de gobierno, va a ser mil veces peor que lo que tenemos ahora. Así que, por malo que nos parezca ahora nuestro sistema, en comparación con el comunismo, la dictadura o cualquiera de los otros, es bastante bueno.

Ahora, vamos a mejorarlo. No para demostrárselo al mundo, sino para nuestra propia satisfacción. Por nuestra propia comodidad, paz y felicidad.

Hace casi doscientos años se formó nuestra nación. Fue concebida en la libertad y dedicada a la proposición de que todos los hombres son creados iguales, independientemente de su raza, credo o color. Así pues, resolvamos ahora, como Lincoln resolvió en Gettysburg.

**YO**

¡Vaya! Gracias, papá.